U0120443

八百壮士

中国孤军营上海抗战纪实

陈立人·著

团结出版社

图书在版编目（CIP）数据

八百壮士：中国孤军营上海抗战纪实 / 陈立人著
. -- 北京：团结出版社，2009.12（2023.11 重印）
ISBN 978-7-80214-929-8

Ⅰ.①八… Ⅱ.①陈… Ⅲ.①抗日战争－上海市－史
料 Ⅳ.① K265.506

中国版本图书馆 CIP 数据核字（2009）第 205707 号

出　版：团结出版社
　　　　（北京市东城区东皇城根南街 84 号　邮编：100006）
电　话：（010）65228880　65244790（出版社）
　　　　（010）65238766　85113874　65133603（发行部）
　　　　（010）65133603（邮购）
网　址：http://www.tjpress.com
E-mail：zb65244790@vip.163.com
　　　　tjcbsfxb@163.com（发行部邮购）
经　销：全国新华书店
印　装：天津盛辉印刷有限公司

开　本：170mm×240mm　16 开
印　张：23.25
字　数：426 千字
版　次：2010 年 1 月　第 1 版
印　次：2023 年 11 月　第 5 次印刷

书　号：978-7-80214-929-8
定　价：49.80 元

序　言

　　八百壮士是全民抗战早期正面战场涌现出来的一个英雄群体，是全民抗战的缩影和精神象征。1937年10月末，在淞沪会战的最后时刻，他们临危受命，坚守上海四行仓库，血战四昼夜，掩护主力部队撤退。八百壮士孤军奋战，勇敢抗击日寇的英雄壮举，振奋了全国军民誓死抗战的勇气，在国际社会也引起广泛的关注和尊敬。

　　然而，由于极其残酷险恶、极其错综复杂的战争环境，八百壮士也是一个充满了悲剧色彩的英雄群体。光芒四射的四行仓库保卫战结束后，厄运就开始降临到壮士们的头上。当他们完成战斗任务，奉命撤退时，上海租界内的洋人迫于日军的压力，竟背信弃义地将八百壮士予以羁押。八百壮士于是在租界内度过了为时四年黑暗的羁困生活。1941年底，日军占领上海租界，八百壮士落入日军手中。为了最终瓦解和毁灭中国军民引为骄傲的这支抗日队伍，日本人恶毒地将八百壮士分散押解各地，其中有五十名壮士与其他被俘人员一起，被押送到遥远的太平洋海岛充当劳工，直至日本侵略者无条件投降。

　　八百壮士的英雄壮举和悲剧命运，从一个侧面反映了抗日战争的宏伟壮阔和艰苦卓绝。抗战初期，当正面战场节节败退，国人呼唤英雄、渴望英雄的时候，他们挺身而出，力挽狂澜，死守四行仓库，与敌血战，何其壮哉！但是，在战争环境异常恶劣、敌我力量悬殊的情况下，他们的英雄壮举反过来加剧了悲剧命运。撤出四行仓库后，接踵而来是在上海租界羁困四年，特别是继后的又一个四年无比屈辱的劳役摧残，惨绝人寰。最终，我们的不少壮士没能看到抗战胜利，含恨而亡，默默地将遗骨抛洒在异国他乡。这是壮士的悲剧，也是我们民族的悲剧。

从那时到现在，很多年的时光过去了。中华民族再也不是任人宰割的弱小民族。我们不仅打败了侵略者，赢得了民族独立和解放，结束了受人欺凌的历史悲剧。而且现在，我们国家正上演着全力推进民族复兴伟大事业的正剧，我们正昂首阔步迈入世界强国之林。

为纪念抗日战争胜利50周年，1994年，团结出版社出版了军旅作家陈立人的长篇纪实文学《孤独八百士》。书中描写了八百壮士坚守四行仓库的紧张战斗，描绘了壮士羁困上海租界的痛苦生活，更叙述了壮士们被日军押送太平洋小岛做劳工的惨痛经历，如诉如泣，催人泪下。为了写作该书，作者查阅了大量历史资料，包括淞沪会战史籍、上海租界档案以及谢晋元将军当年在孤军营内写下的全部日记。作者多次访问了谢晋元将军的子女，并且在他们的帮助下抢救式地采访了八百壮士中的余长寿、陈德松、章渭源、万连卿、张青轩、周俊明、万振英、郭兴发、王金钰、唐金和、张应禄、马海泉、芦洪俊等数十名幸存者。特别可贵的是，作者还赴上海登门拜访了当年被押送到巴布亚新几内亚做劳工并得以脱险归国的曹明忠和李锦堂。两位老人向作者讲述了当年在太平洋海岛上做劳工的详细经过，其中讲到八百壮士团结其他难友同日军斗争的情形，但更多的是讲述他们受到种种非人折磨的悲惨往事。作者将以上种种都真实地写进书中。

一晃又过去了十多年，当年曾被作者采访过的老战士们已先后离开人世，然而他们亲历过的事迹被作者记载了下来，成为我们国家和民族珍贵的集体记忆。应当让更多同胞特别是年轻一代熟悉和铭记这段历史，为此我们修订并再版此书。

团结出版社
2009 年 10 月

目　录

第一章

大舞台，小角色

　　1937 年 10 月下旬，上海城下，炮火连天，中日双方数十万军队拼死搏斗，血流成河。

　　历时三月的淞沪抗战以失败告终。在几十万军队逃离上海之际，第九集团军第五二四团中校团附谢晋元和他的一个加强营却被蒋介石留在闸北，"死守上海"……

1937年10月下旬，上海城下，炮火连天，中日双方数十万军队拼死搏斗，血流成河。

此时，比利时首都布鲁塞尔城内的一座密室里，两位隔岸观火的大国外交家，一边喝着咖啡，一边臆测中日战争走势，各有高论，互不相让。

体态优雅、一副十分自信神情、长着拿破仑式鼻子的这位是法国政府代表拉加德，而身材修长、打着深蓝色领带、十足文人气派的那位是美国外交家亨培克博士。他们到布鲁塞尔来，为的是出席几天后召开的讨论中日战争的九国公约会议。这是中国寄予希望的重要国际会议。中国国民党政府在战场上抵挡不住日军的强大攻势，指望大国出面干涉，在谈判桌上遏止侵略，以有补于日益危急的严重事态。

"到布鲁塞尔来，我们总应做点什么事，为中国盟友，也为我们在远东的重大利益，不知法国政府有何打算？"当仆人把杯中残羹撤下，端来时鲜水果后，

战火笼罩下的上海城市

亨培克一边品尝着当地出产的白葡萄，一边以探询的语气问。

"能做的事情已经不多。"拉加德是中国问题专家，不过，在过去几次国际会议中，只要他出席，总要发表对中国不利的言论。他接着表示："当然，从道义出发，法国政府赞成此次会议通过一项谴责侵略的声明。"

"这无济于事，中国需要切实的支持。"这不是亨培克个人的看法。美国政府希望扶持中国，以抵制日本，但又不愿单独出面，以免卷入战争。美国认为，中国"门户开放"的时候，美国是列强中最后一个挤进来的，现在挽救中国，也不应让美国先行出血。

"支持？"不料，拉加德冷冰冰地说，"中日战争已成死棋。据法国国防部分析，中国军队在上海的抵抗，可能坚持不到我们正式开会的11月3日。整个中国战场的战事，年底前就会结束。"

"有什么根据支持你的论断？"亨培克对这位中国问题专家的断语一点也不吃惊。

"我有有关中国战场的最新战报。"拉加德抖着几份刚从巴黎传来的情报资料。

"未必如此。"亨培克平静地说，"在美国，我也听到类似的预言。但军事权威们只会根据有关部队、大炮、坦克、飞机等数字来判断局势，而忽视了心理因素。不仅美国国防部，法国国防部的官员们莫不如此。"

大半因为亨培克最后一句话的刺激，拉加德显得有些激动，他反问："阁下有何高见？"

"中国人不会停止抵抗。六个月以后也不会停止。"

"根据什么？"

"我有一种直觉。"亨培克接着谈起早年在中国杭州教书时的经历，"我曾亲眼看到一队参加北伐的中国士兵把一列熄火的列车推走了。此事给我深刻印象。"

"就凭这？你太轻率了！哼！"拉加德高傲地哼了一声。

"我敢打赌。"亨培克突然心血来潮，也许，因为受到拉加德那声不中听的鼻音刺激。

"赌什么？"有着拿破仑遗风的这位法国人不甘示弱，追问道。

"外交家说话当然算数。"亨培克略一停顿，说："我收藏有一幅法国早期印象派油画。你呢？"

拉加德以不屑的神情答："我以为不值得为此下大赌注。我只有一瓶中国出产的茅台酒。"

"一瓶酒少了点，再加一样东西，怎么样？"

"什么东西？"

"法国预言家的荣誉。"

"一言为定。"拉加德显然被激怒了。

"一言为定。"亨培克在不动声色中，握住了拉加德伸过来的毛茸茸的大手。

曾经在许多重要国际条约上签过字的两位外交家的手，现在却为一个近乎荒唐的口头协议打赌，郑重其事地握在一起。

"阁下，你的法国油画肯定是要物归原主啦！"拉加德已有几分得意。

"预言家，当心你的荣誉。"亨培克白皙的手使了下暗劲，回答道。

秋风萧瑟中，淞沪抗战进入了紧急关头。

战况日下，败象环生。设在南京总统官邸内，直通前线指挥部的长途专线电话，神经质似的一阵紧过一阵地抽搐。蒋介石喜欢电话，淞沪抗战以来，他常常整夜整夜守在电话机前，不断地给前线指挥官打电话，询问战况，下达命令。他的电话甚至越过四五级指挥所，直接打到师长或团长那里。有了电话，他就能随心所欲地指挥作战。但是，这几天，他又特别怕听到电话铃响。近日，电话里传来的尽是令人丧气的消息。最令他震怒的是，刚才，顾祝同报告"战略要点大场失守"，蒋介石像遭电击，浑身一阵颤抖，他含混不清地咒骂："该死、该死！"随即挂上电话。蒋介石大怒不止。

淞沪抗战，他是下了大决心投入大本钱的。战争爆发后，他连连调兵遣将，共投入 70 个师的精锐部队。嫡系部队中，除了汤恩伯第十三军、卫立煌第十四军未动用外，其余悉数开至淞沪战场。淞沪抗战打响不久，蒋介石自己给自己加封为陆海空三军大元帅。就职大典上，他曾慷慨陈词：上海一隅之抵抗，对于整个中国均有极大之影响，我军应誓死固守，与上海共存亡。不仅蒋介石坐镇南京大本营，眼睛盯着上海战场，就连蒋夫人宋美龄也往返奔波于京沪道上，亲临前线，视察军情，慰问伤兵，鼓舞士气。尽管如此，淞沪抗战，在经历了一个轰轰烈烈的开局之后，便急转直下，不可收拾。到眼下，战略要点大场失守，全线动摇，战局败坏，几十万大军有被合围之虞。

大势去矣。

桌上的电话又霍然震响，盛怒之中的蒋介石，用厌恶的目光，远远地盯着电话机，心想，能有什么好消息？他拿起话筒。"'委座'……"话筒里又传来刚才那战战兢兢的苏北涟水口音。

又是顾祝同。

蒋介石眉心一拧，"嗯"了一声。

顾祝同是负责淞沪作战的第三战区副总司令官，总司令官由蒋介石自兼。刚才的电话只说了一半，报告了大场失守，就被蒋介石怒气冲冲地卡断。而他知道，电话的下一半将会招致蒋介石的更大恼怒，但又不敢不报。

"'委座'，上海之战已不可为……"顾祝同硬着头皮，吞吞吐吐。

于是，他又招来蒋介石一阵呵斥："大声说！"

"是，"顾祝同提高声音，鼓起勇气，请示机宜，"大场失守后，庙行、江湾、闸北也行将不保，上海非久战之地，我主力应脱离市区，向锡澄线既设阵地转进，易地决战……"

"你是说要撤退？"蒋介石吼声如雷。

"是的，舍此，别无他途。"

战局至此，无可奈何。蒋介石又气又恨，又恼又悲，说："墨三呀（顾祝同字墨三），我以百万大军相托，你却让三军尽没，你好不争气呀！"

不退是不行了。历时三个月轰轰烈烈的淞沪抗战，眼看要以失败告终。大上海就这么完啦？绝望中，蒋介石把念头移向即将在布鲁塞尔举行的九国公约签字国会议。他希望英美法等列强伸张正义，制裁日本。娘希匹，什么伸张正义，根本是为了他们的在华利益。列强在中国均有重大利益，比如上海就有英美的公共租界和法租界，难道他们能坐视不管？他想，只要西方列强大喝一声，日本在中国的侵略行径将有所收敛。

而眼前的问题是，磨磨蹭蹭的九国公约签字国会议，按计划要到11月3日才能开幕。今天才是10月26日，上海城下大规模的抵抗，无论如何挨不到会

第九集团军总司令朱绍良

议开幕的那一天。倘若会议开幕之前，上海已告陷落，那么，中国在列强心目中，就很不值钱了。谁肯为一个掉价的中国，而冒得罪日本的风险呢？

这是一个难题。蒋介石拍一下光亮亮的脑勺，忽发"奇思妙计"。

在给顾祝同正式下达撤退的命令后，蒋介石又要通了朱绍良的电话。

第九集团军总司令朱绍良在淞沪战场担任中央防御重任，辖有孙元良、王敬久、宋希濂和黄杰四个最精锐的军，是第三战区七个集团军中，兵力最雄厚的一个。他肩上责任重大，但耳背得厉害。他的耳膜早年在一次炮战中被震坏。因为在淞沪战场仗打得不好，几次受到蒋介石的斥责，加上大场又刚刚在他手里丢掉，所以电话里一听见蒋介石的声音，他就紧张，一紧张耳朵更背。

电话中，朱绍良报告，向沪西转进的命令已接到，此刻集团军部队正按长官部布置，有计划地向第二线阵地转移。

蒋介石听完朱绍良的报告后，口授机宜："上海为中国经济中心，国际观瞻所系，九国公约签字国会议在即，上海不能宣告弃守。主力部队撤退要按计划加紧进行，同时，第九集团军应将得力之一师留在闸北地区游击作战，要多配弹药，四面出击，虚张声势，搞得热热闹闹的……你听懂了没有？"

战火纷飞中的四行仓库

朱绍良耳朵嗡嗡的竟没听清楚。

蒋介石生气了，又尖又利的奉化话，一下一下像锥子，扎进朱绍良的耳鼓："朱长官的耳朵干什么的？我要你留一师死守闸北！打得热热闹闹的。"

"留一师守闸北，"朱绍良听清了，但对"热热闹闹"搞不明白，问："热闹什么？"

蒋介石吼声如雷："要让全世界听到上海抵抗的枪声！听懂了没有？"

"懂了！"

10月26日的夜晚，是战争爆发以来最令人不安的一个暗夜。月黑风高，兵荒马乱。淞沪战场天塌地陷，了无指望。现在的问题是，几十万军队如何尽快脱离战场，逃出虎口。

闸北观音堂附近堑壕里，团附谢晋元仍在督促士兵，加固工事。他至今还没接到撤退的命令，既然没叫退，就必须继续固守，准备明天厮杀。

黑暗中，大批大批队伍从前方撤退下来，像溃了堤的洪水，一路狂泻。四周不时响起枪炮声，像垂危的病人猝然而起的阵阵呻吟，听着特别让人难受。也有一些好心的士兵，冲这边喊道："喂，弟兄们，赶紧走，再不退就退不下啦！"

大约 10 点钟光景，传令兵跑了过来，上气不接下气地对谢晋元说："师长有令，请马上到师部。"

看来要撤退！谢晋元心里一沉，二话没说，带上护兵，急忙奔向师指挥部。沿路满是高低不平的弹坑、磕腿扎脚的瓦砾，还能踩到冰冷的死尸，沿街到处是逃难的居民，满耳是呼儿唤女的惶恐声音，谢晋元心里好不悲凉。

设在四行仓库的师指挥部，已经失去往日森严之气象，笼罩着溃败前的慌乱气氛，办丧事似的。过去灯火通明的大楼，这时显得特别暗淡。四周的警戒哨兵神经过敏地对出入人员严加盘查，看证件，对暗号，动不动就拉枪栓。楼门前停着几辆汽车，士兵们正慌慌忙忙装运物品。楼内满地都是丢弃的物品，一片狼藉，参谋人员正忙于焚烧销毁那些不能带走的公文、图表和杂物。而电讯兵正赶着在收机撤线之前将最后命令发到每个部队，满楼都是他们"哇哇啦啦"的声音。

谢晋元尽力稳住脚步，报名而入。"第五二四团中校团附谢晋元前来报到。"

在败象环生、遍地凌乱的指挥部内，他的声音显然过于震耳。一位作战参谋连忙上前，将他引导到师长指挥室。

指挥室内一切设施都已撤走，四周空荡荡的，一只灯泡放射着惨白的光。师长孙元良全身披挂，一副急不可待的神情。在这大撤退的不祥之夜，分分秒秒都极为重要。

几个小时之前，蒋介石在电话中把"留一师死守上海"的命令下达给朱绍良。朱绍良虽然耳背但心里明白。他揣摩到蒋介石的意思是叫他打套花拳，让外国人看。既然是做个样子，何必一个师？一个团就行。于是，他给第七十二军军长兼第八十八师师长孙元良下达命令，留一个团固守闸北最后阵地。孙元良更是个明白人。他想，既是打花拳，就打到底。他决定将留一个团改为一个加强营。留哪个营好？眼下全师三个旅九个团二十多个营，胡椒面似的撒在各处，并且大部分残缺不全。唯有第五二四团一营较齐整，且离四行仓库最近。师长与参谋长张柏亭商量的结果，决定留这个营。孙元良毕竟老谋深算，他想，朱长官交代留一个团，我虽不能留一个团的兵力，起码要留一位团级指挥官，并且这项任务异常艰巨，非同小可，必须选派得力军官，否则，难当重任。参谋长张柏亭当即举荐第五二四团团附谢晋元。谢晋元可算是孙元良的老部属，他机警干练，经验丰富，有智且勇。淞沪作战初期，他任第二六二旅参谋主任，颇有谋略。他曾策划并实施了袭击停留在黄浦江的日军旗舰"出云号"的作战行动，也曾组织指挥了攻击虹江路日军据点的"铁拳计划"。选派谢晋元担当固守闸北指挥重任，正合孙元良之意。

蒋介石一道严令，几次传达，一再变通，逐级减码，兵力由师而团，由团而营，这是他始料不及的。然而，由此引出一段惊天动地的悲壮故事。一个名不见经传的小人物，被推上淞沪战场的大舞台。

大撤退的命令已经下达到所有部队，各路人马正在夜幕下匆忙后撤。虽然已有明令，行动要严密组织，尽量隐蔽，循序而退，但兵败如山倒，顾不得很多了。车轮声，脚步声，夹杂着逃难百姓的叫骂声，四处乱成一锅粥，就像被抽去梁柱的大厦，正"哗啦啦"地倾塌。在这种情势下，却要留一支小部队固守最后堡垒，稳住阵脚，太不可思议了。所以，当谢晋元来到跟前时，孙元良最初的情绪是复杂的。他的目光游移不定，心中的话语不知如何说好。这尤其使谢晋元感到自己面临的使命非同一般。

片刻迟疑后，师长终于发话："部队已奉命撤退，但是……"

将军毕竟是将军，只要一开口，他的话就带有不可逆转的威严和不容商讨的果断。他接着说：

"你要留下，给你一个营。这座四行仓库就是你的阵地，要守住它。没有命令不许撤退！"

不容细想命令的全部含义，出于军人的本能和禀赋，谢晋元一个有力的靠腿立正，神色庄严：

"坚决完成任务，誓与阵地共存亡！"

师长点点头，"具体作战方案，你与参谋长商量。我先走了。"

临别的时候，师长用力地拍了拍谢晋元的肩膀。他突然感到，这副肩膀竟这般单薄，硬骨铮铮，将如此重负加于如此瘦削的肩头，能承受得了吗？

离开四行仓库师部，已是夜里11时。谢晋元与师参谋长张柏亭约定，师部警卫连午夜12时开始撤出四行仓库，他必须在此之前赶来接防。

谢晋元急如星火往回赶。此时，他什么也不想，唯有一个念头，赶紧把部队拢住！主力正在后撤，到处都是向后转的士兵，万一让第一营的队伍稀里糊涂地跟着退走，他这位光杆司令可就什么也干不成了。

赶回观音堂第一营防区，他心一下凉了半截，刚才还在加固工事、很有条理的阵地，一会儿工夫，变得空荡荡，没个人影。一打听，才知道队伍已向北站方向移动。

好不容易在北站找到第一营营长杨瑞符，谢晋元传达了师部命令。杨营长是东北人，黄埔军校第六期毕业，他能征惯战，且古道侠肠，豪爽干脆，此时二话不说，表示愿意听从团附驱策，共担重任。

谢晋元心中大为欣慰，问："你手头有多少士兵？"

"共有两名。"杨营长高声应答。

"怎么回事？"谢晋元大吃一惊。

"两名足矣。"杨营长仍是不慌不乱。

"军中无戏言。"谢晋元心急火燎，厉声说道。

"我说的是身边有两名传令兵。还不够？只要把我的命令传下去。保证全营队伍集齐。还不成？"杨瑞符营长是位乐天派，如此紧急关头竟还兜圈子，差点把个火暴的谢晋元惹毛了。

"开什么玩笑？"谢晋元这才愉快地喝了一声。见杨营长这样有把握，团附心里高兴。只是时间紧迫，离与张参谋长约定的接防时间只剩半个多小时，队伍难以按时赶到。

杨瑞符营长盘算，这黑灯瞎火、乱糟糟的大撤退之夜，要把分散各处的四个连队都集合起来，起码要半个小时，再开到四行仓库，还得一刻钟。时间不等人，这可怎么办？惯于乐哈哈的杨营长，这才真正着了急。

看见杨营长急了眼，心里火辣辣的谢晋元反倒不能着急，紧急中他逼出个法子，说："只要你保证把部队集齐，我可先走一步，去把四行仓库防务接下来，你随后带队伍进去。"

"我用脖子顶着的这玩意儿担保！"杨瑞符回答。随即，他一声喊："传令兵！"黑暗中，有两位士兵应声而至。营长撕下两张纸条，当着团附的面，写上集合队伍的命令。传令兵得令，转身就跑，"嗖嗖"地消失在夜幕中。

12点差5分，谢晋元返身回到四行仓库。准备最后撤退的师部直属队已经集合完毕，门前的大卡车也已经发动，不耐烦地轰轰震响。

"部队呢？"见谢晋元单枪独马地赶来，参谋长顿时火起。

"随后就到。"

"防务交给谁？"

"交给我！"

"胡闹！"参谋长的话像镢头砸在石板上，火星四迸。

参谋长不是要找谢晋元的碴儿，有意跟他过不去。军情重大，不得不如此。把四行仓库作为上海市区的最后堡垒，予以固守，在最高统帅部是挂了号的。丢了，脑袋一排排地掉！谢晋元一个人来接防，不是在玩儿戏吗？虽说日军现在离得还远，但有个万一呢？

论私交公谊，他们都是不错的。北伐时，他们两人同在第二十一师政治训练处当差。那时，谢晋元是团政治指导员，张柏亭是连政治指导员。谢晋元恰好是张柏亭的顶头上司。北伐后，倒霉的谢晋元因伤住院，打吊针、吃药，张柏亭却福星高照，由钱大钧保荐入日本士官学校喝了洋墨水。于是，两人的地位翻了个。张柏亭成了金星耀眼的少将，谢晋元仍是个中校军官。张柏亭心里也明白，论战功，论才能，论资历，谢晋元哪一条也不在自己之下，他如今屈居僚属，不过是运气不佳罢了。所以，不管公事私事，张柏亭总是对谢晋元优渥有加，从不摆上司的架子。留守四行仓库的任务是张柏亭替他包揽下来的。这是什么差？是送死的差事，是拿鸡蛋愣往石头上碰的差事。几十万军队，天上有飞机，地上有大炮，河里有军舰，死拼活斗，都没能挡住日军的进攻，现在要用一个营的兵力，和日本人周旋，又要打得热热闹闹，还要坚持到何日何时，古今战史上有先例吗？办不到的事硬要办，打不成的仗硬要打，结果只有一个死。不是死在战场，就是死在法场。

张柏亭感到，刚才那通火发得不应该，不是时候。谢晋元临危受命，九死一生，不该冲他叫嚷。他有他的难处。他一个人先来接防是不得已而为之。光这种天塌下来敢顶住、地陷下去敢填平的勇气，就叫人敬佩。张柏亭很为自己刚才的鲁莽而后悔，他声调一下变得十分平缓，说：

"既然如此，我把师警卫连一个排暂留给你，等你的部队赶到后，再让他们撤走。"

"这很好，我们开始交割吧！"谢晋元答话里听不出感激，满口的公事公办。

参谋长领着谢晋元在楼内楼外转了一遍，边看边交代有关事项。

这是上海滩上实力雄厚的大陆、金城、中南、盐业四家银行的仓库，故名四行仓库。它是一座五层楼的建筑物，位于苏州河北岸。因为是四大银行共同投资兴建，建筑物既高大且坚固，在苏州河沿岸的大片楼房中算得上是羊群中的一头大象。仓库内存放的全是客户给银行的抵押物，如大豆、米、白面、食油等。

四行仓库位置很好。它东临西藏路，北倚国庆路，西靠满洲路，南傍苏州河。仓库四周都是通道，视野开阔，便于发挥火力，正是用武之地。

看着楼内堆积如山的粮食，清点了师部撤退时留下的充足弹药，打开水龙头，自来水"哗哗"地流。谢晋元心里十分兴奋："有吃的，有喝的，有打的，没问题啦！"

"你要记住一点，你们是孤军，没有后援。"参谋长再三叮嘱。

"明白了。"

"这就好。"

分手之时，张柏亭的话透着诀别之情，说："中民兄（谢晋元字中民），此举成也在你，败也在你，你好自为之。"

参谋长领着大队人马撤走后，谢晋元一边把暂留下的警卫排布好岗哨，派出警戒，一边耐心等待自己队伍的到来。他信步登上四行仓库顶层，想熟悉一下四周的环境，看一看夜上海。

"八·一三"以来，上海四郊已激战两个多月，血流得太多了。打得最激烈的温藻浜、罗店、杨树浦、宝山、大场等阵地，尸积成山、血染江河。据说国军在上海已损失了二十多万人。谢晋元确切地知道，他的第五二四团已五次补充兵员，累计伤亡人数超过全团总定员。

大上海，几十万官兵为之拼命、为之流血的大上海，你现在到底怎么样了？

在仓库顶层，向北望去，一团漆黑，两目茫然，什么也看不见。北站的钟楼，虹口公园的假山，西藏路的教堂，共和路的霓虹灯，全看不见了。

大上海在夜色中销声匿迹，噤若寒蝉。

对着寥寞夜空，谢晋元为大上海的前程沉重地叹息。

突然，四周响起猛烈的炮声，火光中，便看见附近的楼房，东倒西歪，龇牙咧嘴，挥拳举臂，如同一群可怕的怪物。

深秋的江风，带着寒意，阵阵袭来。

谢晋元形单影只，孑然而立，穿得又薄，又是站在招风的高处。寒风消耗着身上的热量，时间在啮噬着他的信心。他心里开始打鼓，部队怎么还不来？杨瑞符该不是吹牛吧！

他摸出一根香烟，点着后猛吸一口。不是烟瘾犯了，他要借助烟头那点火光，那点热量，稳住自己。

此时，杨瑞符正为自己刚才说的"用脖子顶着的这玩意儿担保"的约言，弄得焦头烂额，心乱如麻。

传令兵派出去后，他一人留在北站，等待部队前来集合，约 20 分钟，第一连按时赶来，机枪连和营部也在蒙古路待命，而派往第二、第三连的传令兵，音信全无。这时北站附近，日军大炮的射击越来越猛，不知要搞什么鬼。而部队东一坨，西一坨，还有两个连下落不明。杨瑞符怕第一连在北站挨炮击，又怕机枪连在蒙古路有什么闪失，还要继续寻找二连、三连。更担心团附在四行仓库等不及。几头拉扯，真不知该顾哪一头。

又过了 10 分钟，他再也不能在北站待着了，便留下传令兵等待二连、三连，他自己领着第一连奔向那里，可是到了蒙古路，左寻右找，机枪连竟去向不明。他指挥着四个连队，而到紧要关头有三个竟找不着。

"嗡"地一下，杨瑞符头都大了。

一看表，与团附约定的时间已到。要是四行仓库出了事，他有十个脑袋也不够砍。

营长命令一连马上向四行仓库开进。他自己留在蒙古路桥头等候后续部队，心中暗暗叫苦。

在四行仓库，谢晋元左等右盼，好歹盼来第一连。兵力虽不多，尚可应急。他把师警卫排撤走，以第一连占领阵地，加紧构筑工事。

要紧的是切实控制大门及窗户。四行仓库的大门很大，汽车也能开进，肯定会成为敌人进攻的重点，必须构筑掩体。窗户是射击孔，也须加固。急切中用什么东西堵这些大洞？

看到仓库内堆满了一包包的大米、黄豆、面粉，谢晋元眼睛一亮，这不就是现成的沙袋？都是白花花的粮食啊！造孽！对农民的恻隐之心在他脑海里一闪，就给军人意识赶跑了，偌大的上海都快沦入敌手，不要说是粮食，就是金砖银锭，只要用得上，也得往外抛！

他手一挥："搬！"士兵们立即动手。

不多时，大门外便用粮袋码成坚固的掩体，所有窗户也都砌好射击孔。四行仓库于是成了用大米、黄豆砌筑的碉堡。士兵们哈哈大笑："躺在粮堆里打仗，这可是头一回。"

杨瑞符领着第二连赶到四行仓库，已是凌晨2时。但第三连及机枪连仍下落不明。谢晋元亦喜亦忧。喜的是毕竟又增加了一个连的兵力，忧的是，还有两个连队没找到，尤其是机枪连，原指望他们当主力的。谢晋元想起立下的约言，用木棍敲着杨瑞符的钢盔，警告他：

"记住，钢盔底下这玩意儿，暂时寄存原处，以观后效。"

杨瑞符头皮一阵发麻。

令人惊恐不安的夜晚已经过去，10月27日拂晓来临。无论环境如何险恶，白天给人的感觉总是比较踏实。四行仓库的工事基本就绪，官兵们正严阵以待。

早晨的太阳像是刚从一场噩梦中挣扎出来，无精打采，脸色煞白地慢慢爬出地平线。从黄浦江弥漫上来的晨雾，一团团、一缕缕，缥缥缈缈，到处游荡。从废墟中升起一股股黑烟，无力地翻滚，痛苦地升腾，像是上坟时烧的纸钱。白天的上海，比夜间的上海更加凄惨，更加悲凉，更加触目惊心。上海真是太大了。铅灰色的楼房，一片连一片，一排挨一排，望不到边。远处，疲惫的黄浦江，从天边缓缓流淌。淞沪抗战以来，谢晋元和自己的部队苦战过的八字桥、虹口公园、持志中学一带，已经千疮百孔，面目全非。尤其是八字桥附近地区，经过敌我反复争夺，已被夷为平地，从四行仓库的楼顶望去，只看到一片瓦砾。往南看，昔日繁华喧嚣、嘈杂不堪的租界在日军锋芒下，一派萧然。外滩一带的高楼大厦在风寒中呆头呆脑，战战兢兢。黄浦江传来的声声汽笛，低沉、呜咽，像在给谁送葬。

市区的枪声，稀稀落落，大规模的抵抗已告结束，主力部队乘着夜色已经退出市区。几十万部队撤走后留下的巨大战场，就这样横在谢晋元跟前。面对着支离破碎的大上海，面对着空荡荡的大战场，面对着从四面八方紧逼而来的日军，谢晋元感到上海真是太大了，大得无边无缘，像是如来佛的掌心，任你多少个筋斗也翻不到边，跟前的战争舞台太空旷了，空旷得令人悬心。就像一位独步荒野的夜行人，谢晋元觉得自己太孤单、太渺小、太没分量了，心中不由得升起一阵恐惧。

无非是个死，即使挡不住日本人，保不住大上海，以死相报，也算是尽了军人的职责，也对得起国家了。谢晋元自勉自慰。

老闸桥以北虹江路一带噼噼啪啪地又响起了阵阵枪声。不久，望见北站候车大楼竖起一面太阳旗，日军已经占领了北站。北站离四行仓库不足 1000 米，战火眼看就要烧过来。谢晋元命令部队立即做好战斗准备。

约莫七八点钟的光景，大批难民自北站方向，沿西藏路向苏州河新垃圾桥涌过来，准备逃进苏州河南岸的公共租界，以躲避日军的摧残。逃难的人群自北而南，一路狂奔，跑在前面的人已经到了四行仓库门前，只要再跑几步，跨上新垃圾桥，就是公共租界，就算进了避难所。

守卫在四行仓库的士兵们看见难民们扶老携幼，丧魂失魄的样子，好不心酸，于是在大楼之上大声喊叫：

"同胞们，不要慌张，慢慢走。前面就是租界，有我们断后。"

没想到，难民们一听到士兵喊叫，竟站住了，一齐把目光投向四行仓库。

只听见走在前面的一位学生模样的女青年朝逃难的人群呼喊：

"同胞们，我们的军队还守在闸北，我们怕什么？我们跑什么？我们回家去！"

随即有许多人附和道："对，有军队在，我们就不怕，回家去！"

上千人的逃难队伍，就这样掉头原路退了回去。

这一幕，让谢晋元全看到了，听到了。他心头一热：

要不守住这最后阵地，怎么对得起这成千上万难民，怎么对得起上海的父老乡亲！

第二章

孤　堡

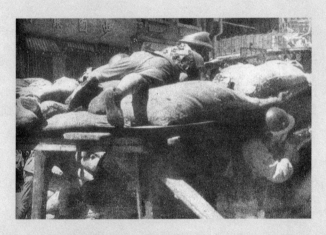

　　偌大的东方大都市事实上已被日军占领，可当一队日军举着太阳旗探头探脑来到四行仓库时，未料遭遇迎头痛击。

　　十多分钟战斗报销了27名鬼子兵，被称为淞沪抗战以来打得最漂亮、最有朝气的一仗。

力量悬殊的四行仓库攻守战，27日午后1时打响。

早晨，日军毫不费力地占领了上海北站后，越过铁路向南搜索。这些曾经攻陷了闸北大片城区的日军主力部队，开始小心谨慎起来。他们似乎怀疑，一座东方大都市，怎么这样轻易到手？几十万中国军队死守的上海，怎么一夜之间变得空荡荡的？该不是中国军队设下的一个大陷阱吧？本是凶猛无比的日军，在事实上已经占领上海后，反而显得缩手缩脚，鬼头鬼脑。

当第一面太阳旗插上北站大楼时，它是孤独的，惊恐的，在深秋寒冷的晨风中猛烈地颤抖。面对一片死寂的城区，日军不敢贸然行动。担负搜索任务的部队，小心翼翼地向四周刺探。为确保无虞，日军以大火开路，"威力侦察"，每队日军都驱动一路大火，闸北地区，火龙飞舞，黑烟蔽日。

西藏路上，大火借着强劲的北风，向着四行仓库方向席卷而来，还有日军侦察机从低空掠过。

大火越烧越近，潜伏在大楼内的中国士兵，从窗口感受到一阵阵热浪扑来，夹带着黑色粉末的浓烟，刺痛着他们的眼睛，握着钢枪的手越攥越紧。一颗颗躁热的心，在"古突古突"地加快搏动。

午后1时左右，鬼子的踪迹开始出现在我瞭望哨的视野之内。透过黑烟的缝隙，哨兵发现，在四行仓库西侧交通银行门口，有一队举着太阳旗的日军，在探头探脑摸索而来。"咔嚓""咔嚓"，中国士兵的枪支悄悄顶上子弹。

第一批送死的日军，1时40分撞到中国士兵的枪口下。

四行仓库西侧有一座地堡，是中国人为防备租界里的英国人而准备的，位置在交通银行与四行仓库之间。预先埋伏在地堡的一连四班隐蔽得非常之好，又能沉住气。当日军从交通银行往四行仓库方向运动时，正从地堡跟前擦过。从秘密观察孔里，他们甚至能看清走在前头的日军小队长钢盔下脏乎乎的小胡子和滴溜溜转的小眼睛。但是他们没有动手。三十多个日军不知死期临近，全越过地堡，向四行仓库靠过去。于是，从地堡到四行仓库的苏州河北路这两百来米的路段就成了一个大口袋。

枪声几乎从两头同时响起。四行仓库里的我军枪口顶着日军脑门打，地堡里第四班的机枪子弹，直往鬼子屁股上钻。日军两头挨打，无处逃遁。

十多分钟的战斗，报销了27名鬼子兵。这在上海战场，微不足道。但它却

中国士兵向进犯的日军射击。

是淞沪抗战以来，中国人打得最漂亮最解气的一仗。

四行仓库的枪声，打破了自昨夜以来上海战场的沉寂。它向日军，同时也向上海百万市民和租界里的洋人宣告：中国军队在上海的抵抗仍然有效。

中国人、西洋人，以及东洋人，无不为这密集的枪声所震撼。中国人扬眉吐气，西洋人窃窃私语，东洋人则怒气冲冲。

当四行仓库的枪声响过，虹口方向也曾有枪声回应，听得出那是残留在各处没有退走的中国士兵，奋起进行最后的抗争。西藏路街面上，偶尔看见三三两两的市民，在火光中跳来跳去，好似是在寻找食物或是自卫的武器。显然，市民们从刚才的枪声得到了鼓舞。而昨夜以来，租界里默不作声的洋人，也有了一点新的动静，停在黄浦江里，挂着外国旗帜的货轮，现在也放开胆子，拉响了那沉默已久的汽笛。

虽说，日军将自己占领的地盘从北站向南推进两千多米，越过了好几个街区，而仅仅损失一个小队的士兵，代价已经很小很小。但日军还是怒不可遏，决不能让飓风一样的攻势在小小的四行仓库停滞下来。

下午3时，日军开始了有组织的进攻。而昨夜失散了的第五二四团第一营其余官兵，也循着午后战斗的枪声，全部集合到四行仓库。谢晋元与杨瑞符为此大受鼓舞。

与上一轮遭遇战不同，这批进攻的日军有三百多人，从西藏路、苏州河北路、国庆路，密密麻麻地三面包抄过来。个个昂首挺胸，翻毛皮鞋把水泥马路踩得"咔咔"作响，刺刀在烈日下闪闪发光，一身"赴汤蹈火"、死不回头的蛮劲。

相比之下，刚才送死的那一批，瞧那缩头缩脑的德性，只是些刁奸使滑的侦察分队，现在来的才是久经战阵，敢真刀实枪、死拼硬搏的蛮兵。

曾经让日军吃过大亏的地堡，成为鬼子必须攻占的第一个目标。成队的日兵，首先向地堡扑了过来。架在侧后担任掩护的机枪，集中火力对地堡予以压制射击。半截子露在地表，像个水泥罐似的地堡被打得火星四溅。所有枪眼全让日军火力贴封条似的封住，不容里面有一点动静。

事实上，日军发狠的这个时候，地堡是空的。因为考虑到地堡是个孤立的火力点，难以久持，半个小时前，里面的士兵已奉命撤退，他们只留下两样东西：一束手榴弹和一发迫击炮弹。

日军猛射一阵后，看见地堡并无声息，于是予以占领。

已转移到另一座街垒的一连四班战士，正瞪大眼睛，看着十几个笨手笨脚的鬼子，撬开水泥门，钻进地堡。班长朱胜忠手里拽着根绳，绳索那头正系着地堡里手榴弹的拉环，看见该进的鬼子全进去了，他骂一声"去你妈的"，用力一拉绳子，拉出一声惊雷，一片火光。地堡立时四面开花，一束手榴弹，外加一发迫击炮弹的威力，竟把沉重的顶盖掀开了。

毕竟是用武士道精神浸泡出来的日本军人，刚才那声石破天惊的爆炸，并没有给进攻中的日军太大的震颤，报销十几个同伙，好像根本不当回事儿。大队日军更凶狠地向四行仓库扑过来。

来就来吧！中国军队压根儿没打算让战斗结束在地堡跟前。

昨夜，在谢晋元的一再督促下，四行仓库的火力点已经布置完毕，整座大厦铁桶一般坚固。大门外，西藏路、苏州河北路的马路上也挖好堑壕，构筑街垒，布下外围火网。

日军的进攻，遭到中国军队外围火力迎头痛击。日本兵蛮劲一上，一波一波往前冲，妄想一鼓而下。但犟毕竟犟不过带有仇恨铺天盖地而来的子弹。日军进攻队形乱了，鬼子兵"哇啦啦"全都逃离街面，躲进两侧的楼房。街面上横七竖八躺着一大片"皇军"死尸。

战斗变得复杂起来。躲进马路两侧的日军依托楼房，节节推进，并且援军源源涌来。一些占领了制高点的日军火力点对我外围街垒构成了威胁。

黄昏时分，外围部队且战且退，撤回四行仓库。

日军得陇望蜀，蜂拥而至，企图乘势攻下四行仓库。

仓库大门口的争夺战打得惊心动魄。

两军短兵相接之际，向后撤退，很难脱身。当我外围部队使尽浑身解数撤回四行仓库楼内，狡猾的鬼子兵尾随其后，冲到仓库楼前。于是日军集中火力，突击楼门。我军用黄豆、面粉等粮袋临时垒起的掩体，在乱枪之下，被打得摇摇晃晃，被打散的黄豆四处飞溅，蓬松的面粉四处升腾，楼门四周弥漫起一团白茫茫的雾。

负责把门的三连连长石美豪，全身蒙上一层面粉，通体发白，他脸部被子弹擦破，鲜血淋漓，弄得身上白的地方煞白，红的地方血红。他一面指挥枪手拼命向外射击，挡住日军的攻击；一面指挥人马赶紧搬运粮袋，加固掩体。急红眼了的时候，他抱起一挺机枪，"哒哒哒"地向外狂扫。守在门口、趴在粮袋垒成的掩体里的二排射手们全都是一身白灰、白头、白脸、白鼻子、白眉毛，全成了面人，不少人眼睛让飞腾的面粉迷住了，手里的机枪却不停地向外扫。

谢晋元在五楼指挥作战，他居高临下，俯瞰全局，发现了我军致命弱点。敌军从四面八方突击大门，而我军缺少交叉火力，无法对大门实施火力支援。楼门又小，兵力施展不开。更危险的是，大楼西南墙根，趴着近一百名日军。这些敌军紧贴墙皮，在向大门步步逼近，而楼内我军火力点，只能向远处打，对鼻子底下的敌人却无法射击。

眼睁睁看着鬼子向大门逼近，谢晋元急得抓耳挠腮。

危急中，谢晋元突然想到刚才地堡那声惊天动地的爆炸。"有啦！"他当过旅参谋主任，对炮兵那套懂得一些，迫击炮弹可以用手榴弹引爆，也可抛掷直接引爆。他急命机枪连排长尹求成派兵搬来迫击炮弹。尹求成是位资深排长，精明强干，一点就通。不用多说，他已经明白团附的用意。他抱起一发炮弹，装上引信，对着西南墙根掷了下去。

这玩意儿真顶事。楼下"嘭"的一声炸响，就听见鬼子"哇啦哇啦"乱叫。鬼子想不到祸从天降，一下乱了营。几位士兵学着尹排长的样儿，也往下扔炮弹，楼下"砰砰嘭嘭"地响开了。

墙根的鬼子哪还趴得住，死的死，逃的逃。日军很有威胁的第一次攻门，便告瓦解。

苏州河北岸的四行仓库，一座五层楼的深灰色建筑物，在高楼如云的大上海，一点也不起眼，在纵横百里、工事遍布、堡垒连环的淞沪大战场，简直不屑一顾。但是面对日军排山倒海、席卷而来的浩大攻势，它竟挺住了，把所向披靡的日军打了个趔趄。东洋兵岂肯罢休！

次日，日军数次强攻，几度用武，密集的枪弹，把大楼打得四处冒烟，遍体弹痕，但每当攻到楼门，都被楼内水龙头一样喷射的枪弹打得人仰马翻，抱头鼠窜。

中午，日军推来大炮，出动飞机，准备大动干戈。

但是，在上海战场为所欲为的日军终有一忌。西藏路以东和苏州河以南就是英美把持的公共租界。四行仓库侧后不足 200 米，有租界内两个巨型煤气罐。罐里储存有 30 万立方米瓦斯，一炮打偏，击中煤气罐，整个租界将是一片火海。当日军在上海四郊攻城略地、杀人放火时，缩在租界的洋人"保持中立"，隔岸观火，但眼见战火不断向租界逼近，西洋人于是向东洋人发出警告：不可将战火引入租界，否则，不能坐视。日本不敢把西方列强的话当耳旁风，不敢贸然对四行仓库动用重武器。大炮只好对着仓库大楼干瞪眼，涂着太阳旗的飞机在仓库上空红头苍蝇似的来回盘旋，却不敢投弹，急得"嗡嗡"直叫。

我军顽强固守，日军急切难下，双方来回拉锯，又度过了漫长的一天。这一天，天气阴沉，细雨霏霏，到了枪声停息，西天才扯开一道缝，太阳露出半个脸。一抹金色的霞光，把静静流淌的苏州河涂抹得像一条流金溢彩的绸带，灿烂得让人目眩。天地间一片辉煌。

但这只是瞬间辉煌。匆匆忙忙地把上海瞥上一眼后，太阳下山了。近处的街道，远处的楼房，开始暗淡下来。

凭着坚固的楼内防御工事，也借着租界这块挡箭牌，四行仓库的中国士兵又坚守了一天。对他们来说，每一次日落，都是一个了不起的胜利。

仓库内的夜晚比外面降临得还要快一点。听着城内的枪声远离，望着阵地前的日军无望地缩了回去，中国士兵们虽然还趴在射击位置上，怀里还抱着枪，手指还搭在扳机上，但是，心里已经轻松下来，有人小声地哼起只有他自己才能听懂的家乡小调，有人打着欢快的口哨，有人则开始清点身边的弹药。

炊事兵们忙碌了起来，进入四行仓库后，已经两天没开伙了，今晚必须让大家饱吃一顿。

楼内有的是粮食，自来水也是现成的，满桶满桶的食油是上好的燃料。一层楼的大厅里，摆开四口大锅，火苗蹿得老高。不一会，就听锅内"咕噜咕噜"滚水的响声。炊事员们抱起麻粮，往锅里下了米。不消一刻钟，满楼便飘散着馋人的米饭香味。

三锅大米饭，一锅黄豆。白的玉白，黄的金黄。开饭的时候，以往都是站在锅边，按着定量往各人碗里舀饭舀菜的炊事兵，今天却远远地蹲在墙根，一边吸着烟，一边劝告大家：

"耗子进了粮仓，放开肚皮吃吧！"

士兵们从未吃过这么香、这么饱的一顿晚饭。

一大碗白米饭和半碗黄豆下去后，谢晋元伸伸脖子，咂咂嘴，心满意足地打了个饱嗝。他顺手抹抹嘴，感觉整个脸面，脏乎乎的又油又糙又硌手，这才想起已经有好些日子没洗脸了。"光顾肚子不顾脸"，他自嘲地来了这么一句，就起身朝墙角的水龙头走去。

"哗哗"的自来水冲下一头一脸的汗腻，也洗下一身的疲劳，他感到通体畅快。

营长杨瑞符寻他来了。"嚯，酒饭足而知廉耻哟。"他人未到，话先到了。

"脸还是要的，死也死个干净嘛。"谢晋元快活地说。

"我也干净干净。"杨瑞符笑嘻嘻地把头脸也伸到水龙头下。

三下五除二，哗哗几下，杨营长连头带脸洗个痛快，东北大汉的豪爽劲又回到他身上，他说：

　　"今晚该不是最后的晚餐吧！趁弟兄们正在兴头上，我看，再加一把火，我把大伙集合起来，你给煽乎煽乎。"

　　"训话？"

　　谢晋元想，也好，便点了点头。

　　一楼大厅亮起几盏用碗做的油灯。除警戒哨兵外，全体集合，几个伤号也由人搀扶着站到队伍中间。

　　楼内本来很暗，油灯那点豆光如同夜空的星星眨着眼，又站立着一排排粗壮的军人，越发显得黑黢黢的。看不清每人身上的军服，看不清人们的脸面，几百人的队伍就像一堵又黑又厚的墙壁。唯一闪着亮光的是一顶顶钢盔和圆圆的枪口。四周极静，能听见粗重的呼吸，能听见油灯爆出火花时"噼噼啪啪"的响声。

　　人们屏声敛气地期待着，似乎都感到今晚的集合有着某种不寻常的意义。

　　谢晋元此时站到队伍前头。一碗米饭和半碗黄豆给他不少力量，加上刚才凉水的激灵，最主要的是，作为一个指挥官，站立到自己钢铁一般的队伍跟前，就按不住热血沸腾。暗中看不清他的眉目和神情，但是他的自信和果敢，通过声音放射出来：

　　"两天的仗打得不错，弟兄们辛苦了！"

　　这夸奖的话顺耳、中听，像"喤喤"的锣声，听起来令人浑身轻松快慰。队伍中响起一阵轻微的"嘘"声，那是士兵身心宽松、呼吸畅顺时的一点点声响。

　　"但是，"团附紧接着就"咚咚"击鼓，士兵们的耳朵不由得又支了起来，"这只是小胜，只是开头。我们的处境，不用我说，大家都清楚。我们前面是日军，东洋人，枪口对着我们。我们背后是租界，巡捕、商团、西洋人，也拿着枪，在瞪着我们。而我们，手里拿的也不是烧火棍，我们怎么办？"

　　"死守！"

　　一声回答，如同一道闪电，燃响了一片惊雷。"是的，没有退路，只有死守。四行仓库就是我们的坟墓，我们要与阵地共存亡！"

　　军人的语言如钢珠走盘，"当啷"作响。团附对士兵们雷霆般的誓愿做了准确有力的阐释。之后，他端起身边的一盏油灯，缓缓举到自己面前。

这是在生死存亡的最后关头，一位指挥官在士兵面前一次庄严亮相。凝重的灯光照亮他的身躯，照亮他的脸庞，照亮他的钢盔。士兵们看到，他的身躯瘦削而强健，他的脸庞冷峻而威严，一副视死如归的神情。钢盔下的双目坚定有神，一豆灯光在他一对黑色瞳仁中折射出两个明晃晃的光斑，犹如两束电光，周围的一切仿佛不是被那灯光而是被这电光照亮了。

"我们互相认识认识吧！"团附说。

淞沪开战的时候，谢晋元任第二六二旅参谋主任，出任第五二四团团附只是七天前的事。一纸死守四行仓库的命令，又将他与第一营官兵命运连在一起。但他与他们之中的许多人还互不相识。慷慨赴死的患难兄弟，相互总该留下一些印象。

谢晋元举着油灯，来到士兵跟前。灯光映照着他和他的兵。他们会面在四面受敌的孤堡里，相识在昏黄凝重的灯光下。谢晋元从排头走到排尾，又从另一个排尾走到排头。他与每个士兵相互敬礼、握手。他那粗糙结实的大手不管伸向哪个战士，回握的必定是同样有力的大手；他那坚毅果敢的目光不管投向哪里，迎上来的必定是同样坚定的目光。任何语言都成为多余，只有心灵的撞击，情感的交汇。每一个军礼都是激励，每一个握手都可能是诀别。

认识了全体官兵，同时也清点了全部战斗力，参加四行仓库作战的官兵总共 452 人。

谢晋元记住了这个数字。

团附又回到指挥员的位置上，他用目光将自己的队伍再次清点一遍，之后深沉地说：

"各位都有亲人、家小，要留什么话，都写下来，本官保证派人送出去。每个人都要写。"

团附下达了今晚训话唯一的这道命令后，队伍散开了。

士兵们回到各自的位置，他们继续加固工事，擦拭枪支，同时，遵照团附的命令，开始准备自己最后的遗言。

是办这件事的时候了，大家都这样想。

有文化、有纸笔的人，从连长那里领到一把棉纱，用饭碗舀来豆油，便在面前点上一盏小油灯，开始思考和书写自己的遗言。每个楼层的角角落落，放出星星点点的亮光。

谢晋元和杨瑞符在各处巡视，看到岗哨各在各位，楼外平静如常，心中泰然。看到楼内一片沉寂，不少士兵对着油灯，想着各人的心事，准备着给亲人的最后家信。虽说都是五尺男儿，相誓为国捐躯，义无反顾，但谁无父母，谁无亲朋，一旦诀别，能不动情？暗中，有人长吁短叹、嘤嘤啜啜。楼里灯光摇曳，人影绰绰，时有悲声。

谢晋元好不心酸！

杨营长不禁怅然！

"团附，我们也该准备准备了。"说完，杨瑞符默默地回到一楼自己的指挥位置。

谢晋元则信步上楼，来到顶层平台。

夜幕低垂，月光如晦。沪西方向偶尔传来的炮声，听起来已十分遥远，想必国军主力已跳出虎口，转入新的防线。看近处，上海城区历历在目。曾经是繁荣喧闹的东方大都市，在战火蹂躏下，如今却像垂危的病人，昏沉沉地睡去。上海落魄濒危的模样，真让人伤心痛惜。谢晋元想，把自己和几百个士兵留下来，也许不过是对一个医治无望的病人做最后护理罢了。

情思至此，谢晋元不禁黯然神伤。

但想到，天下兴亡，匹夫有责。兴则举杯相庆，亡则慷慨殉难。自己是一名军人，受国家培育，食百姓膏脂，当此国难临头，自己既无力挽大厦于既倾，解人民于倒悬，只有以死相报了。

想到 1925 年，自己 20 岁从中山大学肄业，入黄埔军校，弃文从戎，曾赋诗铭志：

> 山河破碎实堪伤，
> 休作庸夫恋故乡；
> 投笔愿从班定远[1]，
> 千古青史尚留芳。

---

[1] 班定远：东汉名将班超，因平定匈奴、保卫西域有功，封定远侯。

现在是实现誓言的时候了。

外滩的钟声又沉重地敲响。夜已深，来自黄浦江的晚风更加强劲，如银的月色更显清冷。抬头仰望，明亮的南十字星座在半人马星座的拱卫下，十分耀眼。遥望南天，谢晋元思念远方的亲人。

谢晋元，字中民，1905年出生，祖籍广东，蕉岭县同福乡尖坑村人。父亲是小贩，母亲是渔家女儿。他兄弟姐妹九人，二男七女。因家境贫寒，其长兄带着五个妹妹到南洋谋生。结果，家兄贫病交加，死于异国他乡。谢晋元自小聪颖好学，且胸有大志。1925年，20岁时，由中山大学肄业，考入黄埔军校第四期步兵科，后又转入政治科。1926年毕业，参加北伐。因为作战勇敢，1929年升任中尉连长。同年与上海女子体育专科学校女生凌维诚相识并结婚。凌维诚家居上海龙华。谢晋元所在的第八十八师当时驻守无锡。虽夫妻分居两地，但牛郎织女鹊桥相会，恩恩爱爱，情投意合。1930年，生下第一个女儿雪芬。到1932年，他们有了第二个女儿兰芬。1934年生了第三胎，是一男儿，取名幼民。正当他们的小日子过得甜甜蜜蜜、和和美美的时候，日本鬼子加紧了对中国的侵略，亡国危机日益深重，战争危险日益迫近。1936年春，眼见战争迫在眉睫，为了减少家庭拖累，一心一意投入作战，谢晋元说服凌维诚带着子女离开上海，迁回蕉岭。凌维诚理解丈夫报国赤忱，带着两个女儿、一个儿子及已有三个月的身孕来到广东乡下。

临分手时，谢晋元曾特地与妻子儿女照下一张"全家福"。现在，谢晋元掏出照片，打开手电，仔细端详。照片中，儿女三人，紧紧偎依在父母身旁，

谢晋元

活泼可爱。妻子凌维诚俊秀的脸庞流露出幸福的笑容。然而这张"全家福"照得不全。照相时，小儿子继民还在娘胎里呢，现在小继民已长到一岁，可是做父亲的还未见过一面……儿呀，今生今世，我们怕是见不了面了……

徘徊反侧中，谢晋元记起淞沪抗战爆发后曾给妻子写过一信，只因军务繁忙，未及发走。而信中内容日夜萦绕在谢晋元心头，信中写道：

> ……半壁河山，日遭蚕食，亡国灭种之祸，发之他人，操之在我，一不留心，子孙无噍类矣！为国杀敌，是革命之素志，而军人不宜有家室，我今既有之，且复门衰祚薄，亲老丁烯，我心非铁石，能无眷然！但职责所在，为国当不能顾家也。老亲之慰奉，儿女之教养，家务一切之措施，劳卿担负全责，庶免征人分心也……

两个月前写给妻子的信，如今再细细默读，勾起千种思念，万般情爱。谢晋元觉得言犹未尽，似应在信的末尾，再添几句，他刚要提笔，一阵急促的枪声，猝然响起，团附飞身下楼。

枪声来自大楼北侧，原来一队日军乘着夜暗，自四行仓库国庆路进行偷袭，我军及时发现，迎头痛击。

偷袭不成，日军转为强攻。一场短兵相接的夜战又激烈地展开。

日军以为四行仓库三面临街，一面背水，视野开阔，易守难攻，白天进攻吃了大亏，而夜幕能帮他们的忙。没想到，刚一出动，就被发觉，"皇军"好恼！

实际上，中国军人料定日军会来这一招，并且一直恭候他们的到来。当日军大举进攻的时候，中国军队施魔法似的，将这夜暗变成了白昼。他们将早已准备好的大批棉纱团，蘸上食油，点燃后从窗户抛出，四行仓库的外围立即燃起一堆堆大火，整个街面亮如白昼一般。

火光让偷偷摸摸、贼眉鼠眼的日军即时现了原形，楼内的中国士兵，借着火光，打兔子似的，一枪一个，不慌不忙地收拾着撞到枪口下的敌人。

败退下去的日本人又来一招。中国士兵轻蔑地叫他们"屎壳郎敢死队"。日军分成若干支小分队，每队前头推着用大车堆上沙袋、裹上铁皮改造而成的移动掩体，一点点向我军阵地逼近，活像一队队滚动着粪团的屎壳郎。

对付日军的屎壳郎战术，中国士兵表现了很大的耐心，看着日军步步进逼，他们一言不发，不动声色，直等敌人蠕动到楼前，才从高处投掷迫击炮弹，先将日军的移动掩体炸得粉碎，然后，由射手一个个撂倒那些四散奔逃的"屎壳郎"。

中国士兵狠狠打击东、西、北三面围攻的日军时，南面却隐藏着险情。

四行仓库南面紧贴着苏州河，过了河就是租界。慑于英美等列强的虎威，苏州河是日军不敢逾越的禁区，所以这也是四行仓库最安全的一个方向。但狡猾的日军今夜要弄险。他们在三面围攻的同时，派出一个小队沿苏州河涉水，向四行仓库南面摸上来。

指挥官谢晋元自夜战的枪声响起，便一刻不停地在各楼巡查督战。在二楼，他发现北侧靠国庆路的一挺机枪打得特别欢，近前一看，是第一连连长上官志标在亲自指挥射击，嘴里还不停地叫好。

"你可回来了！"谢晋元喜出望外，一把将上官连长拽过来。

原来，26日晚上，一营部队奉命到四行仓库接防时，第一连连长上官志标另有临时任务，不在连队。连队开进仓库后，他掉队躲入租界。四行仓库保卫战打响后，一打听，正是自己的部队。于是，他约好同时散落在租界的营部军医汤聘莘和机枪连排长杨得余，于今晚从租界涉过苏州河，回到自己的队伍。一回来就赶上这场夜战，他正过瘾呢！

部队困守危楼，身临绝境，上官连长等不避艰险，毅然归队，奋勇杀敌。路遥知马力，危难见忠臣，其高尚人格和献身精神，令人肃然起敬。谢晋元紧紧握住上官连长的双手，敬佩、感激的话儿不知从何说起。

此时，谢晋元发现上官连长浑身湿漉漉的。触摸到他渡河时让河水浸湿冰冷彻骨的衣服，团附一激灵，军人的警觉、莫名其妙的第六感官，使谢晋元在激战方酣中想到，不应忽略暗中一直不言不语的苏州河。

他与上官志标离开激战的正面，来到大楼的南侧。从二楼的窗户探头瞭望，看到月光下，苏州河面闪着微弱的波光，堤岸上空无一人。水波轻轻拍打着河岸，发出轻柔的"沙沙"声。查看南侧窗口几个固定哨位，哨兵在暗中瞪大眼睛，监视着窗外的动静。谢晋元心中略安。

东侧西藏路方向的枪声又紧了起来，那边情况怎么样？该去看看。谢晋元与上官连长准备下楼。

你说巧不巧？他们正走到楼梯口拐角，南墙的一个窗户突然"哗啦"一下被击碎，马上跳进一个人。

"鬼子！"

走在前面的上官志标眼明手疾，不等鬼子站稳，一个箭步扑上去，将其按倒在地。

紧接着窗户上又出现一个黑影，第二个鬼子正要爬进来。说时迟，那时快，谢晋元抬手一枪，将鬼子击倒在窗台上。

谢团附"叭嗒"一枪，不仅击毙了一个鬼子，重要的是给全楼报了警，下了令。

顷刻间大楼南侧各个火力点一齐开火。

从苏州河刚刚爬上来的日军，被当头一棒打了下去。

四行仓库化险为夷。

枪声托出一轮朝阳。太阳已经是一个新的太阳，但四行仓库还是昨天的四行仓库。它依然高高地矗立在苏州河北岸，依然牢牢掌握在正义之师的手中。对中国守军来说，每一次日出，都是一个重大胜利。

第三章

血醒租借地

　　四行仓库的枪声响彻全上海，震撼着居住在黄浦江畔、苏州河两岸的华人和洋人。

　　八百壮士不知打退了鬼子的多少次进攻，仓库附近街面成了日军的停尸场，苏州河南岸到处是观战助威的人群……

四行仓库的枪声响彻全上海，震撼着居住在黄浦江畔、苏州河两岸的华人和洋人。

20 世纪 30 年代的上海，乃是两个世界，一个是华界，一个是外国人把持的租界。苏州河以北、西藏路以西为华界，苏州河以南、西藏路以东的大片城区是租界。处于苏州河北岸、西藏路口的四行仓库正好夹在华界与租界之间。

租界，名为外国人的租借地，实际上是老殖民主义者从中国身上强行割下的一块肉。鸦片战争之后，清政府与英国签订了屈辱的《南京条约》，开放上海等五个通商口岸，英国人开始涌向上海。1843 年 11 月，英国派往上海的第一任领事官巴富尔上尉，乘船抵达上海，却没有立锥之地，当晚，这位英王任命的领事官只好待在船上过夜。次日清晨，这位野心勃勃的退役上尉，办的第一件事，就是前往上海道台衙门，商谈为英国人"租借"一块居留地。这一谈就是两年。在英国人软硬兼施下，1845 年 11 月，上海道台宫慕久与巴富尔签订了《上海土地章程》，将洋泾浜北侧的李家庄一带划为英国人的居留地，面积 830 亩。这就是上海最早的租界。

当时的李家庄附近地区是一片烂泥滩，清政府也许并不把它放在心里。但是，他们不知道，租界是个毒瘤，一旦落下病根，它就会吸吮着你身上的血气，不断地扩展、膨胀，直至将你的躯体吸干、掏空。

当英国强盗敲开上海的大门，在洋泾浜以北站稳脚跟后，法国人紧随其后，挤进门来。1845 年年底，法国特派全权公使刺萼尼带着一干人马从黄浦江登岸，随行人员包括参赞、秘书、记者、丝商代表、纱商代表、巴黎百货公司代表及海军官员。会见上海道台时，法国人直截了当地提出要"租借"洋泾浜以南地区。踩着英国人蹚开的路，法国人很快如愿以偿。

美国人不甘落后，在英法两国敲开中国大门之后，美国人则干脆提出"门户开放"，要求中国敞开大门，让列强"均沾利益"。1848 年，美国派驻上海的领事华尔考，逼迫上海道台将虹口一带地区划为美租界。

在很短时间内，上海冒出了英、法、美三个租界。之后，租界面积不断扩展。英国人将英租界从洋泾浜往北扩展，于 1863 年与美租界合并，设立公共租界。其后，公共租界不断扩大，意大利、日本、葡萄牙、西班牙等列强也纷纷挤了进来，分一杯羹。而法国人则始终独霸一方，自洋泾浜向南向西发展，将法租界

上海租界内的外国士兵在站岗。

的界碑一直竖到陆家浜北堤和黄浦江西岸。

　　经过九十多年的侵略扩张、巧取豪夺，到抗日战争爆发时，上海公共租界和法租界的面积已经比初时增加了二十多倍，达到四万多亩。租界内集中了上海绝大多数工业和商业，界内常住的华人人口达到一百五十万。上海最重要的工业基地和最繁华的商业区全都落入洋人掌中。上海，这座中国版图上的大都市，实际上已成洋人天下。洋人用近百年时间，把中国人的上海蛀空了。

到了 1937 年的这个秋天，日本新殖民主义者侵入上海，中国军民理所当然地奋起反抗，就连租界里的老殖民主义者也不欢迎日本人的到来，他们担心日本人打扰他们的生活。西洋人以急切的心情关注着上海的战局。现在，当日本侵略军踏平上海华界，把战火烧到租界边缘，烧到与租界仅一河之隔的四行仓库的时候，租界内的洋人再也不能袖手旁观了。

中国八百壮士的英雄壮举，首先牵动了租界里的外籍兵丁。上海租界洋人手里掌握着两支武装力量，其一是英、美、法等国驻上海的海军陆战队；其二是名字古怪的万国商团。外国海军陆战队是正规军，平时待在兵营里或者军舰上，而万国商团负责租界的日常防务，是工部局统治租界、维持局面的得心应手的工具。

万国商团的英文名称 Shanghai Volunteer Corps，直译为"上海义勇队"，是 1853 年洋人为镇压小刀会起义而创建的。这是一支专门对付中国人，为洋人看家护院的庞大武装队伍。商团司令一职历来由英国常备军军官担任。商团下设十几个小队，其中有英国队、美国队、苏格兰队、意大利队、中华队和俄国团丁队等，共 2000 余人，除俄国团丁为雇佣军外，其余均为义务服役。万国商团是工部局手中的工具，他们只为洋行大班的利益而战。但既是军人，总是关心军人的举动。枪声吸引了他们。中国士兵在苏州河北岸打仗，他们在南岸巡逻。看着中国人狠狠打击日本军队，他们觉得带劲、解气，东洋鬼子，该揍！同时，又甚感纳闷：几十万华军都撤走了，却留下一支小小的部队，死守危楼，为什么？几十万华军都抵挡不住日军的进攻，一支小小的部队，却把日军打得头破血流，凭什么？洋兵们穿一身军服，扛一杆长枪，漂洋过海来到东方，周游世界，什么军队没见过，什么仗没打过？可是没见过这么打仗的。过去只听说过，在第一次世界大战中，一支法国军队，死守巴黎城东凡尔赛要塞，挡住德军进攻。那只是战史上写的，没见过。现在矗立在苏州河畔的四行仓库，才是一座不可撼动的东方凡尔赛。而受到庇护的不仅仅是中国的经济中心大上海，也包括西方列强的领地公共租界，还包括他们这些也拿着枪、有事没事"哼哼哼"例行巡逻的军人。租界的洋兵们很少关心中国人，更谈不上尊敬。但是，对这支华军，他们不能无动于衷。

这天夜里，一队英国巡逻兵隔着苏州河，朝着四行仓库高声问：

"你们需要点什么？"

生硬的中国话，穿透夜空，越过苏州河，传进中国哨兵的耳朵。正急于与外界取得联系的中国士兵回答：

"食盐、光饼和糖。"

问答到此本应结束，偏偏英国兵多事，又问：

"你们共有多少人？"

多少人？共有452人。这可是军事秘密，能告诉你们吗？况且是这样大声嚷嚷。但哨兵还是将此事及时报告团附谢晋元。

"这些外国佬。"对外国士兵的天真，谢晋元觉得可笑，但转念一想，何不借机壮壮我军声势？他对哨兵说，告诉英国人，楼内我们有八百兄弟。

上海不愧是消息灵通的地方，尤其是占市区面积一半的租界，中外文报纸有十多家，不管好消息坏消息都传得极快。商团兵丁与四行仓库华军夜间隔河的问答，以醒目的标题登在次日出版的大小报纸上，"八百壮士"死守四行仓库的消息传遍了全上海。

当此倾城陷市、战局败坏之际，上海太缺少鼓舞人心的英雄壮举了。"八百壮士"立刻成了上海民众心中的英雄。

生活在上海租界内数以百万计的中国百姓历尽坎坷而变得多愁善感，他们像圈里的牛羊，任人宰割。殖民地的黑暗世界，"二等公民"的悲惨生活，已经熬了快100年。人们盼望着国家强大起来，民族兴盛起来，这样才有出头之日，才能在上海滩上挺起中国人的腰杆。

但是，中国旧的伤口还未痊愈，日本帝国主义又举起屠刀杀将过来。"八·一三"抗战爆发后，上海民众感到，中国再不能输掉这场战争，输了就要亡国灭种。上海人把身家性命和全部希望都押在正隆隆作响的淞沪抗战上。他们曾激动过，兴奋过，但是随后而来的是越来越沉重的忧虑和惊恐。国民党军败得太快，太惨，太出人意料。曾经设想，几十万国军即使不能把1932年"一·二八"事变后一直盘踞在上海北郊的日军扫地出门，起码打个平手，将日军的势力挡在城外。没想到国民党军竟这样不经打，节节败退，不可收拾。上海市民摩拳擦掌，本是要助军队一臂之力的，但是战争的车轮跑得太快，市民们将米面做成干粮，将门板卸下捆好，还未来得及送上前线，就眼睁睁地看着大批国民党军队仓皇败下阵来，又慌慌张张向后退走。希望与梦想被大军败退的脚步踏碎，留下的只有痛苦与绝望。

在痛失胜利与面对败局的焦躁气氛中，四行仓库的枪声格外震撼人心。这是拯救上海的最后一线希望，还是一座东方都市沉落前的最后一声惨叫？也有不少人对国民党军几乎把整个上海全丢了之后，却派几百人的队伍死守一座孤楼，大惑不解。这样做战略上有什么意义，战术上有什么价值？不懂。但一般民众并不关心什么战略与战术，他们只懂得，大上海不应该丢，除非打到最后一个人。八百壮士是好样的。这才是中国龙种！

经历两个多月来一连串失败的精神打击后，人们特别珍视这最后一个机会，有了对几十万大军不堪阵战的失望后，人们对四行仓库八百壮士加倍敬重。四行仓库抵抗，对军队而言是保卫上海的最后一战，对平民百姓来说，也是为国效力的最后机会了。

四行仓库的枪声对平民进行了一次最有力的动员，全上海都动了起来。

由各大小报纸加印的报道四行仓库八百壮士奋勇作战的号外，贴满了大街小巷。有的不知从哪里弄到谢晋元的照片，也赫然刊登在报纸上。

市民联合会赠送抗日将士的锦旗，已集中到市慰劳委员会。红绸旗面上绣着的都是斩钉截铁的词儿："鼙鼓宣威""气吞暴日""为国干城"。

市商会刚刚提出为四行孤军赶制一万枚光饼的计划，立刻有十几家食品厂争先响应，不到半天五万多枚光饼送到了市商会的门前。

妇女后援会的姐妹们正不知该为壮士们做点什么，听说士兵的枪支需要擦枪油，即捐款买了100加仑。

穿着绿色制服、缀着臂章的童子军们，走上街头，演话剧，贴标语，搞募捐，到处都听到他们奶声奶气的声音："同胞们，前方将士在流血，我们不能袖手旁观，有钱出钱，有物捐物，有力出力……"

一位裹脚的老太太手里提着一袋煮好的鸡蛋，颤颤巍巍走到募捐站。有人劝她："食品太多了，别再送。"老太太瞪了一眼，"嫌我老婆子的东西不好？"放下就走。虞洽卿路难民收容所244名难民自动绝食一天，节存伙食费九元二角二分，买来香烟、水果接济孤军。一位德国妇女，驾驶一辆汽车，载着面包向西藏路驶来，准备献给孤军，在苏州河桥为英军士兵所阻，双方发生龃龉，那妇女一怒之下，竟动手打了英军士兵一耳光。

……

一车车面包、一袋袋食盐、一包包白糖、一筐筐水果、一箱箱药品，从四面八方集拢而来。市慰劳委员会门庭若市，车水马龙，捐献的各类物品堆积如山。

为了援助一支几百人的部队，数以百万计的上海市民、中外人士都行动起来。他们真不知该如何援助才好。如此众多的市民，每人捐一口饭，能积成一座山，每人送一碗水，能汇成一条河。四行仓库里的壮士们说，不把仗打好，对得起谁呀？

当，当，当……外滩钟楼古老的大钟在夜空沉重地敲响。

即使是兵荒马乱的寒夜，那钟声仍是这样不紧不慢，不滞不涩。连日的炮火枪声，丁点儿没有影响它的节拍。

上海似睡非睡。

激战了一天的市区，现在已经沉寂下来。惊慌了一天的市民们大都进入了梦乡。稀稀落落的路灯，在寒风中，眨巴着疲惫的眼睛。午夜应该是城市睡得很沉的时刻，但是现在是战时，城市的神经不能完全松弛下来。远处不时响起炮声，近处偶尔传来几声犬吠。四处矗立着的大楼，像黑暗中竖起耳朵，在倾听周围的动静。汩汩流淌的苏州河，在月色下，波光粼粼，像只只警惕的眼睛，在注视着。

四行仓库内，因为已经切断了电源，摘下了电灯，整座大楼一团漆黑。但是这里仍然和白天一样紧张和忙碌着。已经几天几夜没合眼，但此时没人想睡觉，没人敢睡觉。营、连军官，四处巡视，发现有打瞌睡的，一皮鞭打去，问："要觉，还是要命？"

士兵们放哨的放哨，擦枪的擦枪，加固工事的加固工事。市民后援会千方百计送来的慰劳食品，已经发到每个士兵手里，用精面和食糖制作的光饼，能吃多少拿多少。另外，每人还有几块巧克力，这玩意儿，填饱肚子，就发热，长劲。士兵们个个嗷嗷叫呢，没有一个怠慢的。

二楼东侧的一个窗口下，班长段海清和战士赵春山在放哨。段海清是个老兵，年龄虽然只有二十三四岁，可已经打了五六年仗，平时是稀拉点，但人机灵，有主意，顶半个排长使。这一刻，他嘴里慢慢地嚼着光饼，两只眼睛瞪得大大的，向外张望。他知道，他把守的这个窗口正对着西藏路，是个要害部位。

下半夜起了风，云层从天边扯了起来，月光如银。薄雾缥缥纱纱，四处弥漫，窗外的夜色变得朦胧。毕竟已经守了多半夜，人困马乏，旁边的赵春山不断地打着呵欠。老兵就是老兵，越到这个时辰，段海清越精神。他不让嘴闲着，不停地嚼东西，警惕的目光一遍又一遍地扫着窗外的路面。他躲在暗处，借着月光，把窗外的景色看得清清楚楚，一砖一石，一瓦一砾，历历在目。

钟楼的大钟，又响过几遍。启明星已经挂在东方天际，天快要破晓了。

令人不安的长夜就要过去。

时醒时睡的赵春山竟轻轻地打起呼噜。段海清挪挪身体，揉揉眼睛，也已是疲乏不堪。

突然，街心的一堆沙袋中，有个影子晃了一下。像过了电一样，他一下倦意全消，眼睛瞪得滴溜溜的。

那影子晃了一下，不见了。

段海清揉揉眼睛，死死盯着前方。

不一会，黑影又出现了，从街心慢慢往仓库这边挪。

段海清捅捅身边的赵春山。

迷迷糊糊中的赵春山，惊醒过来，伸手就端起枪。

"莫慌。"班长轻轻按住他。

"是人，还是狗？"赵春山睡眼惺忪，看不真切。

说话间，那黑影又向这边移动了好几步。

"要不要报告团附？"

"看清了再说，"还是老兵沉得住气，段海清说，"要是条狗找食，扔几块光饼好了，不必惊动团附。"

那黑影，在沙袋间爬了几米，跳下堑壕，又不见了。

"会不会是鬼子来炸大门？"赵春山的枪又伸了出去。

"防的就是这一条。"段海清不由得也捏紧了枪。

在离仓库三十来米的堑壕拐角，黑影又出现。这回已看清楚了，是人，背上还背着一包东西！

不能再犹豫了。

"站住！"段海清几乎是与赵春山同时吆喝起来，紧接着就是"咔嗒"子弹上膛的响声。

"是我。"略带惊慌的女声。

段海清心定了一下，又问：

"什么人？"

"童子军。"

"干什么？"

"送东西。"

一问一答，惊动了整个四行仓库。

团附谢晋元，从三楼下到二楼，他问清根由，又探头向窗外张望，果见那女子在使劲向楼内招手。得赶紧接进来。楼门是不能开的。大兵压境的这种时刻，不能不多个心眼。谢晋元命排长王长林，找来麻绳，从窗口放下，准备将来人拉上。

绳索放了下去，底下的人也已抓牢，窗口上段海清和赵春山两人合力向上拉，一下，两下……

忽然，"刷"的一道白光从对面射来，接着就是一排急促的枪弹。日军的探照灯罩住大楼的窗口，机枪子弹雨点似的泼过来。正吊在当间的那女子一松手，跌落下去。好在她唰溜得快，没打着。

日军的探照灯不断在墙上扫来扫去。

天已快亮。日军灯不撤，底下人爬不上。天一亮，就麻烦了。不能和日军耗时间。

谢晋元情急生智，叫人从另一个窗口推下两袋黄豆。"嘭嘭"麻袋落地，把鬼子的灯吸引过去。段海清抓住机会，噌噌几下，把窗下那人拉了上来。

日军发现上当，等枪和灯光追回来，已经晚了。

上了楼的女童子军被领到指挥所。谢晋元上下打量了一眼，问："姓名？身份？"

"上海童子军战地服务团四十一号团员杨惠敏在向长官报告。"

女童子军迎着谢晋元严厉的目光，伸出三个手指，庄重地行了童子军军礼。

"四十一号团员，请你稍息！"谢晋元接着问，"你来执行什么任务？"

"送军需。"

女童子军杨惠敏

"军需？什么军需？我们什么也不缺……"谢晋元似乎对女童子军的冒险举动不十分赞赏，但他的话被打断了。

"你们缺一样东西！"

"什么东西？"

"战旗？"

团附为之一怔。

女童子军从身上解下小布包，双手一抖，抖出一个雷霆，抖出一片光华。

用绸布精心制作的一面中国国旗，带着女童子军的体温，带着上海民众的托付，交到谢晋元手上。

团附感到双手沉甸甸的，像托着一座山。

"王排长！"

"到！"王长林跨前一步。

谢晋元郑重地将旗帜交给他，命令道：

"天一亮，举行升旗仪式，你准备一下！"

"是！"

王长林领命而去。谢团附以感激的目光仔细打量站在跟前的女童子军，只见她年纪不大，身体甚为单薄，绿色的童子军制服，紧凑、精神，白底黑字的臂章写着她的编号"四十一"，一双明亮的大眼睛扑闪着机警和坚毅。本是一个弱女子啊，是战争把她推上了战场。谢晋元心头一热，紧紧握住女童子军纤细的手，说：

"你办了一件大事，感谢你。你已经完成任务，这里危险，赶紧回去。"

杨惠敏是一位性格刚强的女性、假小子。她家在江苏镇江，家境清贫，少有大志。虽年纪不过二十三四，但南北奔波，阅历极广，"九一八"事变后，激于义愤，她与同校学生领袖姚瑞芳女士从南京奔赴东北，参加义勇军宣传工作。东北沦陷后，转赴北平、汉口，"八·一三"前回到上海。她是一位敢于迎着炮声而上的人物。刚才听到谢晋元说"这里危险，赶紧离开"，话是好话，但杨惠敏听了不顺，她说：

"就因为危险，我才来的，我要留下，和你们一起打鬼子。"

"不行，一定得走。"

谢晋元似乎觉得这话生硬了些，又以商量的口气说，"再说，我也想请你带一样东西出去呢！行不？"

"行。"

听说有任务，杨惠敏眼睛又有了光芒，问："带什么？"

"一句话，"谢晋元一字一顿地说，"请转告上海民众，我等余一枪一弹，决与倭寇周旋到底。"

杨惠敏——铭记于心。

天已快亮，杨惠敏必须赶紧走。怎么走？西藏路再无法通过，咋办？"你会不会游泳？"谢晋元问。

"会。"

"跟我来，"谢晋元领着杨惠敏来到大楼南侧说，"从这里下去，游过苏州河，

日军在上海上空狂轰滥炸。

上岸就是租界。快走吧！"

士兵还是用绳索，将杨惠敏从窗口放下。只见一条黑影离开四行仓库南墙，箭一样射向苏州河。

东方即将破晓。朝阳在地平线下躁动，像行将出生的婴儿。日出日落，星移斗转，对八百壮士都有不寻常的意义。为了迎接今天的日出，他们准备了一个隆重的仪式。

送走杨惠敏，谢晋元兴冲冲登上大楼楼顶，准备升旗。

排长王长林却正为此事束手无策。大楼内既找不到旗杆，也没有立旗杆的地方。

"笨蛋！"谢晋元骂了一声，"女童子军从敌人鼻子底下能把旗送来，我们还没法子升起？拍拍你们的脑门，把法子给我想出来。"

众人抓耳挠腮，果然有门儿。王长林先想到，对了，伙夫那里有几根扁担，接起来可做旗杆。

另一位老兵想起楼内有的是粮袋,扛它几十包码成垛,不就成了旗杆的底座?

天大亮了。

昨夜零零星星,响了一夜的枪声,现在停了下来。大约撤退的主力部队走远了,没有来得及撤退的零散部队,这一夜又减少了一些,幸存的因无力在白天行动,偃旗息鼓了。苏州河以北、黄浦江以西的大片市区,日本人经过一夜的扫荡、“清剿”,现在更牢牢地抓在手里。闸北的许多建筑物上已经插上日本太阳旗,甘愿认贼作父的汉奸们,也在店铺的门前挂上了小日本旗。夜里还热热闹闹、实实在在的大上海,一觉醒来,反倒觉得两目茫然,四下里只见一面面令人丧气的膏药旗。

大上海不该如此!

当朝霞映红天际的时候,四行仓库楼顶举行了庄严的升旗仪式。从各连挑选的、淞沪作战以来表现出色的50名士兵,列队站在平台上,用六根扁担捆绑而成的旗杆,已经牢牢地插在用黄豆包堆码的粮垛里。女童子军送来的国旗,这时由营长杨瑞符系在旗索上。谢晋元用异常严肃而略带颤动的喉音宣布:“升旗!”那面旗,便从杨瑞符手里,一点点、一点点升高。参加仪式的50名士兵,齐刷刷地向国旗敬礼。曙光映照下,他们人人神色庄严,灼热的目光注视着冉冉上升的旗帜,每个人胸间都滚动着一轮太阳。

旗帜升到旗杆的顶端,一阵晨风吹来,“哗啦”一下,旗面抖开,抖落一片云彩,升起一片光华。

此时,50名士兵举起枪支,对空齐放。

砰砰砰砰砰砰——

从来都是让人惊慌的枪声,第一次奏出这样有节奏的激越的交响乐,全上海都感受到这激荡的旋律。

苏州河南岸,在租界里苟安的人们,好不容易熬过又一个夜晚,正为新的一天的到来担惊受怕,猛然间,听到激烈的枪声,止不住用目光追寻这枪声,便见四行仓库顶端赫然飘扬着一面中国旗帜。旗帜是那样的鲜红,在晨光中威风凛凛,灿烂如霞。

再一看,仓库四周建筑物上,曾经不可一世的日本膏药旗,顿时黯然失色,耷头耷脑。

租界里千千万万市民，涌上街头，遥望在晨风中飘扬的中国旗帜，多少人流下了激动的泪花。

四行仓库楼顶端飘扬的旗帜，刺痛了日本人。"八·一三"以来，日军在淞沪广阔战场上横冲直撞，所向披靡，像宝山、月浦、江湾、罗店、大场等重兵把守的战略要点，都不在话下，现在除了租界，上海大片城区也都已到手，几十万中国军主力望风而逃，而今，对这苏州河畔一座小小的四行仓库，却久攻不下，倒被撞得头破血流，让租界里的西洋人看笑话，这太丢东洋人的脸面！

上午，日本飞机频繁出动，一架一架地从四行仓库低空掠过。但要攻击的目标是这样的小，不仅与租界内那讨厌的煤气罐贴得这样近，而且与四周的日军据点，也只有几步之遥，根本无法投弹。日本飞机除了引来四行仓库楼顶一串"哒哒哒"的高射机枪子弹外，什么便宜也捞不着，只好夹着尾巴溜走。

中午，两艘深灰色日军汽艇，尾悬太阳旗，从黄浦江驶入苏州河，企图封锁河面，从背后进攻四行仓库。日艇气势汹汹，支着迫击炮、架起重机枪，鬼哭狼嚎地一路鸣笛。但河道狭窄，河面上的中国民船，又没人给让道。好容易驶到老闸桥，被租界守桥英军发现，喝令停航。东洋人不甘示弱，更开足马力硬闯，西洋人不退让，"哗啦"一声，子弹上了膛。双方剑拔弩张，一触即发。望着这些人高马大、装备精良的西洋军人，日本兵自觉矮了一截，只好悻悻而退。

左一招右一招都不灵，日军恼羞成怒，只好来个"霸王硬上弓"。午后，日军在四行仓库西北角摆出几门平射炮，想把仓库大楼打成个马蜂窝。此一招不可谓不毒。可是，他们碰上的偏偏是一座摧不垮、炸不烂的"东方魔楼"。楼内，沿四周砖墙，八百壮士用粮袋围成一道三米厚的掩体，什么炮也奈何不了这道"粮墙"。不仅如此，无意中，日军竟帮了对手一个忙。原来，四行仓库西侧墙壁一砖到顶，没有窗户，使我军火力留下死角。砖墙太硬，机枪连士兵费了九牛二虎之力，凿开两个小洞，只能设置轻机枪。这回可好，日军一炮一个大窟窿，是很好的重机枪射击孔。日军不知虚实，只管"咚咚"发炮。他们哪里晓得，这正上演中国一出古戏"孔明借箭"呢！

该我军发言了。八百壮士架好了重机枪，要和日军平射炮"理论理论"。平射炮威力是大，但射速慢，显得像一个笨嘴拙舌的人，半天说不出一句话；重机枪则"伶牙利口"，子弹雨水似的泼出去，一扫一大片。双方对打，日军熊了，国庆路上三门平射炮，被我军三挺重机枪打得浑身冒火，张嘴结舌，哑口无言。

四行仓库是一座大擂台，中日军队真刀实枪、你死我活地对打，时时吸引着成千上万的上海人。

苏州河南岸，从早到晚，到处都是观战的人群。河堤边、马路上、店铺前，人山人海；阳台上、窗户旁，密密麻麻地挤满了人；腿脚灵便的儿童和小伙子则占领大树作为制高点，枝枝杈杈上趴着的、蹲着的、吊着的，一嘟噜一嘟噜像秋天挂在树上的苞谷。凡是能立足的地方，都挤满了人；高一点的地方，更是拥挤不堪。以四行仓库为中心点，从老闸桥到新闸桥几里长的河岸，熙熙攘攘，水泄不通。

这可不是凑热闹看戏。战火在眼前燃烧，炮声在耳边炸响，流弹在头顶纷飞。市民在枪林弹雨中看这场厮杀，是要出胸中一口气，亲眼看看中国士兵怎样揍那群东洋鬼子的。

人群中，学生最活跃，最兴奋。他们这里一群，那里一堆，不断挥舞着手中的旗帜，边看边嚷嚷，激动起来就大喊大叫。公共汽车已经停驶。那些停在街头的公共汽车车厢顶上，全都站满了人，他们朝着前方指指点点，十分遂心得意。一些上了年岁的老人，搬来板凳，坐在自家门前，很专注，也很在行地看着北岸交火。附近一家医院的几位病人，让亲属用担架抬到楼顶的平台上，他们要亲眼看一看，日本侵略者在中国的土地上怎样血流成河。围观的人群中还有一些滞留租界、来不及撤退的国军散兵游勇，看着同伴们在河对岸与日军血战，他们急得直搓手，恨不得飞身过河，投入杀敌的行列。

连日来，一直在为援助八百壮士奔走呼吁、动员捐输的何香凝女士，领着中国妇女抗敌后援会的姐妹们，更是整日整日地奔波于苏州河岸、新垃圾桥头。她人在租界，心已飞过河面；她那字迹隽秀、激情如火的慰问信，带着巾帼对须眉的褒奖、大姐对小弟的关切，冲破战火的藩篱，送进了四行仓库。信曰：

> 谢团长并转亲爱的八百勇士们：
>
> 我在报上看见你们英勇豪壮的气概，使我感动得流泪。但是等我跑到桥旁，却又不能通过，只有静穆地向对岸注视，遥寄我满腔

虔敬亲密之忱。你们每一个人，都已具革命精神、牺牲精神，不论是成功或成仁，都可以俯仰无愧了。殉国的将士，将因为你们而愈伟大；前线的将士，将因为你们而愈英勇；全国同胞，将因为你们而愈加团结；国际人士，也将因为你们而愈能主张正义了。我已设法送给你们救伤品和食品，聊表心意。盼你们奋战苦斗，牺牲到底。

 专此敬致

抗敌敬礼

何香凝

十月二十九日

  那些才华横溢、富有激情的上海文化界艺术界名流雅士，更是为八百壮士的英勇举动撞击得情思泉涌，夜不能寐。上海滩几乎家喻户晓的幽默明星韩兰根，常常编织着人间喜剧，而今却为四行仓库的悲壮场面，感动得热泪纵横。剧作家阳翰笙，创作的冲动难以抑制，灵感的火星随着战火飞溅，他已经开始构思电影脚本，片名都想好了，就叫《八百壮士》。作家田汉激情如潮，即兴赋诗。诗曰：

   全世界的视线，
   集中在上海的烽火。
   全人类的神经，
   集中在八百健儿的死活。
   八百封斩钉截铁的遗书，
   诀别了亲爱的爹娘和老婆。
   他们准备着把最后的一滴血，
   拼着这疯狂的群倭！
   闸北已经是一片焦土，
   烈火烧着我们的残窠。
   但我们光辉的国旗，
   依然飘扬在高楼的嵯峨。

没有人能不肃然起敬，
没有人忍得住热泪滂沱，
懦夫们不敢叹气，
汉奸们不敢言和，
似孤星灿烂在晓空，
似绝岛屹立在狂波，
决心山岳似的难摇，
精诚金石似的不磨。
这便是中华民族的灵魂，
这便是自由解放的陵坡。
这不泣我们白有了眼泪，
这不歌我们还歌些什么？

坚守在四行仓库阵地的中国士兵

同胞们！武器尽管敌人的好，

但勇士是我们的多。

快用千百万的肉弹，

恢复我们破碎的山河！

对中日作战一向抱观望态度的洋人，也为四行仓库的枪声所吸引，所折服。他们虽然也是外来客，但对日军这种明火执仗、登堂入室、血淋淋的侵略，还是非常反感的，况且竟在他们控制的租界近旁大动干戈，目中无人。所以不少洋人也赶来观战。有几位金发碧眼、体态丰满的美国妇女显得十分激动，她们每人怀中都抱着一摞绸布缝制的各色小旗，见中国人就递给一面，并且领着人们挥舞旗帜，向四行仓库的勇士致意，嘴里不停地喊："OK！OK！"

处境尴尬的是租界里的外籍士兵，他们穿着军服，背着枪，无所事事地走来走去，与对岸紧张激烈的战斗气氛极不协调，惹来人们鄙夷的目光。有人冲他们喊："别人前面流血打仗，你们在后面甩什么腿？"

昨夜潜入四行仓库送旗的女童子军杨惠敏，成了一位传奇人物。她那修长动人的身材，配上童子军绿制服，就像一股绿色的旋风，在人群中卷来卷去。她走到哪里，哪里就是一个讲台，以她为中心，围拢起黑压压的一堆人。千万张嘴在向她询问，问送旗的经过，问八百壮士的情况，弹药够不够？伤兵怎么办？楼里有水喝吗？市民们捐献的东西送到没有？壮士们满意不满意？他们还要点什么？他们说了什么没有？他们能坚持住吗？

千万只耳朵在倾听，倾听女童子军绘声绘色的讲述。

人们为八百壮士而喜而忧。

市民们为枪声所召唤，不只是观战，也是为助战而来的。对四行仓库里苦斗着的勇士，即使不能帮一把，来看一眼，喊一声，当拉拉队，也是一番心意、一点助力。

所以，当八百壮士打得顺手，消灭了敌人，南岸就万众欢腾，拍手叫好。当日本兵要搞什么鬼，群众就赶紧报告、提醒。有人抬来大黑板，立在最显眼的地方，日军有什么动向，搞什么名堂，都用大字写在黑板上，向八百壮士报信。有人拿着喇叭筒，站在河边，不断向楼里传递消息。

伫立在苏州河南岸，向孤军遥致敬意的上海市民

闯进上海的日军，陷入百万市民的包围圈中，到处都有怒视的眼睛，到处都是警惕的耳朵，有什么勾当能瞒得过千万只眼睛和耳朵？他们从东边钻出来，百姓们立刻高呼："揍东边的鬼子！"他们从西边露头，就听到："打西边的坏蛋！"

什么叫"过街老鼠，人人喊打"，"皇军"今天切实尝到了这个滋味。

四行仓库攻守战，打成现在这种局面，不仅日本人不愿看到，就是中国人也未必料及。战争最易出现奇迹。

当初，蒋介石下令派一支小部队留守闸北，本意是以此感动他所敬畏的那个上帝——西方列强。上帝感动了没有，不得而知。但是，中国的平民百姓确确实实被八百壮士感动得热血沸腾。实际上，坚持抗战的亿万军民，才是挽救中国命运的上帝。

四行仓库保卫战，远远超出单纯军事意义，而成为影响深远的政治仗、宣传战。八百壮士浴血奋战，以血醒民，枪声震撼上海滩，响彻全中国。在陕北高原，全神贯注于全民抗战的毛泽东，奋臂疾呼，声如洪钟大吕。

利用平型关战斗、八百壮士等民族革命典型，在前线后方国内国外，将他们广为传播，以鼓舞士气，振奋民心，掀起全民抗战高潮。

号称四行仓库"八百壮士"，实际上人不过四百多，阵地也不过一座五层危楼，最高长官也不过一名团附，在兵多将广、纵横千里的抗日战场，充其量为沧海一粟，莽原一丘，却在泱泱大国造成震聋发聩的巨大影响。这不奇怪，因为这是一个需要英雄，也能够不断产生英雄的大时代。

四行仓库是一座孤堡，一个与外界隔绝的密封舱。日军的火力从四面八方，天上地下，封锁得严严实实，连鸟都别想飞出去。但是，它隔不断八百壮士与千千万万老百姓的密切联系。中国军人与百姓的命运不是通过地面、水面，而是通过阳光和空气、通过枪声和炮声紧紧连在一起的。最根本的在于，他们血管里突突奔涌的都是中华民族的血。这是任何侵略者也无法隔断的。一场在民族续断存亡的危急关头勃然而起的自卫战争，大大拓展了民族生存空间，大大缩短了军人与老百姓的距离。"天下兴亡，匹夫有责。"中华民族的千古遗训，响彻华夏大地。八百壮士来自四面八方，出处、阅历、志向各不相同，有行伍出身的老兵，有投笔从戎的学生；有在抗日浪潮中自愿从军的，也有以前抓来的壮丁。他们参加过各种各样的战斗，为各种各样的利益流过血，但是，从来没打过这样的仗：士兵在前头战斗，百姓在身后助威。饿了，百姓送粮；渴了，百姓送水。敌人从哪里来，有人用黑板报信；我们往哪里打，有人用喇叭指挥。壮士们感觉，枪膛压进的是百姓的仇恨，枪口喷出的是民族的怒火。日军的攻势，不仅仅是在战士的子弹面前，也是在百姓们千夫所指、万声呐喊中垮下去的。

已经说不清到底打退了鬼子多少次进攻。仓库附近的街面，早已成了日军的停尸场。战斗频繁激烈的西藏路和国庆路，日军尸体堆积成山，污血汪汪。本是银灰色的水泥街面，现在变得猩红乌黑，一片狼藉。倒毙的日军丑陋而可憎，土黄色军装包裹不住失血的肉体。衣冠不整，帽子炸飞，皮鞋蹬掉，敞胸露怀，缺胳膊少腿，肚破肠流。

四行仓库像一根拴马桩，把东洋野马死死拴住。它又暴又跳，怒不可遏。这天，日本人集中兵力，又发起总攻。鬼子不仅出动大批步兵、炮兵，还投入了坦克。一时枪炮齐鸣，弹片横飞，战斗进入白热化。

隔岸观战的百姓心弦一阵紧似一阵。日军的步兵和炮兵，大伙亲眼看过它的洋相，并不可怕。而那坦克，钢筋铁骨，满身轱辘，在我军密集火力下，竟刀枪不入，野牛似的"轱轱轱"一个劲往前拱。

敌军仗着坦克步步逼近，攻势如潮，四行仓库岌岌可危。百姓们的心都提到嗓子眼上。有的妇女把脸背了过去，小孩吓得哇哇直哭。

眼看敌人坦克越来越近，突然有人大喊："炸掉它！"

这声音充满着惊骇，浸透着关切，震撼着人心。

立刻，南岸百姓同声高呼：

"炸掉它！"

"炸掉它！"

声声呼喊，像阵阵雷霆，从苏州河面卷了过去。

驶在最前面的一辆日军坦克，竟在千夫所指、万众唾骂之下，厚颜无耻地对着四行仓库东门硬冲过来。

守在二层楼、负责掩护大门的是一连四班。三天前他们把守四行仓库外的地堡，曾经让日本人吃了不少苦头，但是现在要抵挡敌人的坦克渐感力不从心。他们投手榴弹，威力太小，掷迫击炮弹，打不着要害，没能掀翻那乌龟壳。已经能感觉到坦克碾压地面的强烈震颤，那粗长的炮管眼看就要顶到仓库的铁门。

情况危急。最后就剩一招。不用谁来下令，班长朱胜忠和五位战士，各人都在默默地往自己身上捆手榴弹。该怎么办，大家都清楚，就看那乌龟壳找谁来。

守在二楼右侧第三扇窗户的是上等兵陈树生，他是四川人，刚二十岁，已当了五年兵，一个天不怕地不怕的硬汉子。家中仅有一位老母，昨晚他已把遗书留下。他腰间已系上四颗手榴弹，右手还握着一颗，一扭头见班长和他一个模样，嘴角随即飞过一个笑容：听命吧，看今儿成全谁。

日军坦克越爬越近，来自河对岸那"炸掉它"的呼声越来越猛，一声声如战鼓催征，难以按捺。

敌坦克吐着黑烟，喘着粗气，"突突突"直奔楼门而来。它前头挺着长长的炮管，上方架着乌黑的机枪，那蛮那野那愣活像斗牛场上挺着两支犄角的公牛。把守在门顶二楼窗户上的是班长朱胜忠，他眼睛瞪得溜溜圆，牙关咬得"咯咯"响：

"王八蛋，找死！"

那找死的家伙已经压上最后一道堑壕，正向铁门外的掩体猛冲，顶多也就十来米距离了。朱胜忠束紧腰间的手榴弹，右手食指已经套上握在手里的那颗手榴弹的拉环。只等那乌龟越过堑壕，爬坡减速，他就纵身一跃。几天前，当一队日军爬进四行仓库外地堡，他手握一根绳索，拉响地堡中的手榴弹，报销了敌人。今天，他要拉响挂在身上的手榴弹，与敌人同归于尽。可是，就在这当口，敌坦克在掩体外突然刹车站住了。接着原地打转，把车屁股调到前头，并开始向右侧猛撞过去。敌人准备用坚硬而肮脏的车屁股撞开四行仓库的西墙。

在朱胜忠右侧窗户的陈树生，刚才正为班长焦急，现在看着那乌龟王八蛋调过屁股朝自己冲来，他大骂一声同时使劲束紧身上的手榴弹。

敌坦克开着倒车，使劲往后拱，沉重的履带碾压着大地，巨大的轰鸣震颤着人心，来自苏州河南岸的呼声一阵紧似一阵，一阵猛过一阵：

"炸掉它！"

"炸掉它！"

踩紧油门，憋足邪劲，敌坦克如同一头凶狠的大象，撅着屁股猛撞过来。路面被压塌，铁丝网被顶开，鹿砦被挤碎，就连横陈着的几具日军尸体也被碾成肉酱。它越冲越猛，越逼越近，后履带已经爬上用粮袋堆成的掩体，后车身在抬高，那冒着黑烟的车屁股高高撅起，可恶地暴露在陈树生的眼前。敌坦克"呼"的一声，加大油门，正要使劲往四行仓库的砖墙拱……

在这千钧一发的危急关头，上等兵陈树生，带着雷，带着电，带着家中老母的嘱托，带着整个20岁人生，纵身跃下——

"轰隆隆……"

大地卷过一声惊雷。

这泣鬼惊神的巨响，震慑了日寇，遏止了侵略者的凶焰；这冲天而起的火光，点燃了千万雷霆，四行仓库所有火器一齐喷射出仇恨的狂飙。

聚集在苏州河畔的民众，目睹了古今战史堪称壮烈的一幕。一个年轻的生命就这样随着火光化作壮丽的长虹，一个鲜活的肉体就这样随着巨响凝结成坚固的铜墙。

敌人的进攻被击退了。战场又沉寂下来。苏州河静静流淌，两岸楼房垂手而立，万千民众在沉默中久久不肯离去。

大上海在为一个灵魂默哀。

第四章
壮士无戈

　　八百壮士困守孤岛，他们纷纷写下遗书，整理了遗物，于夜间趁市民救护队前来抬伤员时送了出去。人人坚定了死战不退、与阵地共存亡的决心。但他们得到的却是最高统帅部撤出阵地的命令。

　　在租界里，他们又被迫交出了手中的武器。壮士怒目苍天，欲哭无泪。

留下一支小部队固守上海最后阵地，蒋介石的打算是，四两拨千斤，以此影响即将在布鲁塞尔召开的九国公约签字国会议，迫使日本人坐到停战谈判桌上来。

可是，布鲁塞尔听得到上海城头这急迫的枪声吗？

九国公约签字国会议，从开始就呈现出胎死腹中的迹象。中国希望这次会议达到三个目标：一是宣布日本是侵略者，并予制裁；二是列强给中国贷款和武器、军火等物资支持；三是英、美、法海军在远东，苏联陆军在西伯利亚分别进行军事演习，向日本示威。而西方列强仅仅打算提供一张圆圆的会议桌，把中国和日本拉到一起，有话好说，接受调解。

由于对会议抱有很大的幻想，中国政府派出庞大的代表团。中国代表为自己艰难的使命，左右奔走，苦苦周旋。

美国是九国公约发起国，又是世界头号大国，在布鲁塞尔的会议桌上自然处于举足轻重的地位。中国首先渴望得到美国的支持。

10月28日，中国代表团团长、职业外交家顾维钧，拜访美国政府首席代表戴维斯及其助手亨培克。双方谈得相当坦率。

戴维斯，一个美国老外交家，他当然知道中国人是提一只篮子，请求援助来的。但是这位大国代表很不慷慨。他先是用十分热烈的词句对中国表示同情，衷心希望这次会议有助于中国。之后，他就叫苦说："美国在远东目前无力持坚定的立场。而无力办到的事，美国决不作任何承诺。所以，在布鲁塞尔，美国既不能把守大门，也不能当带头人。"

作为一个多年周旋于外交场合的穷国、弱国外交代表，顾维钧对列强的脾胃摸得清楚，什么脸色、眼色都见识过。戴维斯是礼貌的，他的直率无可指责。但顾维钧对他的说法不以为然。顾维钧一针见血地指出，"美国在远东可做的事很多。比如，倘若把目前源源输往日本的石油、钢铁、橡胶等战略物资改运中国，那对中国将是很实际的支持。"

这实质上是希望美国带头对日本实行经济制裁。顾维钧一下触及美国一根最敏感的神经。谁都知道，日本是无资源国家，它赖以进行战争的重要物资，许多是从美国进口的。戴维斯不打算在此谈论这个问题，他非常礼貌地掐断了话头。他说："这个问题关系到美国《中立法》，改变它，要经过复杂的立法程序。而阁下也清楚，目前美国公众对《中立法》，还是非常欣赏的。"

为了不使中国外交官过分失望，戴维斯说，在布鲁塞尔，即使美国不能向中国提供切实的支持，但很愿意提出某些策略性建议。

顾维钧洗耳恭听。

"中国应该更好地掌握含蓄的艺术。"戴维斯认为，在布鲁塞尔，中国不应采取过于强硬的态度，以便给其他国家进行斡旋留下余地。他谈道：

"阁下可以发表一篇温和而不失坚定的讲话。说中国理解日本需要原料，和为其过剩的人口寻找出路。甚至可以提出，中国愿意在经济上和日本合作，这对两国都有利。但是经济合作是不可能由日本侵略和屠杀数以万计的中国人来实现的。中国还可以指出，由于日本侵略中国，不仅使得中、日经济合作化为泡影，而且也违反了《九国公约》。中国还应当指出，日本作为九国公约签字国之一，它的行为并不仅仅是反对中国，同时也在反对九国公约各签字国。因此，各国有责任采取步骤对付日本违反条约的行为。"

在教训中国应该这样做，应该那样做以后，戴维斯接着说：

"最后，中国应向会议做如下表示：为了不影响各国自由发表意见，中国代表愿意退席，给各国代表以讨论的完全自由。"

戴维斯指点迷津地说了一大通话，而要求中国从布鲁塞尔的会议桌上退席，才是他全部建议的主旨。

要中国代表从事关中国命运的国际会议上"自愿退席"，这离奇的"建议"，使素以沉着老练、处变不惊著称的职业外交家顾维钧，听起来也不免毛骨悚然。

中国是个主权国家，在战场上正惨遭日本侵略者恣意蹂躏，现在到谈判桌上任人宰割，而且还要蒙上眼睛堵住嘴，公理何在？

中国外交家觉得美国的建议太出乎意料、太不合法理，但外交家就是外交家，中国人十分"含蓄"地向美国人表示，对他的建议感到难于理解。即使中国政府认为可以按他的意见去做，也很难向中国公众解释。这是个十分敏感的问题。

戴维斯总是那么"友善"而富于"涵养"，他解释说，他理解中国这一态度。他也认为中国完全有权参加会议的讨论。"退席"这个词听起来也许令人不愉快，但中国这一举动体现出东方人公正和助人为乐精神，必会在西方人心理上唤起巨大的同情。

戴维斯特别指出，这一建议不是他个人的意见，而是罗斯福总统的一项非正式建议。

这已经是在逼迫中国人退让了。

"既然如此，"中国外交官说，"鉴于此意见如此重要，我必须立即报告我国政府请求指示。"

一直在旁边作陪的亨培克，也就是不久前为中国抗战前途，与一位法国外交家争论不休的那位美国博士，心事重重，言辞谨慎，时而流露出爱莫能助的无可奈何神情，在晤谈结束时他提醒中国人说：

"阁下，希望不要在外面宣扬美国是中国最好的朋友，以免给人造成一种印象，说美国代表团在会议中处处带头，并且负起了全部重担，因为这会在美国国会引起麻烦。"

美国同行的这一忠告，使中国外交官瞠目结舌，无语以对。一个被侵略、受欺侮的国家，在国际会议上，连自己有朋友的话都不能说，中国的处境实在太可悲了。

对中日战争和九国公约签字国会议，法国的态度是始终一贯的。淞沪战场打得最激烈的时候，中国空军为轰炸停泊在黄浦江上的日本军舰，炸弹曾误落在上海法租界，法国政府声色俱厉，为此向中国政府提出严重抗议，并扬言，若再有中国飞机飞越法租界，法军将开火射击。而在布鲁塞尔，当中国代表团要求法国政府，为中国军用物资通过法属越南提供过境便利时，法国人却胆小如鼠，一口回绝，说，万一日本察觉此事，就会使法国面临对日的严重纠纷，法国不能独自应付这样的危机。

一贯狂妄自大的英国人，此时变为谦谦君子。他们一再表示，英国的手都让欧洲问题捆住了，无力他顾，处置远东局势，唯美国马首是瞻。各国外交家看得很清楚，英国人赞成召开布鲁塞尔会议，"不过是想把一只烫手的马铃薯扔进华盛顿的篮子里"。当中国代表会见艾登，寻求支持时，这位英国外长对中国的处境深表同情，同时表示，希望中国军队能打几个胜仗，这对外国提供物资是个鼓舞，更容易得到积极的援助。他其中的一句话，特别有英国人的风格，也特别令人齿寒，他说："因为，各国政府的当政者，一般更乐于帮助强者而不是弱者。"

中国人告诉他，中国军队正在做一切能做的事情，表现出惊人的抵抗精神。最近在上海，一支八百人的小部队英勇抗击日军，国际舆论对此高度称赞。

这位英国官员不屑一顾，冷冷地说："那是典型的心理战术，我知道。"

布鲁塞尔会议已经注定流产。蒋介石大失所望。

战场上得不到的东西，别想在谈判桌上得到。蒋介石尤其不应忘记，《九国公约》原是列强根据门户开放政策，为瓜分而不是为保护中国利益而订立的。

可悲的是，他恰恰忘记了这一点。

四行仓库壮士们的遗书遗物已经全部集中起来，足足一麻袋。

将这些物件进行登记、分类、打包，是件极庄严的事，谢晋元自己亲手来做。

遗书有的写在信纸上，有的写在烟盒上，也有的写在手巾上。大部分写给父母，也有写给妻儿，还有留给兄弟的。字字血泪，句句是情。谢晋元边整理，边阅读，边掉泪。都是些十几岁、二十来岁、顶多三十刚出头的人，这哪是写遗书的年龄？人生刚刚起步啊！

舍身炸毁日军坦克的勇士陈树生，他的遗书写在一件白汗衫上，那是血书，写给在四川大巴山的老母。上面写着两行血红大字：

舍身取义，

儿所愿也！

他如愿了。

只是，不知道他家中老母，一旦看到这血衣，老人家是否能经受得住？

遗书共有 298 封。也有的战士仅仅留下钱物。有的交来身边仅有的零用钱；有的留下一双鞋垫，上面绣着一对鸳鸯，大概是姑娘给他的信物；有的是给家人买下、没来得及寄走的药品；也有缴获的战利品，如日本小刀、钢笔等等。每个物件都是一番心意，一个嘱托！

整理好官兵遗书遗物，谢晋元心潮激荡，思绪万千。他想，都是多好的弟兄啊！作为兄长，我不该对他们说那个"死"字。他们的生活刚刚开始，家人在思念着他们。但是，他们都是战士，作为一个长官，我不该说那个"退"字，浴血沙场，为国捐躯，是军人的职责和光荣。当此国家危难之际，忠孝不能两全，一个军人应以忠为先。现在官兵们各人都立下死战的誓言，那么八百壮士作为一个整体，在这最后时刻，对上峰也应有个交代，想到这里，他挥笔给师长孙元良将军写了一封信，表达了他自己，也表达了全体官兵死战的决心。全文如下：

> 元良师长钧鉴：
>
> 　　窃职以牺牲的决心，谨遵钧座意旨，奋斗到底。在未达成任务前，决不轻率怠忽。成功成仁，计之熟矣。工事经三日夜加强，业经达到预定程度。任敌来攻，定不得逞。二十七日敌军再次来攻，结果，据瞭望哨兵报告，毙敌在八十人以上。昨（二十八晨）六时许，职亲手狙击，毙敌一名。河南岸同胞望见，咸拍手欢呼。现职决心待任务完成，作壮烈牺牲！一切祈释钧念。
>
> 职　谢晋元上
> 二十九日午前十时　于四行仓库

　　壮士们的遗书遗物，于夜间趁市民救护队前来抬伤员时，带了出去。送走那一麻袋沉甸甸的遗书和遗物，八百壮士心里十分了然：自从进了四行仓库，就没想到活着出去。现在，把遗书都留下了，更无存活之理！

　　人人坚定了死战不退、与阵地共存亡的决心。

　　但是，地球是圆的，什么事都可能发生。

　　进攻四行仓库的日军，在屡屡受挫后想到，苏州河南岸租界里洋人的骨头肯定比北岸中国士兵软。于是，日军向西洋人龇出獠牙。负责管理租界的洋衙门——工部局，接到日军司令部的警告，日本上海派遣军总司令松井石根约见工部局总董、洋大人费信惇。松井大将咄咄逼人地扬言，任何资助、"放纵"中国军队抵抗的行动，将被看作对日本不友好。并声称为肃清四行仓库的抵抗，日军将不惜使用一切手段，一旦战火波及租界，日军概不负责。

　　西洋人害怕了。他们反过来压迫中国人。

松井石根向费信惇交涉，那是因为了解他——这位资本家出身的英国人是租界洋行大班的忠实代言人，他一贯欺侮华人。1925年，上海发生因日本纱厂资本家枪杀中国工人顾正红引发的五卅惨案时，他也是工部局总董，对中国罢工工人的血腥镇压，就是他一手策划的。现在日本侵略军在对一支中国军队无计可施时，找他帮忙，他果然予以"合作"。费信惇以保护租界中外人士生命财产安全为由，通过本国政府照会中国当局，要求撤退四行仓库守军，以免战火祸及租界。

上海民众目睹八百孤军，困守危楼，宁死不退，万分钦佩。同时，也为孤军前途担忧。古代田横五百壮士，忠心报国，集体殉难，传为千古绝唱。但那毕竟是历史悲剧。眼下，上海抗战既已到了如此地步，而全国抗战如火如荼，英雄大有用武之地，让八百壮士做无谓牺牲，岂不痛哉！因此，各界民众纷纷吁请当局，命令孤军撤退，保存实力。中华妇女同盟会的姐妹们直接上书宋美龄，发出如下呼吁：

闸北孤军死守不退，义勇之气，动人心魄；请代表我妇女界，转恳"委座"，速即下令撤退，以保全八百壮士，储为长期抵抗之用。

布鲁塞尔装聋作哑，见死不救；租界洋人为图自保，要求撤兵；国内民众仰慕英雄，吁请保存八百壮士。不知蒋介石真动了哪一根筋，下达了撤出四行仓库的命令。

10月30日夜里9时许，仓库二楼的电话骤然响起。这部黑色的西门子电话机，是上海抗日别动队的文强送来的。它能通天。四行仓库内的消息可以通过它传给潜在租界的上级指挥官，可捅给上海报界，也可直通南京。

在枪声停息的夜间，电话铃声显得特别震耳，谢晋元伸手抓起话筒，传来一个熟悉的声音：

"中民兄吗？"

"我是中民。"谢晋元答。

"我是柏亭。冯副师长也在这里。"对方报了自己名字。其实，谢晋元已经听出，他是师参谋长张柏亭，并且知道电话是从法租界一个秘密指挥所打来的。

"中民兄，你听着。"参谋长的语气十分严肃。谢晋元意识到下面的话非同寻常，耳朵不由得竖了起来。

"奉最高统帅之命，你部于午夜12时，撤出阵地。"

师参谋长一字一顿，一板一眼，宣布了命令。

照理，在瞬息万变的战场，或进，或守，或退，随时都做好了准备的。但是，四行仓库打得正顺手、激烈、辉煌，而且遗书刚刚送走，谢晋元满脑子"死战"的念头，突然接到命令撤退，射出去的箭，怎么能回头？他拿着话筒，竟惊呆了。

"听明白了吗？"冯圣法副师长在电话那头追问一句。

"听明白了。"谢晋元猛然醒悟，赶紧回答。

站在一旁的杨瑞符也已听清参谋长下达的命令。杨营长性急，他夺过话筒，大声地说：

"报告参谋长，我们全体官兵要求继续固守。四行仓库里弹药充足，工事坚固，粮食饮水均不成问题，我们愿为上海最后阵地流尽最后一滴血！"

杨瑞符说完，谢晋元夺过话筒，言辞激动：

"我全体壮士早已立下遗嘱，相誓与四行最后阵地共存亡，但求死得有意义！但求死得其所！请参谋长报告师长，转请'委员长'成全我们！"

这边，谢晋元与杨瑞符轮番申述理由，请求固守；那头，张参谋长与冯副师长一再开导解释。电话中，两位长官已经可以体味到壮士"声泪俱下"的情状。参谋长心中涌起热浪，但话却是冷冰冰、硬邦邦的：

"这是命令。军人应以服从为天职，打日本鬼子非此一时，今后还会有比守四行仓库更重要的使命等待你们担当！如果你们违抗命令，那你们的勇敢与牺牲，便成为匹夫之勇而毫无意义了！"

军令如山！

谢晋元只好领命。

撤退的命令传遍四行仓库的每个战位，一阵惊愕之后，士兵们紧张动作起来。重兵包围下，退也许比守更难。他们勒紧腰带，扣好衣扣，系牢绑腿，带足弹药，准备突围。

撤退到租界后，被囚禁在胶州路的"四行孤军营"，正在举行抗日集会。

此时的八百壮士，如同一块烧红的钢板，一瓢凉水下去，变得更冷峻、更坚韧。

一楼大厅笼罩着肃穆的气氛，阵亡官兵的葬礼正在举行。这是撤退之前必须料理的最要紧事。

在四行仓库一层大厅正中的地面，已经挖好一个巨大的坟坑。坟坑黑黝黝，像口无底的枯井。旁边三副门板上停放着烈士的遗体。四行仓库四天保卫战，共牺牲了四位烈士。其中，陈树生烈士的遗体，已经随着那声震天的炮响，抛洒在苏州河畔、西藏路旁。

坟坑四周放着几盏油灯，灯光忽闪忽闪，更显得凄凉。

谢晋元亲自主持了葬礼。

他往队伍前面一站，人们立刻记起两天前那个夜晚，也是这个大厅，也是这个时辰，也是这些士兵，也是这饭碗做的油灯。团附举着灯，照亮了每个士兵的脸，照亮了每颗炽热的心。那个晚上，团附说过的箴言一样的话语，好似又在大厅轰然响起：

"四行仓库就是我们的坟墓……"

钢铁誓言，在每人心头回荡。

几天来，一直在楼顶飘扬的那面旗帜，现在已经降落在大厅里。一位士兵手持旗帜，肃立在队伍的前排。看到它，人们又想起那天早晨举行的非同寻常的升旗仪式。

今晚仪式上，团附可做的事情不多，要说的话只有一句。他趋前一步，向烈士敬了最后一个军礼，沉痛而坚决地说：

"安息吧！好弟兄。血不能白流，我们一定会打回来！"

全场官兵，向烈士默哀诀别。烈士遗体被一一移入黑洞洞的坟坑，士兵们捧起黄土，轻轻抛洒。抔抔黄土，和着行行热泪，簌簌而下。四天来，为之浴血奋战的孤堡，最终成了烈士永久的坟室。雄踞苏州河北岸的四行仓库大楼，将成为为国捐躯者无字的墓碑。

我军撤退的消息肯定已经走漏，上海这地方有什么能保住密？今晚，日军在西藏路架起了探照灯，雪白的灯光，把四行仓库大楼照得通体发亮。

按照师参谋长张柏亭事前与英军商量好的计划，八百壮士今晚只要越过西藏路，进入路东的租界，便可化险为夷，商团英国队在租界那边的中国银行负责接应。而后，我军离开租界，离开上海，经沪西归队。四行仓库与中国银行隔西藏路东西相望，距离不过一百来米。但是，这一百米路面，有多少日兵在盯视着，有多少火器在对准着！

死神在暗中等待，阴森森一条死亡之路。

午夜时分，机枪连打掉敌人探照灯，谢晋元领着先头部队，随即冲出。

敌人开火了。西藏路火蛇狂舞，弹片横飞。从四面八方射来的枪弹交织成一张密密的火网，红色火舌把狭窄的路面照得如同一条淌血的河流。

在我军火力掩护下，谢晋元和打头阵的第一连强行突破，火光在身旁飞舞，子弹从耳旁穿过。有人中弹，有人倒下。但队伍像折不断的箭，不可阻挡地向路东插去。

先头部队终于冲过暴露在敌军火力下的西藏路面，踏上路东的公共租界。在中国银行的门口，谢晋元借着火光，看到大楼门口的水泥地上铺着一面英国米字旗，表明这里已是公共租界。

平卧在中国土地上的英国旗，是一把保护伞，还是一口陷阱？

来不及细想，谢晋元领着自己的队伍，一脚踩上去。

后续部队按机枪连、第二连、第三连顺序梯次撤退。凌晨2时左右，所有部队都撤入了中国银行。撤退中，共有 6 人牺牲、27 人负伤。营长杨瑞符右脚踝骨被击碎。

在中国银行，中国士兵全部集合在一起。

大厅中央，吊着一盏"扑扑"直响的大汽灯，明亮的灯光下，大厅被照得一片煞白。坚守四行仓库的壮士们，已习惯于在黑灯瞎火的夜间打仗，对这里明亮的灯光，非常不适应，眼睛被刺得生疼。再看大厅四周，站着不少荷枪实弹的英国士兵，楼门也由英国卫兵把守。

从四行仓库撤入中国银行，虽说只跨过一条西藏路面，但一脚便踏入了另一个天地。租界是国中之国，一切均由以英国为首的洋人主宰。在这里，中国士兵感到心中很不踏实。

正狐疑间，只听"哐啷"一声，英兵关上了大楼的铁门。

本来，这扇铁门应该关上。它正对着西藏路，关上它比较安全，可以避免日军袭击；并且在炮火连天的战场，一声门响再平常不过了。但此时此刻，"哐啷"一声，在中国士兵听来，竟如此刺耳，心头不由为之颤动：

英国佬想干什么？

刚从险境中闯过来的中国士兵，不由自主地握紧了手中的钢枪。

英军的长官一直没有露面。一扇沉重的铁门把数百名中国士兵和几十名英国士兵关在一起，一盏耀眼的汽灯照在一副副肤色不同、陌生的脸面上。中国士兵看到，把守在各个要害位置上的英国士兵，个个面无表情地抱着枪，一顶烟囱一样的圆顶帽，高高地扣在头上，一圈宽宽的帽檐挡住了汽灯投射过来的光线，大半个脸被掩藏在帽檐的阴影底下，一双双眼睛在深深的眼窝里滴溜溜转，只有高高的鼻梁袒露在惨白的灯光下，像道道险峻的山梁。

拿着枪的东方人，与拿着枪的西方人，就这样在同一道铁门之内，同一盏灯光下，脸面对着脸面，枪口对着枪口，一言不发地相互打量着、对视着、提防着。此时要是有谁的枪走了火，肯定会点燃一个火药库，引发一场灾难。

直到凌晨 3 时，万国商团司令马飞上校才匆匆来到中国银行，还带来一名翻译。

在中国银行的一个地下室，谢晋元见到马飞上校，这位英国军官一副垂头丧气的神情，好像刚刚挨了一顿揍。谢晋元心中甚为诧异。

马飞上校"咕噜咕噜"说了一通英国话，讲得很吃力，看得出他心事重重。翻译把他话译过来，意思是：

"将军阁下，很抱歉，不是我有意晚到，是因为事情有了变化。"

听到这一句话，谢晋元脑子"嗡"地震了一下。

马飞接着告诉他，刚才，日本人已向工部局交涉，声言如果让中国军队退入租界，日军将进入租界追击。马飞上校显得十分为难，说：

"阁下，你知道，公共租界是中立地区，我们不想介入中日冲突。唯一明智的办法，请贵军把武器交出来。这样日军就没有向租界动武的理由。"

缴我们的枪？

谢晋元勃然大怒，断然拒绝。

武器是军人的生命。日本人围攻数日，付出惨重代价，也没能动我一根毫毛。现在，英国人倒要来缴械，问我们火腾腾的士兵答应不答应，问这冰冷冷的枪杆答应不答应！

"别误会，千万别误会。"马飞上校连忙解释。他说，"并不是要收缴武器。只是将枪支暂时由我们保管，待贵军撤离租界时再如数奉还。"

双方僵持不下。

身在法租界内的师参谋长张柏亭听说工部局迫于日军的压力，节外生枝。他生怕八百壮士情绪激动，闹出什么乱子，便一面通过外交途径与租界交涉，一面告诫部队冷静待命。这位将军十分清楚，在淞沪战场，几十万国民党军对

淞沪会战结束后，租界四周被日军占领，租界成为被圈起来的"孤岛"。

日本人既然一直节节退缩，那么在租界里，一支小小的孤军更不可捅英国人这个马蜂窝。

在四行仓库困守危楼，孤军作战，谢晋元从未感到孤立。现在踏进租界，四周都是虎视眈眈的洋人，一种不可名状的孤独感袭上心头。到了这一刻，才真正感觉到他带领的是一支孤军。

他沉默了。

听说英国人要来缴枪，中国士兵个个冒火：

"我们已经和日本人打了四天四夜，还怕和英国佬再干一仗？"

"咔嚓"一声，所有的枪支顶上了火。

英国兵吓得拼命往后缩。

事实上，这帮曾经是天塌下来敢擎住、地陷下去敢填平的孤胆英雄，一旦把自己的前途交给民国政府的外交官们，命运的缆绳便失控了。

最终，孤军官兵在一片惨白的汽灯光下，交出了手中的武器。共计步枪二百余支，轻机枪二十余挺，重机枪四挺，驳壳枪二十支，子弹十二万发，迫击炮弹一百发。

许多士兵哭了。

当八百壮士为自己进入租界后的可悲遭遇怒目苍天，欲哭无泪时，上海民众却为壮士归来欣喜若狂。在民众看来，这不是撤退，而是英雄式凯旋。

八百壮士打的是一场什么样的仗，民众心中自有明鉴。一支实际上不到五百人的队伍，在规模空前的中日大战中，是一个很小很小的战斗单位。但是，他们视死如归、临难不苟的精神，显示了中国军民的抗战决心和力量。一座五层楼的孤堡，在淞沪战场，是一个小到不能再小的阵地，但它却成了透视战争的一个焦点，动员民众的一座课堂，多少人从中受到教育，得到振奋。四天四夜的坚守战，在漫长的战争进程中，只是极为短暂的一瞬，但同时，又是了不起的持久战。四天四夜有多少个分分秒秒？每分每秒都是意志、战力和人心的较量。

淞沪抗战以来，中国军队也有打得漂亮的，但毕竟败仗太多。倘若国民党的其他部队，也能像八百壮士那样立洒尽最后一滴鲜血、与阵地共存亡之誓言，怀拼尽最后一颗子弹、与敌奋战到底之决心，个个奋勇，人人尽责，上海战局何至于此？

几天来，上海市民目睹了八百壮士孤军奋战、亦惨亦烈的悲壮场面，内心极为振奋。可是因为战火阻隔，临战时不能助壮士一臂之力，甚至未能一睹英雄风采。现在听说八百壮士脱险归来，市民们都要看一看四行孤军都是一帮什么样的英雄豪杰、钢铁好汉。

交出武器后，八百壮士当夜从中国银行被送到租界跑马厅。天亮后，英国人又派来汽车，要把他们转移到胶州公园的一座兵营休整。

壮士们失去武器，便失去了自由，一切由英国人摆布。而上海民众不知英雄的苦恼，只当今天是中国人的节日。在战火中冷冷清清、死气沉沉的租界，忽然人声鼎沸，群情激昂。从跑马厅到胶州公园途经的南京路，万人空巷，熙熙攘攘，一派节日气氛。市民们从四面八方蜂拥而至，恭候八百壮士的到来。市民们带来锣鼓，带来鞭炮，带来鲜花，带来前几天募集的，一直为送不到壮士手里而发愁的糖果、香烟、巧克力、毛巾、药品，还有刚出炉的光饼、热乎乎的油条。上海市民将自己能拿出来的东西都拿出来了，包括火一样的抗日热情和对孤军壮士崇高的敬仰。

晨风送来初冬的寒意，空气中弥漫着呛人的火药味。

八百壮士撤退后，日军盛怒之下，一把火烧了四行仓库大楼，一股浓烟冲天而起。在凄风苦雨中，上海最后的堡垒宣告陷落。而在租界里，上海市民们正在以非同寻常的仪式欢迎英雄凯旋。

10月31日，既是上海的节日，又是上海的忌日，一个又喜又悲的日子。

运送四行孤军的车队开出跑马厅，隆隆驶上南京路。伫立在街道两旁的市民们的心，随着那隆隆的马达声翻腾了起来，他们在焦急中伸长了脖子，瞪大了眼睛，等待着壮士的到来。

他们看到了什么？

由十几辆汽车组成的车队，以行军速度急驶而来。人们首先看到的是，开在前面的英国装甲车黑洞洞的枪口和乘坐在装甲车里全副武装的英军士兵。

市民们个个惊诧得张大了嘴。

紧随而来的是一辆辆载着中国士兵的红头大卡车。站立车厢上的中国勇士征尘未洗，战袍破烂，身上的伤口也未包扎。最令人震惊的是，壮士竟都没带一支枪，没带一颗子弹！

这就是威震敌胆的八百壮士？

这就是顶天立地的民族英雄？

英国人怎么可以这样慢待我们的英雄？

整个南京路都惊愕了。如同汹涌澎湃的大海瞬间凝结，宛似高亢昂扬的音乐戛然而止。本是人声鼎沸的南京路顿时鸦雀无声，数万双眼睛注视着急驰而过的车队，沉重的车轮从人们心头碾过。

然而，壮士无戈仍然是壮士，英雄下马依旧是英雄。众目睽睽下，站在车厢的孤军士兵，昂首挺胸，铁塔一样屹立在蓝天白云的大背景下。他们手拉手，肩并肩，一个人就是一堵墙壁，一个车厢就是一座堡垒，依然是固守四行仓库时那顶天立地的阵势和视死如归的劲头。

站在第一辆卡车上的谢晋元目睹了这庄严而肃穆的场面，心情激动，悲喜交加。坚守四行仓库之时，上海民众同仇敌忾，踊跃支前，已使他感动不已，现在队伍转移，上海民众竟还扶老携幼，拥上街头，箪食壶浆，接风洗尘，助威壮胆，患难见人心呀！民心不灭，正气浩然，中国是不会灭亡的。此为一喜。转念又想，老百姓这样热情待我们，是盼望我们打胜仗。可是，仗并没有打好，上海的最后阵地已经放弃，眼下甚至落入英军掌握之中，赤手空拳，这是军人的耻辱。此为一悲。

迎着南京路上成千上万老百姓灼热的目光，谢晋元和战士们抬起那曾经紧握钢枪的手臂，向沿街的民众庄严敬礼，坚毅的脸庞挂满了泪花。

第五章

没有早晨的陷城

　　11月中旬，八百壮士撤进租界，上海宣告陷落。在胶州公园附近有一处被密密麻麻的铁丝网围起来的营房，里面的开阔地上是几百名穿着土黄色军服正在严格操练的中国士兵，铁丝网外是荷枪实弹的外国商团士兵……

与军事退却的匆忙和慌乱有所不同，国民党政府对上海的后事却尽量料理得周全而有人情味。政府机关和军政大员们一面安排自己撤出上海，逃离险境，一面设法安抚人心。上海沦陷的前两天，国民党上海市党部、上海市市长俞鸿钧、上海警备司令部和军委会政训处分别发表文告，其中军委会政训处的《告上海同胞书》，写得颇为动情，书曰：

> 我军因战略关系，暂退第二阵地，与上海同胞小别。上海是民族精神集中发扬地的中心。在三个月抗战中，军民支援极为感人。我军退到南翔等地，仍看得见上海。烈士灵魂寄托在上海。我们抗日的一颗心，也连着上海。
>
> ……

上海的弥留状态延续到11月中旬。当主力部队和政府机关全部撤离市区，以至于四行仓库的八百壮士也撤进租界后，残留在近郊的少量部队仍在继续抵抗，零星的枪声此起彼落。到11月13日，留在南郊的我军最后一批官兵全部阵亡后，上海终于宣告陷落。

当日的报纸讣告一样刊登斗大的黑体字标题：

凄风苦雨 枪声转寂
大上海全部沦陷

一位东方巨人轰然倒地，全世界为之震颤。

上海沦陷的巨大冲击波很快传到布鲁塞尔，并在九国公约签字国会议上产生了毁灭性的后果。当中国军民英勇抗击日寇，上海作为抗日堡垒屹立在东方时，西方列强对此充耳不闻，视而不见，而上海陷落的消息却在会议桌上广为传播。来自上海的军事失利报告，最终粉碎了中国代表团争取西方国家制裁日本、援助中国的种种幻想，英、美等国的代表们认为，既然中国的军事抵抗如此脆弱，那么外交家们在布鲁塞尔可做的事情已经不多了。到11月15日，吵吵嚷嚷了十多天的九国公约签字国会议宣布休会。

会议发表了一份宣言，态度暧昧，语气软弱，劈头一句就是："中日两国

日军枪杀僧侣。

现在之敌对行为，影响到各国之权利及物质上之利益，全世界对之均有一种不安之忧虑……"是非不分，曲直不辨，对日本的侵略行径连句硬话都没有。中国代表团大失所望。

淞沪会战失败，导致了国民党军队的全面溃退，上海城头成了空前规模大撤兵的起点。集结在华东战场的百万国民党大军如长江决堤，狂奔滥泻，不可收拾。

兵败如山倒！

日军在攻占上海之后，以横扫千军之势，尾追着中国军队席卷而去。以松井石根为司令官的日本上海派遣军六个师团20万兵力，沿京沪线大举西犯。14日，日军攻陷沪西重镇浏河和太仓，15日占领常熟，到19日苏州城破，25日无锡陷落，27日江阴要塞易手，日军饮马长江，威逼南京。与此同时，于11月初，在杭州湾金山卫登陆的日本第十军10万新锐，向松江、嘉善方向突进，沿太湖南岸迂回包抄，11月21日，攻占湖州，29日轻取宜兴和广德，兵临南京城下。至此，日本两路大军，30万人马，将南京围得铁桶一般。

日军的进攻速度，大大出于蒋介石意料之外。他原本计划，主力部队撤出上海后，能在苏州、福山之线，凭借既设阵地，抵挡一阵。他没想到，我军的既设阵地这样不顶事，在秋雨连绵中，许多工事泡在水里，无法利用。他更没想到，部队退得这样慌乱，退着退着，一听日本飞机飞来，"呼"地一下，队伍全散了，官找不到兵，兵找不到官，有的部队找不到既设工事，有的找到工事又找不到打开工事的钥匙，往往没等中国人弄明白，日军就冲了过来。不出数日，苏福线糊里糊涂就丢了。退到无锡、澄山之线，也没能站住脚跟。国民党军经营多年，被蒋介石称为可以同法国马其诺防线媲美的苏福、锡澄两道防线，弹指之间，土崩瓦解。其结果同被德军攻破的马其诺防线一样成为历史的笑柄。不到半个月，日军就从上海打到了国民政府首都南京城下。

刚刚料理了上海后事的政府当局又在准备应付南京的不测。国民政府于11月20日宣布迁都重庆，同时匆忙部署南京会战。

蒋介石在中山陵园自己的官邸内亲自主持军事会议。参加会议的有何应钦、白崇禧、徐永昌、唐生智等高级将领。蒋介石金口玉言："南京是我国首都，又是孙总理陵墓所在，如果放弃，将何以向国人交代，何以告总理在天之灵？因此，非固守不可。"

"'委员长'说得对！"众将附和。

"那么，谁负责固守南京？"蒋介石厉声问道。

众将闻言，面面相觑，噤若寒蝉。

"谁愿守备南京？"蒋介石连问三声，无一人敢答言。

委员长气得脸色煞白，说："你们都不吭气，好，我守南京。"

蒋介石这一脚，总算踹出个唐生智。此公历史上曾两次参加"倒蒋"，但两次都没斗过蒋介石。每次失败后，他都归附老蒋。此时，他任国民党军事委员会军法总监，虽荣膺陆军一级上将军衔，手中并无兵权，只有"湖南骡子"的火暴脾气。他看到在危急关头，握有兵权的将领们畏缩不前，实在不像话，便自告奋勇，说："委员长，若没有别人负责，我愿意勉为其难。我一定坚决死守，与南京城共存亡。"

"很好，孟潇，千斤重担就交给你。你明天开始视事。"蒋介石对唐生智说完，又狠狠地瞪了何应钦等人一眼，哼了一声，"你们还站着干什么？"说罢拂袖而去。众将官顿时面如土色。

11 月 24 日，国民政府军事委员会发表布告，任命唐生智为南京卫戍司令官。就职以后，唐生智接见记者，他一言九鼎："本人奉命保卫南京，至少有两件事有把握。第一，即本人所属部队誓与南京共存亡，不惜牺牲于南京保卫战中；第二，此种牺牲定将使敌人付出莫大之代价。"

而在会后，有人悄悄地问这位系南京安危于一身的卫戍司令："你看能守多久？"

唐生智回答："天晓得啊！"

蜀中无大将，廖化作先锋。南京的命运，由此可知。

当国民党军队在紫金山下发出"誓死保卫南京"的豪言壮语响彻云霄的时候，上海沉默而凄惶，它的咽喉被魔鬼扼住了。

淞沪作战结束时，日本侵略者的野马在苏州河北岸，在公共租界和法租界的铁门以外勒住了缰绳，日军绕过租界，追杀中国军队而去。上海已被战争远远抛在后头。国人视线，也紧随战争车轮西去。在战争的惊涛骇浪中，上海惨叫一声，便告沉没。

1937 年的初冬，上海寒冷多雾，每天清晨，当外滩的晨钟响过，上海却还睡眼惺忪，迷迷瞪瞪。铺天盖地的大雾，紧紧捂着城市，放眼四顾，远处的黄浦江、苏州河，近处的楼房、街道、树木、行人一概茫然。听不见早市的叫卖、苏州河畔洗洗涮涮的妇女的欢笑，看不见那缥缥缈缈如诗如画的万户炊烟。混浊的雾气中，还掺和着战火焚烧后的焦糊味和腥臭气，从小巷胡同传来的鸡鸣狗叫，仍这般惊惶、凄厉……都市之晨清新的呼吸、魅人的轮廓、有力的脉搏，全都让漫天大雾吞没了。

是大雾延迟了都市的钟点，还是战败的城市根本没有早晨？

雾散时分，已经是上午 9 点或 10 点钟，冬日里苍白无血的太阳才开始露脸。

然而，阳光下的上海，并不比笼罩在大雾中好。昔日繁荣喧哗的大上海，此刻满目疮痍，伤痕累累，四脚朝天地仰卧在黄浦江西岸，面对着惨白的天空，有气无力地喘息着。整个城市看不到生命的色彩，而总是与兵燹、饥饿、疾病、死亡紧紧相随的深灰色，主宰着这里的一切。城市笼罩着悲凉、伤感的气氛。

曾经激战过的虹口、闸北、普陀、南市等城区，遍地瓦砾，一片焦土，像是经历了一场大地震。高大坚固的北站大楼被炮火整整削去一层，虹口公园巍峨的假山被夷为平地，南市那座天主教堂的钟楼被炸飞。八百壮士最后放弃的四行仓库更惨遭蹂躏，日军纵火把大楼从里到外烧得一团焦黑，残存的墙面黑糊糊地壁立在苏州河岸，怒目苍天……

战争的浩劫，如此残酷地展示在人们眼前。

英美公共租界和法租界，在战火中虽然幸免于难，但是在日军重重包围和封锁下，也被剥下了昔日繁荣华丽的外衣，显现出萧条破败的景象。大批难民的涌入，扩大了城市饥饿的队伍，大片大片临时搭起收容难民的窝棚，塞满了所有空地，拥挤在高楼大厦的墙角之下，成了租界里新的街景。往日装饰着五颜六色霓虹灯管、炫耀着租界繁荣的洋行大厦的楼顶，这时也垒上沙袋，构筑了防空火力点。外滩筑起了街垒，不再是冒险家们消遣行乐的天堂。

租界成了日军重围之下的一座孤岛。过去租界与华界之间的界河、界街，现在成了区分西方老殖民主义者与日本占领军势力范围的分界线，边界上布满了铁丝网和路障，租界通向外面的所有铁门都紧紧关闭着，界内是商团的兵丁把守，界外是日军把持。身材高大却胆小如鼠的商团兵丁小心地遏制着日本势力向租界渗透；身材矮小、却狂妄自大的日本士兵，严格搜查着出入租界的所有行人。

这里唯一没有中国人的立锥之地。军事失利后，中国人已在上海城头偃旗息鼓。租界内的英国米字旗、美国星条旗、法国三色旗与租界外的日本太阳旗同时飘扬，共同瓜分着上海冬天的阳光和空气。

战争的阴影笼罩着天地，窒息万物。但是，它不能窒息军人。

每当外滩的钟声呼唤着早晨，而都市却噩梦未醒时，滴滴滴答……嘹亮的军号如裂帛之声，冲破晨雾的帷幕，在胶州公园附近一处营房威严地震响。

与古老的钟声不同，钟声只是时间的呻吟，号音却是军人的鼓角。营房内立时行动起来，沸腾起来。起床号刚落，"嘘——"集合的哨音便在空气中凌厉地震响。哨音招来一片"沓沓沓"急促的脚步声，穿戴齐整的士兵们冲出营舍，奔向集合地点。

"报数！"随着指挥员的号令。"一、二、三、四、五……"队列中响起清点人数的声音。这是士兵们每天起床后，发出的第一声吼叫，因此，人人都扯开嗓门，公鸡报晓似的，一个比一个更响亮。

"目标，操场，向左转，齐步走！"

集合完毕，队伍启动。"扑扑扑……"整齐、坚定、低沉的足音，如声声闷雷，穿过潮湿的空气，通过坚实的大地，传向四面八方，远远就能感到它的震颤。

伴随着整齐有力的节拍，行进的队伍中，爆发出铿锵激昂的歌声：

"大刀，向鬼子们的头上砍去……"

这一切，都发生在大雾迷漫、曙色朦胧的清晨。雾气覆盖着上海，也遮蔽着这座营房。但是，它淹没不了军人的呐喊和抗争。

杀声震天，激动人心的军营之晨，与死气沉沉、似醒非醒的都市，形成了强烈的对比。战败后的上海，何来阵阵龙吟虎啸之声？何来一支斗志昂扬的中国军队？何来一片没有沦陷的土地？

当晨雾散尽后，刚才龙腾虎跃、喊杀阵阵的那座营房，展示给人们的竟是这样一幅令人吃惊的图景：

在一小块孤立的开阔地，几百名穿着土黄色军服的中国士兵正在严格操练，而四周，竟铁桶一般围着密密麻麻的铁丝网。铁丝网外，荷枪实弹的外国商团士兵，满怀敌意地来回逡巡，沉重的翻毛皮靴，"笃笃笃"地踩来踩去。东西两侧，两座瞭望塔高高耸起，黑洞洞的枪口，直对着这片小小地面上的几百名中国兵和几排低矮的营房。

这究竟是怎么回事？

这里是营房，还是监狱？他们是战士，还是囚犯？

上海租界是个充满阴谋诡计、遍布陷阱绊索的地方。

一个月前，当谢晋元率领八百壮士从四行仓库撤入租界，他们先是被英军缴去武器，接着用红头汽车，经南京路送到位于胶州公园附近的这座营房。英国人花言巧语，说是请中国官兵在此休息数日，之后礼送出境。

可是，商团士兵"哐啷"一声，关上铁门后，就再也没打开过。尽管中国官兵强烈要求，他们仍拒不放行，至今一个多月了。

那个黑漆漆的撤退之夜，谢晋元不知深浅，领着部队退入租界，他怎么也想不到，他已一脚踏进无底深渊。那个欢天喜地的清晨，成千上万上海市民伫立在南京路上，敲锣打鼓，迎接抗日英雄。他们怎么也想不到，英国人的红头汽车正在把中国壮士送往囚禁之地！

羁困八百壮士的孤军营，地处公共租界内胶州路与新加坡路交叉口西北角，占地15亩。这里原是万国商团意大利队的兵营，后来被遗弃，改为刑场，继后又成为堆积垃圾、埋葬死婴的荒地，是都市里一块爬满蒿草、布满血腥、游荡着鬼魂的死亡地带。淞沪战役爆发后，这里搭起几座用芦席铺盖的窝棚，收容难民。

把中国孤军关进这块恐怖、荒芜的土地，租界工部局只给这里增加了一道铁丝网和两座哨楼。

按理说，日军用飞机大炮都奈何不了的八百壮士，对付跟前这道薄薄的铁丝网和一小队商团士兵，应不在话下。但是，这里是英美把持的公共租界，是国中之国。中国军人的一举一动在此一概被视为外交行动，打个喷嚏都要经过一番交涉。军人一旦被这根软乎乎的外交绳索套上，便只好任人处置了。

中国有关当局曾几次向租界工部局严正交涉，要求按当初协议，释放孤军官兵。但工部局总是甜言蜜语，百般拖延。开头说，沪西还在打仗，孤军官兵出去不安全，只等沪西战事平息，即可礼送出境；沪西的仗结束后，洋人又说，苏州、无锡一带遍地战火，道路不通，不如待京沪路平静后再走；后来南京会战爆发，中国政府正在迁都，他们又推脱说，等南京的仗打完再议……

国民党军队节节败退，威风扫地，租界的洋人越来越不把国民党政府放在眼里，国民党政府的话对租界已经没有多大约束力。国民党军队每打一次败仗，租界就从自己许下的诺言中后退一步。

当初，斩钉截铁地命令孤军从四行仓库撤退的将军们，已经退得无影无踪。师参谋长张柏亭，当英军迫使孤军缴械时，在电话中与谢晋元说了几句宽慰的话后，再也不知去向。师长孙元良的下落是从传闻中得知的。听说孙师长率部退出上海后，参加了南京战役，升为军长，守雨花台，但仗打得惨，部队全垮了，孙元良本人则化装成伙夫，只身逃跑，落了个贪生怕死、羞辱军威的骂名，被撤职查办，身败名裂。当时为孤军的处置，负责与租界办交涉的政府大员们，现在也不知逃往何方。当初曾拍着胸脯，为孤军平安离开租界打了保票的上海警备司令杨虎将军，丢下上海，丢下孤军，仓皇退走。曾受国民政府委托，全权处理上海外交事务的市长俞鸿钧，也只把外交办到把八百壮士送进孤军营，自己就撒手而去。

军政大员们退的退，逃的逃。政府当局忙于西迁，自顾不暇。孤军官兵只有自己解救自己了。

谢晋元被关在孤军营内，不能越雷池一步，无法奔走，只能呼吁。他起草文告，印发传单，接待记者，发表谈话，争取舆论支持；他约见租界官员，伸张正义，严正交涉。孤军营里，他那间用铁皮搭成四面透风的会客室，成了他为孤军自由而斗争的战场。

租界商团司令马飞上校，成了这里的常客，被一次又一次约来晤谈。自从在中国银行地下室，马飞上校领着人马，缴下中国士兵的枪支，谢晋元就认识了这位英国军人。二十多年前，马飞作为一名退役军士，带着冒险的冲动，从英国来到上海，开始当上商团骑兵队小队长，后来用了十多年时间，费了不少周折，才爬上现职。商团司令是个肥缺，能弄到这个职位，说明他有过人之处。在谢晋元看来，他的不同凡响，一是不断给人许愿，二是尽量地食言。关于释放孤军的诺言，就是他一次次许诺又一次次收回的。

一个食言而肥的家伙。

今天，他们又坐到孤军营会客室那硬邦邦的木椅上，谈论那硬邦邦的话题。

"上校先生，我们已经不止一次在这里会晤，讨论的是同一个问题。我希望今天的会晤是最后一次。"

谢晋元不是彬彬有礼的谈判家，而是一位军人，他的话跟拼刺刀似的，总是单刀直入，一针见血。

"噢，我赞成阁下的建议。让贵部滞留在租界，是个不幸。本人愿意为结束这一不幸事件做出努力。"

马飞上校，40 岁出头的年纪，肥胖多肉，坐在那单薄的木椅上，更显出他身躯的臃肿。他那一撇小胡子骄傲地翘起，处处显示着白人殖民统治者的优越感。说话间，他掏出烟盒，抽出一支香烟，礼貌地递给谢晋元，谢晋元摆摆手，之后他便自己抽了起来。他竭力装出绅士的派头，但那蓝幽幽的眼睛里却深藏着狡诈和伪善。

英国人越是装模作样，中国人就越是直截了当，谢晋元说：

"关于释放孤军，我们早有协议，一沓子协议，只要贵部兑现其中任何一个，不幸事件早该了结。"

"不错，我们曾有很好的协议，依工部局的初衷，贵部官兵撤出四行仓库的当天，就应礼送离开租界，"马飞依然圆滑，然而他的话却不软，他接着说，"但是，这是件棘手的事。"说到这，英国人顿了顿，深深吸了一口烟，慢慢吐出，他下面的话便像烟雾一样，转着圈，打着弯：

"日本人常常提出一些苛刻的要求，我们感到很为难。"

马飞话中有话，谢晋元高度警觉，他反驳道："让中国孤军撤出四行仓库，经租界归队，这是中国当局和租界双方达成的协议，关日本人什么事？"

"不，不，不！"马飞连连摇头，"关于中国孤军处置，不止一张谈判桌。你们这里一张，日本人那里还有一张。"

原来如此，"日本的黑手凭什么插进来？"谢晋元勃然大怒。

"凭什么？"马飞上校以困惑的目光看着谢晋元，好像他不该这样问。之后，他以轻蔑的口吻回答中国人：

"凭他们的实力，我亲爱的阁下。当日本军队把自己的旗帜插到上海后，就取得了处置有关事务的发言权。现在上海除了租界以外，全都在日军控制之下，你们的政府，你们的军队，已经退得很远很远了，这难道不是事实吗？"

马飞接着说，"当然，我们讨厌东洋人，讨厌和东洋人打交道。我们只喜欢中国人，只喜欢跟中国人打交道，我们本来和中国人相处得很好，创造了上海的繁荣，我们不愿意日本人插进来，他们只会带来麻烦。但是，日本人还是打进来了，这不是喜欢不喜欢的事。我们只能面对现实。日本人既然在此存在，我们就要同他们打交道，也可能订些协议。战争的结果总是要产生各种各样的协议的。不仅我们要和日本人打交道，你们中国人最终也可能要和日本人打交道的。比如，1935年华北事变后，你们和日本订了《何梅协定》。比如1932年'一·二八'事变后，中日订了《淞沪停战协定》。再比如……"

"够了，马飞先生。"

谢晋元厉声喝断了马飞的喋喋不休，殖民主义者的强盗逻辑极大地刺痛了中国人的自尊心。谢晋元对马飞说：

"是的，在中国近代历史上，不乏屈辱条约，不乏城下之盟，除了日本人的，还有大英帝国的，还有美国的。但是中国人决不会永远受人奴役，中国人决不会总是在自己的卖身契上签字画押。这次全民抗战，就是要打一场没有屈辱条约的战争。你懂吗？"

谢晋元知道，在公共租界内，向马飞这种满脑子殖民主义思想的洋人去讲中国人的民族感情，讲中国不愿意任人宰割，不肯屈膝投降，他们是不爱听的。没有中国的屈辱，哪来公共租界？没有中国人当牛做马，流血流汗，哪有租界的繁荣？租界这块肥地，是老殖民主义者用刀子从中国人身上割下的，上海滩上的洋行大厦是中国人用肩膀扛起来的。洋行大班们的腰包里装的全是中国人的血汗钱。这些，你能跟马飞讲清楚吗？他能听得进吗？

马飞上校刚才的那通话，倒也说出一点实情，说出英国人的一些心里话，那就是工部局不喜欢日本人，因为日本人是会打扰他们的，日本人是会妨碍租界洋人的好日子的。当租界里的洋人感到自己受到威胁时，肯定会妥协和让步。而受损害、被出卖的首先是中国人。那么，英国人准备怎样出卖我们呢？想到此，谢晋元问马飞："听你说，日本人也在和你们谈判，请问，日本人想拿我们怎么办？"

"日本人要求引渡你们。"刚才，谢晋元毫不客气地打断马飞的话头，使这位英国绅士感到不快。现在谢晋元询问日本的意向，马飞于是得到一个显示英国人分量的机会。他故意把"引渡"两个字说得很重，明显带有要挟和震慑的味道。

"你们敢！"谢晋元猛然拍案而起。

谢晋元一声怒喝，真把马飞震了一下。他连忙摆手：

"请不要激动，这只是日本人单方要求。"

"你们打算怎么办？"

"保持中立。"

"此话怎么讲？"

"租界既不迁就日本，也不偏袒中国。明白地讲，日本人引渡贵部的要求将会遭到拒绝，而贵部离开租界归队的愿望也不会被同意。你们必须继续留在租界。"

"这叫中立？"

"是的。"

已经不可能谈出别的结果，晤谈于是结束。送客的时候，谢晋元对马飞意味深长地说：

"上校，我自信我对你们已经有所了解，请不要介意我将你们与日本人作比较。你们与日本人有很大不同，你们是西洋人，他们是东洋人；而你们与日本人也有共同之处，那就是，你们都是洋人。"

"OK！同意你的见解。"

马飞并不忌讳将他们与正在作恶的日本鬼子相提并论。

将租界宣布为"中立地区"，剥夺中国军队在租界里的行动自由，是列强对中国主权的侵犯，是没有法律依据的，在关于租界的所有协议法规中都没有这种规定，即使在可耻的《南京条约》中对此也无片言只字可查。租界是中国的土地，主权属于中国。你英国人、美国人不过是租借暂住，有什么权力将这里宣布为中立。要搞中立，回你们英伦三岛和美利坚去。在自己的国土上驻兵、用兵，是一国之主权，而这些在租界里全被颠倒过来。英国兵、美国兵可以在租界耀武扬威，日本兵也可以烧杀抢掠，而中国军队进入租界就要被缴械、收容、拘禁。

与西方殖民主义者以强凌弱、巧取豪夺、割城占地一样，租界里的中国主权也是帝国主义用枪、动炮、施武力、使阴谋一点点掠去的。上海公共租界建立初期，中国军队是可以驻扎在界内的，洋人的小尾巴还夹着。1854年，乘着上海"小刀会"起义削弱了清军兵力，租界英军与清军在泥城打了一仗。清军败北，英军由此将清军从租界扫地出门。泥城之战的结果，使中国丧失在租界驻兵权。上海租界当局得寸进尺，不久又单方面宣布，在中国发生内战时，租界为中立地区，禁止中国军队进出租界。此后，外人将租界"中立"的适用范围不断扩大，中国内战时，租界中立，中国和外国打仗时，租界也中立；战时，它中立，平时，也中立。中国的主权，就像砧板上的肉，外人想要就割一刀。

对西方列强的无理行为，中国历届政府俯首帖耳，步步退让。1900年清政府钦差大臣李鸿章从北京出巡，他带数百亲兵，前呼后拥，浩浩荡荡，一路威风，所到之处，士绅唯恐迎迓不周，行人唯恐回避不及，而到了上海租界，钦差大臣被挡驾。租界不许清兵入界，李鸿章吹胡子瞪眼，却也无可奈何，只好打道回府。这就开了一个恶例。到了1927年，北伐战争胜利，北伐军总司令蒋介石于军务劳顿之后，想进入公共租界休息旬日，算蒋介石早年与租界有交情，眼下又是权倾朝野的总司令官，租界特别批准他"可带武装卫兵十名入界"。挂上租界发给的"腰牌"，蒋介石才得以住进租界。那是总司令有面子哟，换了别人，做梦去……

一部中国租界史，就这么写着。谢晋元，一名小团长，你有什么法子呢？

和商团司令马飞上校打了几次交道，谢晋元明白了一个道理：指望洋人良心发现，放你一条生路，不可能。中国人只能靠中国人。

谢晋元想到法庭。上海公共租界有个特区法院，代表中国政府在租界行使审判权，律师、法官都是中国人。这是中国人付出血的代价后争回的权力。过去租界设有会审公廨，审判权操控在洋人手里。它草菅人命，专门欺负中国人。租界华人忍无可忍，大闹会审公廨，终于在1927年将其废除。

法律能不能为中国人讨回公道？

谢晋元下了一帖，聘请上海滩上鼎鼎有名的律师江一平代表孤军投诉，寻求法律保护。江一平曾于1927年，受蒋介石之托，办理过蒋与前妻陈洁如的离婚案，为蒋介石与宋美龄的婚姻铺平了道路。江一平也因这桩名案声名鹊起。但是，在公共租界内，对于状告工部局这桩亘古未有的案子，中国法官和律师纵有天大的本事，也无能为力。不几天，江一平来见谢晋元。这位曾经是巧舌如簧、神采飞扬的大律师，无精打采地表示，此桩公案情况特殊，过于棘手，他本人才疏学浅，难当重任。

谢晋元又求助于舆论。在孤军营内，他不断约见记者，常常在报纸、电台发表文章，为恢复中国孤军的自由大声疾呼。其中一篇刊登于上海《新闻报》，激愤之情洋溢于字里行间：

> 余今日所欲言者，为我等在此间法律地位问题。按国际法，依据《海牙陆战条规》，交战国俘虏之处置应属于敌国政府之权内，而不属于捕获俘虏之个人或军队之权内，自不能将俘虏作罪人看待。

更有明文规定，应以人道待遇俘虏，保留其私权和宗教信仰。只要不越出秩序和风纪的范围，应有相当之自由。

此外，尚有因弹尽援绝，非逃避至中立国的领域不能生存者。第一次世界大战之际，瑞士收容交战国之军人甚多，该国对此等军人概依《陆战中立规约》与《陆战法惯例条规》优礼相待的前例办理。

但如我等之撤退，则情势特殊，稽诸古今，并无前例，更绝不能视同俘虏。

我等困守闸北四行仓库凡四日夜，击退敌军六次进攻，弹药的消耗不及十分之一，至于给养，虽坚守三年亦无绝粮之虞。事实如此，不能武断加以"溃退租界，借此庇护"的侮辱言词，其理甚明。

我国政府为维护世界和平，达到抗战神圣目的，复兴中华民族，为千秋万世基业计，虽牺牲千万人之生命，亦无所悔恨！似此四百余人之我等孤军，实沧海之一粟耳，何惜牺牲！且我等已有充分之弹药与给养，准备重创敌人，作光荣的战死！借租界的庇护以保生命，我军绝未作此想。我等之撤退，系因第三者要求维护中立地区（公共租界）之安全，请求我国政府同意，而由我最高当局下令撤退者。

上海公共租界既得谓之中立地区，则应履行其中立者的权力与义务，此为不易之论。倘有漠视一方的行为，何能维持中立者自身之中立与安全乎？

或曰"上海公共租界当局恐释放我等，将遭日人之反对，因此，处境维艰耳！"余以为日人既自诩崇尚武士道，当不出此反对下策。倘日人欲效稚儿，作意气的反对，直不啻与世界爱好和平，主张正义之人类为敌！况有上海战事初起时，日军被我击溃，其一部二百余人逃入公共租界（此为真正的"溃退租界，借保生命"），旋即经租界当局释放，并将缴获之武器一并送还之前例乎？先哲有言："己所不欲、勿施于人。"若以自国溃军被释为是，而于他人则以为非，是诚自居劣等矣。

余为一军人，但余不相信武力的万能，历史实例，可为前鉴。若侈言武力，此时尚有十万兵临孤军，亦非我等所惧！

余向全世界爱好和平人士呼吁，请主持公理与正义，唤醒上海公共租界当局，注意其自身中立态度，实践其诺言，使我等自由。更有望于当日呼吁我政府下令撤退孤军之友邦人士，为正义故而始终赞助我等，则不独我等之幸，实全世界人类正义之幸也。

谢晋元四处呼吁，八方求援，仰天长啸，声若悲鸿。可是，一支打了败仗的军队，出自陷城的文告，能有多少分量？一群被解除武装的军人，发自囚笼的声音，能传多远？

第六章

孤军营不是田横岛

上海四行孤军篮球队摄影 同八廿可当相 民廿八年三月政纪

　　对孤军营里的中国官兵来说，每天遇到的头等大事是求生存，然后才是争自由。

　　为了租界免受战火蹂躏，为了保护界内居民，当然首先是洋人的生命财产安全，八百壮士退出坚如钢铁的堡垒，让出洒满鲜血的阵地，而租界洋人回报他们的却是一片用铁丝网围起来的荒地。

　　他们为别人的生存付出了沉重的代价，现在自己的生存却成了难题……

对孤军营里的中国官兵来说，每天遇到的头等大事是求生存，然后才是争自由。

为了租界免受战火蹂躏，为了保护界内居民，当然首先是洋人的生命财产安全，他们退出坚如钢铁的堡垒，让出洒满鲜血的阵地，而租界洋人回报他们的却是一片用铁丝网围起来的荒地。他们刚刚为了别人的生存付出了沉重代价，现在自己的生存却成了难题。

孤军营内的15亩地，中间一口臭水坑，四边是用垃圾堆起来的空地。整块地就像一个万人坑。水坑里那点积水，多半是垃圾沤出来的汁，又黑又稠，泛着白沫，臭气熏天。蚊蝇成群结队，漫天飞舞。四周的荒地，高低不平，土包一个挨一个，坟地似的。实际上这里也埋过不少死婴。因为地里沤着垃圾，有肥力，荒草长得疯，有半人高。因为脏臭瘆人，后来连倒垃圾的人也不敢来，此地便彻底成了死旮旯。到了淞沪大战，数以百万计的难民涌入，租界人满为患，一些无家可归的人被挤到这块荒地，难民们在此搭起几排窝棚，暂且栖身。

现在，难民被迁走，四周围上铁丝网，中国孤军被送了进来。商团士兵把大门一关，凶神一般把守两旁，里面的人住哪？喝啥？吃什么？病了怎么办？自己折腾去！

中国人的生存问题只能靠自身的力量解决。好在这些农民士兵有着惊人的生存能力。他们那旺盛的生命力就像山中的毛竹，青石板上都能扎下根。他们那超常的生存韧性，就像从小侍弄的地瓜秧，随便插在哪都能长出绿叶。行军打仗，他们可以三天不吃饭，两天不喝水，守四行仓库，也可以四天四夜不睡觉，生来就这么命苦，这么命大。孤军营困不死他们。

何况，租界里还有数百万中国同胞。

一批曾经持枪舞刀与敌厮杀的士兵，开始挥锹抢镐，向荒地寻求生存空间。铲除蒿草，移土填坑。说实在话，这点活算啥？他们从小就干这个。几百名士兵，几百双铁脚板，来回踩两遍，也把那杂草踩下去了。几百双长满老茧的大手挥舞铁锹，不费多大工夫，就把水坑填起来。很快，铁丝网内成了平地。难民们搭起的那排窝棚，七扭八歪，参差不齐，不是军人的住所，士兵们喊里咔嚓，拆了。用上海市民们募捐来的建筑材料，每个连队盖起了一排营房。四排长长的油毡房并立在新辟的空地上，就像等待检阅的四个士兵方队。有了这么几排

淞沪会战时，上海妇女界知名人士宋文赋女士和著名记者王小亭先生的夫人赴火线慰问我军将士，并向他们赠送寒衣。

营房，给人的感觉不再荒凉和空旷，而是非常充实和有生气。

中国官兵给孤军营注入了活力。昔日荒芜的土地开始响起了嘹亮的军号，传出了队列口令，还飞出了抗日救亡的歌声。

这里长精神，出士气，但不长粮食，不产棉花，不出药品，孤军官兵吃的、穿的、用的，都得靠外面支援。

上海市民们再次向孤军官兵伸出援助之手。

百万市民养得起几百个子弟兵！

作战期间，曾活跃在街头巷尾的市民后援会等抗日团体由公开活动转为隐匿，但市民们对抗日壮士敬慕关切之心丝毫未改，荣德生、刘鸿生等工商界爱国人士主持的民间团体，更是义不容辞地担当起接济孤军官兵的责任。市商会慷慨解囊，包揽了官兵给养供应。他们筹足资金，交给工部局，再由他们派人办理炊事。每天按时把做好的饭菜送入营内。

天气转冷后，市民们发起了为壮士募捐寒衣活动。结果是，冬天还没有到来，壮士们每人枕头下已压着一套厚厚的棉衣。

进入孤军营初时，官兵们由于经两个多月的作战，身体虚弱，营养不良，许多人面部浮肿，四肢无力。又因住地潮湿，有不少人得了脚气病。谢晋元与工部局交涉，多供应黄豆等营养食物，改善伙食，并组织官兵参加体育锻炼，使浮肿病人逐步减少。他们又在营房四周挖通排水沟，改善居住条件，辅以药物治疗，脚气病人也日见好转。

由于孤军营的一再要求，工部局给孤军营接通自来水管、安装电灯，并派来一名上了岁数的清洁夫。市民捐给官兵的日常用品由他挑进，而孤军营里每天清理出的垃圾废物，由他挑出。他是唯一可以自由出入营门的中国人。这位清洁夫姓王，是个麻子，心眼好，人勤快，忠厚老实，富于同情心。孤军官兵都喜欢他，有的叫他王大爷，也有的干脆叫他"王麻子"，他一概笑嘻嘻地应承。

孤军官兵自力求存，上海市民多方接济，军民同心，内外协力，住房、吃饭、穿衣、治病，几件大事一一落实。

官兵生活有了着落，谢晋元略为欣慰。但是看到抗日英雄落入牢笼，身不由己，极为伤怀，不禁想起古代田横五百士，想起悲凉的田横岛——战国时期，齐国壮士田横，在国家被汉王刘邦攻破后，拒不投降，率五百壮士，从山东即墨下海，流落孤岛。后汉王招降，田横不愿称臣于汉，自刎于咸阳驿上。五百壮士得田横死讯，亦悉数自戕海岛，吟成千古悲歌。

难道上海城内这座孤军营，也要成为当今的田横岛？难道四行仓库八百壮士，也要走上田横五百士的英雄末路？

不！决不能这样！

中国没有灭亡，军队正在战斗，人民还在抗争。八百壮士应该挣脱囚笼，重返战场，杀敌报国。八百壮士不是涌入租界、躲避战火的难民，不是丢盔弃甲、落荒而逃的败兵。孤军营不是走投无路、孤立无援的田横岛！

孤军官兵们生存下来，是为了战斗；孤军营是兵营，是堡垒，是战场。

军人任何时候都不能放纵自己，越是环境恶劣，越是需要铁的纪律。在谢晋元等军官的督促下，营内生活紧张有序。每天晨4时30分起床，用半小时洗漱、整理内务、清洁卫生，5时至7时30分为晨操。真可谓闻鸡起舞。每天8时，该死的外国商团士兵入营清点人数，这是一天中最令人扫兴的钟点。到9时吃早餐，10 时至 11 时上操典课。11 时至下午 2 时 30 分为勤务交代、洗衣洗澡和自由活动时间，2 时 30 分至 3 时 30 分继续教授操典课，4 时晚餐。5 时至 7 时 30 分教练拳术、唱歌做游戏，之后洗漱，9 时熄灯就寝。

威严的军号，如同一把快刀，把全天时间切成小块，吹什么号，做什么事，有板有眼，纹丝不乱。营内生活时针一样有序，军人纪律钢铁一样严明。

当孤军营内的官兵们为生存、为尊严与环境苦苦争斗的时候，躺在租界红十字医院里的孤军伤员们，却被四面八方的鲜花和镁光灯包围，受到抗日英雄应有的特殊礼遇。

从四行仓库撤退出来的伤员中，伤势较重的 70 人在撤至跑马厅的那天早晨，便被紧急送往医院救治，因而没有进入孤军营，没有失去那至为珍贵的人身自由。

营长杨瑞符，此时住在红十字医院第三层的一个宽敞的单人病室，大套间，带阳台。在平时，不是上海滩上腰缠万贯的富豪，甭想住到这里。杨营长躺在洁白的病床上，市民们送来的鲜花，摆满了床头和窗台，散发着沁人的芬芳。身穿白色裙服的护士小姐又是量体温换药，又是端茶送水，像阵阵可人的轻风从病床前撩过。整个病房洋溢着春天的气息。

杨瑞符却享不了这份福。

从炮火纷飞的战场，住进温馨幽雅的病室，由枪林弹雨，到躺在鲜花簇拥的病床，他感到样样别扭。听惯了战场上的隆隆炮声，这里幽静得让他心里发毛；睡惯了军营里的大通铺，这里的弹簧床，躺着觉得全身酸痛；闻惯火药硝烟，病房里的药水味呛得他直想打喷嚏。过去渴了，扭开水龙头就往肚里灌凉水，饿了，抓个馍就啃。现在喝茶，护士小姐还硬给放糖，水果、点心堆得像座小山，想吃啥拿啥。杨营长问自己，我凭什么享这份福？凭什么让人伺候？

杨营长撤出四行仓库时，亲自断后，右腿被机枪洞穿，如今整个右腿包扎着绷带，从上到下直通通的不能动弹。由于失血过多，他脸色苍白，但精神很好。他的病房成了宾客盈门的接待室。

记者、学生、市民、社会名流，纷纷前来探望这位劳苦功高的抗日英雄。人们除了带来问候和关怀，而且无一例外地恳求杨瑞符亲口讲述八百壮士坚守四行仓库的传奇故事，记者们则忙着拍摄、录音。

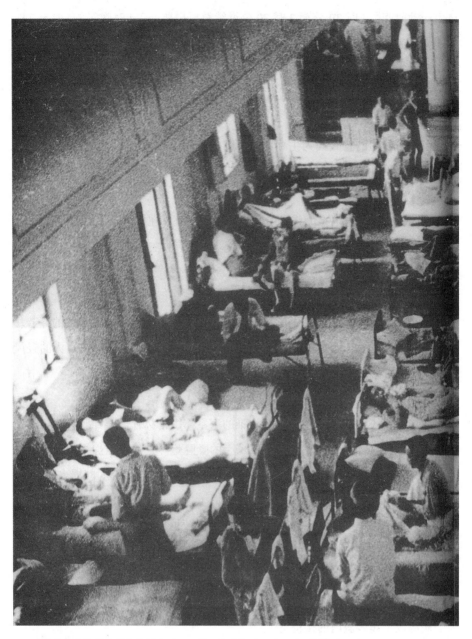

上海各界为拯救作战负伤的官兵，设置了许多伤兵医院，这是其中的一个。

每当这个时候，杨营长脸上总是浮现异样的神情，他以军人的沉稳声调首先说：

"很遗憾，消灭的敌人不多。我们既未成功，又未成仁。"

之后，他深深地吸了一口烟，便开始讲述四行仓库那激动人心的四天四夜……

第三连连长石美豪，也天天为热情的探访者围绕。他的病室在二层，与杨瑞符相隔不远。

石美豪伤势不轻。在四行仓库，他先是脸部受伤，后来，腿部又被枪弹击中。住院的头几天，他一直处于昏厥状态。经医生多方救治，才稳住了病情。现在，除了腿部缠着纱布外，脸部也包裹得仅露出两只眼睛。

他是湖南人，家境贫寒，因生活所迫，自小从军。起先是在湖北通城县保安团混上一套军装。这支地方武装是国民党为对付红军而建立的。但在长期对峙中，许多官兵因不满保安团的腐败，而向往红军。时任第三中队中队长的石美豪曾暗中策划将队伍拉去参加红军，后被察觉，关了禁闭。淞沪会战爆发后，前线部队急需补充兵员，通城保安团奉命开往上海前线。石美豪于是得以释放，"戴罪立功"。当石美豪带领自己的中队开到上海时，杨瑞符的第一营经过两个多月的作战，严重减员，他们中队便囫囵个地补入杨瑞符营，编为第三连，并赶上四行仓库坚守战。没想到，一支平时很不起眼的地方保安队，一投入抗日战场，便如钢刀淬火，锋利无比……

在医院里，石美豪数不清他那小小的病室来过多少探访者。遗憾的是，他脸上裹着纱布，无法与来访者愉快交谈，他不能像杨营长那样一遍又一遍地向人们讲述昨天的战斗故事。于是，满怀对抗日壮士崇敬之情的来访者们，特别是那些青年学生们，便尽量地央求石美豪为他们题字、签名，以资纪念。这便难坏了我们的英雄。行伍出身的人，文化不高，手中的笔远不如枪好使，满肚子的话却编不出好词、写不成漂亮字。石美豪面对着青年人向他递过来的如同他们心灵那样洁白无瑕的纸张、笔记本以及手绢时，他那握笔的手剧烈地颤抖，费了很大的劲，才能在上面歪歪扭扭地写上一句话或者签上名。而不管写得怎样，来人总是赞不绝口。石连长那双裸露在绷带外面的眼睛，像两扇敞开的窗口，放射着光芒，送别一批批欢天喜地而去的客人。此时，这位刚强的军人觉得，唯有那目光能够准确而简练地表达他对上海同胞的感激之情。

其他伤员，根据各人的伤情，分别住在另外几个大病室。大病室里人多，更显得热闹非凡。

第403病室，一共住着六位伤员，伤势都比较轻，因此更是个热闹处所。其中有位叫张秋明的伤兵，是个快活人，现在又有了闲工夫，他把整个病室弄得笑声不断。

刚住进来时，同病室的伤兵谁也不熟悉张秋明，他也不熟悉大家。得空，他就吹牛。据他自己介绍，他家在安徽，从小卖大饼，做小生意。后来在铁路上混上一只饭碗，在上海北站当电工，接电线，安灯泡。"八·一三"后，车站的工人撤走，他胆大，留下看守大楼。部队进驻北站，他为部队开电梯、送弹药，干得很起劲，后来找当官的，把他名字写上，于是参了军，先当弹药手，后当机枪助手，七整八整，糊里糊涂地被编到杨瑞符的第一营，进入四行仓库。

战斗中，他右臂负伤，入院后已做截肢手术。有关他负伤的经过，更是绘声绘色，据他自己"吹"：

撤退那天夜里，他怀抱一支冲锋枪，头上顶着麻袋打掩护，不知打死多少敌人。部队撤尽后，他手里还有一枚手榴弹，正准备投出去。该是倒霉，被敌人发现，打来一发子弹，击中右臂。结果，手榴弹在手中爆炸，整个右臂都他妈的没了。

他说，连队撤出仓库后，清点人数，发现少了他，班长回来找。他躺在掩体里，发现有人靠过来，迷迷糊糊开了一枪，幸未打中。班长上来背他出去。到了垃圾桥，敌人向他们猛烈开火。班长牺牲，他被扔在桥上。后来是救护队用铁钩把他钩了回来。

张秋明伶牙利口，能说会道，加上他腿脚完好无损，到处走动，因此，他那段"从麻袋下掷出手榴弹"的传奇故事很快传遍全医院。前来慰问伤员的市民们无不渴望一睹独臂勇士的风采。遇上那些天真烂漫、感情外露的女学生，激动起来，还要上去亲他一口。弄得同屋的其他伤员又是羡慕，又是嫉妒。有时等来访的人走尽，几位伤员便关紧房门，拿张秋明开心：

"哎，炮弹舔一下你就受不了，姑娘咬一口，你不觉疼，嗯？"

"你小子从哪冒出来的，我怎么不认识你？八百壮士里有你吗？"

"你才当几天兵，咋就这么吹吹乎乎的？"

"老子伤得不比你轻，也没你这许多说头，你那些故事该不是编的吧？"

张秋明听了总急。他挥着手术后如同竹笋似的一截右臂，争辩说：

"你们不能冤枉人！老子这臂膀让狗叼去啦？我的事谢团附全清楚，不信问他去。"

见张秋明鸣冤叫屈，眼泪汪汪的熊样儿，众人于是一笑了之。

在红十字医院，还有一位引人注目的人物，她就是童子军杨惠敏女士。

献旗之后，杨惠敏成了轰动上海的抗日女英雄，人称她是四行仓库第八百零一名壮士。孤军伤兵住院以来，她领着童子军的同伴，天天在这里服务。在战火中，她往四行仓库冒死走一遭，有了这段非凡经历，她与八百壮士的感情自然比一般市民深了一层。她把孤军官兵当亲兄弟，孤军也把她当自家人。伤兵们在医院尽管有护士小姐的周到服务，但杨惠敏还是放心不下，领着姐妹们天天往医院跑。

在病房，她们是知心小姐妹，问寒问暖，问病问药，同伤员谈心拉家常，代写家信。她们也是勤快的女秘书，替伤员跑内勤，搞接待，处理慰问品，甚至伤员们给客人题词赠言，写些什么词儿，她们也要参谋参谋。她们还是伤员的小情报员，她们认识孤军营清洁工王麻子大爷，便向他打听营内情况。若听说哪位记者采访了孤军营，她们便去采访记者。童子军人小志大点子多、腿脚勤快耳朵灵，每天都打听到不少事。这才真正解伤兵饥渴呢。

热心肠的上海市民，把对八百壮士的景仰和爱慕之情，倾注到几十名住院伤兵身上。这份热情，这份爱意，对伤兵们的伤痛比什么药都管用。伤员日见好转，皮肉受损的开始长上新皮嫩肉，骨头打坏的也慢慢接上了茬。

伤愈后怎么办？

杨瑞符营长和伤兵们开始琢磨这事。

有的说："回孤军营去。八百壮士是铁板一块，死活不能分开。田横五百壮士死都埋在一个坑，我们难道连古人都不如？"——这话有志气。想起守四行仓库时，上官志标连长、汤聘莘医官等寻着枪声，冒死归队，我们现在更不能当逃兵！

有人说："不成！我们不能自己往罗网里钻。我们要留在租界，里应外合，救出营内弟兄。"——这是步好棋。营内兄弟被洋人困住，现在最需要的是什么？是有人从外面帮一把。我们几十名官兵出院后，就是几十条龙，把上海市民鼓捣起来，还不把租界闹个底朝天？再不，组成敢死队，等到月黑风高之夜，端掉洋鬼子的哨楼，剪开铁丝网，救出营内官兵。

还有人说："干脆，营长挑个头，领我们上山打游击，等把队伍拉起后，杀回租界，救出孤军弟兄。"——这话也不无道理。在敌占区，百姓不堪日寇摧残，只要有人振臂一呼，拉起一支抗日队伍不成问题，回头来拔租界商团团丁这几根洋葱毫不费力。

养伤这些日子，伤员们都憋足了劲，不知该怎使好。各人都有一套想法。人人都是诸葛亮。杨营长把众人的设想归纳出几个方案，托人悄悄带给谢晋元，请他定夺。

不几天，谢晋元传话。他对伤员迅速康复感到高兴，对官兵的去向，他认为："第一，你们现在是自由之身，千万不可进入孤军营；第二，不要滞留租界；第三，国家打仗，正用人之际，你们应尽快返回前线，以一当十，以一当百，奋勇杀敌，报效祖国，扬我八百壮士威名。"

身陷囹圄，谢晋元却一心想着抗战大局和孤军荣誉，这使伤兵们尤为感动。对长官的指示，他们还能说什么呢？

营长杨瑞符坚决执行谢晋元的命令，依据伤员康复情况，尽早安排他们分批撤离租界。

连同四行仓库的四天四夜在内，杨瑞符营长与谢晋元相处不超过十天，但是，他们好像患难相随了许多年。现在却要分别，何时再会？

在杨营长的安排下，伤员们陆续离开了租界。11月下旬，杨瑞符也要起程。那天清晨，他换上便衣，悄悄来到孤军营外，远望着曙色中孤零零地站着的几排营房，心中极为伤感。他难以割舍与他共患难的谢长官，难以割舍曾追随他南征北战、冲锋陷阵的几百名部属。杨营长步履沉重，情意绵长。他沿着铁丝网绕行一周，向沉睡中的孤军兄弟挥泪而别。之后，踏着曙色，奔向前方。

时间如同黄浦江的江水，悄悄流逝。

孤军营外，商团巡逻兵扛着洋枪，在不停地来回走动。铁丝网内，中国官兵片刻不闲。要在租界的恶劣环境生存下去，要在四面围困中立于不败之地，他们每天都有多少事情要做啊！

第一要紧的是，整理队伍，扎紧篱笆，站稳脚跟。八百壮士是支好队伍，但损耗也大。淞沪会战，已经五次补充，队伍成分复杂，老战斗骨干所剩不多。是龙井茶，泡过几道后，味也淡了。眼下各连参差不齐，军官缺额也多。不整理不行！

这时，报纸上刊载了蒋介石发布嘉奖孤军官兵的手令，极为鼓舞人心，手令全文如下：

> 第八十八师留守闸北之五二四团团附谢晋元以下各官兵，服从命令，尽忠职务，达成目的，殊堪嘉慰。该团官兵各升一级，并呈准政府各颁荣誉勋章。

于是，孤军营内，官加一颗"豆"，兵增一道"杠"，人人升级。谢晋元也由中校团附，晋升上校团长。

趁这热乎劲，谢团长大刀阔斧，整顿部队。他决定取消原营部，改设团部，下辖四个连，11个排。连排军官全部配齐。一连、二连、三连和机枪连连长分别是上官志标、邓英、唐棣和雷雄。其中唐棣系填补石美豪连长出缺，由排长提升。

谢晋元特别满意手下的四位连长。一连长上官志标，福建上杭人，黄埔军校毕业，南北征战近十年，打过不少恶仗。守四行仓库时，他冒死归队，品德至为感人。二连长邓英，广东人，与谢团长同乡。他原属十九路军，两次淞沪作战都赶上了，光凭这点，无人敢小觑他。现在，他的右腿还留有一块1932年淞沪作战时的弹片！三连长唐棣，湖南人，是从通城保安中队补充来的。人老实巴交，话不多，但会打仗。守四行仓库时，石连长负伤，由他代理指挥。他的连队把守大门，打得一点不比别人差。机枪连长雷雄，老资格，没说的。他家在湖南浏阳，早年从军，八十八师的老兵，全师有名的机枪射手。他那挺机枪不知打过多少子弹，消灭了多少敌人。孙元良师长见了他也得敬个礼。

四位连长，人人都有一段非凡经历，人人都有累累战功。那天《申报》记者到孤军营采访，谢团长特意把四位连长找来，请记者拍下一张合影照。

孤军营主要军官：谢晋元（中）、邓英、雷雄、上官志标、唐棣（后排自左到右）。

照片拍得棒极了。

谢晋元居中坐在一张藤椅上，仪态威严，双目炯炯。他头戴一顶整洁的布军帽，身穿米黄色呢子军服，腰扎黑色的武装带，胸佩一枚圆形的黄埔军校纪念章，双手戴着雪白的手套，左手顺着藤椅扶手，自然地斜搭着，右手握成拳头，轻轻地放在右肋间。他坐姿端正，虎虎威严，一看就是一位训练有素、久经沙场的人物。

藤椅后面，并排站着四位连长，就像一堵墙壁。他们也清一色的布军帽、呢上衣、武装带，神采奕奕。从左到右依次是邓英、雷雄、上官志标、唐棣。然而，统一的军装掩盖不住他们各自的特点。邓英是他们之中身体最为瘦削的，长脸形，高颧骨，深深的眼窝里是一双机灵的眼睛，透着广东人的灵气。雷雄身材高大，膀阔腰圆，与邓英形成鲜明对比，他口方鼻直，连腮胡黑麻麻的一片，像是涂了黑油似的。他眼睛小，而眉毛却提神，两撇倒八字眉双刀似的从两额直插眉心，活脱脱的一位武士的形象。上官志标也相貌不俗，他体型和脸型一样方方正正，有棱有角，一双豹子眼睛，又大又圆，黑白分明，鼓突突的，要是他瞪谁一眼，保管让你受不了。唐棣一双厚厚的嘴唇紧闭着，浓浓的眉毛下是一双平实的眼睛，一看就是一位少说多做的实干家。

这就是孤军营的核心和脊梁。

照片上，五位军官的精神状态极好，而且排列有序。谢晋元往中间的太师椅上一坐，后面肃立着四位部属。这张照片，倒不一定刻意安排，而是顺其自然。自然形成的事物是最可信的。四位连长的位置有根有据。上官志标和雷雄一左一右，紧靠着站在团长的侧后。这是资格。嫩一点的邓英和唐棣，则垂手肃立在两侧。他们都是在队伍里奋斗多年的军人，不仅要熟悉战术操典，而且要懂得做人的规矩。团体里，每个人都知道自己应处的位置。

一张照片，就是历史，但首先是现实。孤军军官们是团结的，也是有层次的，因而也是有战斗力的。谢晋元喜欢这张照片，他拿着照片对连长们说：

"你们瞧，你们四位军官，就是四根擎天柱。只要你们矗着，天就塌不了。"

连长们也夸照片拍得好，他们指着画面说：

"团长，你瞧，你右手总这么端着，多像托塔天王，有你坐这儿，天敢塌吗？"

"哈哈！"

军官们会心的欢笑，响彻孤军营。

上海沦陷后的日子，在艰难中一天挨过一天。1937年最后两个月光阴似乎没有给上海留下什么痕迹。战争、流血、沦陷、破坏，这一切都发生在秋天。之后，租界大门紧闭，日本人在界外继续干他们想干的事，租界内仍旧是拥挤、喧嚣，富人依然富有，穷人依然贫穷。冬天似乎没有给上海添点什么，也没有减少什么。

孤军营内的情况，却在不断地有所变化。

昔日杂乱荒凉的土地，渐渐地显露出秩序和生机。这是几百名军人用自己的血汗焐热、用自己的激情唤醒的土地。

营区建设已经有了眉目。除了刚来时盖好的四幢连队兵舍，又新添了卫生所、浴室、厕所等设施。谢晋元也有了一座木板房作为团长室。环境卫生逐步改善，房前屋后的排水沟全部挖通，道路填平，墙壁全用石灰水粉刷一遍，床底也用滴滴涕消过毒。浴室的地面全铺着砖块，厕所也垫上细沙。每周举行一次卫生大检查，团长按照多年的老办法，戴上白手套在兵舍的床头、窗户、门框到处摸，弄得连排军官们心神不宁。

大操场也不断扩展。团长说，操场是练武艺、使拳脚的地方，得搞大点，现在占地已达五亩，平展展的，像上海跑马厅。操场上有跑道、阅兵台、单双杠、沙池等等。

还建了个篮球场。球架是用两张木板床拼凑起来的。球场位置在营房南侧，紧挨着铁丝网，外面就是胶州公园。谢团长悄悄告诉负责施工的一连长上官志标：把球场建在铁丝网边，是要让商团兵丁为打球玩乐的弟兄们站大岗。

谢晋元曾经指挥士兵，用近两个月时间投入作战，最终造就了八百壮士这样一个威震四方的英雄群体；之后，他又领着部属用了两个月时间，把一座孤军营拾掇得有条有理，虎虎有生气。

1938 年元旦一瘸一拐蹒跚而来，来到上海租界，来到孤军营。

这是上海战后的第一个元旦，战败的阴云仍然沉重地压在人们心头。租界里没星点节日气氛，四处冷冷清清。市民们只能用沉默迎接在战乱中降临的这个不祥的新年。

从后半夜就渐渐沥沥地下起的细雨加重了冰冷肃杀的气氛。这雨下得多么不合时宜！

"好雨知时节，当春乃发生。"

现在是什么时候啊！

孤军营内的情形与外面不同。元旦这天，起床号照样在清晨 4 时 30 分哒哒响起。5 时，部队照常出操站队，按预定计划，元旦篮球比赛在上午 9 时开始举行……

不是跟谁赌气，军人的行动不受环境和气候左右。

细雨霏霏中，孤军营元旦篮球赛准时开锣。

今天要打四场球。四个连队四支球队，抓阄分为两组，先赛出小组名次，再复赛，决出一、二、三、四名。

各连把这次比赛看得很重，几位连长更是嗷嗷叫，各自都私下给队员悬赏、打气，有的连长许愿，拿了第一，免除队员一周的公差勤务，有的说要赏一碗

上海四行孤军篮球队摄影　国民廿八年三月廿四日启

孤军营篮球队员

红烧肉，还有的放出话，谁敢垫底，打扫厕所去。软的、硬的、甜的、苦的都有。军人不管干什么，都玩命拿第一。

　　抓阄的结果，一连与二连为第一组，三连与机枪连为第二组。一连、二连不禁暗暗叫苦，因为他们两个连队实力最强，并且不相上下，四支球队里他们轮流做冠军，现在都在一组，两虎相斗，必有一伤，让别人去拣便宜。

　　实力雄厚的一连与二连首先对阵，第一场球就打得紧张激烈。

　　一连连长上官志标是他们球队场上队长。他五大三粗，像野牛似的，横冲直撞，他的队员也大多人高马大，有空中优势。加上他们球队队长那小灯泡似的眼珠子滴溜溜到处转，盯上谁谁准发毛。因此，队员们没一个敢怠慢的。

而二连也不是软蟹。邓英连长虽没上场，叼根烟卷坐在场外观战，但他的队员全看他眼色行事。他的队员身高不及一连，但弹跳好，反应灵活，泥鳅似的钻来钻去，把一连"傻大个们"常常弄得忙手忙脚。

场上两支球队，十条好汉，奔跑拼抢，打得难分难解。大冷的天，还有小雨，他们一律是短裤背心，"呼哧呼哧"满场跑，头脸胳膊腿冻得红红的，却还在冒热气，把身上的汗水和雨珠蒸得直冒白烟。

各连官兵穿着棉衣、坐着小马扎在观看比赛。场上较劲，场外也较劲，看球的比打球的还焦急。尤其是一连和二连的士兵更是揪着心看比赛，呼喊声此起彼伏。赢球的，高兴，拍巴掌；输球的，即叹气、败兴。

或是孤军营球赛动静太大，或是上海市民一直在惦记着孤军官兵，不知从什么时候起，铁丝网外胶州公园那边，聚拢起许多围观的市民。男女老少，密密麻麻，围了一大圈。

初时，市民们透过铁丝网在静静地观看，他们怕打扰官兵的球赛。后来，围观的人越来越多，场内的比赛也越来越精彩，围观的市民们便情不自禁地跟着鼓掌喝彩。铁丝网内外，掌声于是连成一片。

新年元旦，市民们不能老关在家里唉声叹息，总要找个地方透透气。而今年元旦，死气沉沉的租界实在找不到一个热闹的去处，孤军营篮球赛为人们提供了一个可以自由呼吸、大声说话的场所，远近市民纷至沓来，把夹在胶州公园与孤军营之间的一块空地挤得满满当当。成百上千的市民冒着冷雨，隔着一道铁丝网，在津津有味地观赏着孤军篮球赛，青年们使劲鼓掌，大喊大叫，忘乎所以。

与其说市民们在为球员们的精彩球技所陶醉，不如说他们被八百壮士的精神面貌和生活态度所鼓舞。孤军官兵不为环境屈服，虽四面受困，身陷重围，但不彷徨，不失望，不颓废，不丧志，此乃真壮士也。

与其说市民们在为孤军鼓劲喝彩，不如说是为自己壮胆打气。几百名孤军官兵在铁丝网内，在洋兵枪口之下尚且是龙是虎，威风凛凛，租界地面上有我们三百万华人，华夏大地更有四万万龙子龙孙。

形单影只、惊恐不安的是守在铁丝网旁的商团士兵。他们被夹在孤军官兵与围观百姓之间，呆若木鸡。站在 4 号哨位上的那位苏格兰队士兵，他有两片雪白的眉毛，孤军官兵都叫他"白眉毛"。"白眉毛"平时趾高气扬，神气活现，今天却被眼前的局面吓坏了，他像一截木头似的戳在那里，双腿在颤抖。他的哨位恰好在篮球场旁边，离铁丝网和围观群众的警戒线都是六米。人群中的叫喊声如大海怒潮卷来卷去。要是出点乱子，市民们还不把他踩成肉饼？今天，他不仅眉毛白，脸都吓白了。

在群情激奋中，孤军营元旦篮球赛打到最后一场，是冠亚军决赛，一连对机枪连。初赛中，二连矮脚虎最终抵挡不住一连彪形大汉们的冲杀，败下阵去；机枪连经过苦斗，击败了三连。二连、三连争第三、第四名的比赛已打完。实力雄厚的二连胜三连仅得季军，二连长邓英抓阄吃了亏至此也无话可说。

决赛开始。一连这边，上官志标仍然是场上队长，机枪连那边，连长雷雄也出人意料地上场。雷连长个子大但行动迟缓、球技平平，一般不上场，怕拉本连的后腿。但他今天要逞逞能。他是连长，他要上，谁敢说不？

大家心里明白，今天这场球，名次已经不重要，主要是给在外面看球的上海市民们拜拜年，助助兴。所以看见两位连长都上场，孤军官兵们迎头就是"哗哗"一阵排山倒海般的掌声。

决赛很精彩。一连球队在上官志标的调度下，打得十分卖劲，恨不得人人都当前锋。机枪连实力不及一连，但今天有超常发挥。尤其是雷雄，突然变得灵巧了。他过去一般断后把住自己家门，今天偏去当中锋，专门抢篮板球。他个大，铁塔似的，加上今天出奇的灵活，一连抢了六七个篮板球，并顺手塞进了好几个，连连得分。

上官志标急得直瞪眼。队员见连长急眼了，不断发动猛烈反攻。左边锋余长寿，身材高，胳膊长，人称长臂猿。他断到对方一球后，急速往前运动，上官志标瞅准机会，插到对方禁区外缘，等待余长寿传球。余长寿拿着球左摇右晃不出手，上官志标一急，吼了声。余长寿听到连长吼，心发毛，赶快传球，没想到劲用大了，只见那球箭一样飞出底线，在场外颠了两下，又越过一人多高的铁丝网旁弹了出去——"扑通！"

球，不偏不斜，正好落在"白眉毛"脚下。

"白眉毛"吓了一跳。球打飞，捡回呗，还有比这更平常的事吗？

余长寿自己打飞了球，赶紧上前向铁丝网旁的"白眉毛"比画，意思很清楚：

劳驾把球递进来。

"白眉毛"却瞪着蓝眼睛，不予理会。洋鬼子是不是在拿架子？上官志标连长上前，又是一阵比比画画。"白眉毛"还是不动弹。团长谢晋元也上来了。他会几句英语，虽不流利，但能表达这点意思，他向那商团兵丁招招手，和颜悦色地说："Please get back the basketball！（请把篮球捡起来。）"

那"白眉毛"还是眨着眼睛不理睬。

谢晋元继续同洋兵交涉：你不给捡，我们派人出去捡。

"白眉毛"又是眼睛一瞪：不行！

球场上还等着皮球打呢，洋鬼子却死活不给捡。洋兵蛮不讲理的态度早惹恼了围观的市民。众人皆有愤愤之色。你不捡，我捡！

这时，一位青年男子几步跨过警戒线，准备上前捡球，"白眉毛"龇牙咧嘴，不由分说，举起枪托，一下把男青年打倒在地。

反了你了，当着这么多人面欺负人！

几十位市民一拥而上，推推搡搡，连拳带脚，把"白眉毛"弄趴在地。

事情一下闹大了。岗楼上的洋兵吹响了哨子，洋兵们"噼里啪啦"猛拉枪栓。

一会儿，商团小队长领着护兵过来。谢晋元团长正气凛然，把事情的经过向他叙述一遍。小队长起初脸色铁青，像要发作，一听，自觉理亏，再一看左右两侧成百上千的中国军民，铁桶似的把他们箍在中间，他岂敢硬撑？

洋兵队长毕竟多见一些世面，懂得权衡利害。他向双腿打战站在一旁的"白眉毛"大声呵斥，随后叫护兵捡起篮球，递回孤军营。

之后，洋小队长留下护兵站岗，他领着"白眉毛"悻悻而退。那把洋刀在队长屁股后直晃荡。"白眉毛"肩扛洋枪一步一拐。

孤军营的篮球比赛继续进行；

围观者的掌声一阵响过一阵。

第七章
无羽之翅

　　八百壮士羁困孤军营数月。谢晋元团长满怀愤懑、苦闷，向国民政府最高当局致信求救。但是他们苦苦等来的却是"忍受一切艰苦"的函电……

1938

年是横在中国人面前的一道高高的门槛。中华民族到了生死存亡的紧急关头。

南京陷落后，战局恶化。国民党军队全线动摇，节节败退；日军长驱直入，扑向武汉。

日军战车隆隆，碾过中国城市、乡村。与此同时，日本外交家在悄悄地为本国政府蹚开通向中国的另一条道路。

1937年12月31日，旧岁的最后一天，日本外相广田弘毅发表劝蒋投降谈话。他这样描绘新的一年里的"美好"前景：

"日本政府深愿在迎接1938年之时，能与友邦中国开始新的和平，解决一切问题，则中、日大局即可展开一新局面。"

与广田外相东京谈话相呼应，一直受日本之托在中日政府之间牵线搭桥的德国驻华大使陶德曼，正拿着日本政府的和谈细目，在武汉等待蒋介石接见。

在广田弘毅发表谈话的同一天，蒋介石在汉口主持国防最高会议，决定接受陶德曼调停。

比流血牺牲更加可怕的屈辱之路，像毒蛇一样，悄悄爬过新旧年之交的门槛，缠绕着濒危的中国。

1938年元月2日，蒋介石感冒发烧，身体不适，仍抱病接见陶德曼。陶德曼转达了日本政府关于停战议和的最新条件。在一个月前提出的七项条件的基础上，日本又增加四项，其中包括承认"满洲国"、建立"非武装区域"、订立日"满"中经济协议和战争赔偿。

蒋介石听后问："原来不是七项吗，凭什么又加四项？"

陶德曼答："事情在不断发生变化。那时贵国政府还在南京，现在却到了武汉，不是吗？"

蒋介石脸色陡变，一言不发。

当日，蒋介石在日记中愤愤写道："倭寇所提条件，等于征服与灭亡我国；与其屈服而亡，不如战败而亡，当即严词拒绝作答。"

接连不断的军事失败和不堪负担的外交压力，把中国逼上一座断崖。

中国要生存，必须在战场上挡住日本的进攻，舍此别无他路。

为了扭转败局，中国政府不惜采取了一系列严厉措施。元月11日，蒋介石在开封召开第一、五两战区团以上军官会议，会上蒋介石作题为《抗战检讨与必胜要诀》的报告。他声色俱厉，痛斥高级将领缺乏攻击精神，望风退却。他警告众将，再不振奋军威，奋勇作战，将亡党亡国，死无葬身之地。在这次会上，他先拿作战不力、擅自后退的韩复榘开刀，宣布将其处决。

元月17日，国民政府修正公布《军事委员会组织大纲》，改组军事委员会。蒋介石任军事委员会委员长，何应钦任参谋总长，全国设六个战区。

元月20日，国民政府军事委员会公布抗战以来受奖惩将领名单，明令嘉奖的六人中有指挥上海四行仓库作战的谢晋元团长及第九军军长郝梦龄、第二十九军副军长佟麟阁等五位已殉职之将领。此外有41人受惩办，其中处以死刑者八人。

一时间，报纸头版尽是这类令人心惊肉跳的消息：

"第六十一军军长李服膺贻误战机，放弃守土，处以死刑。阎锡山长官挥泪下达行刑令。"

"第三十九军军长刘和鼎、第二十三军军长潘文华作战不力，撤职留任。"

"旅长高仰如，贪生怕死临阵退缩，处以死刑。"

"第九集团军副司令官香翰屏，指挥失当，记大过一次。"

……

大败之际，蒋介石痛定思痛，大开杀戒，整肃军纪，振奋军威。

国民党军能不能起死回生？

败局能不能挽回？

天晓得啊！

在上海孤军营，谢晋元以急切的目光注视着战局的变化，以赞赏的心情领会最高统帅为挽救危局而采取的各项紧急措施。局势恶化至此，非以铁的手腕，采取非常措施不能挽回颓势，扭转乾坤；国民党军屡战屡败，非严惩罪责重大者，不能警诫效尤，严肃军纪。

这也许是起死回生的一剂汤药。

从报纸上看到政府公布的奖惩将领名单，明令嘉奖的六位军官中，第一名就是他自己，谢晋元大为振奋，也觉惶恐。几百万军队在死守活拼，流血牺牲，我算老几？又看到受奖的六位军官中，其他五位已壮烈殉国，更加感到坐立不安。像郝梦龄军长等烈士血染沙场，轰轰烈烈地战死，仁成义就，那才称得上盖棺定论，名垂青史。而我，仁也未成，义也未就，眼下又困在上海，赤手空拳，无所作为，蹉跎岁月，半死不活的算个什么？

将自己与殉国的壮士们相提并论，谢晋元深感愧疚，无地自容。

他现在唯一能做的事，就是治理好孤军营内的 15 亩土地，照管好身边的几百名难兄难弟。

谢晋元倾尽全部心血，灌注到孤军营的每一寸土地里，奉献全部热情，温暖每个官兵的心。营内的各种事体，不管大小易难，全在他的筹划之内。全营官兵，不论张三李四，同在他的视线之中。当营内吃喝拉撒睡、文体卫生诸事初步理出头绪后，他又全力以赴，开展军事训练。孤军营官兵于是三日小会操，五日大会操，号音震天，杀声撼地，仿佛一支出征前的队伍，正紧闭营门，磨刀擦枪，苦练武艺，随时准备杀向战场。

孤军营正是练兵的好地方。

然而，士兵们都能领会官长的这番苦心吗？

我军攻占台儿庄东北的村镇

4月6日，中国军队在台儿庄打了个大胜仗，歼敌两万余人。消息传开，全国振奋。当夜，武汉三镇五万余人举行火炬游行。上海租界的市民们也放鞭炮，贴标语，发传单，举行各种庆祝活动。孤军营官兵们更是兴奋不已，4月9日营内举行大会操。中国军队在台儿庄把狗日的鬼子狠狠揍了一顿，孤军官兵觉得解气提神。因此，今天的会操比哪一次都带劲。队伍精神饱满，排列整齐，口令洪亮，动作有力，抽查的几个课目也完成得很出色。

就连在铁丝网外巡逻的商团士兵，也不时停下脚步，以困惑的目光观赏着中国军队的精彩演练。他们莫名其妙：中国人哪来这么大精神头？

会操最后还是出了岔子。当检阅第一连队列课目时，有一名老兵竟然将手中武器在地上拖着走，发出"嘎啦嘎啦"刺耳的声音。这做派，与军人的职责背道而驰。

全场官兵无不侧目而视。

他叫朱胜忠，就是坚守四行仓库时与陈树生把守大门的那位班长。陈树生牺牲后，他曾哭得死去活来，说是陈树生替他死了。自从进了孤军营，他觉得无脸去见死去的陈树生。他时而愁眉苦脸，时而骂大街，使性子，顶撞上司，没人敢捋其虎须。他右腿被日军炮弹舔去一块肉，走起路来，一瘸一拐。这家伙，脾气急，人称"朱大棒"，他要犯起浑来，可要浑到底。

他打仗有功。但功是功，过是过，今天不能不教训教训他。

会操结束，团长训话。谢晋元一脸的怒气，一条乌黑的短鞭亮了出来，他右手握住鞭柄，左手攥着鞭梢，抻得嘣嘣响。

士兵们知道，团长要发火了！

"上士朱胜忠，出列！"

团长厉声高喊。这声音钩子一样，把朱胜忠从队列里拽了出来。

只见朱胜忠瘸着腿，扬着头，拖着枪，站到队列外面，一副满不在乎的样子。

就该煞一煞这种蛮劲！团长的皮鞭抻得更响了。

"上士朱胜忠，听我的口令！"长官的威严伴随着尖利的嗓音，四处飞溅，火星直冒：

"立正……持枪……"

可是，老兵无动于衷，既不立正，也不持枪。

"给我立正！"团长喝道。

"我是瘸子！"老兵回答。

"枪该怎么拿？"

"枪？"朱胜忠冷笑一声，"这是枪吗？烧火棍！"

说着，老兵提起手中的枪支，握住两头，往大腿上一磕，"咔嚓"，截为两半。

原来是根木头枪！

"混账！"团长怒不可遏，挥手给了老兵一鞭。

"狗日的！"老兵犯了浑。

"我枪毙你！"团长气极，伸手摸枪——可腰间是空的。

"你有枪吗？嗯！"老兵的诘问充满了刻毒的嘲讽。

谢晋元气得脸都歪了，那只在腰间摸枪摸空了的手，猛然向空中一挥："来人，给我押下去！"

队里奔出四名士兵，不由分说，将朱胜忠拖走。一路上，朱胜忠大喊大叫："别人在前线打仗，玩命，你却叫我们在后头玩木头枪，对得起谁？你算什么？团长？屎！跟我们一样，是囚犯，囚犯！"

本来很有生气、很带劲的会操，让朱胜忠最后给搅了。收操之后，谢晋元回到自己住处，满脑子还是刚才朱胜忠的怒骂和折断木枪的"咔嚓"声。

被英军缴去武器后，谢晋元挖空心思，想出以木代枪的办法，以激励官兵加强操练，卧薪尝胆，枕戈待旦。这本是件万不得已、迫于无奈的事。朱胜忠却当众折断枪支，专揭你的痛处。那"咔嚓"的响声，无异于抽打长官的脸颊，折断木枪的茬口，犹如钢针，直刺团长的心窝。

盛怒之下，谢晋元真恨不得毙了他。

想起朱胜忠那刻毒的嘲讽，谢晋元脸上更是火辣辣的。

"你有枪吗？"

有！我有枪，真枪！

想到此，团长关紧房门，大步冲到床前，果然从铺板下"刷"地抽出一支手枪。一支勃朗宁，亮闪闪、沉甸甸的真家伙。

它是谢晋元的佩枪和宠物。1927年2月，谢晋元参加北伐，当排长，在浙江桐庐与孙传芳部队作战，激战五日，消灭了敌军。他从敌军营长手中缴下这支勃朗宁。自此，这支手枪一直挂在他的腰间，跟随他从浙江、江苏一直打到山东济南，打完一个北伐战争，谢晋元也从排长升到营长。坚守四行仓库时，谢晋元还用它击毙了一名爬进大楼内的日军哩。

一支震天响的快枪。

退入租界的时候，英军却要收缴它！谢晋元急中生智，把它插进马靴，保存下来。

从此，它成了孤军营里的一条黑枪，压在铺板底下，只有更深夜静、旁无一人时，他才能拿出来瞧一眼，擦一擦。

快枪布满灰尘；军人蒙受耻辱。

今天，朱胜忠搅乱了会操，向谢晋元内心深处捅了一刀，实际上也是在全体孤军官兵的胸膛扒开一个口子，包括朱胜忠自己。每个人心里都在流血，都感到彻骨的疼痛。

国家正值生死存亡之际，敌人在进攻，在杀人，在放火；我军在抵抗，在拼命，在流血；人民在蒙难，在逃亡，在呼救。而我们在干什么？几个月里，日本人从上海城下，打过苏州，打过无锡，打过南京；我们在孤军营内一圈一圈地跑，却始终没能越出铁丝网，始终没能走出15亩地。

我们还要在这里待多久？

我们什么时候返回前线？

报国之门在哪里？

救民之路在何方？

孤军营内，人人都在诘问自己，人人都在为前途担忧。官兵们在思考，在自责，情绪激动，难以按捺……

当天晚上，为庆贺台儿庄大捷，胶州路上的一家餐馆，给孤军营送来酒食。晚餐摆了上来，四个炒菜，一个汤，每桌还手榴弹似的立着一瓶白酒。意味深长的是，每位官兵面前还有一个冷盘，放着一对酱鸡翅。

谢团长领悟了市民的深意。他对官兵们说：

"今天，餐桌上有两样东西，一是酒，二是酱翅。酒，喝了要壮胆量，跟洋鬼子斗；酱翅，吃了要长翅膀，飞出孤军营，重返前线。大家吃好，喝好！"

官兵们于是纷纷举杯，餐桌上，一片"咣咣当当"的响声。

孤军营里难得摆上这么一桌丰盛的酒菜，前方也难得打个大胜仗，大家喝得尽兴，吃得香甜。有的酒桌开始猜拳行令，有的战士喝得满脸通红。

然而，今天喝的毕竟是别人的喜酒，孤军营终究是令人伤心的禁地。酒喝着喝着，慢慢喝出苦味，有的士兵勾起心事，竟在桌子上呜呜哭了起来。

酒桌旁乱哄哄的。

这时，机枪连排长陈日升左手抓着酱翅，右手拎着酒瓶，醉醺醺地走来。他是找碴儿来的，他把酒瓶子"嗵"的一声使劲往桌上一顿，瞪着眼珠对团长说：

"姓谢的……团长，你是什么东西？……弟兄们，在四行打得好好的……你，给骗出来，枪也下了，送到这……牢子里，现在，摆，摆桌子，叫我们喝酒，叫我们长，长翅膀……给自由，可这翅膀，毛都拔了，还能飞吗？还能飞出去吗？嗯……"

说完，"咣啷"一声，陈日升把酒瓶砸了，蹲在地上痛哭流涕。

……这天夜里，机枪连十几名战士，冲出房门，大喊"冲啊！杀啊！"直向孤军营铁门冲去，营内岗哨拦也拦不住。商团兵丁以为营内发生暴动，拉枪栓，吹警笛，气氛十分紧张。最后是雷雄连长赶来，才将事态制止。

原来，陈日升排长晚间酒醉后，夜做噩梦，从铺上跳将起来，寻找枪支，大喊冲杀。排里士兵从沉睡中惊醒，见排长大呼大叫，以为是组织暴动，于是争先恐后冲出营房，差点闹出乱子。

孤军官兵向往自由，渴望战斗，小小的孤军营越来越难以囚禁壮士们拳拳报国之心。

谢晋元心中焦虑，常常彻夜无眠。

挣脱牢笼，杀向敌阵，再振八百壮士之虎威，求战之心，他比谁都迫切。进入孤军营后，他一趟又一趟地约见商团司令，一次又一次地与工部局交涉，一遍又一遍地在报纸上呼吁，求爷爷，告奶奶，四面呼喊，八方求援，心力交瘁，声嘶力竭，为的就是恢复自由，再上前线。平日里，他领着官兵们平整土地，修建营房，改善环境，灭病除害，给营内安电灯，接自来水，办伙食，寻医药，还组织军事训练，开展体育活动，强身健体……这都是要保证弟兄们不致被恶劣环境击倒，在孤军营里生存下去。而求存正是为了求战。

谢晋元是团长，身边有几百弟兄，责任重大。既不能像朱胜忠那样发脾气、甩咧子，也不能跟陈日升似的使性子、说酒话，更不能采用机枪连士兵梦中暴动的鲁莽办法。可是，让八百壮士没尽头地长久困在这里，毁在这里，更不行！

这也不行，那也不行，出路到底在哪里？

在左右为难中，谢晋元决定向蒋委员长求救。

这是深藏在谢晋元心中的最后希望。

1938年5月3日，谢晋元摒挡了一切琐事，关紧房门，铺开信纸，提笔给蒋介石写信。他斟字酌句，三易其稿，花了整整一天，才将这封长信写成。

信中首先报告羁困申江的愤懑、苦闷心情，写得如诉如泣，极为动情：

> 关于职以往生活，诚有不堪回首之痛。忆职从1937年8月12日到达闸北后，终日奔走于阵地，迨进入四行仓库，历四日夜未经片刻休息。职既抱为国牺牲之决心，故一切思虑全无，心神泰然。当余奉令撤退时，满以为即可通过租界，向沪西归队，不料待职指挥所部最后退出时，始知已陷入黑暗的深渊。因此时所有枪械已被收缴矣。晋元尔时之愤恨与精神所受之刺激，实有生以来非人惨痛生活之始。从去年10月31日晨起，至本年5月间，患严重失眠症，彻夜不能安睡。

如何恢复孤军自由，谢晋元提出上中下三策：我最高当局循外交途径，向英美政府施加影响，尽早释放孤军，这样彼此不伤和气，是为上策；若外交不成，孤军即行暴动，冲出租界，先礼后兵，此为中策；万不得已，则以日军战俘换取孤军自由，这样代价甚大，是为下策。

谢晋元披肝沥胆，倾吐忠诚，最后写道：

> 值此烽火连天，国家危急之际，正披坚执锐，效命沙场之时。而今，职等三百余官兵孤悬上海，身陷囹圄，蹉跎岁月，报国无门，痛心何极！职等一日不得重返前线挥戈杀贼，即一日不得安心。

信怎样交上去？谢晋元颇费一番踌躇。蒋介石军机冗繁，有时间披阅一位上校团长的信函吗？思虑再三，他决定请宋美龄转交。谢晋元是见过宋美龄的，而且黄埔学生一律尊宋美龄为师母，这自比一般上下关系近了一层。再者，淞沪作战期间，友邦人士和中国妇女界正是向宋美龄发出呼吁，才促成了孤军自四行仓库撤退，她对八百壮士的命运必定关切。

次日，谢晋元提笔给宋美龄写了一信，将致蒋介石的信附上，恭恭敬敬地写上："呈蒋师母转呈'委员长'"。

直到5月13日，星期六，此信才从孤军营递出，并通过国民党上海地下交通员钱鹤皋送往香港，再经香港转送后方。

一封用心血写成，寄托着孤军全部希望的信函，开始了秘密旅行，谢晋元那颗悬挂着的心，随之长途跋涉。

谢晋元自感事关重大，却又人微言轻，在上海孤军营内惶诚惶恐的时候，他的信越过千山万水，透过重重封锁，历时一个月，于6月中旬送到大后方重庆，并经宋美龄之手，转到蒋介石的案头。

尽管接连失利的军事形势，把蒋介石搅得焦头烂额，尽管前方将领告急文电纷至沓来，应接不暇，但是八百壮士的这封信，他是要亲自处理的。

抗战以来，国民党军队仗打得一塌糊涂，蒋介石指挥大大小小战斗，多以惨败告终，而四行仓库保卫战，是打得最漂亮的。一支号称"八百"，实际只有四百多人的小小的队伍，坚守上海最后堡垒，浴血奋战，死不投降，不仅在国内，也在国际上造成重大影响。战火纷飞中，蒋介石始终注视着这场小小的局部战斗。1937年10月27日，正当四行仓库坚守战打得弹片横飞的时候，他在日记中得意地写道：

> 我军留守闸北之谢晋元团，孤军奋斗，中外人士均受感动，且表示崇高之敬意；与敌军野蛮残忍、受世人之唾弃两相比较，不啻霄壤之别。

决定八百壮士撤退的当天，他在日记中又做了记述。当然，他首先要为自己写上光彩的一笔：

> 为主帅者，爱惜所部与牺牲所部皆有一定限度。今谢晋元死守闸北一隅，任务与目的已达，故令其为荣誉之撤退，不必再作无谓之牺牲矣！此战虽退，犹有荣焉！

四行仓库作战是只有几百人参加的小小战斗，就其规模而言，在蒋介石棋盘里太小了，而且只打了四天，蒋介石在日记中却有两次记述，足见其珍视之程度。在蒋介石指挥的大大小小战斗中，能令他笔下生辉的毕竟太少了。黄埔学生中，并不是人人都像谢晋元这样为他脸上增光啊！

八百壮士奉命撤出四行仓库的1937年10月31日，正是蒋介石51岁生日，他特地发布了嘉奖八百壮士的手令。在全国战场一片失败声中，这大概是他暗淡的生辰之日发布的唯一一张嘉奖令。

蒋介石对八百壮士一直另眼相待，而谢晋元的信经宋美龄之手转交给他，自然也增加许多分量。因此，他看得分外认真仔细，重要的地方，还圈圈点点。信中叙述的孤军处境与苦闷，他不难体察。其中"受'领袖'垂爱""效命沙场"等语也很让他动心。而当看到谢晋元提出的解救孤军的上中下三策时，他的眉头不禁皱了起来——

先说下策，以日本俘虏交换中国孤军，根本行不通。中国军队在战场上连吃败仗，哪顾得上抓俘虏？淞沪作战没抓上几个，南京会战一个没有；台儿庄会战开头是抓了些，但后来大多丢了。上哪儿找几百名日本俘虏去交换？

上策好是好，但早试过了，不行。对日本，英美如见鬼神而远之，在九国公约签字国会议上，他们对日本的侵略行径，连句硬话都不敢说。当此上海公共租界风雨飘摇之际，他们更不会为释放中国孤军得罪于日本，而危及他们在租界的利益。外交的路根本走不通。

走中策，让孤军官兵向租界商团动武，那更万万使不得。上海租界是个极端敏感的地区，英、美、法、德，几乎所有列强在那里都有自己的利益，一举一动都会触及列强的痛处。在蒋介石心目中，对日关系不管是战是和，西方列强都是举足轻重的。战，离不开列强的同情和援助；和，则需要列强从中斡旋。

处置中日关系，蒋介石的一贯原则是政略第一，军略第二，军略服从政略。为了实现政略目标，他宁可牺牲军事利益。谢晋元虽然是他的得意门生，八百壮士虽然是军队精粹，但是，在他的棋盘里毕竟是个局部、卒子，不能因小失大。

由于以上种种考虑，蒋介石不可能采纳谢晋元贡献的解救孤军的计策。八百壮士羁困上海八个月，已经作出很大的牺牲，但是为了"整体"的利益，他们仍须作出更大的牺牲。

至于信中所陈，工部局垫付的给养归还手续等区区小事，可由军政部照办。

蒋介石主意拿定，心里一横，于6月19日给谢晋元拍发了一封电报。

自从5月13日将致蒋介石的信函送出，谢晋元食不甘味，睡不安枕。他的全部心思、焦虑、期盼，还有惶恐，好像都一起装进厚厚的牛皮信封一块寄了出去。他常常魂不守舍，人在孤军营，心神儿早跑到重庆，跑到蒋介石那儿去了。就在信寄出的第二天，他做了一个美梦。他在日记中将此梦描绘得颇为传神，摘录于后：

> 5月14日　星期日　晴
> 夜眠做一梦，殊为诧异。缘星期六交一信由钱托党转交先生后，余即祷告上帝，恳求给余一种助力，俾能达成吾人之目的。而晚上之梦，为已达成目的，晋谒先生及夫人等，状殊愉快。

在上海孤军营，谢晋元日思夜想，魂牵梦绕，终于盼到了重庆的回音。

蒋介石6月19日（电报代日韵目为"皓"）拍往上海的电报，6月20日就由秘密渠道送到孤军营。

接到电报，谢晋元既紧张，又兴奋，心都快跳了出来。

谢晋元思绪翻滚，双手颤颤抖抖地展开电报，急切的目光一下扑在两指长的电报纸上，一时竟不知该是从头往后看，还是从后往前看。他连看几遍，才把那短短的电文看个真切：

由钱鹤皋译转谢团长晋元：

五月三日函悉，尚望忍受一切艰苦，以维国家荣誉，至所陈各项意见，已交军政部办理矣。

中正　皓　川待恭

当那种难以抑制的狂喜，像电流一样闪过后，刚才涌上脑门的热血便开始回落原处，好似漂浮起来的身躯又站回原地，谢晋元脑子一下变得异乎寻常的冷静，他从头到尾琢磨那电报，其实很简单，就是一个字：

忍！

这就是先生调理孤军心灵伤痛的处方？这就是蒋给八百壮士指出的一条光明之路？

眼泪从团长那深深的眼窝涌了出来。

"忍受一切艰苦"？孤军官兵就是因为痛失自由，饱受囹圄之苦，忍无可忍，才直接向"最高统帅"求救的呀！

"以维国家荣誉"？让抗日志士、国人引为自豪的八百壮士羁困囚笼，受外人羞辱，如何维护国家荣誉？

谢晋元感到莫大的委屈和懊丧。

然而谢晋元毕竟是黄埔岛上操练过的好学生，是国民党军队里摔打出来的标准军人，又因为四行仓库作战而成为全军瞩目的抗战英雄，他注定要管束住自己的思想和行为，他不可以违背"最高统帅"的意愿。

黄埔军校的校训讲的是什么？是忠诚，是军人对国家、对领袖忠心不二。

每当奉命出征之际，蹈险犯难之时，总要预先立下的那句誓言，"不成功，便成仁"，其要旨是什么？是军人的牺牲。

从四行仓库撤退后，蒋介石手令嘉奖，第一句话讲的是什么？是服从——"留守闸北之谢晋元团附以下各官兵，服从命令。"

那几天，谢晋元将电报揣在怀中，一次又一次掏出解读，尽力领悟其中蕴意。电报纸已经揉出道道皱折，纸边打毛，谢晋元苦苦思虑，让思想脱皮。他在努力说服自己：八百壮士是国家培养、"领袖"信赖的队伍，何去何从，得听蒋的。战争正在紧急关头，国家正处危难之中，整个国家民族不都在忍耐、在受苦、在蒙冤？我们受这点罪算什么？古人不是讲卧薪尝胆吗？君子报仇十年不晚。

蒋要我们继续留在租界，必有他的道理。或者是他有为难之处，或者是另有"神机妙算"。只要有补于抗战大局，牺牲八百壮士，叫我们去死，我们能说"不"吗？此时不为国家排难，不为校长分忧，还叫什么革命军人、黄埔学生？

没过几天，何应钦也给谢晋元发来一封电报，除了答复孤军营薪金和给养支付办法外，他犹恐孤军不能领会蒋介石"皓"日电报的深意，对"忍耐"又做了如下阐释：

> 我孤军死守孤岛，海内同闻，天下共颂，我国舆有荣焉。尚希
> 卧薪尝胆，忍辱负重，报国有志，何患无机。

来自重庆的道道金牌飞驰而至，国家利益、孤军荣誉、领袖教诲、军人律条，还有良心道德、古之遗训，等等，像一剂剂汤药，使谢晋元那烦躁的心渐渐地平复了。他自觉自愿地把自己的思想脉搏调和到蒋介石电报规定的节拍中去。他不断提醒自己：

浮躁是指挥官的禁忌，忍耐才是一大韬略。

谢团长理顺自己的情绪，调好自己的脉搏，又精神抖擞地操劳在孤军营地上，又信心百倍地出现在士兵面前。

一切都要按照长期固守、忍辱负重的钧旨重新设计和安排。过去一些带有临时性，或是容易刺激官兵情绪的事体应坚决废止，而代之以平和、实用、利于官兵长期修炼的措施和方法。

操课内容做了调整，减少战术课目，增加了课堂理论教学和基础队列训练，以木代枪的训练方法容易招惹是非，予以废止。木枪通通收回存入仓库。体育运动有百利而无一害，增加运动时间和内容，强制性地要求官兵积极参加。精神教育大大加强，出《孤军墙报》，办《孤军月刊》，还要拉起一个孤军剧团。谢晋元和连长们订立一整套孤军营营规营矩，一气规定了十几个"不准"：不准酗酒，不准吸烟，不准随地吐痰，不准打架斗殴，不准和商团兵丁搭话，不准向营外投掷物品，不准靠近铁丝网，夜间不准大声喧哗……

连长上官志标嘟囔了一声："我的妈哟，这么多规矩，这不是我们自己给自己又加上一道铁丝网了吗？"

团长说："对啰！我们先得自己管好自己。"

孤军营基本设施的建设明显加快了步伐。团长室内，通常是挂作战地图的墙壁，如今挂起了孤军营建设平面图。谢团长像一位精细严谨的建筑师，拿起铅笔，不时在上面圈圈点点，比比画画，筹划着在这里铺条沙石路，那里建座花圃，这里栽排绿树，那里种块草坪……

他是要把孤军营内的 15 亩地，建设成一座永久的营地和生活乐园，同时也是在士兵心灵的田地里营造起长期奋斗的信念大厦。

蓝图逐步成为现实。孤军营的建设有了新气象。营内道路已重修一遍，显得更规整，路面全铺上煤渣，砌上路牙，两旁还种上了一排小树。铁门内的那块空地还被改成小花圃，栽上了一些无名花草。孤军营内开始有了绿叶和红花。

除了早先修建的篮球场，又增加了一个排球场和网球场。远景规划里还准备建一个足球场。谢晋元的团长室里也新添了一个台球桌。

一座四百多平方米的大礼堂也用木板和油毡搭成。礼堂门口，有谢晋元题写的匾联：

军令如山
军规似铁

横批是：

铁血

这斩钉截铁的字眼，驱除着不安和沮丧，缔造着冷峻和坚忍。

那天晚饭后，谢团长领着士兵实施一项新的营建计划，将浴室附近的一个水坑改作鱼池。这是一项革故鼎新、富于创意的工程。试想想，将一个藏污纳垢、了无生气的臭水塘，改造为充满活力、游动着生命的鱼池，不正意味着一次再生吗？士兵们肯定已经想到了这一层，所以干起活来特别卖劲。他们用脸盆、铁桶，把污水舀干，将淤泥挖净，再将水池加宽加深。半天工夫，鱼池已按团长的要求挖成。士兵们开始用石料衬垫池底。

"慢着！"

团长大喊一声。

士兵们停下手中的活儿，不知团长有什么吩咐。

只见团长离开工地，飞身返回住处。不一会儿，他双手托着一只白色布包，从宿舍一步一步回到工地。

他神色庄严，步履沉重，手里像托着一座山。

白布里裹的不是别的，正是那支曾跟随团长南征北战、响声如雷，而今，只能屈辱地藏匿于床铺之下的"勃朗宁"。

现在，谢晋元要当着众官兵的面，把这支手枪掩埋在鱼池之下。他要把这宠物当作祭品，告别昨天的战斗；他要把这佩枪当作基石，开创明天的历程。

在士兵们肃穆的目光中，团长托着手中的宝物，缓步走到池底，他慢慢弯下腰身，双腿跪下……他将枪贴在胸前捂了一下，再端端正正地安放在土坑中……之后，双手掬起一捧黄土，一点点撒在白布包上……

士兵们看见，团长那双大手在微微颤动。

一个仪式完成。

是葬礼，还是诞辰？

……夕阳从铁丝网的刺镞丛中滚下地平线，天际燃起火一样的晚霞。

第八章

血染的尊严

　　1938 年 8 月 11 日晨 6 时，为纪念淞沪抗战一周年，孤军营正举行隆重的升旗仪式。

　　如狼似虎的租界商团官兵一千余人突然闯进孤军营，对手无寸铁的中国官兵大打出手。这次洗劫使中国孤军蒙受的巨大损失，竟比四行仓库血战四昼夜还要惨重。

"**发**饷啰！"

吹过集合哨，值星军官忍不住又亮开嗓门，吆喝一声。

这声吆喝不得了。孤军营里顿时吆喝出一场惊喜，一阵狂乱，一片喧腾。官兵们无论是打球玩耍的、洗衣服补袜子的、看书写家信的、聊天扯闲篇的，还是躺在铺板上睡大觉的，一律来了精神，连蹦带跳，争先恐后，追寻着这声音，奔向操场。

兵营里再没有比发饷更令人兴奋的事了。

操场上，往常是团长发号施令的指挥台，仿佛成了一座银山。土台上铺着一张白布单，一溜码满了大洋。那由银圆码垛而成的银柱子，一根根、一排排、一片片，高低错落，比肩而立，就像耸立在上海外滩的楼群。

纽约唐人街爱国同胞助募现金，支援上海抗战。

在阳光的照耀下，这座用金钱堆砌的山头，这群用银圆码垛的大厦，放射着令人心醉神迷的光芒。

台下，士兵们规规矩矩，盘腿而坐，个个伸长脖子，急迫的目光在洋银垛子之间扫来扫去，嘴都张大了：

哇，这么多大洋！

满面春风地站在台前的是谢晋元团长。平日，往这个位置一站，他便是一个威风凛凛、大声武气的指挥官，今天，却像财神爷似的笑眼眯眯。

他心里太高兴了。

自从蒋介石和何应钦总参谋长打来电报后，孤军营的经费紧随其后，从天而降。政府将孤军官兵的粮秣、薪饷两笔款项，一并汇到租界中国银行，而且将他们进入孤军营八个月以来的薪饷一次补齐。

薪饷拨得这么快，这么干脆利落，是他没想到的。

说实话，接到蒋介石电报之初，叫他继续再忍耐、固守，他坚决执行命令，没说的。但是怎么说服别人？凭什么长期固守？吃什么？喝什么？他心中无数。现在好了！粮有了，饷足了，谢晋元心里也踏实了。

几个月来，官兵心头盘桓着许多疑虑、担忧，以至不满。谢晋元和几位主要军官费了多少口舌，讲了多少道理，给士兵们解疑释难，但是都能讲清楚吗？有时连团长自己也感到难以自圆其说。

如果现在有官兵再问：我们是不是当了俘虏？政府还管不管我们？是不是把我们当累赘、当包袱甩在租界，叫我们要饭、化缘、自生自灭？还用再作解答吗？这白花花、圆溜溜、当啷作响的银圆，把什么疑问全给回答了。

码放在台上的这座银山，不仅仅是官兵们应得的薪饷，也是撑持局面、维系军心的支柱。有了粮饷，八百壮士在这里忍耐、等待、斗争，就有了底气。

孤军营从此再不孤立无援。

团长手拿花名册，亲自给每位官兵发饷。他的声音掠过金山，擦过银垛，传入官兵耳鼓，极为振奋人心：

"弟兄们，这里共有 15462 元，是我们八个月的饷，一次补齐。数额不小哇！上等兵以下发津贴，每人每月一元，共是八元。下士以上按阶级放饷，各人是多少，你们自然心中有数，保证给足，一个子儿不少……"

官兵们喜不自胜。八个月的饷一次补齐，就是在平平安安的年头也难以做得到，何况在战时？这可不是空头支票哩！瞧那光洋一摞摞地码着，直晃眼呢！

按着名册的顺序，官兵们在团长的呼唤下，逐一走到台前，先是毕恭毕敬地行了一个举手礼，再在名册上按了指印，于是领走属于他自己的那垛光洋。

历时1小时40分钟，薪饷发放完毕。

当官兵们小鸟一样飞离操场时，每人沉甸甸的衣兜里，"叮叮当当"响起了令人醉心的银币碰撞声。

除了衣兜得到充实，饭碗也比前丰盛。政府拨来的膳食费到手后，孤军营搭起伙房，自行开伙，想吃什么，就商量着做什么。再不用像过去那样，等市民们东一家西一家募来钱粮，由工部局派人加工，再眼巴巴地等着人家往营内送饭送菜，整天雏鸟似的嗷嗷待哺。

当每天都能吃上舒心可口的饭菜，衣袋里又有了一些银钱，人们对生活的感受就不一样了。

刚下过入夏的第一场大雨，阳光变得湿润清新，房前屋后栽种的几排小树悄悄地长出了许多嫩叶，路边的花草也兴奋得四处探头探脑。营房的屋脊上，每天清晨都喊喊喳喳地站满了一排排喜鹊，像列着队的士兵，它们的歌唱清亮悦耳，给营区增添了热闹和情趣。大门内新辟的那块花圃，成了营内的一个景点，一有空暇，官兵们溜溜达达，这里瞧瞧，那里看看，或给树培把土，或给花捉只虫。那口新砌的鱼塘，更是个热闹去处，鱼苗投放后，满池生机，小东西们嬉戏、追逐，闹得特别欢。每当此时，池塘四周总是站满了人。

清晨，鱼儿们的呼吸是个十分神圣、壮观的场面。那是太阳还没有露面的时候，水面弥漫着淡淡的雾气。风儿屏息敛气，水面平静得没有一丝波纹。渐渐地，水底有了动静，歇了一夜的鱼儿们从底层游上浅层，它们一群群、一队队，在池中游来游去，摇头摆尾，动作整齐，如同行军的队伍。池水被拨动了，像一面银镜在轻轻摇晃，映照在水面的晨星、残月、云彩以及池边的树木、房屋，也都跟着晃动起来，连站在池边看景的士兵们也觉得自己在跟着鱼儿一块畅游。

鱼儿摆动身躯，活动筋骨，完成行军后，开始安静下来。这时，太阳刚刚露出红脸，曙光把水面照得一片金黄。鱼儿散开队形，各自找好各自的位置，像是准备做广播体操，只见它们一齐把头抬了起来，可爱的小嘴雏鸡破壳似的啄破水面，圆圆地张开着，静静地吸吮着清晨甜丝丝的空气。随着那深情的呼吸，水面漾起了一圈圈波纹。每只小嘴都像一个支点，顶托起一片轻盈的荷叶，整个鱼池像浮动着千万片荷叶，像盛开着千万朵莲花……

士兵们全被这无比美好、无比壮观的场面感染、打动了。

鱼塘弹奏着生命奏鸣曲。生存的权利至高无上。士兵们觉得自己的呼吸也变得酣畅自如了，仿佛自己就是那自由自在的鱼儿。

目睹这一生动景象，不由得使人想起开挖鱼塘那天，团长为工程庄严举行的奠基仪式。那是对生命、对自由的礼赞！

孤军营的生活逐渐走上正常轨道。愤懑、沮丧、失望、狂躁，以至歇斯底里的情绪慢慢地平复了，人们又学会按照常理常规行事。

领到薪饷后，官兵们最先想到的是远方的家庭和亲人。许多人不等饷银在衣袋里焐热，就急急忙忙地往家里汇寄。去年10月，在死守四行仓库的危急关头，每个人都给家人写下遗书。而结果，并未成仁。存活下来后，他们更是时刻想念着自己的家人，然而，许多人一时难以找到合适的方式向家人报告自己的近况，表达自己的心情。现在有了。这硬邦邦的饷银，是自己挣来的，是用血汗

驻扎在上海虹口的日军

换来的，把它寄回家去，就什么话都带到了。

"我还活着""还在为国家效力"，这话就甭说了。

"烽火连三月，家书抵万金。"这饷银肯定比一封家书更能表明自己要说的话。所以，发饷后不几天，总共发出的一万多块大洋，多半又从孤军营寄了出去，寄往四面八方的数百个家庭。

军官更加勤勉负责，士兵也令行禁止，人们乐意遵从各项营规营纪。明令禁止的十几个"不准"，一一落实，倡行的事也一件件办了起来。体育运动已成了人们的共同爱好，球场每天都挤满人。各连的孤军墙报都挂了出来，诗文漫画什么都有，还搞了一次评比。团部办的《孤军月刊》已经出版了第一期，刊头还是团长亲自题写的。孤军剧团也拉起了班底。人们也变得和气、懂礼貌了，骂娘、使性子、打架斗殴、顶撞上司的事少多了。就连骂骂咧咧的"刺头兵"朱大棒朱胜忠，现在见面也知道给别人一个笑脸。

孤军营的机器调整零件，加足油后，按照新的节律，正隆隆运行。

在日军四面包围下，上海公共租界实际上是一条漏水的破船，步步下沉。

多少年来，把持租界的洋行大班们，靠着一张"中立"的幌子和千余商团兵丁，唬住了中国政府。但是，它唬不住东洋人，因为东洋人也曾在公共租界占有一块地盘，也曾拿着这两样东西唬过中国，他们知道那是些什么玩意儿。

淞沪作战后，日军除了将中国军队逐出上海，占领了大片市区和四郊外，同时也顺手在公共租界割了一刀。他们把租界巡捕和商团士兵赶出虹口区，把原属公共租界的虹口变为日本人独家天下。工部局乖乖地将自己的势力缩回苏州河以南、法华路以东地区。

日军在苏州河各桥口设置了岗哨，出入租界的行人必须向日军脱帽致敬，接受搜身检查。有一回，两名骄傲惯了的西洋人，以为自己鼻子生得高，口衔烟斗，挺胸凸肚而过，结果同样挨了日军耳刮，吃了"东洋火腿"。在此统治了近百年的洋行大班们感到，他们的权威受到严重挑战，上海租界从今再不是他们的天堂。

对英美老牌殖民主义者在租界里大把大把地捞钱，日本人早已眼红，现在他们正处在上风，因此对租界这块肥肉更是垂涎欲滴。东洋人决意不让西洋人在租界里继续过安宁日子。占领上海的第二天，日本上海派遣军司令官松井石根便给工部局一个下马威。他无中生有地指责公共租界违反中立立场，袒护中国，并提出五项严厉要求。

工部局丈二和尚摸不着头脑，不知日军用意何在？连远在伦敦的英国议院，对此也感愕然。

此后，日军变本加厉，不断向租界施加压力。1937年12月4日，日军竟组织五千余人到公共租界武装游行。这是公共租界的奇耻大辱，等于把工部局手中那块"中立"的幌子踩在地下，等于与商团兵丁公开叫阵。工部局却也无可奈何，忍气吞声。

1938年5月1日，南京路上发生炸弹爆炸案，数名日本人受伤。日军以此为借口，派兵冲进租界老闸区巡捕房，大肆搜查。英国人为了面子，也曾出动大批巡捕，与之对峙，但最后还是软了下来，答应由巡捕查缉嫌疑案犯，再引渡给日方处置。租界的屈辱行为，连洋人在租界办的《密勒氏评论报》也看不过去，谴责说："这是工部局对日军的屈服，把警权和执行权拱手让之日军。"

日军士兵越来越放肆地在"太岁"头上动土。租界里的英美侨民，一不留神就被"皇军"掌颊，吃"东洋火腿"也成了家常饭，弄不好还要坐东洋班房，甚至脑袋搬家。侮辱侨民的事层出不穷，不到半年时间，英美政府已向日本政府提出四百多次抗议。

抗议尽可以提，而"东洋火腿"还是照吃不误。

租界里的洋人在日军的威逼下，步步后退，威风扫地，早已收起了绅士的派头。但是，他们越是对日军屈膝，对中国人就越是蛮横。压迫界内华人，以讨好日军，已成为他们的生存手段。工部局仰日人鼻息，宣布取缔租界内抗日组织，禁止反日活动，驱逐中国政府机关，监视政府人员活动，对华人报刊实行检查，甚至派出大批捕探检查行人及住户。

曾喊得震天价响的人权口号不要了，高举了近百年的"中立"旗号扔掉了，为了苟安，他们什么也顾不得了。

羁困在孤军营内的八百壮士，成了工部局的一块心病，他们既不敢向日军引渡，又不敢将其释放，还特别怕孤军给他们惹事。工部局采取一切措施，加强对孤军的防范。除了收缴他们的武器，连营内的一切铁器，如菜刀、铁锹、锤子等等，也统统编号，登记造册；禁止孤军官兵出入营门，对经特许出入孤军营的人员如记者、医生、清洁夫，也严加检查；列出全体官兵名册，每天早晚，由商团军官入营清点人数。工部局还与日人签订《上海公共租界维持治安详细协定》，允许日本宪兵在租界内设立机关，搜捕抗日志士。

孤军营四周拉铁丝网，画警戒线，铁门紧闭，岗楼高耸，俨然一座戒备森严的监狱。马飞上校曾向工部局总董拍胸脯说：

"孤军营里，连一只鸟也别想飞出去。"

但是，工部局依然不敢大意。他们主要对看守孤军营的万国商团苏格兰义勇队不大放心，觉得苏格兰人惯于马马虎虎，懒懒散散，恐怕对付不了中国人。于是，决定由俄国团丁队接替孤军营警务。

俄国团丁队在万国商团中实力最强，而且以彪悍凶狠著称。他们与英国队、美国队、苏格兰队、菲律宾队、意大利队和葡萄牙队不同，别人都是义勇队，由各国侨民义务服役，而俄国团丁队是雇佣军，他们拿着工部局发给的薪饷，为租界洋行大班效力。这伙俄国团丁，原本是一群落魄的亡命之徒。在俄国革命之前，他们是沙皇军队的走卒，沙皇被推翻后，开始逃离故土，亡命他乡。他们先是逃入中国东北，然后在上海落脚。起初，他们流浪街头，境况甚为凄凉。他们既不会经商，更没有本钱，仅有一身蛮劲和一颗冷酷的心，只好给富人开电梯、看大门、当保镖，甚至沿街乞讨。

租界里的白人，不忍看着这帮同是白皮肤、黄头发的俄国佬在中国人面前现丑，于是，给了他们一份差事，招募二百多名前沙皇军人组成万国商团俄国团丁队。这帮白俄有了饭碗，自然十分卖劲，他们没有祖国，却甘心为别国充当打手。此后，租界警务大凡遇到头疼的事，危险的差使，统统由俄国团丁打头阵。例如1925年，在五卅惨案中他们曾充当打手，残酷迫害过中国工人。即使是平常日子，俄国团丁也耀武扬威，争出风头。每年春季万国商团在跑马厅举行大检阅，压阵的总是俄国团丁队，而冬季举行的示威性行军，白俄队伍也最为扎眼。工部局里，大腹便便的董事们，对俄国团丁的表现极为满意。他们认为，花些碎银子，养几百名白俄，保一方平安，是在上海滩的所有投资中最为精明的一笔。

白俄团丁接替苏格兰士兵后，竭力强化对中国孤军的监管。他们增派了岗哨，将铁丝网加高加密，顶部每隔50米安上一个灯泡，商团原先在孤军营门外设立的岗亭,也由木结构改为混凝土浇筑,不远处还修建了一座砖石结构的永久营房,供团丁驻扎。

看来,他们已经准备好在此长期与中国官兵对峙。

万国商团司令也已换人,马飞上校三年任期届满,非常体面地离职。即使这三年正是租界多事之秋,包括遇上处置中国孤军这种棘手的事,但由于他应对有方,还是让洋行大班们睡了不少安稳觉。因此,他离职时,工部局请准英国军部授予他一枚铁十字勋章,并且在租界警务处给他安排一个帮办的头衔。

接替马飞的是寇尔斌少校,因为他军衔较低,被任命为代理司令。商团司令是个肥缺,高薪厚禄,还配给洋房、汽车。寇尔斌能挤到这个位置不容易,并且名曰"代理",他还必须比前任干得更漂亮。因此,寇尔斌对职责内的事一点不能疏忽,他特别下工夫看管孤军营里那几百名中国兵。

任凭上海城头刀光剑影、波谲云诡,中国官兵抱定宗旨,冷静沉着,以不变应万变,孤军营生活的钟点按着自己的节律"嗒嗒"前行。

1938 年夏天风风火火地到来。面对着日军的凶猛进攻,感受着亡国灭种的可怕威胁,也由于武汉会战的爆发,这个夏天里,中国军民抗战热情极为高涨。已经到了背水为阵的危急关头,中华民族别无选择地开始最后的奋起。7 月 7 日,抗日战争爆发一周年纪念日,全国各地群情激奋,民气沸腾。武汉三镇 12 万群众举行纪念会,晚上举行火炬游行。

火光照亮了长江,照亮了中华大地。

对于孤悬长江尽头的上海人来说,8 月更是值得怀念的日子。孤军营里的中国官兵,也在翘首以待那红彤彤的 8 月。

去年 8 月 11 日,是八百壮士所在的第八十八师誓师出征的日子。那一天,接到开赴上海投入抗战的命令。在无锡兵营,师长孙元良主持了誓师仪式。会场旌旗招展,鼓角齐鸣,同仇敌忾,热血沸腾。誓师仪式完毕,全师齐装满员,从会场直接开到火车站,登车奔向抗日战场。那激动人心的场面,难以忘怀。8 月 13 日,是淞沪会战爆发的纪念日。第八十八师部队在闸北八字桥、持志大学一带向日军发起猛烈攻击,由此揭开淞沪会战的序幕。

在这两个有纪念意义的日子里,八百壮士决不能无动于衷。谢晋元早就开始谋划这件事。孤军营里除了出墙报、出纪念专刊、表演话剧、组织讲演会外，11日、13日两天，还将隆重举行升旗仪式。

这是一个大举动。在洋人把持的公共租界、在日军四面围困中，赫然树起一面中国国旗，这对孤军官兵是一个巨大鼓舞，对租界里的几百万中国人也是一针兴奋剂。自去年10月31日，从四行仓库顶层降下中国国旗后，中国的旗帜就在上海的上空消失。

上海已经沉默太久，该醒一醒了。

筹备工作早早着手。悬挂国旗的旗杆，7月20日便在礼堂门前高高竖起。

没想到，一根旗杆便刺痛了工部局那虚弱的心。22日，商团代理司令寇尔斌少校致函谢晋元，禁止孤军营升旗，以免刺激日本人，并限令将旗杆立即拆除。

欺负人欺负到家了！租界是中国的土地，中国人在自己国土上升自己的"国旗"，关你洋人什么事？

谢晋元致函工部局，严正拒绝了寇尔斌的无理要求，函称：

> 国旗是国民对国家表示敬仰。余等升旗，既不扰乱秩序，又无碍治安，更无对任何国家有敌意行为，此属任何国民敬崇其国家应有权利。

23日，寇尔斌前来交涉，同来的还有商团中华队队长陈时侠。寇尔斌也自知理亏，但是为了租界洋人的利益，也为了他自己的前程，无理的事也硬要办。他对谢晋元又是套近乎，又是赔笑脸，难得见洋人这等卑躬的熊样。他请求谢晋元，看在他万国商团团长"私人情感"上，于7月底以前暂且将旗杆拆下，以后的事情好商量。

陈时侠队长是中国人，却端着洋人的饭碗，长于在华人与洋人之间周旋。他也劝告谢晋元，应体谅寇尔斌司令的难处，做些让步。

谢晋元不怕硬的，却往往经不住软磨。他想，既然是下月升旗，先将旗杆拆下无妨。于是，达成协议。寇尔斌满意而去。

至8月2日，孤军营依据协议复将旗杆竖起，而工部局又节外生枝，诬说孤军营自外运入武器，将严加检查。这次出面交涉的是警务处帮办马飞上校。

他是中国孤军的老冤家，凡是工部局为难中国孤军的事，必有他一份。

5日，马飞领着一帮人马，准备入营检查，谢晋元大义凛然，将来人摒挡在外。谢团长向马飞郑重声明：

> 余等绝对遵守应遵守之法纪，倘有由外面私运武器入本营房，
> 余个人当负责任。如贵局有正式情报及情报来源之文件证明，余等
> 亦同意接受检查。不然，恐刺激彼此情感，以不检查为好。

谢晋元义正词严。马飞原是捕风捉影，他上哪拿证明文件？只好悻悻而退。

竖立在孤军营内的旗杆，依然是工部局眼中钉，肉中刺。7日，马飞、寇尔斌又领着律师鄂森前来交涉。他们要求将旗杆截短，使其高度不超过礼堂屋顶。理由极为荒谬，说是免得让租界外日人看见中国国旗，为难租界。

租界当局惧怕日人，如猫见鼠，处处规避；而对中国人却颐指气使，横加干涉。

中国孤军不吃这一套。

随来的鄂森律师开始帮腔。他也是个中国人。当洋人占中国人便宜时，总是由这帮假洋鬼子出面，劝说中国人，麻醉中国人，堵住你的嘴巴，捆上你的手脚，任洋人欺侮。他们以为洋人帮腔、帮手、帮凶为职业，而得到洋人的残羹剩饭。只听鄂森油腔滑调地说：

"团长，我也知道，截短旗杆是一种不礼貌的行为，但请你设身处地地为工部局想一想，租界四周都是日军占领区，要是让他们看到营内高悬中国国旗，那工部局麻烦大啦！"

谢晋元厌恶他，对他正眼也不瞧，连驳斥带挖苦：

"我们在四行仓库作战时，跟敌人短兵相接，尚且悬挂国旗，现在敌人远在租界之外，你们就怕成这个样子，也不怕日本人取笑？"

鄂森好似没有听出谢晋元咬牙切齿说的那个"你们"，说：

"八百壮士自然是不怕日人，可租界怕。团长，我也是中国人，虽然是吃外国人的饭，但没有忘记自己是炎黄子孙。如果我能帮你们的忙，一定尽力，但这件事情还请团长仔细考虑一下。"

见他不识相，谢晋元干脆明白告诉他："我不知你姓什么叫什么，也不知是不是中国人，只请你带一句话，告诉你的洋主人，截旗杆的事办不到！"

在上海租界，没有洋人请不动帮手，没有洋人办不成的事。8日午后，马飞搬来了工部局副总董何德奎，以及上海青年会总干事陆干成。何德奎是工部局里的华人董事，在上海华人社会是头面最大的人物，上海滩的华商们唯他马首是瞻。中国孤军也曾得到他的荫庇。上海青年会的陆干成，也不是寻常人物。国民党政府机关撤出上海后，青年会已经有了半官方代表的性质。谢晋元可以一百次地拒绝马飞、寇尔斌，可是不能不理会何德奎和陆干成。

在这两位有头有面的华人领袖娓娓劝说、唾沫横飞之下，孤军营里的旗杆被截去八尺。

孤军官兵心如刀绞。

在接二连三的摩擦、抗争中，迎来了8月11日。由于经历了这许多磨难，官兵们尤感升悬国旗，意义非同寻常。

11日清晨，也不像是个吉庆的时辰。天空并不晴朗，东方的朝阳为云层遮没，上海的早晨依然没有生气。

但是，士兵心中正在升起一轮红色的太阳。

6时，孤军营举行隆重升旗仪式。没有礼炮，没有锣鼓，没有鲜花铺地，也没有军乐飞扬，只有塑像一样肃立着的几百名官兵。

在几百名官兵灼热的目光下，团长谢晋元双手接过护旗兵送来的旗帜，系好绳索，开始升旗，在霞光映照下，一面旗子冉冉升起，最终升到旗杆的顶端。

这是一个令人遗憾的高度。因为截短了旗杆，国旗升到顶点比礼堂的屋顶还矮了一点。但已经足够了。

当一阵晨风吹来，旗子"哗啦"一下抖开了。硕大的旗面上布满了累累弹孔。这不正是曾飘扬在四行仓库楼顶的那面战斗的旗帜吗?!

士兵们的眼眶全湿润了。

他们不由得耳畔响起了去年在无锡出征时的豪迈誓言，眼前闪过了昔日在上海城下杀向敌阵的勇猛身姿，心中浮想起淞沪作战的八十多个日日夜夜……

飘扬在孤军营上空的中国国旗，像一声响雷，像一道闪电，给上海市民极大振奋，市民们奔走相告，呼朋唤友，不多会工夫，孤军营外汇聚起数以千计围观的人群。人们的视线越过密密的铁丝网，注视着那面浸染着炮火硝烟的战旗冲破牢笼，直指青天，迎风招展，心情无比激动。市民们向国旗欢呼鼓掌，向孤军官兵挥手致意。

久违了，国旗！

久违了，壮士！

孤军营内外群情激奋，一片沸腾。

不料，风云突变。中午12时，马飞闯进孤军营。他声言，孤军营升旗已引起日军不满，为避免发生严重事态，限10分钟内降旗。

中国人在自己的土地上升旗，为何要受制于日人？况且，为升旗事，经与租界多次协商，达成协议，工部局出尔反尔，太没道理。谢晋元坚决拒绝了马飞的蛮横要求。

马飞气哼哼地退出。临走，掷下一句恶狠狠的话："由此引起的一切严重后果，概由阁下负责。"

马飞来时不善，去时恶毒。果然，不一会儿，万国商团中华队队员吴萃其气喘吁吁跑来报信：工部局已在跑马厅集中兵力，准备血洗孤军营。

听说洋人为孤军升旗的事要来动武，中国官兵极为气愤，决心以血肉之躯捍卫国旗，捍卫中国人的尊严。

谢团长当机立断，紧急部署，准备应付可能发生的一切事变。他命令第三连把守营门，机枪连保卫国旗，第一连监视东西两侧商团兵丁的瞭望台，第二连留在操场，作为机动。

刚刚还充满了喜庆气氛的营区，顷刻间变成准备厮杀的战场。刚刚参加了升旗仪式的孤军官兵脸上的笑容飞逝而去，人人横眉立目，摩拳擦掌，准备对付商团兵丁的暴行。

如狼似虎的商团兵丁一批批向孤军营扑来。首先开到的是英格兰队三百多人。他们驱散围观的市民，将孤军营团团包围。接着开来的是意大利队四百多人，他们在胶州路布置警戒，封锁交通。最后开来的是白俄团丁队四百余人。

孤军营外大兵压境，杀气腾腾。为镇压三百多名赤手空拳的中国官兵，商团竟出动一千余人，超过了四行仓库作战时日军直接使用的兵力。

直奔孤军营大门口的白俄团丁，看来是今天的头号打手。他们头戴钢盔，脚穿皮靴，手执棍棒，凶神恶煞一般。队长伊凡诺夫更是"神气活现"。在孤军营大门，谢晋元会了一会他。话不投机，各自只说了一句。伊凡诺夫"命令"中国孤军立即降旗。

谢晋元团长即告诉他："'国旗'代表国家尊严，血可流，旗不可降！"

伊凡诺夫今天只带了棍棒，并没准备什么理由。他眼珠子一瞪，向身后的兵丁一挥手，"往里冲！"

几百名白俄兵丁，挥舞棍棒，一拥而入。

负责把守营门的三连官兵手无寸铁，只有一腔热血，在白俄团丁的棍棒飞舞之下，有人流血，有人倒下，终于防线被冲垮。白俄团丁狼群一样扑向国旗。

在礼堂门前的旗杆下，护旗的中国官兵与白俄团丁展开空前激烈的搏斗。

中国官兵忍无可忍，他们手里也拿起家伙，有的是拆下礼堂桌椅抽出的木棒，有的拿着砖块，有的握着酒瓶，他们肩并肩，膀倚膀，背朝里，脸冲外，在国旗下筑起一道人墙。

白俄团丁尽管凶残，但无论从哪一面进攻，回答他们的都是中国人愤怒的反击。

中国国旗在孤军官兵拱卫下，岿然不动。

白俄狼群围住中国官兵，一次比一次更猛烈地发起攻击，孤军营外的英格兰兵也呐喊助威。白俄兵久攻不下，恼羞成怒，丧心病狂，公然向中国孤军投掷催泪弹。

黄色的烟幕，笼罩着中国官兵，窒息了他们的自卫能力。

在一片混乱中，凶恶的白俄团丁棍棒交加，大打出手，中国官兵无力招架，血肉横飞。

终于，那一面饱熏着硝烟、布满了弹痕，曾经在四行仓库顶层高高飘扬过的旗帜，从孤军营的上空无声飘落，飘落在腥风里，飘落在血泊中。

这是一次空前悲壮的降旗仪式；它的降落甚至比它的升挂更加震撼人心。

商团的豺狼退走以后，孤军营房血迹斑斑，惨不忍睹。

尤长青、刘尚才、吴祖德、王文义等四名士兵殉难，111名官兵受伤。

白俄团丁三个多小时的洗劫，使中国孤军蒙受的损失，竟比四行仓库血战四昼夜还要惨重！

租界当局对手无寸铁的中国孤军大打出手，激起公愤。次日，上海各报刊登了现场拍摄的大幅照片，洋人的暴行被彻底公之于世。谢晋元发表谈话，愤怒谴责租界当局的倒行逆施。

洋人一不做，二不休，8月13日凌晨1时，派白俄团丁再次闯入孤军营，将中国军官一概劫持绑架至商团白俄团丁队司令部，妄图将孤军官兵相互隔离，迫其屈服。

中国孤军不畏强暴，开始了绝食斗争。他们手中没有刀，没有枪，但是有真理，有正义。现在，他们用自己的生命当武器，向租界当局作殊死抗争。

设在外滩中央银行顶层的白俄团丁队司令部里，谢晋元等17名军官，被分开幽禁在两个大房间。商团士兵每天按时送来的饭菜，摆了一桌又一桌，却无人问津。热的放凉了，凉的变馊了，中国军官粒米不进。

戒备森严的白俄团丁队司令部，也不能阻挡中国军人正义的呼声。谢团长利用一切机会开展斗争。他会见记者，发表文告，揭露租界当局的种种野蛮行为。他还上书工部局，陈述事件真相，申明正义要求，对租界当局的倒行逆施，大加鞭挞，严词斥责。他在致工部局的信函中写道：

> 余可声明，用屠杀手段，纵全部牺牲，亦无可屈服。人生有比生命更重要者，为吾人之人格与精神。生活之艰苦非余所欲计较，但求合法之待遇。吾人为军人，光明正大。所有不合情理之限制、压迫，不能加予吾人。精神之刺激者，均为吾人所不愿看见。余等始终并无越矩逾规之过分要求，祈贵局解释者有四：第一，去年弹片横飞之时，余等记念租界中外人士生命财产之安全，应第三者要求，撤离阵地，此举表现了人类同情之心，租界当局是否体会吾人此种精神？第二，余等并非俘虏，更非犯人，余等法律地位、私权是否完全丧失？第三，旗杆及升旗问题经何副总董等协议妥当，为何突用武力，强行拆除，且亡我士兵四人、伤我官兵百十一员名之多。第四，本月13日晨1时，你局复派队伍将余等全部官长移押此间，不知据何法律？

孤军营内的绝食斗争，更是动人心魄。8月13日凌晨，白俄团丁拘押孤军官佐时，军医汤聘莘因病躺在床上，没有被掳去。于是，他成了留在孤军营里的唯一官佐，这位面目消瘦、皮肤白皙、文质彬彬的军医官，责无旁贷地担当起组织孤军斗争的重任。

作为一名军医，汤聘莘过去所做的一切努力，都是为了救死扶伤，尽可能地延长伤病员的生命。他曾经从敌军炮火下背回五名伤员，也曾在硝烟弥漫的野战救护所，用小刀从伤员大腿取出弹片。坚守四行仓库时，他背着药箱，从租界涉水过河，回到士兵的战斗行列。所有这一切，都是履行医生的神圣职责，都是为了保护士兵生命。而现在，为了实现比生命更崇高的目的，他在指导着孤军士兵拿起生命这个最后的武器，向黑暗势力宣战。

汤聘莘过去是个好军医，现在又是绝食斗争的出色指挥员。用生命这个特殊的武器去打仗，他比别人内行。他懂得如何非常节约地使用这个武器，他知道怎样发掘人体的潜能，尽量延长斗争的时间，直至取得胜利。他告诫进行绝食斗争的士兵们多饮水，注意补充盐分，情绪不要过分激动，白天要静坐少动，防止暴晒，减少出汗，夜间要睡眠充足。

这位军医有丰富的生理知识，同时有清醒的政治头脑。他知道如何指导孤军士兵们用生命作抵押，挽回中国人的尊严。

在汤医官的主持下，孤军营为在护旗斗争中殉难的四位烈士举行了葬礼。烈士的遗体安葬在营区的小花园内，从右到左次序排列的是吴祖德、尤长青、刘尚才和王文义。四座新崛起的坟包，列成横阵，肩并肩，膀依膀，仍是壮士护旗时的阵势。每座坟包前都竖着一根竹竿，高高悬挂着烈士牺牲时的血衣，远远看去就像一面面战斗的旗帜。

参加绝食斗争的孤军士兵，围坐在烈士的坟前，他们中的不少人曾在护旗斗争中负伤，身上缠着纱布。此刻，他们忍受着伤痛，又投入新的战斗。

工部局每天派人送来饭食，但送进来多少，挑出去多少。专为孤军官兵采办伙食的王麻子老师傅，以前每天都笑嘻嘻地为孤军挑回满满一担经他采买的粮食菜蔬，现在他闲下来了。看着孤军兄弟们一天天地虚弱下去、消瘦下去，他心里难受，流着泪劝士兵们：

"好兄弟，换个法子跟洋人斗行不行？吃点东西，身体要紧。"

孤军营的斗争牵动了上海租界的百万民众的心。通往孤军营的胶州路、余姚路、昌平路，每天人流滚滚，途为之塞。孤军营四周，人山人海，水泄不通。

远望着营内崛起的四座坟包和高高悬挂着的血衣，市民们无不摘帽垂首，静默致哀。看着几百名孤军士兵为伸张正义，在忍饥受饿，不惜摧残自己，人们心急如焚，热泪横流，振臂高呼：

"救救孤军！"

"救救壮士！"

"找洋鬼子算账！"

绝食斗争在继续。孤军士兵渐渐体力不支，加上天气酷热。从第四天起，不断有人虚脱、晕倒，在汤聘莘的严正交涉下，工部局被迫同意将出现险情的士兵送往医院抢救。上海红十字医院的救护车一趟一趟，进出孤军营。

载着孤军士兵的救护车在上海街头急驰而过，揪心的开道笛声响彻上海街头，上海市民们再也按捺不住，爱国爱军的激情火山一样迸发。为救援孤军官兵，全市开始罢工罢市，工厂停产，洋行关门，店铺罢卖，汽车停驶，洋人聚居的静安寺一带，连水电都停了。

繁华的上海瘫痪了，热闹的十里洋场沉寂了，这是自 1925 年五卅运动以来，上海市民针对租界洋人采取的又一次大规模行动。

连日来，上海市民、工人、商界、大中学校师生，还有难民，纷纷走上街头，游行集会，谴责租界当局迫害中国官兵的无耻行径，声援八百壮士的正义斗争。上海市民协会发起了声援孤军签名运动，一封有 4000 名群众签名的抗议信，赫然张贴在工部局的门前。孤军营四周许多群众将药品、白糖、食盐、遮阳伞等物品，从铁丝网外投入营内。

来自全国各地抗议租界、声援孤军的文电雪片一般飞来，八百壮士作为不畏强暴、救亡图存的精神偶像，再一次震撼了全国人民的心。

上海租界原本是西方列强在中国土地上搭起的一座乐园，租界是汪洋大海般的华人社会载托着的一叶小舟，面对广大民众风起云涌的抗暴浪潮，租界当局惶惶不可终日，大有被席卷以去之势。

空前规模的罢工罢市，沉重地打击着租界洋人的利益。洋泾浜一带外国人办的大片纱厂和机器制造厂全部停工，黑乎乎的烟囱像根熄了火的雪茄呆呆地立着。上海港的外国货轮，既装不了船，又卸不了货，动弹不得，全趴了窝。洋人聚居的几个街区，断水、断电，没人送信，没人掏垃圾，没人拉黄包车。租界的洋衙门、往日里最神气的工部局，更是成了众矢之的，门外每天围着一大群一大群愤怒的中国人。

当孤军官兵发掘着体内的一切能量，继续坚持着绝食斗争时，本质虚弱的洋人已经耗尽自己的政治耐力，终于屈服了。工部局致信公共租界纳税华人会，转弯抹角地表示认输：洋人同意归还中国国旗；将隔离的军官立即送回孤军营；对护旗事件中死难的四名中国士兵表示遗憾，每人抚恤1000元。

信中，洋人还假惺惺地说什么，因工部局许多董事在外地消夏，致使发生这次不愉快事件，希望恢复与孤军的和谐关系。

在八百壮士和广大民众的坚决斗争下，在上海租界神气了100年的洋人，终于低下那高傲的头颅。

第九章
超载的土地

囚禁中国孤军的罗网终于被撕开一个缺口。

八百壮士的绝食斗争，显示了中国抗日军人为国格人格奋斗到底、矢志不渝的坚强信念，中国民众对八百壮士的巨大声援，给为非作歹的洋人当头棒喝……

囚禁中国孤军的罗网终于被撕开一个缺口。

八百壮士的绝食斗争，显示了中国抗日军人为国格人格奋斗到底、矢志不渝的坚强信念，中国民众对八百壮士的巨大声援，给为非作歹的洋人当头棒喝。绝食斗争结束后，租界当局被迫作出种种让步，以改善中国孤军待遇，其中之一，是开放孤军营，允许上海市民前来探望、慰问和联谊。孤军营那扇锈迹斑斑、一直紧闭着的铁门终于被冲开。

这扇一头连着英勇无畏的抗日壮士，一头连着仰慕英雄的爱国民众的大门，关闭得太久了，因而一旦开启，感情的洪波，便呼啸而出，不可抑制。

开放孤军营的第一天，天刚蒙蒙亮，门外就排起长队。市民们从四面八方匆匆赶到，有的扶着老人，有的背着孩子，不少人腋下还夹着小布包。看望抗日勇士，他们总不能空手而来。那些操持家务、有感于租界里物资匮乏米珠柴桂的家庭主妇们，带来许多吃的、用的，如饼干、糖果、毛巾、肥皂，应有尽有；男子汉们，即使自己不抽烟，今天也要破例地带来一盒，好给壮士敬烟；女学生们的花样就多了，有的捎上自己缝制的鞋垫、手帕，有的怀揣小笔记本，准备请壮士签名；就连一些儿童，也不是空手而来，他们用自己积攒的零钱，买来几个信封、一沓信纸、一支牙刷或者一盒火柴。胶州路小学十几个孩子还

儿童将零用钱也捐赠抗日。

凑钱买来一架望远镜，没进营门，就嚷着要见"敬爱的谢团长"，要亲手把望远镜送给他。

人们穿戴得齐齐整整，携带着精心准备好的礼物，翘首以待，好像是等着会见多年不见的好朋友，拜访盼望已久的老亲戚。不多一会儿工夫，门外已是人山人海，熙熙攘攘。如此踊跃热闹的景象，在战时的公共租界里，唯有当米店挂出"今日售米"的牌子时，才能在店铺门前见到。

8时光景，"吱呀"一声，商团兵丁打开铁门。急不可耐的队伍向前涌动。

按照预先约定，入营参观的民众，每批25人。在门口，由商团哨兵清点人数后，交给孤军营值星军官引导入营。每批参观一个小时。完毕，仍由军官带至大门，商团哨兵核点人数无误，方可离营。接着放行下一批。

第一批获准入营参观的25人，是今日里最幸运的人们。他们顺利通过商团哨兵的检查后，在孤军营值星连长上官志标的带领下，兴高采烈，鱼贯而入。他们是进入孤军营的第一批贵客。

被封闭长达十个月的营地，第一次响起了来访者的脚步声。与世隔绝三百余天的中国孤军，第一次接待了自己的骨肉同胞。往日里沉默着的禁地，猛然变得热闹非凡，原先空落落的营区，一时显得拥挤起来。

踏入营门，首先横在人们面前的是铁门内侧的四座坟墓！在护旗斗争中牺牲的尤长青等四位烈士被安葬在这里。坟包坐北朝南，一字儿排开，就像一列士兵在恭候自己的亲人。

看到这片坟地，人们的心情一下变得无比沉重，泪珠儿不由自主地模糊了视线。人们默默地走到烈士的坟前，低头致哀，有的跪倒在地。

坟前高挂的血衣血迹未干，与敌搏斗的场面犹在眼前。烈士尸骨未寒，高高崛起的坟包，就像盖上的一床锦被。

坟头的石碑刻下烈士的英名，孤军营里的一草一木铭记着烈士业绩。他们曾在这里战斗，又在这里长眠，至死都不离开光荣的集体，都不退出战斗的行列。

站在烈士坟前，人们肃然起敬。可不能让我们的兄弟挨饿受冻！有人在坟头供上饼干、糖果，有人给烈士斟上白酒，有人掬一捧黄土，培上坟包。

离开烈士坟地，在上官志标连长引导下，市民们按规定路线在营内参观。

营内的道路垫着细沙，砌着路牙，路旁点缀着各色花草。士兵宿舍宽敞豁亮，窗明几净，被子叠得豆腐块似的，牙膏牙刷、毛巾肥皂一溜摆放得整整齐齐，像弹了墨线似的。能容四五百人的大礼堂，布置得气派森严，大门口那副"军令如山，军规似铁"的对联，白底红字，格外令人振奋。伙房收拾得干干净净，有条有理，锅碗瓢盆刷洗得溜光锃亮。有人特地去看了看浴室和厕所，也是出人意外的干净整洁。

尤其是看到营内还有小花园和鱼塘，人们更是惊叹不已。

濒危的上海，人心惶惶，朝不保夕，连豫园、静安公园、胶州公园等风景名胜都无人光顾，关门大吉，而八百壮士却在铁丝网内营造起自己的花园和鱼塘。山崩于眼前，脸不改色；地裂于脚下，心不惊慌。这得有多大的信心和勇气啊！

操场那边喊杀之声一浪高于一浪，撩动人心。市民们按捺不住急迫的心情，加紧脚步，来到操场，要会一会那思念已久的抗日勇士。

操练正进行得热火朝天。官兵们以班排为单位，各自完成自己的课目，有的练队列，有的学拳术，有的在擒拿格斗。整个操场，这里一队，那里一列，八卦阵似的，龙腾虎跃，杀声震天。

经过近一年闭门练兵，八百壮士的拳脚武艺日臻完善，况且今天又是孤军营的大喜日子，来了这么多的客人，正是壮士们大显身手的时候啊！这种时刻，谁也不能当孬种！进入孤军营以来，吃的是上海百姓募捐的饭，穿的是租界同胞缝制的衣裳，壮士们无以回报，今天只有献上这一身武艺和一颗报国之心了。

市民们来到操场旁边，看见官兵们练得正起劲，便悄不吱声地站在操场外静静观看。士兵们瞅见客人已到，该较劲了！于是，人人精神抖擞，斗志倍增。

练队列的，队伍排得整齐、笔直，摆手踢腿倍儿有劲，站如松，行如风，一招一式，一举一动，没半点破绽。

练国术的士兵每人手里操根棍棒，使出六六三十六套招数，"黑虎掏心""金猴摘珠""玉龙贯顶"等，出神入化，眼花缭乱。

徒手格斗的，更是身怀绝技，各出高招。你使你的罗汉拳，我出我的鸳鸯腿；你给我来大背胯，我还你个鬼推磨。撕缠擒拿，难分难解。

今天的操练顺理成章地成了汇报表演。操场外的市民大饱眼福。

在赞美中国孤军高昂的士气、精湛的武艺的同时，许多人在悄悄地了结一桩心愿。关于八百壮士的人数，一直是个谜，打仗那阵子更传得神乎其神。有人说，八百个壮士？那是蒙鬼子，四行仓库里起码埋伏一个师。楼底有地道，直通苏州河，人都藏在河底下，要多少上来多少，杀不尽，斩不绝哩！有的说，没那么多，顶多一个连百把人。说八百人那是计谋，诸葛亮用兵，减灶增兵，吓唬敌军嘛。

八百壮士究竟有多少人马？

这个谜今天要搞清楚。许多市民一边津津有味地观看军事表演，一边挨着人头把八百壮士数了一遍。操场上操练的官兵，连同在伙房做饭的炊事兵，军官 18 人、士兵 346 人，再加上埋在营门口的四位烈士，进入孤军营的一共是 368 人。市民当中，不少人在几个月前，曾经到市红十字医院慰问住院疗养的杨瑞符营长、石美豪连长等负伤官兵。他们已经数过，住院伤员 74 人，还听说守四行仓库及撤退时阵亡 10 人。市民们扳着手指，将几项数字相加，终于将八百壮士的确切人数弄个水落石出。拨开谜团，人们大发感慨：

"八百壮士原来才 452 人哪，一个顶俩哩！"

"别看人少，十万鬼子兵也奈何不了他们呢！"

"回到前线，每人带一个团，保证呱呱叫。"

"他们是战火炼出的真金，国家的栋梁，可不能再损耗了。"

……

一声哨响，操练结束。

收操后，是十分钟自由活动时间。官兵们像放飞的鸽子，"呼"地一下，飞出操场，奔向参观的人群，市民们也张开手臂，急步迎了上去。

两股激流很快汇合在一起，孤军营沉浸在欢乐之中。

年迈的老大爷，把战士一个个拉到身旁，仔细端详，看看他的脸膛，拍拍他的肩膀，理理他的头发，摸摸他的衣衫，好像找到失散已久的儿子，怎么也看不够，满肚子的知心话儿，不知从何说起。慈祥的老大妈们，生怕战士跑了似的，左手拉一个，右手拽一个，把布包儿一抖，饼干、糖果、花生仁，大把大把往战士怀里塞，"侬吃，不吃阿拉大妈不高兴。"那地地道道的上海话比蜜糖还甜。男子汉们，拿着烟卷，见人就发，"弟兄们辛苦了，点根烟！"女学生们，一手把鞋垫、毛巾递上去，一手掏出笔记本，请壮士签名留言。胶州路小学的孩子们举着那只望远镜，满场寻找"敬爱的谢团长"。在一位排长的帮助下，学生们好不容易从人堆里找到谢晋元，孩子们一拥而上，先是毕恭毕敬地给谢团长鞠了躬，然后亲手将望远镜挂到谢团长脖子上。

参观的人群中有一位是报社的摄影师，他到处拍照，可忙坏了，乐坏了。这时他挤了过来，要给团长拍照。谢晋元满口应允。热心的摄影师选背景、找角度，帮谢团长拉好架势。只见谢晋元头戴军帽、手持望远镜，神情严峻，昂首挺胸，犀利的目光箭一样射向天际，侧射的阳光把他那瘦削的脸庞勾画得有棱有角，雕塑一样。

好镜头！围观的人们点头称赞。

"咔嚓"，摄影师眼明手疾，以仰角度，背景挂上商团哨楼一角，拍下这张照片。

拍完单人照片，谢晋元请摄影师再拍一张他和孩子们的合影照。孩子们一听高兴得跳了起来，紧紧簇拥到团长身边。谢晋元伸开双臂，抱起最小的两个小学生。孩子也乖巧，顺势将圆圆的小脸蛋偎依在团长的胸前，咧着嘴悄悄地笑。谢团长脸上堆满了笑容，目光变得湿润而柔和。

"咔嚓"，又是一张好照片。

到处都是激情洋溢、水乳交融的感人场面，到处都有如诗如画、生动传神的精彩镜头。孤军官兵与上海百姓虽同在一座城市，患难与共，近在咫尺，但是却长久地彼此隔离。四行仓库作战时，因为日军炮火阻隔，市民们想给孤军传话，只能通过喇叭筒，要给壮士送食物也得用绳子往里拉。在孤军营，又因那道可恶的铁丝网，只能隔网相望，挥手致意，彼此打哑语。现在，终于冲破藩篱，实现多日的夙愿。军民们握手、拥抱、促膝交谈，把知心话儿和盘托出，让胸中激情无遮无拦四处宣泄。孤军营内人头攒动，欢声不断，感情溪流激起一个又一个旋涡⋯⋯

"当当当"，一直在冷眼注视着孤军营内狂欢景象的白俄团丁敲响了锣声，参观结束的时间到了。

在孤军官兵的目送下，市民们依依不舍地挥手告别。

返身回到铁门前，迎接市民的是白俄团丁冷冰冰的面孔，市民们刚才那喜悦的心情顷刻被阴影笼罩，一下又跌回冷酷的现实中：此地是洋人把持的租界！

商团士兵咋咋呼呼清点了市民人数后，生硬地做了个手势，准许第一批参观者离营。

接着，开放第二批 25 人入营参观。

……

开放孤军营的第一天，共放行八批 205 名参观者。超出的五人都是婴儿，由母亲怀抱而入。天黑以后，仍有几百名市民因未能入营参观，久久不肯离去。

此后，要求入营参观的人越来越多，有个人，更多的是学校、工厂等团体，孤军营门前人流如织，拥挤不堪。为了满足民众的愿望，其实也是出于中国孤军的心意，八百壮士渴望接触到更多的上海同胞，谢晋元要求工部局放宽限制。经过护旗斗争的打击后，洋人态度软化，不敢过于为难孤军，同意将每天参观时间增加两小时，每批参观人数增至 50 人。

即使如此，仍难以一一满足民众的迫切心愿。面对人口稠密的大上海，就是敞开大门，小小的孤军营一时也难以容纳潮水般涌来的参观民众。百万上海市民将期待的目光一齐投向孤军营，把满腔热情倾注于孤军官兵。

然而，这里只有 15 亩土地啊！

笼罩着沮丧和失望情绪的上海租界，找不到第二个可以锚泊心灵之舟的港湾，租界民众别无选择。

淞沪会战结束后，日军为集中力量对华作战，避免与西方列强发生冲突，不敢贸然向租界下手。在漫天的战火中，上海租界得以苟且偷安。工部局的总董们依然操纵着租界里的生杀大权，洋行大班们依然做着黄金梦，租界的大小衙门照常办公，英、美、法国旗仍在各自的领地飘扬。租界里好像一切照旧。但是实际上，日本人已经扼住了租界的脖子，在慢慢地窒息它！

三个月的淞沪作战，给上海经济以巨大摧残。上海重工业集中的沪东、虹口、杨树浦、闸北和南市，正好是中日两军激战的战场，早已被炮火夷为平地。

机器制造业历来是上海经济支柱之一，在战火中损失惨重，设在南市、闸北的数百家大型机器厂悉成瓦砾。沪东一带沿江而设、绵延十几里的公茂、大中华、鸿昌、鸿翔等造船厂船坞被炸，厂房被毁，称雄远东的上海造船业付之流水。

纺织工业遭受空前浩劫。被毁的华商纱厂，共计损失纱锭 15 万枚、线锭 2 万枚、织布机约 500 台。申新总公司所属九家纺织厂，无一幸免地受到毁灭性打击，财产损失亿元以上，由著名民族资本家荣氏家族几代人经营起来的这座大型企业，几乎只剩一个空壳。

上海航运业遭受灭顶之灾。作战中负责向前线运输军需物品和向后方转移物资的三北、民生、大达、大通等轮船公司，成了日军打击的重点对象，被炸毁、掳劫的船舶 200 余艘，共 30 万吨。为防止敌舰入侵，政府不惜沉船塞港，将大量船只石块一样沉没江中，此项又损失轮船及趸船 87 艘、11 万吨。幸存的 10 万余吨各类船只已随军队的撤退，沿长江落荒而逃。昔日繁忙的上海港，成了空荡荡的死港。

此外，上海的烟草业、面粉业、造纸业等等，家家受损，百业萧条。

即使在战火中有一些大中型企业幸免于难，也已奉政府之令，撤离上海，迁往内地。上海城头，在百万大撤兵的同时，组织了空前规模的经济大撤退。从上海通向内地的水陆通道，挤满了装载着机器设备和工业原料的车船。那些设在租界以外、没有来得及撤退的工业设施，则被日军接管，或被日军派出的"清扫队"抢掠一空。

租界内也不是安全岛。由于日军封锁，原料、能源供应困难，加上租界实际控制范围的缩小，工业生产照样受到沉重打击。据上海公共租界工部局的统计，界内共有 905 家工厂被迫停工。产业工人人数从战前的 30 万人降至 2.7 万余人。

曾经是世界繁华都市的大上海，在战争掠夺下，破败衰竭。一个庞大的工业基地就这样被摧毁、碾平了。

与军事大撤退、工业大迁移恰好相反，战争使上海租界的人口急剧膨胀，短短几个月时间，约有 300 万难民涌入上海租界，租界总人口从原来的 150 万猛增到 450 万。战乱的那些日子里，联结上海与内地的水陆交通线上，一方面是仓皇撤退军队和紧急拆迁工业的洪流，同时又拥挤着成千上万的难民，他们正在想方设法涌入上海，躲进租界。这同样是一股不可抑制的洪流。

上海租界百年历史上，附近地区每发生一次战乱，必然导致难民涌入租界避难的狂涛。

在形成租界的初期，这里曾实行华洋分居，界内禁止中国商民居住。到

"孤岛"中餐风宿雨的无数难民

1853年清军与小刀会义军在上海地区交战，上海近郊的中国居民，为躲避战祸，纷纷逃入租界，华洋分居的局面于是被打破，界内的人口从初期的数千人，一下膨胀到15万人。甲午战争期间，租界人口又翻了一番，达到30万人。1900年，八国联军侵略中国，波及上海，租界人口猛升到50万。到20世纪20年代，江浙地区军阀连年混战，租界内人口不断增长，达到110万人。至此，上海庞大的人口规模，在远东地区的大都会中，无出其右者。

上海租界是一只大气球，是战争的打气筒将它"吱吱"地胀大的。但是，租界历史上哪一次人口膨胀，也没有这一次凶猛而惊人，完全失去了控制。

租界严重超载。

数以百万计的难民汹涌而至，给城市带来沉重负担，造成灾难性后果。住房拥挤、食品短缺、燃料紧张，就业困难，四百多万只大嘴一张，光喝水，也能把黄浦江汲去一半。租界人满为患，马路上、弄堂里，蚂蚁似的挤满了成千上万无家可归的难民。战争残酷地摧毁着城市，身无分文、手无寸铁、完全丧失防卫能力的难民们首当其冲。那天，上海"大世界"掉下的一颗炸弹，当场炸死八百多人，其中绝大多数是衣衫褴褛的难民；先施百货公司门前，洋人施暴，倒于血泊的数百人中，也大多是可怜的难民兄弟。

租界难民的种种惨状，当年报章曾留下无数血泪的记录：

白渡桥上的人，拥挤得如钱塘江的怒潮，奔涌澎湃地在寻求出路。那时，地上婴儿哭声，行走迟缓的老弱男女，被压在地上的呼救声，呼儿唤女的悲啼音——这一切的声音，震天动地，惨澈心脾。又因人心慌乱，亟望逃出战区，所以人如蜂拥，……难民们为了要逃生，衣箱也抛了，被褥也丢了，满路尽是遗弃物，把宽阔的马路，弄得狭窄难走了。

（《上海一日》华美出版公司 1939 年出版）

从战争的恐怖中救到公共租界和法租界的难民，处在饥饿、寒冷、疾病的死亡线的威胁之下。

你无论走到什么地方，随处都可以碰见这些战争的牺牲者，男人、妇女、儿童聚集停车处或商店的前面，……有些人坐在行人道上的边上，蜷曲着，身上背着一个蓝布包，或者一卷席——这就是他们所有的一切。

据说，因痢疾和饥饿而死的，每天有二百多人。

（《沦亡区域同胞的惨状》第一辑　上海抗战编辑社 1938 年出版）

老北门附近的民国路上，拥满了二万多难民，扶老携幼，站立在街头，几乎连坐的地方都没有，他们在这儿站立了已将近两天两夜的时间，吃喝的问题自然是不能解决。

人群中还夹满了搬运家具的卡车、小板车、人力车，一辆连着一辆，有许多押车的人都疲倦地倒在上面。连卡车的底也坐满了人。

（《救亡日报》1937 年 11 月 13 日）

发面包的人来了，是国际救济会发的，大一担，小一担，据说每人每餐两只，每天非发 20 万只不可。

……

坐在另一角落里的一个妇人，嘶着嗓子嚷："先生，给我一个馒头！"发馒头的人将馒头从篓子里面拿出来了，她却无法走上前去拿，只在地下蹭了两下。

是患了软脚病吗？不，我仔细地一看她的裤子被血染红了，一个紫红色皮肤的死婴儿，躺在她的身边。

（《救亡日报》1937年11月20日）

沪南市难民区，收容难民三万余，及贫苦居民十万余。自敌军开入南市后，百般破坏，办事人员横遭殴打拘捕，并押去壮丁五千，为敌军服苦役。敌军又在难民处设警戒区，将难民区三面包围，致区内难民，益为惶恐，前途殊为可虑。又，敌警戒区内，现尚有死尸五百余具，未经收殓。

（《沦亡区域同胞的惨状》第一辑　上海抗战编辑社1938年出版）

战争一面举起斧头，伐倒上海经济的大树，降低城市承载人口的能力，同时又挥舞大棒，将大批难民驱赶入城。租界内人口爆满，物资奇缺。大街小巷、弄堂窝棚、楼门口、屋檐下，到处挤满无家可归、嗷嗷待哺的人群。别说找住、

伪"南京维新政府"成员

找穿、找饭碗，连新鲜空气都不够，数百万难民像"炸塘"的鱼儿，翻白眼、漂白肚，奄奄一息。

租界外的日本人正在狞笑。

日军一边封锁租界，收缩罗网；一边把手伸进租界，浑水摸鱼。

汉奸苏锡文在日本人授意下，于1937年12月5日，在租界外的浦东呼啦啦扯出一面杏黄旗，成立了伪字号的"上海大道市政府"。这个专走邪门歪道的伪政府挂旗后干的第一件事，是开烟馆，办妓院，征收烟花税，搞得乌烟瘴气，臭不可闻。

12月下旬，日本侵略者在租界内物色一批认贼作父的"绅商闻人"，以"救济难民、恢复生产"为幌子，成立了"上海市民协会"。明眼人一眼看出，日本人的下一个步骤是要在租界内扶植一个伪政权。伪市民协会这个试探气球一放出，就成了众矢之的。12月30日，参加"市民协会"的南市水电公司总经理陆伯鸿，由住所外出，在汽车旁被人开枪射杀。这是上海租界内第一个暴尸街头的汉奸。不久，"市民协会"里的另一个汉奸、"粮食大王"顾馨一的住宅又挨了一颗手榴弹，吓得这条"米虫子"几天不敢回家。

抗日战争时期是一个英雄辈出的时代，曾造就千千万万民族英雄和爱国志士，同时，那也是一个出汉奸的年头。日本人在军事上得势后，要在中国寻找几个汉奸卖国贼并不困难，甘愿认贼作父，投靠日军的大有人在。1937年12月14日，即是南京陷落的第二天，以王克敏为"主席"的"中华民国临时政府"便在北平粉墨登台。到1938年3月18日，汉奸梁鸿志，又在南京挂出一块"中华民国维新政府"的招牌。这样，在以蒋介石为领袖的民国政府撤到重庆后，中国一下又冒出两个伪字号的"民国政府"。王克敏、梁鸿志当年同是以日本为靠山的北洋政府的旧官僚，现在一同投靠日军，还争风吃醋，竞相邀宠。两个卖国贼一南一北，各霸一方，打的都是"民国政府"的招牌，举的同是北洋政府的五色旗。

在梁鸿志面前，苏锡文自然是小巫见大巫。南京"维新政府"成立后，上海归其管辖，小汉奸苏锡文知趣地赶紧收起杏黄旗，改挂五色旗。妖里妖气的"大道市政府"，改名为不伦不类的"上海市政督办"。

日本人并不满足于在上海租界外围扶植傀儡政权，对租界内渗透和控制，

在日军扶持下于北平成立的"中华民国临时政府"的成员

他们表现得越来越露骨和迫不及待。陆伯鸿被击毙,"上海市民协会"当头挨了一棒,蒙了一阵子。到 1938 年年初,日本人轻而易举地抬出上海工商界败类姚慕莲、尤菊荪、周文瑞和尚慕姜等,由他们分任大小头目,将"上海市民协会"的招牌堂而皇之地挂在外滩正金银行楼前。正金银行是日本人办的大洋行,"上海市民协会"的后台老板于是亮相。日本侵略者认为,他们在租界内想做的事情,已经不需要遮遮掩掩了。

为摧毁中国人的抵抗,日本侵略者不择手段,什么白道、黑道、黄道样样都使。日军豢养的汉奸走狗们也形形色色,应有尽有。有摇尾乞怜、紧随主子的哈巴狗,有狗仗人势、凶相毕露的看门狗,更有那种平时不露声色、专从背后咬人的恶狗。

流氓汉奸常玉清就是一条不叫的恶狗。

早在 1932 年"一·二八"淞沪抗战时,他就投入日本人的怀抱,在闸北成立汉奸组织"地方维持会"。但好景不长,"维持会"没能维持几天,淞沪停战,日本撤兵,他只好销声匿迹,逃往大连。五年之后的今天,他尾随日军卷土重来,变得更加歹毒和阴险。

常玉清对上海黑社会熟门熟道,他纠集了一批流氓打手、地痞无赖,于1938 年 2 月 3 日,在虹口新亚酒店组织"黄道会"。新亚酒店是日军特务的巢穴，臭名昭著的日本特务组织"兴亚会"就设在这里。"黄道会"接受"兴亚会"的领导，并以日本浪人小村为顾问，其任务是在租界内搞绑架、暗杀，制造恐怖气氛，镇压抗日活动。

租界自此不得安宁。

"黄道会"成立后的第三天，1938年2月6日，租界薛华立路巡捕房门前的电线杆上，赫然高挂着一颗血淋淋的人头，并贴有布条，上面恶狠狠地写着"抗日分子结果"字样。被害者是进步报纸《社会日报》负责人。

租界警务处在侦查此案时，接到匿名信，内附被砍下的大拇指，警告他们不要多事。

之后，又接连发生三起"人头案"。挂洋人旗号的《文汇报》《华美晚报》也分别遭到投弹袭击。5月13日，仅南京路上就发生了五起炸弹爆炸案，炸死炸伤无辜平民多人。同日晚间，四川路又有人向行人投掷手榴弹。

一时间，租界地面弹片横飞，凶案迭出，风声鹤唳，谣传纷起，草木皆兵，人人自危。

人口激增，生计艰难，外人压迫，汉奸横行，拥挤在苏州河以南、黄浦江以北这狭窄孤岛里的数百万中国民众，处于水深火热之中。

孤军营成了上海唯一一块充满着抗日精神、没有沦陷的土地。

中国人在此可以挺直自己的脊梁，自由地呼吸，大声地说话。

在这里，没有惊慌，没有沮丧，没有颓废，对战争的前景、国家前途，充满着必胜的信念。

这里也是租界内唯一的安全地带。什么汉奸、特务、走狗、密探，都不得不缩回黑手，望而却步，躲得远远的。

参观孤军营，于是成了上海民众的一种时尚，一种潮流，一种精神寄托。每天进出于孤军营的民众熙熙攘攘，络绎不绝。

第十章
精神大越狱

　　当初，作出向市民开放孤军营让步的时候，工部局的洋大人们，肯定没有意识到将要开启的是一道关闭已久的感情闸门，肯定没有料想到闸门打开以后波涛汹涌、激流飞泻的景象……

当初，作出向市民开放孤军营让步的时候，工部局的洋大人们，肯定没有意识到将要开启的是一道关闭已久的感情闸门，肯定没有料想到闸门打开以后波涛汹涌、激流飞泻的景象。把守铁门的白俄团丁，更不可能想象，在他们那冰冷的刺刀尖下，奔涌的却是火一样的热流。就连孤军营内的壮士们，也不一定对这突如其来的滚滚浪涛，做好了充分的准备。

工部局官员以惊慌的神情关注着孤军营内的动静。

白俄团丁以仇恨的目光盯视着出入营门的市民。

八百壮士张开双臂拥抱着来自四面八方的骨肉同胞。

上海滩上一个最为冷落的旮旯，突然变成最热闹的去处，孤军营从极度封闭，走向彻底开放，成为租界政治焦点、信息中心、精神高地。人们在这里融汇感情，交换信息，评论时局，进行各种思想文化交流活动。孤军营里人声鼎沸，战歌飞扬。

谢晋元团长作为八百壮士中的第一壮士，备受市民们崇敬。人们以能同他握手、得到他的签名为荣耀。他那被枪杆磨出老茧的双手，给人们传递的是信心和力量。他那龙飞凤舞、遒劲有力的题字签名，凸显着抗日军人不屈的魂魄。人们更愿意接受他的训词。领兵打仗的戎马生涯，使谢晋元练就出色的讲演才能，更主要的是，他与上海各界民众同在一块土地上生活，同在一条堑壕里战斗，患难与共，息息相通。因此他对市民的训词就像对士兵的作战动员一样充满了激情和鼓动性。

他向入营参观的工人兄弟们发出呼吁，尽快开动机器，恢复生产，生产面包，生产布匹，生产药品，让市民们少挨饿，少受冻，少生病；同时大量生产军需物品，支援前线。

他揭露日本侵略者和汉奸卖国贼对租界渗透、控制的种种阴谋，号召市民们奋起抵制，捣毁敌伪组织，打击流氓特务，惩办汉奸，斩断黑手。

对租界的难民同胞，谢晋元倾注了无比深情，鼓励他们组织起来，寻找就业门路，进行生产自救和生产互助，同时，在难民救济团体的帮助下，逐步向内地疏散。

谢晋元对青年学生寄予巨大希望，他勉励青年们应本着国民立场，不辱人格，以个人有限之生命，贡献给国家。他告诫学生们抗日救亡，争的是国家之利益，民族之自由，个人利益和自由皆属附从，要摒弃苟且偷生的恶习和空谈理论不求实际的毛病，坚决投入斗争。他教育青年，我国五千年光荣的文明历史，早已有高深理论，故建国立国之关键，在于全国上下同心奋斗，尤其需要青年去身体力行。生死存亡，在于自我，能奋斗，能牺牲，能则生存，舍此则亡！谢团长的训话既有军人的胆气，又有兄长的殷切，深深地打动了一颗颗年轻的心。不少学生听了他的训词，主动走出了课堂，投向火热的斗争，有的背起行装，奔赴抗日前线。

孤军营成了宣传抗日的大讲台。除了谢团长的精彩讲演外，连排军官们也纷纷登台亮相，各有千秋。

机枪连连长雷雄身材高大，膀阔腰圆，他往台子上一站，双手叉腰，俨然是位将军的派头，但他三句话不离他的机关枪："……对付日本鬼子，我们十八般兵器，样样都得用上，样样都得利害。机关枪，日本鬼子最怕这个，我们就尽量使给他看。打八字桥，攻虹口日军司令部，还有后来守四行仓库，我们的机关枪呀，'嘟嘟嘟'的，枪管都打红了，撒上泡尿，接着打。真不含糊……"雷雄文化不多，话糙，但有劲儿，听了过瘾。抗日战争那个岁月里，人们崇尚武功，对武器也看得很神秘。一条机关枪就不得了啦，又知道雷雄是位浑身是胆的机枪连长，本人也是神枪手，看他那顶天立地的块头，听他那绘声绘色的讲演，人人手里痒痒的，恨不得也抱上一挺机关枪，去跟鬼子拼。

一连连长上官志标，有文化，关心时事，经常看书看报，人机灵，伶牙俐齿，又当过孙师长的勤务兵，见的世面也多，应付这种场面，更显得心应手。登上讲台，他总是胸有成竹，不慌不忙，他把从报上看到的一些新闻，加上个人的见解，一起糅进那浓郁的闽南乡音，"实行民族总动员"啦，"焦土抗战"啦，"以空间换取时间"啦，这些词儿从他口里蹦出来，听来新鲜而亲切。每次讲到最后，他都来段提神儿的"兄弟姐妹们，大家都要行动起来，端起我们的枪支，举起我们的斧头，挥动我们的笔杆，向我们民族的敌人斗争，胜利必是我们的！"就像给你斟上一杯他闽南老家出产的香醇米酒，合你心思，对你脾胃，不知不觉就下了肚。

邓英和唐棣两位连长，也都有独到之处。邓英参加过两次淞沪作战，身上还有六年前"一·二八"淞沪作战时留下的弹片。他和上海缘分深，感情厚，自称是"半拉个上海人"，他一讲演就从六年前讲起，讲到哪年哪月哪日哪时，在哪条小巷哪座桥头哪个弄堂，如何如何同鬼子死斗硬拼，时间、地点、人物、经过，清清楚楚，头头是道，情是情，景是景，还适时"阿拉""侬"地插句上海话，让民众们听着心里舒服极了。

唐棣连长别看平时少言寡语，刚毅木讷，但上了台子讲他们湖北佬打鬼子的事，却也慷慨激昂。现在幸存下来，生活在孤军营里的四行壮士，有三分之一是湖北保安团的兄弟，是在仗打得最艰苦的时候，由他和石美豪连长领着从湖北赶到上海，投入四行仓库战斗的，他讲这段光荣历史，谁不服气，谁不佩服？有一回，听他讲演的百姓里，有几个恰是从湖北逃过来的难民，听完后，就把唐棣围住，诉乡情，拉近乎，要唐棣也收下他们，领着他们打鬼子去！

排长、班长、老兵们也都被推上了讲台。他们有战功，有的还挂了彩，打开话匣子，每人身边都能吸引一大群虔诚的崇拜者。一连二排长杨得余，身体魁梧，鼻直口方，仪表堂堂，可惜在四行仓库作战时，打坏了右眼，后来安上假眼。因为右眼受到摧残，他把对鬼子的仇恨、对战斗的渴望全集中到那炯炯有神的左眼。他登台讲述过去怎样打日寇，今后还要怎样揍鬼子，全场的人都能感到他火焰一样烫人的目光。

禀性刚烈、曾当众折断木枪以泄恨的班长朱胜忠，现在拖着一条伤腿站在高高的讲台上，一次又一次地向人们描述本班战士陈树生在四行仓库舍身炸坦克的悲壮故事。每讲一次，他都呜咽抽泣；每听一回，市民们都泪水横流。

还有一位特别受欢迎的人物是伤兵张秋明。张秋明在战斗中右臂负伤，和杨瑞符营长、石美豪连长等在租界红十字医院住了一段时间。出院后，别的伤员都离开上海，他因安了假肢，扛不了枪，上不了前线，便继续留在上海租界。孤军营开放后，他天天跟着参观的人群进入孤军营。在如此特殊的环境以如此特殊的身份会见老战友，彼此有说不出的高兴。在孤军营里他是客人，也是主人；他是平民，更是战士。他利用可以自由出入营门的有利条件，为孤军兄弟们传递信息，捎带物品，帮上了大忙。营里宣传抗日，组织讲演，三下两下，便把他推上了讲台。起初，见他登台，许多群众一愣：他不是和我们一块来参观的吗？怎么把他也推上台？听了他讲出前因后果，来龙去脉，人们更愣住了。

热闹非凡的孤军营舞台

原来他也是八百罗汉里的一罗汉！不用再述说他"从麻袋里投出手榴弹"的英雄壮举，就凭伤愈后仍留在上海，现在又天天回来照料战友这份情义、这份友爱，就让人敬佩得五体投地。

入营参观的人流一批批涌来，又一批批地退去，川流不息，源源不绝，孤军营讲坛无边无际。就像守四行仓库时急需弹药和枪手一样，孤军营眼下需要大批肚子里有些货色、口齿也好使的宣传员。排长陶杏春、江顺治、陈日升、尹求成、伍杰、杨得余，军医官汤聘莘，班长郭少银、曹明忠、李锦堂、石洪模、周政法、余长寿、陈德松，老兵张青轩、万连卿、芦鸿俊、万振英、唐金和、郭兴发、王金钰、周俊明、张应禄、徐志良、焦友山、马海泉，文书章渭源等等官兵，稍加点拨后，也都大大方方地登上讲台，慷慨陈词。

孤军营举行精神升旗仪式。

　　球场也是孤军官兵与市民交流感情、相互激励的好场所。营内的篮球场、排球场、网球场每天都闲不着，不但工厂、学校的业余球队急着来营与孤军球队进行友谊比赛，就连风靡上海滩的"国光""沪光""新光"等专业球队也常常光顾孤军营。

　　孤军营舞台好戏连台，热闹非凡，大礼堂座无虚席，上座率比上海大世界都高。孤军剧团与学生、市民们举行的联欢活动，天天都有新花样。"八·一三"抗战时，曾流行于街头巷尾的抗战剧目，如《再上前线》《放下你的鞭子》《张家店》《烙痕》《卓别林由东京来上海》等，又重现于孤军营舞台。一批新节目不断上演，如活报剧《伤兵医院》《难民生活》，小品《捉汉奸》，京剧《文天祥》等，这些节目或者取材于现实生活，或者借古喻今，手法有庄有谐，亦俗亦雅，但火辣辣的无一不是抗战生活酿成的烈酒，呼隆隆的无一不在喊出全民救亡的声音。

孤军营热闹得不得了，忙活得不得了。有特长的人才全都派上了用场。读过书、喝过墨水的小秀才宝贝似的被集中到大礼堂办快报，出《孤军月刊》；身材高大、胳膊腿灵活的参加了球队；脸蛋儿周正、五音齐全的人被选入孤军剧团；就连在炊事班专管烧火、黑不溜秋的施彪，因为吃了个猪肘子，一时高兴，不觉哼了京剧《铡美案》里的一句"爷打坐在开封府……"让连长听见了，死拉硬拽，把他塞进剧团，叫他专唱京剧中的"黑脸"。

孤军营里的三百多号人，几乎人人都挂上个什么"长"，当上个什么"员"，每人都恨不得掰成几瓣来使。

孤军官兵在与上海民众进行的多姿多彩的精神文化交流中，最激动人心的当数精神升旗仪式。这是八百壮士的一个独创。

护旗事件平息后，工部局虽然迫于形势，将被缴去的中国国旗退还孤军，但是对升旗做了苛刻限制，除在元旦、春节等几个传统节日，可以各悬旗一天外，其余时间一律禁止升旗。

孤军营天天都在奋斗，怎能没有战旗？

谁也不能阻挡中国孤军的心灵渴求，谁也无法障碍八百壮士的精神向往，他们创造了前无先例的独特仪式——精神升旗。

每天清晨日出时刻，他们都要举行这庄严的仪式。同样是在去年"八·一一"升旗时的旗杆下，同样是在礼堂前这块曾洒下烈士鲜血的土地上，谢晋元团长同样站在他的升旗位置上，官兵们同样肃立在旗杆前。

升旗的命令一下达，军号霍然吹响，全体官兵向国旗方向行注目礼；升旗完毕，首长致辞。整个仪式的起始时间、参加人员、项目程序以及现场气氛，都与去年"八·一一"升旗完全一样。就连旗子从旗杆底座升到顶端，历时30秒钟时间，也卡得丝毫不差。

精神升旗仪式庄严肃穆，行礼如仪，什么也不缺，单缺眼前一面猎猎飞扬的旗子。

旗，就在中国孤军心中！

那是一面精神的旌旗。

它无形无色，无影无踪，但是人人都能感到它的存在，参加仪式的官兵全神贯注，目不转睛，分明看见它冉冉上升，直插苍穹。

它不言不语，无声无息，但是官兵们耳畔却是鼓角齐鸣，一片喧腾，他们听到了在无锡誓师出征时的号鼓，听到了四行仓库里的枪声，听到了孤军营"八·一一"护旗斗争中的呐喊。

日落之时，孤军官兵照例举行精神降旗仪式。

这面无形的旗帜，与每天的太阳同起同落，风雨无阻。

来营参观的市民，如果赶上精神升旗或精神降旗仪式，那将是他们终生难忘的时刻。他们也会毕恭毕敬地站在官兵队列的旁边，在那激昂的升、降旗军号声中，许多人也能感到一面大旗从眼前飘过，他们觉得这面无形的旗帜比以往看到的、触摸到的有形的旗帜更加真实，更加光彩照人。

孤军官兵仍然被禁止走出营门。把守大门的白俄团丁严格检查每批出入孤军营的参观者，生怕中国官兵随着人群离开营房。

中国孤军身上的锁链依旧没有打开。

但是，锁链只能锁住肉体，锁不住灵魂。每天都有成百上千的骨肉同胞、兄弟姐妹入营参观探访、联欢交谊，军民之间相互学习，相互激励，水乳交融。在这种空前广泛、亲密无间的思想交流中，孤军官兵的英勇事迹、精神风貌、观念情操，以及对时局的见解，对生活的态度，对战斗的渴望，对敌人的仇恨，等等，都成批成打地装进民众的脑海，原汤原汁地注入百姓的心田。商团兵丁可以扣下市民带来的慰问物品，可以禁止孤军官兵走出营门，但是，他们无法阻止抗战军民的思想交流。

孤军精神就这样从守门白俄团丁的鼻子底下越出了牢笼。

如同江河终归奔向大海，就像火山总要喷薄而出，没有任何力量能够遏止这种空前规模的精神大越狱。

商团兵丁的刺刀不行！

营房四周的铁丝网不行！

工部局的禁令不行！

就连日军的铁壁合围也不行！

这是无可阻挡的历史潮流。

八百壮士深受各界民众的尊敬和爱戴，孤军精神在社会产生广泛的吸引力和震撼力。他们是在中华民族生死存亡的危急关头涌现出来的抵御外侮、救亡图存的英雄典范，其作战地点上海，又是全国经济文化中心、中国与国际舞台的联结点，因而他们的英雄壮举格外引人注目。他们在四行仓库凭借一座危楼，孤军作战，浴血抗争，在中外战史上堪称奇迹。他们在作战中体现的顽强奋战，勇于牺牲，死守不退，誓不投降的精神，与当时抗日战场众多国民党主力部队节节败退、望风而逃形成了鲜明的对照，使全国军心民心为之振奋。在孤军营，他们身入囹圄，四面受困，不彷徨，不颓丧，坚持斗争，不屈不挠，这比奋战沙场、冲锋陷阵，更为难能可贵，感人至深。

中国孤军的另一独特之处，是他们始终与民众保持着血肉联系。守四行仓库，他们是在成千上万中国民众的助威呐喊声中击退敌人的疯狂进攻的；在孤军营，他们是在不计其数平民百姓的支持和鼓舞下，守住最后阵地，保持军人节操的。孤军官兵与上海民众之间，虽然过去横着一条苏州河，现在也隔着一道铁丝网，但在思想感情上，没有任何东西可以将他们分隔。和日本人拼，八百壮士迎枪弹，炸坦克，受烟熏火燎，遭毒气袭击，这情情景景，都发生在千百万百姓的眼前；和租界洋人斗，孤军官兵搞绝食，争人格，尸卧黄沙，血溅战旗，这桩桩件件，都记在上海市民心头。他们与广大民众患难与共，血脉相通。中国民众把他们视为中华好儿男，上海百姓称他们为上海守护神。

艰苦卓绝的抗日战争，必然造就一批又一批与时代相适应的英雄典范，全民抗日救亡运动也迫切需要精神榜样。八百壮士属于时代，属于民族。他们是一支哀兵，也是中华民族的一个缩影。他们四面受敌、背水为阵的险恶处境，显示了抗日战争初期敌我双方力量对比和中华民族面临的危机；他们面对强敌，英勇无畏、果敢作战的英雄壮举，体现了在一场反侵略战争中处于劣势的贫弱之国从危亡中奋起，殊死搏斗的艰苦历程。从他们身上，甚至可以触摸到中华民族近百年来蒙受外族凌辱、屡遭列强掳掠的历史创伤，可以品味出中国人民不甘凌辱、不断抗争，曲折前进的酸甜苦辣。

八百壮士是一部史书，是一面镜子。中国人民从中既能读到民族斗争史，同时也可看到自己的影子，想到自己的命运和责任。共同的斗争、共同的命运、共同的责任，把八百壮士与广大民众紧紧联结在一起。八百壮士英勇斗争的悲壮故事，在民众心中引起巨大的共鸣、成为人们学习的楷模、效仿的榜样。

藏区儿童在高唱抗日歌曲。

抗日英雄身上闪烁的精神光芒是无法禁锢、不可战胜的。孤军营开放参观后，民众争先恐后到此作精神旅行，租界里那些名园胜景也显得门庭冷落。各种文艺团体争相入营与孤军联谊，使得那些歌厅剧院黯然失色。有关孤军营的动态报道，大版大版地刊登在中外文报纸上。孤军营处于舆论的焦点，八百壮士成了上海滩最热门的话题。中国孤军的抗战言论，从这里不胫而走，传向社会，许多宣传抗战的文艺节目，也从这里风靡上海滩。孤军精神像一团火花，在上海夜空闪耀；像一条溪河，在人们心头涌动。

一首蘸着炮火烽烟谱写而成的抗战歌曲《歌八百壮士》，以昂扬激越的旋律，唱红了上海滩。歌中唱道：

中国不会亡，

中国不会亡，

你看那民族英雄谢团长；

中国不会亡，

中国不会亡，

你看那八百壮士孤军奋守东战场。

四方都是炮火，

四方都是豺狼。

宁愿死，不退让，

宁愿死，不投降。

我们的国旗在重围中飘荡，飘荡，飘荡。

八百壮士一条心，

十万强敌不敢挡。

我们的行动伟烈，

我们的气节豪壮。

同胞们，起来!

同胞们，起来!

快快走上战场，

拿八百壮士做榜样，

中国不会亡，

中国不会亡，

中国不会亡，

中国不会亡!

　　这首由上海著名音乐家夏之秋谱曲、桂涛声作词的英雄颂歌，以进行曲的铿锵节拍和暴风骤雨般的激越旋律，唱出了抗日勇士视死如归的战斗精神、不可侵犯的豪壮气节，唱出了民众对民族英雄的景仰和崇敬。这是一首颂扬民族英雄的"英雄交响曲"，也是一首咏叹国家命运的"命运交响曲"。这首歌直把上海人唱得热血沸腾，心潮起伏，把上海滩唱得春雷滚动，雨暴风狂。

　　上海沦陷后，迫于日军的压力，租界当局明令取缔界内抗日活动，许多抗日组织被迫转入地下，八百壮士成了洋人无可奈何的唯一公开打着抗日旗帜的战斗团体，孤军营成为屹立于租界的抗日堡垒和精神支撑点。一些秘密抗日团体的成员经常问计于孤军壮士；许多仁人志士，与孤军官兵广泛接触，探讨抗日救亡真理；国民党留在租界的地下工作人员，也常常随着参观的市民，进出于孤军营，共商抗日行动计划。

　　在租界抗日救亡活动中，八百壮士呼风唤雨，推波助澜。1938 年"九一八"

前夕，谢晋元在上海报纸上发表文章，号召民众勿忘国耻，奋起斗争。租界爱国团体纷纷行动，抗日传单贴满大街小巷，宣传救亡的各种文艺节目重现于上海剧院舞台，甚至有人从外滩汇丰洋行的楼顶赫然垂下巨幅标语，上写着："勿忘国耻，救我中华。"入冬之前，孤军发起了为难民募捐寒衣活动，官兵们勒紧腰带，省吃俭用，捐献了1205元。八百壮士这一举动，在租界引起强烈反响，募捐活动从孤军营迅速扩展到社会，各界人士纷纷向难民伸出援助之手。短短几天，便募集到数千件冬衣和四万多元捐款。

孤军营像一块威力强大的磁石，团结、吸引着各种抗日力量，发挥了精神组织作用。许多大中学校组织了"救亡社""学协会"等秘密团体；一些青年学生在八百壮士的感召下，奔赴抗日前线；工商界爱国人士以孤军为榜样，保持民族气节，对日伪势力坚决采取不合作的态度。难民们再也不是一盘散沙，他们在接受孤军和市民援助的同时，也接受了一个道理："团结起来，中国人自己救自己。"于是成立了许多难民组织，开展生产自救，进行救亡教育，维护治安秩序。广东路、牯岭路的难民收容所还分别抓到两名化装成难民的汉奸特务。

租界里的抗日救亡浪潮日益高涨，曾经十分猖獗的日伪势力感到坐卧不安。针对流氓汉奸的恐怖活动，抗日志士斩黑手，锄奸细，以牙还牙，以血还血。臭不可闻的汉奸组织"上海市民协会"屡屡遭到沉重打击，自从戴伪"帽子"的首任会长陆伯鸿被击毙后，又有顾馨一、尤菊荪两个汉奸头目陈尸闹市，伪市民协会的招牌下，简直成了汉奸们的断头台。曾出任过北洋政府总理，现时不甘寂寞、与日本人勾勾搭搭的无耻政客唐绍仪，在武康路私宅里被人暗杀。打算到南京"维新政府"谋求一官半职的退职军阀唐风岐，刚一开门就被冷枪击毙。而南京伪政府"外交部长"陈箓则在来沪度假时，被自称"壮汉"的神秘人物用卡宾枪打得全身是窟窿。

正义之斧高高举起，大小汉奸无不感到它那直逼脏腑的嗖嗖寒光。

渴望从孤军营得到某种精神启示，探求对战争、对社会新鲜见解的，除了生活在租界狭窄天地里的民众外，也有不少慕名而来的外国友人。对关心着发生在中国的战争的客人来说，到了上海，要是不去参观孤军营，将是一个遗憾。

孤军营也向世界开放着。

一日，一位缅甸籍女社会活动家来访。她是国际反战组织——重整道德运动之一分子。她去日本参观考察，途经上海回国，特地赶来晤见谢晋元。这位身穿筒裙、性格沉稳、富于同情心的女活动家，行色匆匆，为自由与和平奔走于国际舞台。在孤军营里，她和士兵交谈，看孤军刊出的墙报，津津有味地观赏孤军剧团的节目，她认为谢晋元将军和部属对日本侵略者的抵抗，为古老的人道主义大旗增添了新的光彩，对重整道德运动是一个了不起的贡献。

谈及在日本的见闻，她猛烈抨击日本当局以武士道精神毒害国民，把国家拖入战争深渊。她认为，日本国民生活极为艰辛，厌恶战争，反战情绪不断增长。她说，就连在中国阵亡的日本士兵的骨灰，运回本国后，骨灰虽不会说话，但仍在宣传反战。她向谢晋元出示了一封信，是参加重整道德运动的数百名日本人，托她转交中国当局的，日本人在信中承认他们对中国有罪。

这位缅甸客人无拘无束，谈吐自然，她自称祖籍在中国广东，与谢晋元同乡。这使谈话更显亲切。她以重整道德运动的观点阐述对战争与和平的见解，甚至把中国抗战，包括八百壮士的行动都纳入重整道德的轨道。谢晋元听起来颇觉新颖。虽然不敢完全赞同她的说法，但也不住地点头。她表示，她打算把八百壮士作为中国人反对侵略、重建道德秩序的一个例证，在重整道德运动同人中广为传播，以唤起国际同情。谢晋元深表谢意。

在另一个阳光明媚的日子里，谢晋元接待了美国华纳电影公司的两位明星，彼此进行了轻松愉快的交谈。

那天下午4时，客人如约而来。谢团长领着他们边参观边交谈。

男明星黄发碧眼，风度翩翩，他自称祖籍俄罗斯，后来移居美国。为了避免误会，他赶紧声明，他与在营外站岗的白俄团丁不同，他——

谢晋元友善地向他摆摆手，"先生，这些我懂，不用解释。"

站在谢晋元面前的那位美国籍女明星，尤富美感，且态度安闲自然，令人处处产生良好印象。

她名玛丽亚，她很美丽，富于同情心和正义感。

"你们营房很简陋，生活很艰苦，将军！"玛丽亚感慨地说。

"我们正在打仗，正在为生存而战。我们正在争取生存，舒适的生活是战后的事。"谢晋元回答。

"八百壮士很了不起，我想，这应是一部很上座的电影题材。"玛丽亚说。

"好主意。"团长答。

一谈到电影，明星们顿时来了精神，名叫安特斯的那位男明星，兴致勃勃地接过话头，说：

"由我们华纳公司来拍怎么样？就由我本人扮演阁下。"

明星就是明星，说着说着，安特斯就来了个模仿谢晋元手持望远镜，指挥士兵冲锋的动作，笑着问："怎么样？"

谢晋元笑了笑，但又摇摇头。

"不像？我这皮肤、头发、鼻子？"安特斯问。

"不光这些，你还缺乏生活体验。"谢晋元回答。

彼此像是玩笑，也像在谈正事，气氛友好融洽。

玛丽亚拿出香烟，抽出一支递给谢晋元。谢晋元礼貌地婉谢。她便自己点着，深深地吸了一口，吐出一个烟圈，之后，侧过头问：

"听说故事里有位献旗的女士很勇敢，也很美丽。"

"是的。你对她的故事感兴趣？"谢晋元问。

玛丽亚点点头。

"我倒觉得你们可以交交朋友，她是位很了不起的姑娘。"谢晋元说。

"她在哪？"

"她到前线去了。在武汉。"

"真遗憾。"玛丽亚说。

不知不觉中，他们交谈了一个多小时。

5时30分，是孤军营举行精神降旗的时间。两位电影明星兴奋地与孤军官兵一起参加了仪式。

之后，他们大发感慨。热情奔放的安特斯被仪式中的庄严和神秘气氛弄得喘不上气来，显得很激动，他对谢晋元说：

"阁下，我是位虔诚的天主教徒，我对刚才仪式的感受，有点像我们在教堂做礼拜，总之，是一种信仰，非常坚定的信仰。不知我这样说对不对。"

谢晋元笑了笑，"对，但也不全对。他们做礼拜时心中想着上帝，但上帝谁也没见过。而我们精神升旗，我们都曾为旗帜流过血。"

玛丽亚却懊丧地说："我为什么总想象不出一面旗帜从我眼前升起。"

谢晋元告诉她："我们头上有'青天白日'，脚下有烈火鲜血，足以代表'国旗'，'国旗'就在我们心中。假如有一天，你们国家的旗帜不能在你们的国土上空升起时，你会想象到它的。"

玛丽亚若有所悟。

临别的时候，两位外国客人建议和谢晋元合影留念。可是，入营时，他们的照相机被哨兵扣下留在门外。他们善意地邀请谢晋元出门拍照，谢晋元友好地拒绝了他们：

"我是位军人，我喜欢持枪照相，等我们重返战场后，欢迎你们再来。那时，我们一定好好拍照。"

"我们等着这天，祝你好运！"

两位客人依依惜别。

八百壮士英勇抗敌的事迹不仅在上海家喻户晓，而且通过各种媒介传播至全国。当这些发生在长江尽头的悲壮故事，沿着滔滔江水，回溯到武汉，立时激起层层波涛。

被誉为第八百零一名壮士的女童子军杨惠敏，这时来到武汉。

孤军营开放参观后，杨惠敏入营会见了日夜思念的谢晋元团长，也结识了患难与共的孤军兄弟。官兵们待她如亲姐妹，更视她为一名好战士。谢团长认为，武汉正在打仗，前方需要战士，她应该到武汉去。谢晋元提笔给当时的军委会政治部部长陈诚写了一封推荐信，交杨惠敏带去见陈诚。

怀揣着抗战青年一颗火热的心，背负着八百壮士的嘱托，杨惠敏迎着炮声，奔赴抗日斗争中心大武汉。

1938年深秋，是一个战火纷飞的时节，惊心动魄的武汉保卫战，已经进入高潮。

武汉，腰扼长江，钳制京广铁路，为东西南北水陆交通枢纽，自古有"九省通衢"之说，是我国心脏腹地，战略地位极端重要。南京陷落后，国民政府虽然宣布迁都重庆，但许多政府机关及军事统帅部仍设在武汉，这里实际上是当时全国政治、经济和军事中心。因此，中日双方不惜投入重兵角逐。在以武汉为中心，长江为轴线，跨越鄂、豫、皖、赣四省的广大战场，日军投入步兵14个师团、航空兵三个兵团和海军舰艇140余艘，共约35万作战兵力。国民政府更是倾国举兵，背水为阵，共计使用14个集团军，共约100万兵力。武汉会战作战规模，超过抗战以来任何一次会战。

地处中国心脏地带的武汉，业已成为炮声阵阵的抗日前线，仗打到这一步，再无后退之路，中华民族已经到了最危急关头。

武汉会战的炮声向全民族发出最后动员，国共两党合作抗日，共赴国难，全国军民抗战热忱空前高涨。武汉外围绵延数百里防线上，火光冲天，狼烟遍地。国民党主力部队拼尽全力，节节抗战，血流成河。武汉城内，群情激奋，抗日救亡运动如火如荼。《保卫大武汉》的战歌，气壮山河，响彻武汉三镇，响彻中华大地：

> 热血沸腾在鄱阳，
>
> 火花飞迸在长江，
>
> 全国发出了暴烈的吼声，
>
> 保卫大武汉！

杨惠敏风尘仆仆来到武汉，她看到的情景，感受到的气氛，与一年前的上海别无二致。城市外围到处都是工事、堡垒、堑壕；公路上，一队队军车拖着大炮，载着士兵，卷起一路尘土，呼啸而过；长江水面，一艘艘军舰，架着枪炮，拉着汽笛，犁出一道道水花，急驰而去。城内的高楼大厦铺天盖地挂满了抗战标语，各抗日团体组织的游行、集会、演出、募捐等救亡活动，五光十色，热火朝天。街道、广场、公园到处人山人海，武汉三镇数百万市民似都涌上了街头。

为武汉波澜壮阔的抗日浪潮所吸引，从沦陷区上海，从八百壮士身边远道而来的杨惠敏，纵身一跃，汇入这时代的激流。

由于有战火中献旗的壮举，又由于有谢晋元的介绍信，杨惠敏在武汉受到有关当局的重视，陈诚亲自接见，并批示政治部第三厅妥善安排杨惠敏在武汉的宣传活动。以郭沫若为厅长的第三厅专门负责救亡宣传，对杨惠敏这样一位抗日传奇人物，他们当然要搭一个很大的宣传讲台，使武汉的救亡宣传掀起新的波涛。

杨惠敏成了武汉三镇引人注目的新闻人物，她披红戴花，跨马游街；她出席各种集会，发表讲演；她参观阵地，慰问伤兵；她接受记者采访，刊登抗战文章。面对武汉千百万抗战军民，杨惠敏讲述自己给八百壮士献旗的惊险故事，讲述她亲眼看到的八百壮士坚守四行仓库、英勇作战的悲壮场面，讲述中国孤军羁困租界仍奋斗不息，为维护国格人格血染战旗等等斗争情景。

杨惠敏讲得精彩，人们听得动情。讲到惊险处，人们屏息静听；讲到激动处，人们热血沸腾；讲到悲壮处，不少人低头拭泪。

在军营，杨惠敏尤其受人欢迎。官兵们把她请到阵地，请进堑壕，请她讲八百壮士的战斗故事。这些随时准备与敌拼命的抗日军人，怀着对八百壮士的由衷敬佩，个个听得入神。听完还不断询问：八百壮士总共多少人？四行仓库工事怎么筑得那么坚固？他们的武器怎么样？他们写的遗书，见过没见过？八百壮士现在怎么样了？能不能吃饱饭？身体怎么样？他们对武汉会战有何高见？有些官兵请杨惠敏转告八百壮士：我们在武汉一定好好打，决不给中国军人丢脸。还有人笑着对杨惠敏说，如果有那么一天，我们的阵地被包围，我们也会像八百壮士一样打到底，只是不知杨小姐是不是也能突破重围，给我们送来一面战旗。

听了八百壮士的动人事迹，许多人往上海寄信、发电报，向八百壮士表示敬意。听说上海公共租界的洋人欺负中国孤军，武汉市民便涌到汉口英、美领事馆门外，游行示威，递交抗议书，吓得洋人面如土色。

一个英雄辈出的时代，也必然是一个崇拜英雄的时代。在抗日战争的岁月里，当全民一致奋起、投入战斗的时候，最受人尊敬爱戴的莫过于那些大智大勇、献身民族的勇士，最能唤起民心士气的莫过于那些不怕牺牲、冲锋在前的英雄。经过杨惠敏绘声绘色的宣传，经过报纸电台妙笔生花的渲染，也经过街谈巷议的再加工，八百壮士在上海战场英勇抗敌的战斗事迹，越传越广泛，越说越生动，在社会中产生了强烈共鸣，对武汉的救亡运动发挥了积极推动作用。

孤军精神越出孤军营，跨过上海滩，拨动了武汉抗战军民的心。

第十一章
阳光、空气、水与抗战

　　孤军营开放参观，使一座与世隔绝的囚地变成
了彻底开放的讲坛，参观的人流汹涌，带进来的是
对中国孤军的敬意，传出去的是抗日壮士的事迹和
名声。

孤军营今天出了件小事——一只乒乓球被人踩瘪了。

上午，持志中学学生来营参观，出于对机枪手们的神往，学生们请求和机枪连进行乒乓球友谊比赛。

机枪连乒乓球队在孤军营历来有些名气。他们玩大球不大灵，篮球打不过一连，排球斗不过三连，而乒乓球在营里一直稳拿第一。今天，学生点名要和他们打乒乓球，雷雄连长很高兴，亲自点将出征。

按约定，双方各出两名球员，先打单打，再打双打，三场球见分晓。被雷雄连长选中的两名队员，一个是排长尹求成，一个是老兵杨勇生，都是连里的顶尖人物。尹求成是削球手，横握球拍，擅长防守。他削的球又低、又旋、又稳，软不拉塌，黏黏糊糊，任你扣杀，总扣不死，人称"橡皮泥"。杨勇生是攻球手，和他名字一样，勇猛冲杀。他的球拍不用贴胶那面，偏用背面的光板，像端把铁铲似的咣当咣当，直来直去，大力扣杀，势不可当，人们背地里都叫他"杨大铲"。这哥俩，一文一武，一攻一守，是最好的对儿。临上场，雷连长把他俩招呼过来，如此这般地叮咛几句，最后给个眼色：好好露一手，晚饭赏两盅！

他俩心领神会，披挂上阵。

尹排长第一个出场。对手是持志中学的一位老师，20岁出头的样儿，留分头，戴眼镜，斯斯文文。俩人握过手，比赛开始。这两个对手，路数差不多，都是防守型，一个比一个黏，一个球你来我往，能削十几板，简直是一对"橡皮泥"。但是那位老师手法上"实"了点，不如尹排长老道多变。尹求成不费太大劲，3比0，拿下第一局，先得1分。

第一局比赛，俩人技术不错，但力量不足，缺少点激动人心的镜头，看着不过瘾。在一旁观战的"杨大铲"，急得直搓手。

该他上场了。只见他握着球拍，连蹦带跳闯到球台前。先来一套自编的准备动作，伸伸胳膊踢踢腿，转转脖子扭扭腰，动作虽说不上优美，但也满像那么回事儿。

场上的气氛一下活跃起来。

迎战杨勇生的是位小将。他也姓杨，十五六岁，大眼睛，长睫毛，满脸稚气，灵巧可爱。他上场先恭恭敬敬地给杨勇生鞠了一躬，把"杨大铲"高兴得一下将小杨搂在怀里，欢喜地说："我们都姓杨，杨家将，一家子。"

全场掌声雷动。

哨声一响，比赛开始。杨家兄弟拉开架势，各自拿出本领，当场献技。

这局比赛有看头。杨家这哥俩真有缘分。杨勇生喜欢大刀阔斧，不断进攻。今天的对手也是攻球手。一个杨大铲，一个杨小铲，一交手就打对攻，场上高潮迭起，煞是热闹。

那学生娃，别看小小年纪，身手不凡，进攻速度快，而且力量大。这最对杨勇生口味。他不喜欢接那种软不拉塌的球。杨勇生心里高兴，手头放得开，挥动"铁铲"，频频进攻，连连得手。场下为他精彩的球技不断鼓掌。他想，打球么，就得把本事全抖出来，要是留一手，便是瞧不起对手。

小杨也不含糊，他一面发挥自己右路进攻的威力，同时注意推挡，常常能出其不意地打出漂亮球。

但是，在杨勇生排山倒海的连续进攻下，杨家小弟弟的对抗还是显得力不从心。杨勇生以 21 比 15 先胜一盘。

场间休息，雷雄连长笑吟吟地给满头大汗的杨勇生递上一块毛巾，又端上一碗凉白开。持志中学的球员，则抓紧时间和场外指导在小声地嘀咕着什么。

第二盘比赛开始，场上情形发生变化。学生娃不再一味与杨勇生对攻，而尽量给短球，吊两角，瞅住机会打反击。原来，刚才杨勇生咕噜咕噜喝水的时候，人家已经调整了战术。而杨勇生一把铁铲打天下，除了大力扣杀，没有第二种打法。那娃控球好，回球既短又低，球路多变，一左一右，一前一后，杨勇生身材高大脚下笨，被人牵着鼻子，左右奔跑，气喘吁吁，顾此失彼。第二盘比赛，杨勇生以 18 比 21 失利。

杨勇生一步不顺，步步不顺，第三盘，稀里哗啦也给输掉。

杨大铲打球赢得输不得。赢球时，他心顺，气顺，理儿也顺；输了球，就生邪气，长疑心，想歪理。他想，友谊赛，述！这学生娃用小球吊角控制调动俺，让俺满台子转，当众耍弄人哩！

休息的时候，杨大铲不喝水，坐在凳子上直"倒"气。

前两局打成 1 比 1，第三局，双打，是决胜局。孤军营这边，尹求成、杨勇生挥拍上阵。学校的两名队员，得到刚才扳回 1 分的鼓舞，也信心十足地出场应战。

尹求成和杨勇生的双打，是雷雄连长手里的一张王牌。开局一看，果然厉害。第三局第一盘对阵，杨勇生接学生娃的球，尹求成接老师的球。这种布阵好像对杨勇生不利，但是学生娃在给杨勇生回球之前，他先得接好尹求成的球。双方队员，你牵制我，我牵制你，互相制约，这就是双打的巧妙之处。偏偏学生娃怵尹求成那刁钻的削球，因而他不能像刚才单打那样，随心所欲地吊杨勇生的两角。杨大铲抓住机会，频频起板，连连得手。

"橡皮泥"黏得住，"大铁铲"拍得凶，没费太大周折，拿下第一盘。

休息的时候，杨勇生又得意地咕噜咕噜地喝了一大碗水。

到第二盘，对方又调整了布阵，学生娃改接杨勇生的球。这样一来，杨勇生必须接那位老师的发球。对方战术的调整，使场上形势立刻发生了变化。

那老师的球发得怪，每发球前，他先往球拍上吹口气，再在屁股上蹭两下，左手拿球先在地上颠几颠，抓住，猛然抛向空中，足有三四米高，半天也掉不下来，这种高抛发球，杨勇生没见过。正当他伸长脖子盯住那从半空落下的乒乓球时，"啪"，对方突然起板，球就冲他直奔过来。他慌忙端"大铲"去接，球不是落网，就是出界，"杨大铲"抓了瞎，尹求成也干瞪眼。

接发球丢分，杨勇生就想从别处找回，所以扣球更加凌厉有力，大光板左右挥舞，"咣当咣当"煞是威风。尹求成也全力以赴，紧密配合，比分慢慢追了上来。从15分以后，多次出现平局，你一分，我一分，双方咬得很紧，场上掌声不断，气氛十分热烈。

打到19平，双方较上劲，杨勇生奋勇扣杀，那位老师也接连给他放几个高球，"杨大铲"干脆跳起来扣。对方球越放越高，杨勇生也越蹦越有劲。当扣到第五板的时候，杨勇生用劲猛了一点，球打空了，他自己却摔了个大跟头。

全场哄然大笑。

比分19比20，再往下打，尹求成倒能沉着应付，方寸不乱，一板一板地削球。"杨大铲"心里焦急，频频扣杀。对方冷静沉着，时不时地给他回带下旋的"搓"球，尽量削弱他扣球的威力。你来我往，各不相让。杨勇生习惯于暴风骤雨式的进攻，最不适应僵持的局面，越僵持他心里越焦急。

机会终于来了。持志中学那位老师在接尹求成一个侧旋球时，判断上失误，回球时把球拉高了。机不可失，时不再来。杨勇生挥动球拍用力猛扣，一道白色的闪电直奔对方球台右角。

此时，杨勇生急迫的眼光，箭一样紧随飞旋的乒乓球而去。

球打得力量大了点，飞得较高，落点很玄。但杨勇生看得分明，恰到好处，"擦边"！

可是，没等他笑出声来，裁判员却判为界外球。结果，机枪连输掉第二盘比赛。这样决胜局的比赛出现了平局。

担任这场球赛的裁判是排长杨得余。他虽然在战斗中被打坏右眼，但左眼明亮，而且秉公执法，只认球，不认人，是孤军营里的"一级裁判"。

杨勇生不服。他捡起乒乓球去和杨得余理论。

擦边球哪有讲得清楚的？裁判就是法官，不服不行。

杨勇生先是摔了一跤，后是输了一盘球，胸中的邪火腾地一下烧了起来，指着杨得余鼻子破口大骂，骂他独眼龙，骂他吃里爬外。他一怒之下，把记分牌摔了，还不解气，索性把乒乓球放在脚下，"叭"的一声，一脚踩瘪。

全场哗然。

没想到一场友谊比赛闹成这个结局，双方领队商量，只好打圆场：

今天是友谊表演，不问输赢，不争高下，现在正好，1 比 1——平。

谢晋元闻讯大为震怒。

当晚，杨勇生被传到团部。

"上等兵杨勇生，你今天输得好惨哟！"团长满面怒容，训斥道。

"是。我不该输了那场球。"士兵嗫嗫嚅嚅。

"不是输了球，是输了人。"团长厉声怒喝。

士兵把头勾了下去。

"知错不？"

"俺知错。"

"改错不？"

"俺改。"

"明天把悔过书交上来。"

"团长，你饶了我吧。罚我站，罚我跪，罚我扫地冲厕所都行，不要罚我写悔过书。"

"为什么？"

"俺没文化，连名字也写不下。"

"噢……"

听了士兵的回答，团长长长地发出一声叹息。

长官的叹息，粗重、深长，是从内心深处发出的低吟，杨勇生像被抽了重重的一鞭，给打懵了，不知自己闯了什么大祸，让长官如此痛心。

好长一阵沉默之后，团长提笔写下一张纸条，"啪"的一声，往桌边一推：

"交给你连长去。"

士兵哪敢多问，拿起纸条，唯唯而退。

到了连部，杨勇生双手递上团长的批条，雷雄连长灯下一看，不禁大惊失色：

乒乓事小，品行事大。此愚顽无知、骄横失礼行为，决严惩不贷：着将上等兵杨勇生禁闭三天。连长雷雄教育无方，记大过一次。此令。

谢晋元　即日即时

一只小小的乒乓球，一下击倒了一位士兵和一名军官。

孤军营是一枚高速旋转的陀螺，哪怕甩出一粒尘埃，也有意想不到的打击力量。

开放参观，使孤军营的情况发生了根本变化。一座与世隔绝的囚地变成了彻底开放的讲坛，参观的人流汹涌而来、澎湃而去，带进来的是对中国孤军的敬意和慰问，传出去的是抗日壮士的事迹和名声。官兵们的主要职责也由过去与敌斗争，变为向民众进行抗日宣传。

八百壮士比过去名声更大，荣誉更高，责任更重。

盛名之下，谢晋元团长感到了巨大的压力。他觉得，现在当好孤军营里一名士兵比打仗时还难，他这位团长肩上的担子比守四行仓库更重。

一支从枪林弹雨中冲杀过来的军队，一旦远离了战斗硝烟，听不到枪声和炮声，能不能保持住旺盛的战斗精神和钢铁一样的信念？

一些名不见经传、普普通通的军人，一旦被民众目之为英雄，面对着掌声和鲜花，会不会昏头昏脑，忘乎所以？

一座曾是彻底封闭的军营，一旦向社会全面开放，在人来人往、千姿百态的思想交流中，它原有的那套秩序会不会失衡，它生活的轨道会不会倾斜？

中国孤军是一支仪仗队，时时接受着抗日民众的检阅；八百壮士是一批宣传员，天天以自己的言行传播抗日思想。谢晋元团长以严厉的目光，审视着自己的队伍，决不能放纵一丝一毫违章违纪、失态非礼、有损孤军名誉的言行。

营内已经出现一些苗头，引起团长的不安。

有些官兵渐渐地习惯了"英雄""勇士"这些头衔，以为自己就是响当当的英雄、硬邦邦的勇士，在与民众的交往中，出言不逊，意态飘然；有的敞胸露怀，身上是军装，脚下是白球鞋，军容不整，放浪形骸；有的士兵纪律松弛，睡懒觉，不到操，甚至误岗漏岗；有的人图享受，嘴巴馋，糖果饼干不离嘴，天天围着营中小卖部转，薪金花完了，还要赊账；有的贪杯酗酒；还有人偷偷摸摸地同来营参观的女学生谈起了恋爱。

社会上五光十色的思想观念，也随着滚滚人流带进了营房，牧师开始在营中讲经布道，基督圣歌低沉的旋律在铁血军中回荡，"阿门"，虔诚的祷告声从某些身经百战的士兵口中呼出，听之不禁怅然。

……

愚昧无知的杨勇生当众献丑，他踩破乒乓球的一声炸响，给谢晋元传来一个信息：孤军营里，有人翘尾巴了。

严厉处置乒乓球风波，谢团长是要给全体官兵敲一声警钟：壮士们，注意你们的言谈举止！夹住你们的尾巴！

谢晋元以雷厉风行的一贯作风，决意在孤军营建立新的生活秩序。他呼吁官兵革新生活习惯，振作道德精神，以保持孤军荣誉，为民族复兴事业竭尽全力。他对官兵们发表训词：

"中华民族立国根基，在道德教修方面自古以礼义廉耻为四维，在行为上则表现为忠孝仁爱。抗战方酣，正是我们为国为民尽忠尽孝的时候，正是我们弘扬爱国爱民精神，抵制强暴，为实现国家民族复兴竭尽全力的时候。新的生活习惯，新的道德精神，对抗战大业如阳光、空气和水分之于人体，须臾离开不得。"

谢晋元正奋力把孤军营生活，推上一个新的轨道。

根据地儿童正在学习文化，背着的小黑板上写着"八路军""打日本"等字句。

营中各项制度更加严厉。对早晨缺操的人将给予警告处分，在小卖部赊账的一律从下月薪金中扣除，军容不整的随时予以查纠。体育运动是强制性的，每人必须参加一项以上运动项目，所有项目都分有等级，定期考核，及格者升级，不及格者补课。营房的墙壁上张贴《接待民众礼貌要则》，白纸黑字写着15款条文。大到对待民众，要热情、礼貌、谦虚、谨慎等基本态度，小到见了客人怎样打招呼，客人离营如何欢送，军民联欢时，军人的队形、着装、姿态等等，都有一套制式规则。对违犯规则的官兵，轻则申斥，重则棍责，情节特别严重的，禁闭室、板房里待着去。

营内军事训练比以往更加严格、正规。孤军士兵大多是淞沪作战中，由地方保安团补充而来，仓促上阵，没受过系统训练。现在应该补课。谢团长本人是黄埔军校第四期步兵科毕业，精通操典，他凭着深厚的功底，把黄埔军校的操典，搬上了孤军营的课堂，逐章逐句地讲授。

士兵们最头疼"纸上谈兵""课堂上打仗"，他们对团长说："过去，咱没上操典课，照样打漂亮仗。"

团长告诉他们："学了操典课，以后的仗才会打得更漂亮。"

军中文化学习也掀起了高潮。孤军官兵中，大多数人是文盲，就是连排军官也顶多读过点"之乎者也""诗云子曰"。谢晋元想，沙场拼命，凭着一股子不怕死的劲头，文化少点，也许可以完成任务。现在，要宣传民众，组织民众，传播抗日救国道理，没有文化，难以肩负自己的使命。像杨勇生那样的士兵，打仗很出色，也立有战功，而现在却关了禁闭。这能全怪他吗？给他点文化，受点文明熏陶，让他知书达理，就不至于鲁莽地干出那种蠢事的。

现在的孤军官兵，文化学习和军事训练同等重要。

扫除文盲就是扫除愚昧，识字才能识理。

孤军文化学校终于开学。校名是谢晋元起的，叫育德文化学校。顾名思义，这里既学习文化，又培育美德，双管齐下。

开课之前，全团进行一次测验。按测验成绩分为甲乙丙丁四个班级。甲班相当于高小，有十多个学员，主要是军官；乙班相当于初小，有三十多人；其余是文盲或半文盲，赶鸭子似的轰进丙班和丁班。

育德学校学生文化不高，但老师的挑选却非常严格。为学校物色教师的事

南洋星剧社华侨以《1940年·光辉海宇》大型歌剧作募捐献演。这是演出的剧照。

务，委托给了与孤军官兵感情笃深的大厦大学倪灿曾老师。消息传出，上海各大中学校老师纷纷报名，志愿为孤军授课。其中有许多是名牌大学的优秀教师。倪灿曾先生十分为难，再三斟酌，从中遴选了五位教师。其中一名就是他本人。

孤军官兵少文无墨，很多人连信也不会写，过去就甚感局促，孤军营开放后，更觉得没有文化不行。学生娃给送慰问信哩，你却拿过来倒着看，多丢人！人家姑娘递上本子让你签名，你扭扭捏捏半天写不出，多尴尬！还有，叫你上台讲讲抗日救国的道理，讲点啥？不能总是一张口就是："老子在四行仓库那阵子……"所以，官兵们的学习积极性十分高涨。每天上课时间，礼堂里书声琅琅，咿咿呀呀，孤军营俨然成了一座大学堂。

那些原来有点文化底子，脑袋瓜又灵活的人，备受器重。二连士兵章渭源，在家时上过高小，读过"四书"，也读过国文，在育德学校，他考入了甲班，跟邓英连长同坐在一条板凳，比他的排长还高一级。甲班期中考试，他考第一名。坐在旁边的邓连长也刮目相看，常常屈尊请教他。他平时喜欢舞文弄墨，几乎成了《孤军月刊》的专栏作家。谢团长甚为器重，每每表扬。不久，他被升为二连文书，并被聘为《孤军月刊》的编辑，从此成为营内很有点名气的小秀才。

上等兵杨勇生自从被关了禁闭后，找到自己的病根，开始发奋读书。他在丁班学习，第一天就把自己的大名歪歪扭扭地写了下来。不几天，他就把贴在墙上的《接待民众礼貌要则》倒背如流。

各种文体康乐活动在孤军营内也应时应景地蓬勃开展起来。谢团长认为，数百官兵株守营区，精神生活过于枯燥，而丰富多彩的文娱活动有利于活跃气氛，振奋士气，增进官兵身心健康。上官志标连长受命主持营内康乐活动。

上官连长性格活泼，喜爱运动，球场上的样样能玩，上了戏台子，他也能唱上几句。由他张罗这件事，正是合适人选。

孤军剧团在原有班底上又吸收了不少新人，节目品种也不断出新，相声、快板、小品、活报剧，这些短小精悍的节目十分能赚观众的掌声。此外，还有大戏，两幕话剧《四行抗战》就是他们新排演的压轴戏。戏中的男角全部由孤军官兵担任，女角则邀请上海女学生客串。女大学生叶因缘、叶婉等都是孤军舞台上推出的名角。除了平时和入营参观的民众联欢，每个星期日，孤军剧团必有一台节目公演，招待上海市民。每到这一天，孤军营就像过节一样热闹。

孤军篮球队实力雄厚，只是技术上还嫌粗糙。孤军营请来最有名气的好教练。在上官志标的邀请下，驰名上海滩的篮球教练吴子彬、彭三美来营指导，使孤军篮球队技术大有长进，不仅可以和上海市第一流的球队一决雌雄，而且和香港和东南亚的一些球队都比试过。孤军篮球队的几个主力队员如薛妃连、傅东生、余长寿的名字和照片，经常出现在上海报纸上。在用两块床板搭起的球架下，人们不仅可以看到孤军球员的精彩表演，而且能一睹上海、香港乃至外国篮坛高手的风采。

孤军网球场上，也风云变幻，高手如云。上海男女网球名将李国潘、唐宝嘉、魏祖国、罗费诗等人都曾入营与孤军比赛。谢晋元团长本人酷爱网球，每次比赛他都打得大汗淋漓，尽兴而终。

其他文体活动还多得很，跳高、跳远、木马、单双杠、铁饼、标枪、铅球、竞走，还有歌咏比赛、故事会、游艺活动等等，不一而足。

孤军营简直成了上海第二个"大世界"。

谢团长在营内巡视、督导，他看到营中活动井井有条，官兵生龙活虎，心中极为欣然。他想，士兵不能闲着，军营不能闷着，只要礼堂天天有歌声，球场天天有比赛，操场天天有训练，就出不了什么事。

入营参观的市民们看到小小的孤军营治理得条是条，块是块，有章有法，官兵生活丰富多彩，生机勃勃，不住地赞叹：

孤军营这块土地肥力足，什么庄稼都长得好！

团长谢晋元每天悉心照管好手下的几百名兄弟，还要热情接待一批又一批参观来访者，要龙飞凤舞地为来访者签名赠言，要娓娓动听地与人交谈，要滔滔不绝地发表抗日讲演，他那精瘦的身躯里好像蕴藏着无穷无尽的潜能，他的脑海里好像装载着说不尽讲不完的知识和道理。

而实际上，谢团长已经感到自己底气不足了，他必须抓紧时间补充自己，不然他那点"水"会被舀空的。团长又一次调整了个人作息时间表，早上起床时间从5时半提到5时，晚间就寝时间也往后推延了半小时。他每天的工作项目除了原有的操课、会客、写日记、读报纸、打球等等之外，又增加了英语学习和收听广播各半个小时，他抓住分分秒秒，不断充实自己。

给谢晋元以及孤军巨大精神援助的首先是上海的民众。每天入营参观的滚滚人流本身就是一片精神沃土，孤军官兵不断由此吸吮着养料和水分。营内的思想感情交流始终是双向的。在孤军讲坛慷慨陈词的不只是孤军官兵，也有抗日民众。入营参观的上海市民，在带走孤军官兵抗日思想的同时，也留下了自己的爱国赤诚。在市民们检阅抗日军人雄壮队列的同时，军人们也检阅了爱国民众的抗日阵容。

市民们不仅给孤军带来饼干、糖果、香烟等慰问品，而且带来报纸、书籍，带来各地抗日救亡运动的最新动态，带来前方作战的消息，带来全国军民奋勇杀敌的动人事迹。

孤军营成了思想交流的公开场所，成了各种信息的传播中心。在这里可以听到激情澎湃的抗战言论，可以接收到来自四面八方的最新消息：

昨天哪个城市发生激战？我军消灭多少日寇？哪一支部队打得勇敢？李宗仁将军最近讲了些什么？哪个地方又枪毙了哪几个汉奸？武汉的献金活动昨天又收到多少钱？哪个地方发生了粮荒？德国人在准备进攻哪儿？英国下院前天开会讨论远东局势，做了如下决议……

谢晋元困守营房，足不出户，也能耳听八方，眼观六路，视野开阔，思维敏捷，这完全得力于民众的帮助。上海的千千万万市民就是他的眼睛和耳朵。

对战局进行分析预测是谢晋元的一绝。由他主讲的"一周战况分析报告会"

不知吸引过多少听众。战乱的年头，上海人最关心的不是股票，而是战局。而眼下租界里，能够满足人们这一欲望的唯有谢晋元。

谢晋元受过良好教育，早年就读于中山大学，大学肄业后，考入黄埔军校第四期，先入步兵科，后转政治科，他的学识使他不仅可在前线领兵杀敌，而且有能力对战争走势作一些冷静的思考和剖析。况且，在孤军营中，他有足够的时间和精力对战争作深入的研究和分析，也有广泛的消息来源为他的分析提供佐证。谢团长想，现在我虽不能直接投入战斗，领兵擒敌，但如果能在民众需要的时候，对战争作出某些正确分析，指明国家的前途，以鼓舞民心，这对争取抗战胜利会有裨益。我何乐而不为？

在上海许多百姓心目中，谢晋元可以称得上是一位军事预言家。

曾有一段时间，上海中外报纸纷纷刊登消息，报道日军向蒙古用兵，战争大有向北扩展之势。日方报纸更是大力渲染，吹嘘日本军队歼灭敌军多少多少战车、多少多少飞机。那架势，日本军队简直可以横行于天下了。

上海百姓于是对战局更加忧心忡忡。不少市民拿着报纸，请教谢晋元。

谢团长侃侃而谈。他认为，日本发动侵华战争已陷于泥潭，两年作战，日方实力消耗殆尽，精疲力竭，已成水竭鱼枯之状，断无力量挑起另一场战争。他们向蒙古用兵必自取灭亡。

谢晋元拍着日文报纸轻蔑地说，日本报纸动辄就说，摧毁敌军几十辆战车，几百架飞机，那是吹牛，就是打苍蝇蚊子也没有这么容易。他断言：

"日本人渲染蒙古作战，是在放空气炸弹，意在吓唬中国。我们不要上鬼子的当。"

果然，不出几天，报纸刊登消息称，日军在蒙古哈勒钦河畔连吃败仗，狼狈溃逃。

身处孤军营的狭小天地，谢晋元不仅关注着国内战场局势，而且纵览国际风云。由于上海租界的特殊地位，国际风云变幻，总要在这里投下自己的影子。特别是因为英、法、德、意等欧洲列强，在上海各有自己的重大利益，欧洲局势的演变，更是无时不在震颤着上海这座国际都市。谢晋元每天阅读报纸，收听广播，关心国际时事政治；他广泛接触来访的外国友人和政治家，纵论天下大事；他托人找来许多有关欧洲政治军事史籍，认真研读，他床头放着的《拿破仑本纪》和《墨索里尼对话录》已经不知看过多少遍，满书都有他记下的圈圈点点。在他的日记本里，曾写下许多关于欧洲局势的精到分析。

工部局官员马飞上校，现在有事无事，经常到孤军营看一看，和谢晋元聊一聊，由于大英帝国正被步步拖向战争边缘，这位英国军官，与中国军人似乎多了一点共同语言，他非常愿意倾听这位被囚禁的中国军人发表的关于欧洲局势的看法。

这天，他在营内巡视一遍，又询问谢团长有没有什么事需要帮忙。对他的好意，谢晋元斟了一杯清茶，以示感谢。之后，俩人便坐在会客室里聊了起来。话题很快转到令人头痛的欧洲。

马飞对英国的前途忧心忡忡，他称："据最近传闻，拟议中的《英苏协定》可能搁浅，欧洲局势必将动荡，前途令人担忧。"

对此，谢晋元自有一些见解，他答："《英苏协定》注定是个难产的婴儿。英国恐苏联倾向于德国，打算利用协定，拉住苏联，稳定欧洲。英国一切目标，皆为针对德意。苏联位于欧洲与远东接合部，既要对付德国，照顾其欧洲利益，又要瞩目远东，提防日本。英苏在欧洲有共同利益，因而有签约之可能，但因全球战略上存有差异，签约定会迁延时日。不过，即使英苏签订了协议，也不一定能协调一致行动，也不一定能保住欧洲安全。国际间交往，什么约法呀、公理正义呀，说说而已，本身利益才是真。这一点，阁下是知道的。"

"丝毫不差。"马飞大约也已听出谢晋元最后这一句话还另有所指，隐含了对租界当局所作所为的指责，但事实如此，只好点头称是。

他们进而对欧洲战局发表看法。谢晋元说得有事实，有分析，头头是道。他认为，欧洲战局中，波兰境内的但泽是个火药库。而但泽之后，更大的危险是东普鲁士走廊。但泽落入德国囊中，不过时间早晚。波兰虽与英法有同盟条约，但英法不会为波兰而触怒德国。依希特勒的政策，仍本着吞并奥捷手段，不费一枪一弹，唾手而得但泽。但泽到手后，德国必将抢占东普鲁士走廊。东普鲁士是但泽第二，此后还会有第三、第四……纳粹得陇思蜀，欲壑难填，欧洲大战爆发，势所难免。

谢晋元继续分析道，"欧洲大战的时间，中外人士均言本年 7 月为危险期。此种观察，当然出发于但泽问题之紧张。若论事实，恐不尽然。余对但泽之命运，已如上述。依日前情势，即使但泽落入德手，倘不影响英法生存，故欧洲大战尚可拖延。唯战争愈迟延，于人类之浩劫愈可怕。与其养痈遗患，不如早做手术。"

马飞上校听得入神，想不到一个生活在禁区里的中国军人，对西方战事竟洞若观火。马飞现在才懂得，这里关禁的不是胸无点墨的赳赳武夫，而是一群胸怀广阔、抱负远大，可以站在时代浪潮前头，放眼长空的人物。他似乎明白，八百壮士为什么可以在四行仓库创造奇迹，而在孤军营，又为何得到民众如此拥戴！

告别的时候，谢晋元对马飞说，欧战爆发后，日本将与德意站在一边。而在上海，英国人和中国人为什么不可以拉起手来？

"言之有理。"马飞上校诺诺连声。

第十二章
逃亡者

　　孤军营接连发生士兵出逃事件，在团长谢晋元心中激起巨大的波澜。孤军营人心浮动，何去何从？更糟糕的是，租界工部局对士兵出逃尤其恐慌，他们采取更严密的措施，竭尽歧视和刁难，使孤军官兵受到更大刺激……

旷日持久的战争把世界搅得天昏地暗，把社会秩序打得乱七八糟，唯有一样东西以万古不变的节律，以凌驾一切的姿势，运行在固有的轨道上。那就是时间。

1939 年农历春节，穿过战争的云层，越过炮火硝烟，分秒不差地降临人间，降临黄浦江畔，降临孤军营房。

这是上海租界沦为陷城后的第二个年关，也是八百壮士在孤军营迎来的第二个春节。

虽然战争的阴影仍然笼罩在人们心头，日本军队正在四周虎视眈眈，但是，今年春节，还是给租界里的人们带来不少宽慰。

淞沪会战后，日本侵略军已从津浦线、浙赣线，一口气打到平汉线，占领大半个中国，接连攻陷南京、徐州、济南、杭州、南昌、广州等重要城市，就连一度成为中国抗战中心的大武汉，也血淋淋地被日军踩到脚下。然而上海租界一叶孤舟，在战争的波涛中竟然没有倾覆，竟然半浮半沉地又颠簸了一年。

这岂不是奇迹？

租界里曾经提心吊胆，随时准备撤走资金的洋行大班们，现在又打开了钱袋，投资办厂，放手赚钱；士绅豪门在度过了一段惊恐、寂寞的日子后，现在又开始重温旧梦，尽情挥霍；巡捕房的西捕又在神气活现地四处抓人，一般市民仍然日复一日地为生计奔忙。从外地涌入租界的难民们，也渐渐在某处屋檐下或是某条弄堂里，找到栖身之所。

在大多数人看来，租界孤岛好歹还在漂浮着，日子还能继续往下过。

孤军营官兵也在自己的天地里迎接新年的到来。

除夕这天，从下午 2 时起，营内开始放假。士兵们自由活动，有的整理内务，打扫卫生；有的缝衣服，补袜子；闲不住的人，有的给球场垫上新土，有的给道路铺上煤渣，也有的清理鱼塘旁边的杂草。孤军剧团的"明星"们抓紧时间排练联欢节目，墙报组则忙着为春节特刊加栏头、画插图，锦上添花。理发的、洗澡的、剪指甲的、写家信的，也有的干脆蒙头大睡。操课一停，他们什么都可以干，也什么都可以不干。秀才们挖空心思吟诗作对，每个连队宿舍门口都贴上迎春对联，引得众人评头品足。出于一连连长上官志标之手的那副门联，最合大伙心思：

忆旧岁，铁血文章写尽四行八百士

迎新年，赤胆忠肝压倒田横五百人

此联对仗工整，韵脚讲究，借古喻今，寓意深长，众人争相吟诵，一时成为口碑。

第二连几位士兵不知从哪弄来几挂爆竹，迫不及待地燃放起来。他们甚至把爆竹挂在铁丝网上燃放，噼噼啪啪，乒乒嘭嘭，惹得商团士兵顿手跺脚，不知所措。还有的士兵在商团岗楼下点响"二踢脚"，腾空而起的爆竹在岗楼顶部猛然炸响，把洋兵吓得叽哇乱叫。

看商团兵丁洋相百出，中国士兵十分开心。

当旧年最后一轮太阳下山，孤军官兵们陆陆续续走进饭堂。是吃年饭的时候了。

饭堂里，一只用红墨水涂抹过的灯泡，当作彩灯悬挂在屋子中央，暖洋洋的灯光，洒在士兵的脸上；市民燃放爆竹的响声从营外阵阵传来，新年气息随着这撩人的灯光和热烈的爆响，在席间蔓延，勾起官兵们无限情思。遥想远隔千山万水的远方亲人，追忆匆匆流逝的战斗时日，思虑着来年的前途出路，许多人面容飞逝着思念与期待，目光由柔和、潮湿变得模糊……

辞旧迎新的这顿晚餐办得很丰盛，每桌四个凉菜、六个热菜，还有一瓶酒，把饭桌码得满满的。自从蒋介石的"皓"电和陈诚的电报拍来后，八百壮士的经济状况有了较大改善。孤军在租界内的中国银行有了自己的账户，政府按月将孤军官兵薪饷拨入中国银行，由谢晋元委托代理人支取。官兵们自此有了稳定的经济来源，再也不用等待市民一口饭、一件衣地募捐接济了。营中伙食自理后，成立了一个膳食组，专门负责安排全营伙食。清洁夫"王麻子"大爷现在多了一项采购任务。每天清晨，军需官交给他一张伙食采购清单，并给足了洋银后，他便上街采购。八九点钟光景，他便颤颤悠悠地挑着担子回营，鱼肉菜蔬、油盐酱醋装了满满两大筐。他挑来了孤军营的一天三餐，也挑来了官兵们爽朗的笑声。

孤军饭堂张灯结彩，灯笼对联，充满喜庆气息。饭桌摆放也有讲究，中央一张大圆桌，四周一圈一圈围着小饭桌，就像一朵盛开的大莲花。谢晋元和几位主要军官围坐在主席，环顾四周，看到全体官兵济济一堂，团团圆圆，十分高兴。

团长想起，孤军营中度过第一个春节时，淞沪作战刚刚结束，大败之余，士气沮丧，孤军营中，百事皆无头绪，官兵意志纷杂，人心浮动，情势极为不良。去年这一年，孤军营大起大落，惊心动魄。在护旗斗争中，官兵流血牺牲，付出惨重代价，才迫使工部局作出让步，换来了孤军营的开放参观。但是，官兵内心之愤激，经济之艰苦，殆有不堪设想之危局。

此后，经过几个月的治理，营中建立了新的生活秩序，开展了各种文化体育活动，时至今日，环境固然仍然恶劣，唯有官兵精神意志奋发向上，经济状况亦较优良，内部情势，日趋佳境，殊为可慰……

此时，值星军官击掌宣布：孤军营辞旧迎新集餐会开始。

团长起立致辞。他端起斟得满满的酒杯，他的祝愿和手中的美酒一样令人心醉：

"弟兄们，今天是除夕，吃团圆饭、喝团圆酒。我只有一个心愿，我们八百壮士，任何时候都要像今天这样相亲相爱，同舟共济，团团圆圆，争取早日重返战场，杀敌立功。"

"干！"

铿锵的话语，深情的祝愿，把官兵们的酒杯碰得叮当作响。

饭饱酒足之后，孤军营放映电影，市商会送来的影片《火烧白雀寺》，滑稽、发噱，把官兵笑得前合后仰。

电影结束，谢晋元破例批准官兵自由赌钱。这是团长特意开戒，让大家彻底开心，因此大家放开手脚，尽兴而为。

欢声笑语延续到深夜……

爆竹送走了旧岁的落日，又迎来了新年的朝阳。

大年初一6时30分，孤军营举行精神升旗仪式。官兵心中那面神圣的旗帜，又随着红彤彤的旭日，升起在霞光万道的天际。

新春之晨弥漫着庄严肃穆的气氛。

将精神旗帜插上新年的天空后，孤军营举行团拜。全体士兵首先向团长行举手礼，祝贺新年，次向其余军官拜年，再次全体军官向士兵还礼回拜。

官兵精神振奋，行礼如仪。

之后，团长训话。站在操场的土台上，谢晋元向全体官兵发出了新年第一个训令。在新的一年里，谢晋元为孤军营描绘的生活图景仍然是：革新生活习惯，完成精神改造，张扬救国之道德，确立建国之信仰，养成奋发蓬勃之朝气，使孤军营阳光更加灿烂，空气更加清新。

团长认为，消沉颓废之风气，为国民精神之蟊贼。根绝此种风气，在心理方面应树立复兴民族、报仇雪耻的信念，在生理方面，运动、卫生、整洁，乃至早起之习惯，均能使精神充实，朝气焕发。如此，方能战胜环境，担当起抗日军人的责任。

团长最后训示官兵：

"值此新春佳节，希望每位同志，本日新又新之旨，团结精神，统一意志，如同现在团拜队形一样，一齐奔向光明大道！"

谢晋元以一个有力的手势结束了新春训词。挥手之间，他把孤军官兵齐刷刷地带入一个新的年度。

孤军营的土地并不贫瘠。八百壮士在这里播下的种子，很快长出了绿油油的庄稼，又结出沉甸甸的果实。现在已经是收获季节。

建设工地上洒下官兵的汗水，全都得到回报，一点一滴都没有白流。他们住进了宽敞明亮的营房，用上了干净卫生的饭堂、浴室、厕所，有了自己的花园和鱼塘，还有大小五六个体育运动场，可以打篮球、排球、网球、乒乓球。最近还请准工部局，在铁丝网外围起一座足球场，使孤军活动空间又向外扩展两亩。

多姿多彩的文化体育活动，让每个官兵都尝到无穷乐趣。过去苦于没钱也没工夫上学堂的毛头小子们，现在捡回了自己的童年和少年，夹着课本坐进孤军文化学校。喜欢体育运动的，尽可以放开手脚，各项体育设施向每个人开放着，球友有的是，随便一招呼，便能玩起来。想唱歌，你尽管放开喉咙吼几嗓子。戏迷们几乎天天都可以过上瘾，孤军营就是一座大舞台，与入营参观的市民们的联欢每天都有，周末，还有孤军剧团的专场演出。租界影业公司还时常入营放映电影，中国的、外国的影片都有，美国好莱坞影星成了官兵津津乐道的话题。

营中诸事妥帖后，团长谢晋元也松了一口气。一年多来，他为孤军官兵处境提心吊胆，担惊受怕，昼不能歇息，夜不能成眠，简直是服苦役。现在总算挨了过来。团长自己的生活也恢复常态。

春节过后，谢晋元有了自己的小灶。营中现在已有这个条件，加之时常有宾客来访，需团长留饭。因此，当雷雄连长提出在团长室旁加搭一座小伙房，给团长单独开伙时，谢晋元点头答应了。团长有一份不薄的薪水，开得起小灶。

为团长小灶掌勺的曹明忠，江西九江人，原是机枪连战士，在孤军营，他的机枪没了，调到炊事班抢勺子。他会做粤菜，尤其是糖醋卷心菜和白切鸡，最对团长胃口。现在，能为团长当厨师，颇觉脸上有光。况且，跟着团长"蹭"饭，免收伙食费，每月发给他的 10 元伙食费，全归自己。因此，他尽心尽责，想法把团长侍候得好好的。团长出操回来，曹明忠早给备好一碗冰糖白木耳；一日三餐，也顺心可口。有客人留饭时，他一定炒两个下酒的小菜，让团长陪客人喝上两盅高粱酒。

营中倡导的各种活动，谢晋元身体力行。体操、拳术、球类、歌咏，这些"共同科目"，哪一项也落不下他。他还有"自选动作"。每天早上，他要骑半个小时马，晚上要洗冷水浴。他的会客室内新添了一架弹子球台，在这里他一边打球，一边谈事，结识了不少宾客。他的英语学习最近在大厦大学董小培老师的辅导下，大有长进，遇上要和工部局官员交涉，有时越过翻译官，也能说上几句洋泾浜英语。

其他几位主要军官，在认真履行各自职责的同时，也寻找着各自的生活乐趣。

雷雄连长一心一意操练着他的篮球队。孤军营体育运动自有一套办法。每个连队都有自己的足球、篮球、网球、乒乓球队，哪支球队在营内拿第一，哪支球队便获得代表孤军营球队的组队权，可以吸收别队球员，再打自己连队的旗号对外参加比赛。谁有组队权，谁就是霸主，所以，连长们眼睛都盯在这。眼下，机枪连篮球队稳坐孤军营第一把交椅，获得组队权，雷连长把别队的尖子球员毫不客气地扒拉到自己麾下后，正加紧训练，他的目标是让他的球队在上海滩为孤军争到前三名。上个月，他们与上海滩鼎鼎大名的沪光篮球队交过手，结果以 5 分之差失利。雷连长已经给球员许愿，只要能打败"沪光"，他给每个球员赏两块大洋。雷雄连长一面加紧训练自己手下的球队，一面精心调理自己的身体。他患有严重胃病，疼起来满地打滚。刀山火海他不怕，就怕自己的胃闹事。有位中医指点，说人奶对胃病有效。雷雄便花钱在营外请了一位奶妈，每天送来半瓶奶汁。没想到这方子还真管用，雷连长的身体果然有了起色，饭量增加，脸色也红润起来。

上官志标连长带领的篮球队终于敌不过机枪连，之后，他另辟蹊径，专踢足球，他决意在孤军营绿茵场上插上自己的帅旗。上官志标精神振奋，恐怕还有一个缘由。他有一位贤惠的太太和一个可爱的女儿。他太太家本在福建，与他同乡。淞沪作战前，太太怀有身孕。当时上官志标部队驻在无锡，只道是生产时便于丈夫就近照料，太太便离开福建，来到上海租界，借宿在亲戚家中。谁料到要打仗呢？结果，太太坐月子的那些时日，正是淞沪作战打得天昏地暗的时候，上官志标又要打仗，又要惦记着妻子和婴儿，心都快操碎了。连队奉命进入四行仓库的那个夜晚，他因军务潜入租界，顺便向母女告别，因此耽误了时间，掉了队，第二天泅过苏州河，进入四行仓库才归了连队。到了孤军营，虽说一家人都在租界，近在咫尺，却因为一道铁丝网，天各一方，彼此牵肠挂肚，不能见面。现在真好，孤军营一开放，连长太太抱着刚满周岁的女儿，夹在参观的队伍中探亲来了。上官连长太太，身材修长，相貌俊秀，穿一件蓝色旗袍，剪一头短发，从眉梢到嘴角都挂着笑容。白白胖胖的女儿实在招人喜爱，那又大又圆的眼睛，方方正正的鼻子，跟他爹长得一模一样。妻子每入营一次，上官志标都兴奋好几天。

唐棣连长依然沉默寡言。但是，士兵们发现，稍有闲暇，唐连长总爱哼上几句湖南花鼓调，还蛮有些韵味。自从参加文化学校后，唐棣连长手中的笔利索多了。春节前，他给湖南老家写了一封信，满满两张纸。他一是想试试自己的笔行不行，二是想探探老家那里的邮路通不通，没想到，过些日子，居然收到家人回信。烽火连三月，家书抵万金。他一高兴，从自己的积蓄中拿出 50 块大洋，汇回老家。这是前两天的事，他能不乐呵？

邓英连长深藏不露，他兼管着孤军营经济委员会，啥时候他口袋里都揣着小账本，营内一切收支账务，笔笔都经他的手。过去整天愁眉苦脸的，常常为三元五元的开支伤脑筋，现在好啦，营中经费比较宽裕，他这个财神爷脸色也好看多了。

无论军官还是士兵，都感到孤军营生活的巨大变化。开放参观，彻底打破了孤军与世隔绝的孤寂状态；与重庆联络的沟通，保证官兵按月领到薪饷；丰富的文体活动更增添了无穷的生活乐趣。现在，官兵们再不用为一日三餐忧愁，也不用为看病吃药担心。租界洋人也开始用比较平和的目光注视营内动静。那种迫在眉睫的生存危机过去了，那种一触即发的对峙局面缓解了，军营中人心稳定，气氛平静，生活有序。

然而，八百壮士果真能始终如一保持着齐刷刷的队形，在团长的号令下，同生死，共进退？孤军营生活果真能长久地收拢住中国军人那颗怦怦跳动的心？

1939年3月23日上午9时，一连士兵陈玉祥在租界巡捕医院病逝。

陈玉祥患痨病，住院不到一个星期，终于不治。这是羁困后第一个病亡的士兵。

上午11时30分，接到医院电话通知后，谢晋元心情沉重，要求前往医院探视，并料理后事。

初料，上海情势复杂，租界当局胆小如鼠，畏首缩尾，恐难应允。果然，当谢晋元与马飞上校电话交涉时，马飞以孤军人员离营事关重大，必须请示工部局相推诿。

谢晋元在营中等候工部局答复，等了一个下午，音讯全无，又等了一个晚上，仍无确切答复，却等来另一个不幸消息。3月24日，巡捕医院来通知，住院治疗的另一名孤军士兵史国友于凌晨病殁。

前后不到24小时，有两名士兵病亡。巡捕医院同时停放着两名孤军士兵的尸体。孤军官兵极为悲愤，情绪激动。

越是出现了异常情况，工部局越是紧闭营门，不肯放孤军代表到医院料理后事。

孤军士兵的尸体等待人去料理，而工部局却一直不肯放行。双方陷于僵局。

医院一再告急，死者遗体眼看不保，丧事不可再拖。万般无奈下，次日，谢晋元只好给租界普善山庄公墓打电话，请其代为料理后事。

两位弟兄死得无声无息，后事又办得马马虎虎，窝窝囊囊，不近人情，这极大地刺痛了中国官兵的心。

陈玉祥、史国友，八百壮士中有他们的名字，四行仓库洒过他们的血和汗，他们是国家的功臣，是孤军营里的好兄弟。他们没有轰轰烈烈地战死在战场，却冷冷清清病死于榻中，身后连个送行的人都没有。他们死得多冤哪！他们怎能瞑目？

作为陈玉祥、史国友的战友、患难兄弟，他们生病住院的时候，没能去端碗饭，喂口药，他们病故后，连去看一眼都做不到，还算什么好兄弟，好战友？活着的人何以安心？

从枪林弹雨中闯过来的人，本已将生死置之度外，但是，八百壮士现在不得不重新思量生存与死亡这一课题。他们不怕死，但是不可如一片树叶落地那样无声无息地死；他们希望活，但是不能像一只毛虫那样窝窝囊囊地活。现在不但不能挥戈上阵，杀敌报国，行大孝，尽大义，就连给病死在跟前的患难兄弟烧点纸钱，送个花圈，也身不由己。这样活着还有什么意思？此地，我们已经待了一年多，长此以往，我们也会像陈玉祥、史国友一样无声无息地死去的。八百壮士难道就这样一个个困死、沤烂在孤军营的15亩地里？

陈玉祥二人下葬的这天，孤军营的精神升旗仪式比往常长了15秒钟。低沉的鼓乐声中，那面心中的旗帜，在士兵深沉的目光中徐徐上升，咚、咚、咚的鼓声响了30下，是30秒。按往常，30秒时间里，旗帜应该升到了旗杆顶部。此时应是鸣奏军乐，士兵应是面带笑容，仰望心中的旗帜在蓝天飞扬。可是今天不同，鼓声响了30下之后，军乐没有响起，却当、当、当地敲响了表示降旗的锣声。随着这震颤心灵的金属撞击声，士兵的目光从旗杆顶部步步回落。锣声一共响了15下，是15秒。终于士兵们的目光在旗杆的中部停下了，盯住了。骤然间，军号齐鸣，响声大作……

孤军营今天降半旗。

这天，营房四周的铁丝网上扎满了白色的纸花，整个孤军营就像一只硕大无朋的花圈。孤军官兵停止一切娱乐活动。凄楚的气氛笼罩着整座营房，占据着每个官兵的心。

许多官兵不约而同地来到营门内尤长青等四位烈士坟前，悄悄地掉泪。尤长青等烈士没有战死沙场，已经是个遗憾，但毕竟死得壮烈，死得其所。可怜我们的陈玉祥、史国友，病死榻中，身后凄凉，墓碑该怎么写啊！再想我们这些活着的人，羁困营中，形同囚徒，报国无门，蹉跎岁月。最终，也会一个个瘦死囚笼，怕是连一抔黄土也得不到。

官兵们从尤长青想到陈玉祥、史国友，再想到自己，灰心丧气，不寒而栗。

当天夜里，机枪连一名士兵失踪。

没等查清是怎么一回事，第二天夜里，又有一连班长李永成领着另两名士兵，越过铁丝网，逃离孤军营。逃走之前，李永成留下一张字条：

吾等三人出去后，决干出些名堂，再来见团长。

士兵就这样向自己的团长告辞了。

孤军营立刻"炸了窝"。

一时人心浮动，议论纷纷。

接连两次发生的士兵出走事件，如狂飙突起，在谢晋元心中掀起巨大波澜。

从铁丝网上翻出孤军营，这条路，谢晋元早就看出来了。其实，逃离孤军营，还不只这条路。几个月前，地方有关人士曾向谢晋元献策，可以乘孤军营开放参观的机会，从营外物色几百名志愿者或苦力，随参观的人群入营，离营时由孤军官兵顶替，反正把门商团兵丁，只管清点人头，认不清谁是军人，谁是百姓。这样每天替换几个，不用多久，就可把孤军官兵全部替换出去。如果这种偷偷摸摸的办法不可取，还有别的法子，比如只要谢晋元振臂一呼，八百壮士一人一根棍棒，合力往外冲，就能冲出孤军营。把门的几个商团兵丁，算个啥？

一道铁丝网横竖挡不住中国军人！

但是，中国孤军一直没有采取行动，团长不允许这样做。谢晋元认为，八百壮士撤出四行仓库，并经租界归队，是我国政府与租界当局达成协议的。我们光明正大地进来，也要堂堂正正地出去。生命事小，人格事大。偷偷摸摸地溜走，算个啥？他婉谢地方人士的好意，拒绝用苦力替换孤军官兵。

用武力暴动的办法冲出孤军营，谢晋元也不赞成。让八百壮士留在租界，暂且忍耐，是蒋介石"皓电"明令指示的。看看抗战以来，我国政府对英美法诸列强，言词拘谨，处处让步，也许这是政府为达到抗日目标，有委曲求全之苦衷吧！如果八百壮士在上海租界使用暴力，与西洋人发生正面冲突，这样便违背了"委座"钧旨，损害国家利益，罪莫大焉。

谢团长还想到，八百壮士是一个英雄集体，是一只拳头。如果今天一群，明日一伙，三三两两四散分逃，八百壮士就要解体，就成了散兵游勇，我谢晋元如何向国人交代？

用软的办法潜逃则有失军人人格，有辱孤军荣誉；用硬的办法又恐刺激友邦，损害抗战大局。谢晋元的决心不可动摇，那就是继续留在孤军营，与租界民众同心同德，坚持斗争，这才不悖"委座"钧令，才有利于抗战大局，也才对得起身前身后的孤军官兵。

早操时间，上官志标把出走的李永成班长留下的纸条，交给谢团长，团长骑在马上，将纸条瞥了一眼，随即撕成碎片，他以不容置辩的语调说：

"孤军营内禁止一切违反命令、破坏纪律的举动！我宣布，将李永成等四人除名。"

说完，团长扬鞭，狠狠一抽，白马奋蹄而去。

晨风中，被撕碎的纸片在操场上卷来卷去，白马驮着主人在铁丝网内跑了一圈又一圈……

孤军士兵居然从商团哨兵的鼻子底下逃走，工部局为此感到恐慌。白俄团丁队受到严厉申斥，并撤到跑马厅进行整训，改由意大利队担当孤军营警戒任务。洋人采取了更为严密的措施对付中国军人。意大利士兵将铁丝网加密加固，安装电灯，夜间巡逻的哨兵还牵着一条警犬。营门把守得更紧了，入营参观人数受到严格限制，每次不得超过25人，有时卫兵还对来访者搜身。设在孤军营外的足球场有一道栅门，由商团兵丁掌管，过去天一亮即行开放，让孤军官兵入场踢球，天黑后才关闭。现在也无端地缩短了开放时间。对在巡捕医院住院治疗的孤军病员，敷衍塞责，甚至歧视刁难。凡此种种，使孤军官兵情绪受到极大刺激。

陈玉祥、史国友病逝，谢晋元身为长官，心情十分悲痛；后事又办得不尽如人意，更感不安。李永成等出走，官兵情绪不稳，又给他增加无穷忧虑。现在工部局还不断找茬口，出难题，处处与官兵为难，刺激官兵情绪，谢晋元感到极为愤怒。

4月5日，谢晋元给刚荐任工部局总董事长职位的美籍官员樊克令写信，强烈要求租界当局，停止对孤军的迫害，改善官兵待遇。信件全文如下：

樊克令总董阁下：

顷阅报载：阁下重荐总董重任，值此租界四周恶氛重重中，正你发挥铁腕，造福市民之机会。但忱庆贺，兹有恳求，查敝营最近发生两次士兵走失不幸事件。十八个月来，官兵精神枯燥，生活艰苦，蹉跎岁月，叹报国无方，蒿目时艰。凡此人类，同此心理。

查初次走失士兵一名，时间在午夜。我得报后，即行通知警戒卫兵队长，速行查缉。此次三名逃兵，究在傍晚，抑或凌晨，吾人至此时，也难确定时间。为早起后清点人数时发觉，于六时得报后，随即告知卫兵队长。之后，马飞上校不问缘由，将足球场之门限令于早晚六时开闭。现每晚七时天黑，提前闭门，也无大碍。只是，早晨五时天已大亮，且越来越早，至四时即亮。吾营士兵为身体健康，每早运动极为重要。我曾要求马飞酌情提前至五时半开门，遇重雾，妨碍视线，可延迟开门。尚未得照办。此为第一件事。

前日起限制会客慰劳人数不得超过二十五人。据查，有某职工学校女生三十人来慰问，也受限制，多一名也不行。十八个月来，会客慰问始终并无丝毫事端，很有秩序，且所有来人均由翻译通知，由我审核后，派一连长至卫兵门前，与卫兵队长及翻译查点人数才带进来。待慰问完毕，仍由该连长带至大门，由卫兵队长查点人数符合才予以放行。此种办法，绝无纰漏可言。如恐士兵混入来人中走失，诚为过虑。我与马飞上校约定，由余考核允许会客而致士兵走失，余愿负完全责任。爱护其国家民族，为国民天性。吾人为中国之革命军人，对民族爱护，理所当然，任何力量也难以阻止，请其加以考虑，也未得马飞赞成。这是第二件。

再其次，少数患肺病士兵送巡捕医院治疗。此医院无治疗此病之设备，与五六十普通病人同居一室，护理人员亦感种种困难，故此，病人起居饮食很不利于此种病之治疗，除坐以待毙外别无他途。我以为人类必经一次毁灭，但此种毁灭未免不合人道，恳请贵局加以深切同情注意，设法转移医院。此为第三。

总之，吾等非弹尽援绝之逃兵，承中立者要求，念及租界安全而撤退。十八个月来，吾人要求无不合乎情理，希望他人予以理解，若横加压迫，必将发生不幸后果。

近个月来，余尽力设法使全体官兵定心神，求知识，勿生他念，马飞亦知余之用心。此种不合法理之处置，是否本此办法？人有血性、有情感，此种生活谁能忍受？吾等已忍受十八个月之久。时至今日，吾人希望友谊、同情之待遇亦横受压迫。中国和平村之日本俘虏待遇是优良的，相形之下，吾等无以自容。

阁下维护公理正义，特函奉达。敢请为吾人主持公道，予以援助，极所盼祷。

谢晋元（印）

四月五日

谢晋元将满腔的愤恨强压在自己心头，不让它落在纸上。他的信写得恳切、冷静，没有任何激烈言词，没有丁点过分要求。两次士兵走失的经过，尽其所知，一一陈述，没有推诿，没有隐瞒。他对士兵逃走一直持反对的态度，事发后，又及时通知商团负责军官"速行查缉"。商团负责孤军营警务，中国士兵丢了，应该找他们才对，工部局有什么理由责怪别人？所提按原定时间开放足球场、放宽参观人数限制及改善住院病兵医疗条件等三项要求，件件都说在理上。即使是合理要求，谢晋元也尽量提得委婉，处处想到工部局的处境，体谅对方的难处。比如，要求每早5时半开放足球场，又想到雾天可能妨碍商团哨兵警戒，便主动提出"遇重雾，妨碍视线，可延迟开门"。又比如，要求按原定人数开放参观，谢晋元还自愿作出担保，"由余考核允许会客而致士兵走失，余愿负完全责任"。

明明是在和一位新上任的洋太岁打官司、办交涉，还要先对他的荐任"但忧庆贺"；明明是洋人存心欺负中国军人，却"恳请贵局加以深切同情注意"；

明明是在争中国人的合法权利，却又要处处想到洋人的处境，主动承担相应责任。

谢晋元这封信写得多不容易，其内心不知有多少矛盾和痛苦！按理说，对租界当局的倒行逆施，他应该写上一篇"强烈抗议""严正声明"之类的檄文，斩钉截铁，慷慨陈词，痛快淋漓。但是他做不到，不能那么做。

抗日战争处于困难阶段，中国政府有求于西方列强，中国需要大批美援，需要英国人开放仰光港、沟通滇缅公路，需要法国人保持中越铁路畅通。至于其他方面的事情，就顾不得许多了。上个月法国人公然在租界内禁止悬挂中国国旗，像这样有辱国家尊严、让中国人丢脸的事，中国政府都忍气吞声。这个月初，英国人在仰光港竟一声不响掠去中国一船军火，对这种海盗行为，中国当局也自认倒霉。

政府对外人一概大事化小，小事化了，委曲求全，谢晋元一个小小团长又能怎么样呢？蒋介石"皓电"的主旨不正是"忍耐"二字吗？谢晋元如果跟洋人较劲，来硬的，捅出什么漏子，"委座"是要怪罪的。因此，他只能采取这种不卑不亢、不软不硬、瞻前顾后的态度。

中国人的忍让并没有使洋人良心发现。新任工部局总董樊克令，并没有打算采取任何措施改善中国孤军待遇。在公共租界风雨飘摇、朝不保夕之际，这位律师出身的美国人（他自称曾与罗斯福同学），能取代原总董、英国大亨费信惇，并不是因为他的仁慈、乐善好施，而恰恰在于他有颗铁一样冷酷的心。樊克令对谢晋元的信不予置理，放手让马飞及手下的兵丁继续欺侮中国官兵。

租界洋人套在中国孤军身上的绳索勒得更紧了。

第十三章
监禁自我

"嘭嘭嘭……"

凌晨时分，凄厉的枪声把孤军官兵从沉睡中搅醒。人们翻身起床，急急忙忙冲出宿舍，不知出了什么事。

孤军营外商团兵丁"嘟嘟嘟"地吹响了警笛，哨楼上的探照灯全部打开，白森森的灯光，利刃一样在夜空中扫来扫去……

"嘭嘭嘭……"

凌晨时分，凄厉的枪声把孤军官兵从沉睡中搅醒。人们翻身起床，急急忙忙冲出宿舍，不知出了什么事。

孤军营外商团兵丁"嘟嘟嘟"地吹响了警笛，哨楼上的探照灯全部打开，白森森的灯光，利刃一样在夜空中扫来扫去。从营房东北角传来警犬"汪汪汪"的狂叫，一群洋兵呼呼啦啦地朝警犬叫的方向奔去。

那边出事了。

孤军营东北角是营内最僻静的一个角落。在这里，并排着三座木板房，分别是孤军营的医务室、浴室和厕所。孤军营房的四个角中，其余三个都设有商团哨楼，唯独这东北角没有。

今夜，恰恰这旮旯出了事。

一连班长朱胜忠，就是一年前曾在队列前折断木枪、把谢晋元气得直跺脚的那个朱大棒，他不甘心在孤军营受洋人的欺负，决心步李永成等人后尘，逃出牢笼。他裹件大衣，乘着夜暗溜出宿舍，直奔营房东北角而来。夜幕沉沉，四下里全无人影，铁丝网上三三两两挂着的电灯泡发出昏黄的亮光。夜深人静，正好行事，朱胜忠悄不吱声，把大衣垫在铁丝网上，翻身就往上爬。他从军六七年，什么功夫都练过，使枪弄刀，爬墙越壕，全不在话下，就是没练过翻铁丝网。今儿个，他一百多斤的分量压上去，整张铁丝网晃晃悠悠的直摇荡。而在中国士兵连续两次逃跑后，商团明里暗里采取了许多防范措施，包括在铁丝网上挂小铃铛、罐头盒。

他们这一招做得很绝。每天夜暗后偷偷挂上去，第二天天不亮又悄悄收回来。朱胜忠完全没料到洋人有这一手。他一爬上铁丝网，上面挂着的小铃铛、罐头盒，便"叮叮嘟嘟"响成一串。

朱胜忠暗暗叫苦。

听到响声，哨楼上的探照灯立时打开，朱胜忠一下暴露在那雪白的灯光下。

子弹紧随而来，"嘭嘭"几下，朱胜忠便"哎哟"一声从铁丝网上栽了下来。

出事地点在孤军营浴室外侧。从一号和三号哨楼打过来的探照灯紧紧地罩着这狭窄的角落，雪白的灯光把低矮的木板房照得如同刷了白粉似的，一溜铁丝网在灯光下龇牙咧嘴，寒光闪闪。

灯光以及犬吠，把铁丝网外商团兵丁和铁丝网内的孤军官兵同时吸引过来。

当上官志标连长领着十几个士兵赶到出事地点时，朱胜忠正处在危急之中。他臀部中弹，血流满地，动弹不得。商团的警犬已从铁丝网外钻了进来，正凶残地向他进攻。七八个商团士兵站在铁丝网外得意地狞笑，并开始伸进铁钩拖拽，那架势是要把朱胜忠弄到铁丝网外。

把我们的弟兄打伤在我们的地界上，还放狼狗来咬、来拖，欺负人欺负到家了！

"上！"

上官志标指挥手，士兵们一拥而上，三拳两脚，将那正在作恶的畜生打跑，把人抢了下来。见中国士兵上前把朱胜忠抱了起来，返身要走，铁丝网外的商团兵丁嗷嗷乱叫。

有胆量进来理论，"汪汪"叫个什么？

中国官兵不予理会。

洋兵气急败坏，从铁丝网外伸进枪托、棍棒，向中国官兵发起攻击。

岂能受几个洋鬼子的欺负？中国兵捡起石块，狠狠地砸洋鬼子，有的上前夺下洋兵的棍棒，反过来揍他们，有的伸出胳膊揪住洋兵，用拳头去教训。在雪亮的灯光下，中国人和洋人隔着一道铁丝网，短兵相接，扭打搏斗。

又有十多个兵丁端着明晃晃的刀枪，从商团队部奔跑过来，铁丝网外的洋兵得到增援后，气焰更加嚣张，开始把枪托收了回去，用刺刀往里捅，有的把子弹也顶上了膛。

眼看酿成血祸。

谢晋元团长及时赶到。他看到弟兄们人多力大，动拳动脚狠狠教训洋鬼子，很是解气。但是，他担心把事情闹大，洋鬼子万一动枪，弟兄们非吃大亏不可。

不可让事态恶化！

"都给我住手！"他大喝一声，跟着便抢起一根长棍，不管是中国人的胳膊，或是洋鬼子的腿，贴着铁丝网噼里啪啦往下扫。正在厮缠扭打着的双方士兵，没防备谢晋元来的这一手。好些中国兵正伸着胳膊，扭住铁丝网外的洋人打，也有不少洋兵从网外正用枪刺、木棍往中国兵身上捅，铁丝网网眼里不是伸着胳膊腿，就是捅着枪支木棍，谢晋元的那根大棒，切韭菜似的往下切，谁碰上谁倒霉。中外士兵咿咿呀呀地赶紧收回拳脚,撤回家伙,双方于是脱离了接触,事态终于得到控制。

天亮以后,马飞上校入营交涉。洋人气势汹汹,伸手便要两样:一是要孤军交出朱胜忠;二是归还夜间冲突时,中国孤军从商团兵丁手中夺下的两根警棍。

要人?凭什么?孤军官兵不是犯人,孤军营不是监狱,朱胜忠即使要出走,那也是为了得到他本应得到的自由。何况他并没有越界。他是在孤军营界内,被商团兵丁开枪击伤的。受惩办的应该是开枪的商团兵丁,而不是中国士兵。

要警棍?笑话!商团兵丁对手无寸铁的孤军官兵大打出手,警棍是他们的凶器,上面沾有中国人的血。哪有打了人,还要向受害者索还凶器的道理?

谢晋元团长严正拒绝了洋人的无理要求,并对商团兵丁开枪击伤、殴打中国官兵的野蛮行径提出强烈抗议。

马飞什么也没捞到,悻悻而退。

在军医汤聘莘的精心调理下,朱胜忠的枪伤很快痊愈。在四行仓库作战时,他右腿被东洋人击伤,走路有点瘸,现在左臀部又被西洋鬼子的子弹咬去一块肉,一左一右都少了些骨肉,现今走起路来反而更稳当了。

伤治好后,他经常恨恨地说,想不到爬铁丝网像坐摇篮似的晃得厉害,要是早知道,下工夫练好这一招,老子就跑成了。

那个晚上跟洋鬼子隔着铁丝网抢拳抢脚的官兵们,也后悔不迭,他们凑在一起时常议论:

"咱们傻了,那时应该发力推倒铁丝网,再把洋鬼子揍一顿,然后撒腿就跑。几个洋鬼子还对付不了?"

"是呀,是呀,当时扭住鬼子揍,咱在铁丝网内,他们在铁丝网外,总觉不过瘾,有点像隔着皮靴挠痒痒,为什么就没想到把靴子脱下来挠?"

"想起来了,那天晚上别说下力推倒铁丝网,我还生怕咱们人多劲大,压倒那张网,还用手去扶住拴铁丝网的水泥墩子呢,你说可笑不可笑?"

"人就这么怪,就这么贱!拿根棍子画个圈,叫你蹲在里面,时间长了,你就把圈当作一堵墙,不敢迈出去。给你戴副脚镣,久而久之,说不定还把它当脚镯子呢?人的惰性可怕得很。"

……

士兵们越是这样议论，越是觉得不能长久地这样待下去。

门就在你的面前，路就在你的脚下，出不了门，迈不开步，其实原因在于你自己。几个商团兵丁，一道薄薄的铁丝网，怎么可能困住我八百壮士？

等待工部局打开大门，放你出去，不可能！为什么不可以自己打开大门，解放自己？等待洋人撤去铁丝网，等不到那个日子，为什么不可以踏平罗网，走上自由大路？

说商团把八百壮士困住了，那是抬举了他们。他们没有这么大能耐。成百成千的日本兵把四行仓库围得铁桶一般，强攻硬打，都奈何不了我们，我们想守守得住，想退退得出，进退自如。为什么我们在孤军营一困就是一年多？是商团围住我们的吗？不是！是我们自己困住了自己。我们一百次地与洋人交涉，一千次地向社会呼吁，要求恢复孤军自由，我们为什么不可以采取一点实际步骤，自己动手松开自己身上的绳索呢？李永成他们三个弟兄一抬脚就跨出樊笼，获得自由，我们还等什么？等谁来解救你？

起初，人们只是在餐桌上、在小路旁、在角落里，三三两两，私下里小声地议论，悄悄地发感慨，渐渐地一些志同道合者凑到一起共同探讨。

一连班长朱胜忠自从上回在铁丝网上挨了一枪后，发誓不能白挨这一枪，定要闯出一条路来。而在一般士兵眼里，朱胜忠是好样的。同是被困在孤军营，他敢冒死越铁丝网，证明他比别人强，够种！他这一枪比在四行仓库时挨的那枪更勇敢，更光荣。

朱胜忠的周围悄悄地集拢了一批"哥们儿"。这些人常常凑在朱胜忠的宿舍里喝茶，打扑克，谈事。开头是神侃闲聊，时而发发牢骚，时而谈点正经事，你来我往，慢慢地越谈越入心。也不知从什么时候起，朱胜忠的宿舍里就有了一批比较固定的茶客和牌友。大家不但谈吐相投，而且不大不小都在班长副班长这一档里。一共有十二三人，除了一连的班长，也有几个是二连、三连和机枪连的。

茶几和牌桌边常常坐正席的主要角色有朱胜忠、党仁杰、彭济凯、余长寿、施彪、严正标、郭少银等。这几个班长一直是八百壮士中的活跃分子，兵头将尾，官儿不大，但在孤军营中颇有影响。朱胜忠天不怕，地不怕，敢打敢冲，干什么事都要扛头旗，很让人敬畏。党仁杰小眼眯缝，其貌不扬，但能掐会算，足智多谋，是这帮人中"摇鸡毛扇的"。彭济凯当过侦察班班长，有一身的武功。余长寿和施彪是孤军篮球队的队员，人高马大，不管是打仗还是打球，都给八百壮士争了不少面子。严正标和郭少银同是从湖北保安团补充来的，他们在湖北籍战士中说话很有分量。

这些人能说到一块，想到一块，是要干出点大事情的。

孤军官兵像圈里的猪仔一样，安安静静地待着肯定不行；像李永成几个弟兄那样，偷偷摸摸神不知鬼不觉地溜出去，也有点降了八百壮士的身份；像朱胜忠那样，爬在铁丝网上让商团兵丁当兔子打也冤得慌。八百壮士干什么事都要弄出点响声来，闹它个轰轰烈烈，天翻地覆。大家认为，应该来一次暴动，杀出一条血路来。八百壮士要举着自己的战旗，威风凛凛地冲出孤军营，冲出上海租界，重新投入抗日前线。给洋人一个震撼，给国人一个惊喜。

暴动，像一团火苗，在这些身经百战的老兵们的心中扑扑腾腾地烧了起来。

在朱胜忠的宿舍里，他们一边喝着茶，一边搓着牌，一边小声商量举事的具体方案，很快就有了个轮廓：选个月黑风高的夜晚，先搞掉三个角上的三座哨楼，再控制住营门口的商团宿舍，然后，剪开铁丝网，全体官兵一齐往外冲，顺利的话，一气冲出上海租界，如遇到阻拦，先分散在租界内潜伏几天，再混在难民队伍中分批潜出租界，到指定地点集合后，奔赴抗战前方。

至于一些细节，比如怎样端商团的哨楼，如何对付商团队部的那帮家伙，等等，这对八百壮士来说，简直如探囊取物，手到擒来。

余长寿自告奋勇要去端洋鬼子的哨楼。他说，他与康定路木材加工厂几个工人很熟，让他们来营慰问时悄悄带上几把锯子。举事时，他领他们班的士兵，三下两下就能锯倒洋人的哨楼。

侦察班长彭济凯争着揽下解决商团队部的活。他说，只要领上五六个弟兄，保证能把住在队部的那几个商团兵丁从被窝里提出来，管叫他们连裤子都来不及穿。

事关全体孤军官兵身家性命的暴动计划，在茶几和牌桌上，由朱胜忠等班长们商量出了初稿，而孤军营的军官们却还蒙在鼓里。

朱胜忠有言在先：要干这件事，非得咱们的谢团长撑帅旗不可。等咱们把计划仔仔细细地想妥了，再报告他。只要对八百壮士好，团长不会不点头。

不等班长们把暴动计划研究定稿，不等朱胜忠向谢晋元报告，谢晋元已经听到了风声。

朱胜忠等人背着全体军官，私下开会密谋，参加会议的有十二三人之多，都是班长骨干，商议的又是如此重大的事情，这使谢晋元深感震惊。

有关孤军的前途命运大计，那是军官们，首先是他团长天天考虑的大事情，不是说士兵不得参与议论，但是，十几个班长背着军官们暗中策划，让人感到害怕。

军中绝对不允许搞小团体活动。

听说是朱胜忠牵的头，谢团长更是放心不下。朱胜忠兵是个好兵，班长也是个好班长，但是脾气急躁，意气用事。在孤军营里，他给添的乱不少了。前些日子私自逃跑，差点又捅了大娄子。有关几百官兵的命运大事，由他来鼓捣，非把天捅塌了不可。

谢晋元把余长寿叫来，仔细盘问班长们私下聚会讨论的情况。余长寿篮球打得好，一直得到团长赏识，为人又心直口快。他想，班长们商量的事迟早是要向团长报告的，团长既询问，有什么可隐瞒的呢？便一五一十地将商议的计划和盘托出。

"好大胆！"

余长寿刚一说完，谢晋元拍案而起。团长如此震怒，着实把余长寿吓了一跳。他一时猜不出团长说的"好大胆"是骂他们的计划胆大妄为呢，还是指责他们背地里密谋轻狂欺上。余班长嗫嚅了半晌，不敢吱声。待团长怒容平缓了后，余长寿鼓足勇气，补上一句：

"团长，就剩这最后一条路，豁出去了，怕什么？"

"放屁！"又招来团长的呵斥。

谢晋元反对在孤军营组织暴动，并不是害怕什么。他什么也不怕。上刀山，下火海，八百壮士中，他是第一个。他也不担心对付不了那帮商团兵丁。对八百壮士的实力他心里最有数。要拉开架势动武，别说守在孤军营外几十个呆头呆脑的兵丁，就是把万国商团都拉来，也不是八百壮士的对手。

但是，孤军问题不是一个用刀枪、用拳脚可以解决的问题。

从固守四行仓库之时起，八百壮士就不单单是作为一支奇兵投入作战，也是当作外交棋盘中的一颗棋子调遣的。上海的最后作战虽然收拾不了淞沪会战的残局，也没能如蒋介石所期望的，对当时的九国公约签字国会议给予重大影响，但是八百壮士的英勇作战精神给各国政治家、外交家留下深刻印象，唤起国际舆论的广泛同情。

在外交棋盘上，八百壮士这颗棋子，曾是走得很高明的。撤出四行仓库后，由于日本人从中作梗，中国孤军才成为中国同英国和美国错综复杂的外交关系中的一个悬案。英美虽明确表示，无意长期滞留中国孤军，但也不能为释放孤军而与日本作对。中国政府虽多次要求恢复孤军自由，但也不想为此事使英美过于为难。为了对付日本人，中国正求助于英美列强，怎么可以把同西方列强的关系闹僵呢？在这困难的棋局中，八百壮士这个卒子，它可以冲锋陷阵，可以原地待命，甚至可以自我牺牲。

谢晋元是团长，当然比他的部属更明了自己在棋盘上的位置和作用。如果说当年派八百壮士死守四行仓库，是在显示中国抗战的决心，那么现在让中国孤军孤悬上海租界，则是在向英美列强表示中国的忍耐精神。

暴动这条路，谢晋元不是没有想到，早在一年前他致蒋介石的信中就贡献了这条计策。但是蒋介石在"皓电"中明确地拒绝了。为了博得西方列强同情的眼泪，为了从英美对外援助中分得一杯残羹，中国可以作出巨大让步，甚至牺牲一支英雄部队也在所不惜。这就是蒋介石的"韬略"。作为一名军人，应该懂得丢卒保车的道理。

"忍受一切艰苦，以维国家荣誉"，蒋介石的"皓电"如警钟在耳。八百壮士可以昂头挺胸地冲杀出孤军营，但是谁能承担得起违背钧令，聚众暴动，刺激英美，损害抗战大局的罪名呢？

谢晋元决心采取坚决措施，制止任何违纪越规行为。他明令禁止在军营中搞小团体，拉帮结派，宣布取缔班长会议，将为首的朱胜忠、党仁杰二人禁闭三天。

听说余长寿已经托人把准备暴动用的木锯弄进营内，谢团长大为恼火。为避免闹出乱子，入营之初，团长将手枪都埋到了鱼塘下，现在却把锯条弄来，企图举事，岂不是胡闹？团长领人去收缴木锯，余长寿还要强辩，团长不耐，抬手给了他两个嘴巴。

余长寿再不言语了。

朱胜忠、党仁杰关了禁闭，余长寿挨了两个嘴巴，偷偷摸摸的"班长会议"散伙，正在策划的暴动计划彻底告吹。

但是，孤军营从此再难平静下来。

参加班长会议的虽然是少数人，而他们暗中商议的暴动计划，却符合相当大部分官兵的心意。进入孤军营至今，已有五百多天，官兵们渴望恢复自由的迫切心情与日俱增，陈玉祥、史国友的死难及李永成等人的逃离，更是如团团烈火煎熬着官兵的心。滞留则坐以待毙，逃离才有望生存。生路与死路，就这样鲜明地横在人们面前。朱胜忠潜逃遭枪击，商团的枪声，更明白无误地告诉孤军官兵，为争得自由，必须流血，必须动武。

团长谢晋元因职责所在，从另一角度考虑八百壮士包括他自己在内的生与死、去与留，坚决反对孤军暴动计划。这样，在事关八百壮士生死存亡的重大问题上，团长与部属的意见发生了分歧，尽管团长有一千条理由坚持己见，但是部属是不是都能理解他呢？

曾经是坚强如钢的孤军营垒出现了裂痕，曾经是步调一致的战斗行列发出了杂音。谢晋元团长的权威受到了挑战。

4月29日，谢晋元收到一封匿名信。缘由是，前日发饷时没给上等兵加饷，有人认为不公，准备聚众闹事，声言要"谢某人小心脑袋"。

个别士兵闹饷，公然给团长写信，以死相威胁，孤军营里从无此例。

又一天早上，雷雄连长前来报告，有人在洗澡堂内贴出纸条，内容颇为恶毒。谢晋元急忙赶往观看，纸条中无端指责孤军营内经济不清，有贪污舞弊行为。泼妇骂街般从团长骂起，直至连长、排长，轮着骂了一遍。

一纸胡言。

孤军中一切经济账务，谢晋元从不经手，一直由经济委员会经管，账目日清月结，张榜公布。凡属地方团体捐赠款项，均公开登报。至于官兵每月薪饷粮秣，一个萝卜一个坑，更无缝隙可乘。告营中经济不清，毫无根据。这显然是因为前些时日严办朱胜忠、党仁杰等人，招致个别士兵不满。加上近两个月来，米贵煤贵，给养不足，饭菜不佳，伙食费没有节余，有人心中不舒服，在此发牢骚，说怪话，放臭屁！

无端地被个别士兵泼了一身脏水，谢晋元心中极为不快。回想进入孤军营以来，呕心沥血，对内对外艰苦撑持，以致力竭声嘶，焦头烂额，大有呼天天不应、叫地地不灵之痛。而少数无知士兵认为，处此环境，大家没有办法，犯了纪律，亦不能将他如何处置，由此胡言乱语，恣意捣乱。他们只知要这要那，要食要用，不知体谅官长之苦衷，没有良心，殊堪浩叹。

连日精神刺激，使谢晋元心绪不宁。追忆羁困孤军营经历种种艰难困苦情形和惨痛生活，实难用言语形容。触动情感，不禁落泪。

迭经调查，澡堂里的纸条，果然是党仁杰串通本连班长施彪及士兵孙翰钦所为。团长当即将彼等三人扣押，对党仁杰、施彪各棍责一百，直打得此两个顽兵皮开肉绽，屁滚尿流。

孤军营内的情形不断恶化。

一年多来，已经调理妥帖的精神忧郁症，又在一些官兵身上复发，一股不断膨胀的离心力，像一只猛兽，在孤军营内撞来撞去。每到黄昏以后，便有官兵三三两两地在铁丝网前徘徊观望，嘀嘀咕咕，寻找缝隙，伺机而动。

丰富多彩的营内生活，在壮士们面前似乎失去了往日的色彩，坚强如钢的纪律之绳，在官兵心中开始松弛。晚饭后，总是挤得满满的体育运动场，显得冷落多了。早操，也总有一些官兵姗姗来迟，或借故缺席。那天打霍乱预防针，本应集合队伍，按册点名，一一落实。但各连值星军官不负责任，既不集合队伍，也不督促检查，愿打的打，不愿打的不打。结果，竟有一百余人不打。一些士兵更愿意把时间消磨在麻将牌桌上，军人服务社里烟酒销量大增，不少人在借烟解闷，借酒消愁。有的士兵寅吃卯粮，又在服务社赊账，最多的竟赊账十元之多，简直是胡闹。

个别军官也行为乖戾，放浪形骸。一天夜里，机枪连排长陈日升在宿舍里与几位老乡喝得酩酊大醉后，跑到团长住处，胡搅蛮缠，要团长给他指一条活路，又哭又闹，折腾了半个多小时，后来是雷雄连长死拉硬拽，才将他架走。

精神苦闷，意志消沉，纪律涣散，种种不良习气，瘟疫一样在孤军营内蔓延。

一年多来，费尽苦心在军营中建立的新生活秩序受到冲击和侵蚀。谢晋元忧心如焚。

当年坚守四行仓库，面对日军的轮番进攻，他眉头也没皱一下，在孤军营，忍受着商团兵丁百般摧残，他也不怕，但是，当他看到军营内部出现的分歧混乱现象，他担心极了。堡垒是最容易从内部攻破的啊！他感到孤军营就像洪水冲击下的一道堤坝，随时可能坍塌，他指挥的这支队伍就像一只在大风中扑腾的风筝，随时可能脱手而去。

团长决心采取果断措施，加固自己的堤坝，抓牢手中的风筝。

那一天出早操，谢晋元查视各连寝室，发现不少军官未能按时起床，出操队伍稀稀拉拉，缺操人数以一连为甚。一连士兵九十四人，为各连人数最多者，但到操仅三十人。该连军官无一人到操，甚至值星排长陶杏春也缺席，正副班长中，除一指挥早操之副班长外，再无第二个人。检查各班人数，每班二至四人不等，第九班竟无一人到操。

军官不负责任，高卧床上，士兵纪律松懈，放任自流，此种醉生梦死之行为，恐生无立足之地，死无葬身之所。

追查缺操原因，据该连士兵报告，该连连长上官志标自定规矩，副班长以上可以不出早操。团长闻言，对此种荒谬处置，极为愤恨。部队能否作战，完全寄托在班长身上，军语谓"班长为头目"，可见班长在军营中的重要作用。班长要是连早操也不参加，如何领兵打仗？

收操后，谢晋元即手书命令，以一连连长上官志标教育无方、值星军官陶杏春疏于检束，各记过一次。该连第九班班长曾凡予以申斥。

命令下达后，团长召集部队训话，严饬振作精神，恪守纪律。军官应以身作则，恪尽职责。坚决杜绝种种敷衍、散漫、放纵之不良行为。

是夜8时，谢晋元与雷雄连长及两位排长正打台球，上官志标连长闯了进来，大叫冤屈。他说："跟了团长五六年，无功也有苦，我要是犯下罪，杀我的头，也无话可说，但不要变着法子出我的丑，伤我的面子。更不要为拿我出气，而株连部属，将陶排长、曾班长和我绑在一起示众。"

见上官连长来势汹汹，盛气凌人，打台球的两位排长早吓得躲了出去。雷雄连长见上官志标情绪激动，便劝他一句："请上官连长冷静一下。团长并不是与你过不去。长官处分部属，并不是要整人。处分公正不公正，上官连长有话慢慢说。"

雷雄连长本是一番好意，不料上官连长眼珠子一瞪，"雷连长，打你的台球去，不要帮腔。"一句话把雷雄噎得满脸通红。

上官志标这通没头没脑的话，让谢团长听着好生气。他是一连之长，对部队管束不严，不检讨错误，反而在此大喊大叫。看样子，他是要干架来的。

谢晋元耐住性子，问他冤在何处，屈在何方。上官志标争辩说，曾凡班长受到申斥，最为冤枉。第九班悉数为乙组篮球队队员，早上进行篮球训练，因而缺操。

团长又问缺操的其他士兵都干什么去了。

上官连长尽量东拉西扯，敷衍搪塞，打扫卫生的多少，排练节目的多少，出公差的又是多少，说得天衣无缝，一个不差。

团长问："谁人规定篮球队员、演出队员和卫生勤务可以不出早操？"

上官连长答："我！"

团长又问："谁人规定班长以上不出早操？"

上官连长一仰头："我！"

"胡闹！"谢晋元勃然大怒，"就凭这一条，开除你也不过分！"

"……"上官志标还要强辩。

"你不要说了。"团长厉声断喝。

上午宣布处分命令时，上官志标的态度就极为傲慢，现在还当面反抗，毫无理由的反抗。谢晋元极为愤怒，当即严词申斥：

"余今日任何人均不怕，余如不死，在此一日，决负责到底。为维持国家民族之光荣，为维持我孤军名誉计，对军中任何不良行为，决不敷衍塞责，姑息放纵，以免危害团体，误国误民。你今天的作为，自己回去反省吧！"

上官志标连长气呼呼地退了下去。

此后一连数日，上官志标闭门不出，既不参加操课，也不主持连队工作。谢团长派邓英、唐棣两位连长多方劝解，促其觉悟，均无效果。

上官志标与谢晋元憋着的这股劲，已经不是三天两日的事，也不是因那天缺操才发生。上官志标对团长有气，主要是在如何对待孤军前途上。上官是位连长，他看问题更多是从孤军官兵本身的前途利益着想。他认为八百壮士是军人，军人就应该拼杀在沙场，而不应当作为外交家筹码，在谈判桌上任人摆弄。上官连长感到，把孤军官兵长期滞留在租界，只有死路一条。不是像尤长青等人那样被商团打死，就是像陈玉祥那样病死。终有一天，孤军营会成为一座坟墓，把几百个兄弟葬送在此。

他认为孤军官兵不仅有一百条理由脱离困境，也有一千条活路可供选择，流血的办法、不流血的办法都有。比如地方人士建议用难民或苦力替换官兵，比如李永成等人分批潜逃，还有朱胜忠等人策划的组织暴动等。可是这些活路，都被团长一一堵死。

朱胜忠等人密谋的暴动计划，上官志标虽然不曾参与，但他内心是赞成的。他是连长，与士兵同室睡觉，同桌吃饭，平时接触多，或许可以说，朱胜忠等人的大胆计划多少也是受到他的言行影响、暗示而萌生的。上官志标心中认定，孤军官兵之所以长久羁困此间，并不是商团兵丁把我们看住了，其实是我们自己捆住了自己的手脚。说得明白点，是谢晋元团长把大家关住了。

回想起来，朱胜忠逃跑的那个夜晚，上官志标领着弟兄们与商团兵丁展开搏斗，要不是团长坚决制止，说不定已经酿成暴动之局，官兵们已经破网而出。当谢晋元挥舞棍棒，在铁丝网内乱砍乱打时，上官志标正与一名商团兵丁隔网挥拳，混乱中，胳膊也挨了团长一棒。追根溯源，他们的分歧在挨这一棒时已经表面化了。

孤军营难以安抚上官志标那颗焦躁之心。

除了再上战场，杀敌报国的责任感，他比别人又多了一层牵挂。他的妻子和刚满周岁的女儿正在上海租界当难民，时常入营探望。这种探监式的会面，时时刺痛着上官志标的心。说孤军营不是监狱，其实与监狱无异；说八百壮士不是囚犯，其实与囚犯差不多。妻子倒能体谅丈夫的处境，开始懂事的女儿却每次都拉着上官志标的手，大声哭喊：“爸爸，跟我们回家。”女儿的哭喊，好像一只利爪在挠抓上官志标的心。

上官志标决意脱身而去，追求自由，孤军营内的生活对他渐渐失去吸引力。

过去，他曾经热衷于体育运动，有时为一个球的输赢与雷雄或者邓英连长争得脸红脖子粗。现在，他觉得非常可笑。连自由都不要了，却为了一球争个不休。他曾受谢晋元的委托，组织孤军剧团演出抗战剧目，并为此扯破了嗓子，费尽了口舌。现在想来，也很荒唐。我们是军人，应与日寇真刀实枪地干，唱歌能把鬼子唱垮吗？孤军营内出操呀、站队呀、打球呀、演戏呀，还有栽花、种草、养鱼，有什么意义？哄人！

团长以缺操为由，滥施惩处，小题大做，故意整人。他上官志标不服！

上官志标的心思，谢晋元不难体察。他们是多年的战友，彼此非常熟悉。上官志标，字升平，福建上杭人，比谢晋元小六岁。中央军校毕业。1932年"一·二八"淞沪抗战时，两人同在第五军第八十七师第二五九旅参加作战，谢晋元在该旅任营长，上官志标是旅长孙元良的勤务兵。上官曾随孙旅长到谢晋元营视察阵地，二人从此相识。淞沪会战结束后，谢晋元入庐山军官训练团第二期受训，1934年毕业归队，时孙元良升任第八师师长，谢晋元任该师训练团教官。上官志标在当了几年勤务兵后，希望能带兵打仗，经孙元良批准，委任为训练团排长。谢晋元执教鞭，训练有素，精通操典，甚为上官志标所敬重。上官志标身为排长，聪明伶俐，勤奋好学，也得谢教官喜爱。二人相处甚笃。

后来几年，谢晋元升旅中校参谋主任，上官志标升连长。二人虽不是直接上下级，但同在一个旅，经常在一起探讨带兵打仗之道。到了四行仓库作战，谢晋元与上官志标配合作战，同生死，共进退，终成患难之交。

现在，上官志标怄气，闹别扭，谢晋元自然知道他的气憋在哪个穴位，他的船搁在哪个河湾。谢晋元想，组织暴动，冲出牢笼，恢复自由，重上前线，我何尝不这样想？你以为我怕流血，怕冒险？有啥可怕？从参加北伐以来，老子都死过好几回了。1926年在浙江桐庐与孙传芳部打仗。打了五天五夜，我是连长，全连伤亡过半，血把堙壕都染红了。1928年在山东泰安与张宗昌部队拼命，我们攻东门，我当营长，带着工兵炸开城门，第一个冲进城内。打了十几年的仗，连同四行仓库之战，老子连遗书都写过五六回了，谁还怕死？

你以为我怕租界里的英国鬼子？我和英国佬是老冤家。1925年，我在广州中山大学读书时，赶上沙基惨案，在街道上，我和同学们用木板与英国兵干了一仗。就因为要争这口气，我大学读了一年，便投笔从戎，考入黄埔军校。

你上官志标老婆孩子住在租界，不得团圆，甚觉委屈。我谢晋元战前就把妻儿从上海送回广东老家，我的小儿子都一岁多了，当爹的还未见过一面、亲过一口呢!

若图一时痛快,求个人自由,骑上我的白马,大手一挥,领着弟兄们就可冲出大门。可是,这行吗?我们是军人,得听命令。八百壮士不是散兵游勇,上海租界也不是寻常去处。蒋介石的"皓电"说得明明白白,他叫我们要忍耐,我们就不能妄动。要是我们在上海租界暴动,闹出事情,惹恼了英美,到那时蒋介石怪罪下来,说我们影响了国家抗战大局,我们担得起罪责吗?

谢晋元明知上官志标在孤军去留问题上与他看法相左,明知他的船在此抛锚,但既不能让他往前开,也无法使其掉转船头。派去做劝解工作的唐棣连长曾来报告:上官志标自上次与团长争吵后,极为灰心,自知言语不慎,请求原谅。但他仍然认为孤军决不应再在此滞留,必须采取坚决行动。谢晋元本人也曾两次与上官志标倾谈,仍然没有效果。

上官志标由此日益消沉。他放松了对连队的管理,在士兵中散布对现状不满意的言论。一连班长朱胜忠等人,此前因召集班长会议而受到严厉处分,之后曾在团长面前极力表示悔过自新,但现在受到上官志标连长的影响,旧态复发,暗地里串通少数老兵,嘀嘀咕咕,在明处即故意表现出桀骜不驯,目无纪律,顶撞官长。一连队伍向来是八百壮士中的主力,人数既多,素质亦好,精神面貌及战斗作风均优于其他各连。近来却走下坡路,思想混乱,纪律松弛,并且连续几次发生士兵企图殴打军官的事故苗头。

长此以往,后果不堪想象。

谢晋元决意加以整治。他招来一连排长江顺治、伍杰及排附邓炳、刘占魁等查问连队情况。据江排长等报告,上官志标连长曾暗中托人购买毒药来沙尔,似有不轨之行为,且在言谈中流露出对团长的愤恨。对此应有所防备,免生不测。

团长闻言,先是一惊,他不敢相信此事,但仔细一想,不无可能。上官志标处世做人有其长处,也有其短处。他虚荣心强,为人轻佻。自恃过去当过孙元良勤务兵,为孙师长牵过马,提过枪,后来又有战功,在八百壮士中算他人多枪多,在几位连长面前,时常表现出傲慢情绪,并且他脾气暴躁,容易冲动,做事不择手段,不顾后果。现在,他情绪如此低落,不敢保证他不会铤而走险。

江顺治说得有根有据，不可大意。

思虑至此，谢晋元愤慨万分：六年多来，我与上官志标患难与共，情同手足，时至今日，反人面兽心，处此环境，如此妄为，诚意料所不及。寻根溯源，谢团长想，这也是我的无能，六年之部属，尚如此不肖，实为教育无方，管束不严之故。羁困19个月来，为团结部属、巩固内部计，我事事委曲求全，冀以精神感化，和衷共济，应付此险恶环境。岂料，由此不仅生出士兵目无官长之弊，而僚属亦因我过分宽厚，以为在此可以胡作妄为。如果我继续麻木不仁，养痈遗患，即团体内部无法维持，八百壮士走上绝路，孤军营将不攻自破。苟如此，何颜以对全国亿万民众及全世界仁人志士属望之殷？

营中出现的这股暗流，使谢晋元深感孤军营正处在危险之中。一年多来，苦心营造的堤坝随时可能崩溃，正在茫茫大海中行驶的航船剧烈颠簸，正在大风中扑腾的风筝随时可能脱手而去。

谢晋元陷于极度苦闷和烦躁之中。他食不甘味，夜不能寐。5月下旬的一个夜晚，他梦见全营暴动，枪声大作，随后见孤军官兵纷纷倒于血泊，不久听见有人推开房门，将受伤的官兵抬进他的寝室，血流满地。

谢晋元自梦中惊醒，大汗淋漓。

日有所忧，夜有所梦。谢晋元担心孤军失控，担心上官志标胡来，担心有人干出蠢事。对个人生死荣辱，他可以不计，但他不能眼看着载着八百壮士的航船偏离方向，以致毁灭自己，危害国家。

经一个星期反复思虑，为顾全孤军光荣名誉，维持秩序纪律起见，谢团长决定采取外科手术式断然措施，惩一儆百。

5月23日中午，谢晋元约见马飞上校，向他通报了营内近日出现的不良现象，决定对上官志标连长实行隔离。谢团长要求商团在孤军营外准备一个隔离室，于明日上午，派团丁将上官志标押走。

马飞知孤军营内部有了麻烦，不敢多嘴，赶紧按谢晋元要求回去准备。

将上官志标连长移出营外，由商团兵丁单独看管，是一种极严厉的处罚，在军纪营规中从无此例。羁困一年多来，为维护孤军荣誉，不使外人看轻，谢晋元团结官兵与洋人英勇斗争，势不两立。现在却要把自己的弟兄送出营去，由洋兵监守，这不是丢中国军人的脸吗？

作出这一决定，谢晋元内心之惨痛，难以用言语形容。采取这种极端措施，是为了防止上官志标在营内滋事，也是为了猛击一掌，促其醒悟。忍痛出此，实别无选择。

谢晋元精神受到刺激，彻夜不眠。

1939 年 5 月 24 日，星期三，微雨不止。凌晨 4 时 1 刻，谢团长起床。由于精神过于紧张，几乎不能自制。

6 时出操，在操场遇见上官志标连长，尚盛气凌人，愚顽不化，令人痛恨。

8 时正，马飞上校领商团 10 名团丁按约入营。谢晋元当即召开连长会议，宣布将上官志标连长移出营外，隔离反省。雷雄、邓英、唐棣三位连长理解团长苦心，知事情至此，别无良策。上官志标态度仍然傲慢，一脸死不回头的神情。

谢晋元毅然决然将上官志标交给马飞，看着团丁前后簇拥押解着上官志标走出营门，团长那颗心像被人血淋淋地摘去，痛不欲生。

马飞离去时，谢晋元面交一封信函，对上官志标在隔离期间的看管和安全提出明确的要求，共有三项：

（1）严格限制上官志标接见客人，无论何人，非经本团长批准，不得前往探视、采访。

（2）上官志标所有来往信函，一律交本团长检阅后，方可转送，物件亦然。

（3）上官志标起居饮食应特别予以优待，精神上切盼勿加刺激。

马飞上校点头称是，答应严饬商团卫兵严格按此三条执行。

上官志标被押走后，谢晋元即领人检查其房间，出人意料地从他床铺之下，搜出一把斧头。看见这明晃晃的利器，在场官兵惊骇不已：上官连长显有不轨之图谋，团长对他采取的断然措施确有必要。

此外，从枕头之下又搜出一沓日记和信件，谢团长仔细检阅，又发现若干荒谬绝伦之内容：

"……一方想法与谢拼命，并写稿以便报馆登载，预备买来沙尔（即毒药）吃，然后以菜刀拼之……"

"夜至江（即江顺治）房中望了一回，谈些谢先生之德政，故此我越谈他，我心中越恨……"

"江顺治之野心毕露……况彼又到谢处拍马，愿充其个人之奸细，第一连之叛徒……我心中最恨谢……"

看了这些日记，谢晋元脸色大变，他没有料到事情会严重到如此地步，没有料到上官志标对自己有这样深仇大恨，更没料到他在暗中磨刀霍霍，准备前来拼命，然后服毒自杀，还预备好文章准备登报披露。

幸亏事情及早败露，否则真要酿成大祸。

当日上午9时，谢晋元召集全体官兵训话。团长先将上官志标与他六年来南征北战，同生死、共患难之情谊，及其本人累累战功述说一遍。而后，揭露上官志标近来目无军纪，挑动无知士兵企图捣乱，乃至丧心病狂，密谋陷害长官等种种恶劣行为。再次，言明多日来，曾派唐、邓连长等军官前往劝说，促其觉悟之苦心。

训话结束，谢晋元心力交瘁，午饭也吃不下，回寝室后即和衣躺下。

下午3时半，又集合一连官兵训话，讲明上官志标的错误由其本人负责，与他人无关；勉励全连官兵遵纪律，守秩序，稳定思想，安心工作，保持以往光荣。

当夜杨得余排长来报，自将上官志标移出隔离后，一连士兵情绪不稳，以胡梦生为首的一批湖北籍士兵，平时就对江顺治排长怀有恶感，现在又怀疑是他告了上官连长的密。情况恐对江排长不利。

谢晋元担心无知士兵继续闹事，当即召胡梦生等人详加训诫。团长解释道："上官志标所作所为我亲眼所见，亲耳所闻，无须他人报告。他受到纪律制裁，咎由自取。他的错误与尔等无关。你们如是非不分，恣意胡闹，对团体、对上官志标连长、对你们本人都没有好处。你们要三思而行。"

次日晨，谢晋元又将江顺治排长叫来，嘱其向胡梦生详加解释，缓和矛盾，小心在意，切不可再闹出不良事件。

见江顺治心平气和，胸有成竹，谢团长也自我安慰，湖北兵惯来嘴上很硬，实际上不敢胡来，心中于是稍安。

不料，江顺治去后不久，即闻营外商团兵丁吹响警笛。谢晋元情知不妙，疾步走出房门，果见江排长满口是血，飞奔而来。

原来，江排长回连不是先找胡梦生个别谈话，而是将对他不满的十几个湖北籍士兵一同召集开会。这些士兵人多势众，你一言，我一语，寻衅闹事，江顺治哪里控制得了。一句话不对，即把火点着。胡梦生、傅官来、魏成河等三人动拳动脚，将江排长打得鼻青脸肿，鲜血直流。

一波未平，一波又起。

因处置上官志标，引发的一连串恶性事件，令人震惊。以往，八百壮士团结如一个人，坚强像一块钢，没有缝隙，没有破绽，所以，无论东洋人，还是西洋人对他们都无可奈何。现在自己内部却打了起来，乱了起来。这使商团兵丁也感纳闷，中国人怎么啦？

孤军营内，意志纷乱，军心动荡，陷入前所未有的危机。

面对危局，谢晋元思前想后，焦虑万分。他想，发生如此不良事件，固然有客观上的原因，比如租界环境恶劣，洋人欺迫，官兵报国无门，情绪苦闷。但是，也有不少人在目前处境下产生了错误观念，认为现在官兵同属囚徒，彼此地位相同，谁也不要管谁，谁也管不了谁。哪有什么纪律？谁是什么官长？

谢晋元想到，他本人过去性情硬直，责任心重，处事绝不迁就，但现在，限于孤军营的特殊环境，事事委曲求全，往往偏重精神感化，大事化小，小事化了，以求和衷共济，致使军中养成今日之恶习。营中出现不良行为，责任在于官长。倘若自己再宽大手软，则内部无法维持。此目无法规，恣意捣乱，侮辱官长之行为倘不尽力压制，前途实不堪设想。

谢团长终于明白，要巩固孤军营阵地，稳定官兵思想，单靠开展军事训练，组织文体活动，改善营中生活条件不行；宽大忍让，委曲求全，保持一团和气也不行；还必须举起军纪营规这个法宝，对那些胆敢触犯纪律的人，必须严惩不贷。否则，孤军营垒就会从内部瓦解，孤军航船就要沉没。

上午10时，营内敲响"乱钟"，这是紧急集合信号。官兵们谁也不敢怠慢，一齐奔往大礼堂，连刚挨了毒打的江顺治排长，经简单包扎之后，也一拐一拐地赶到礼堂，坐在自己的位置上。

谢晋元团长神情严峻，脸上绷得紧紧的，铁柱般戳在台子上。瞧这架势，士兵们知道，团长今天有要紧的话说。

没有什么开场白，会上，团长首先宣读了一道命令，全文如下：

命令

查本营奉令撤退以来，羁困此间，十九个月于兹矣。本团长为保持我军过去名誉，国家民族之光荣，苦心孤诣，竭尽心血。不料近来官兵精神日益涣散，纪律废弛，败状坏象有加无已。从即日起，再有目无官长傲慢怠惰之行为，决按律惩治，绝不宽容。仰尔等善体斯意，切勿以身试法，切切此令。

民国二十八年五月二十六日上午十时于孤军营

接着团长训话。谢晋元嗓音徐缓，语重心长，他说："近几个月来，孤军营内出现目无法纪，殴打官长等不良事件，系管教无方、督察不严之咎。一切由余个人负责。国家有法律，军队有纪律，以往官兵犯过，本官均委曲求全，化大为小，冀和衷共济，图表面团结，免被外人看轻。以致最近发生上官志标连长目无官长，胡梦生等殴打排长后，多数官兵迳向本官发出忠告，对此种严重违纪行为，倘再宽容，助长此风，则纪律崩溃，团体无法维持。过去治军过于宽大，法纪不张，为本官失职之处，决痛改前非。余在此为最高长官，好在余一人，坏也在余一人，余为代表中华民国革命军人人格之一分子，决不让彼一二败类，辱及国家民族之光荣。尔等应知余训诫不肖，并非有何成见，长官纠正部属之过，并无仇恨可言。军人以服从为天职。余如丧心病狂，对尔等不管不问，余则为国家罪人矣。"

谢团长宣读命令时，斩钉截铁，锋芒毕露，令军心震慑，及至他的训话，即引咎自责，不怨部属，推心置腹，恩威并施，晓之以理，动之以情，官兵们听后，明大义，动真情，无不落泪。

将上官志标移出营外后，谢团长召集邓英、唐棣、雷雄三位连长及陶杏春、伍杰、杨得余排长等开会，分析官兵思想，指示他们多做解释引导工作，发现有不良苗头，即用坚决手段，及时扑灭。为加强一连管理，谢晋元卷起铺盖，住到一连宿舍，自兼该连连长，为此又下达一道命令：

查第一连连长上官志标，目无长官，言行乖妄，暂予停职，所遗连长职务，由本团长自兼。该连少尉排长江顺治因伤住院期间，所遗排长缺，由排副刘占魁代理。仰即转饬，一体遵照为要。此令。

孤军营内整肃骄妄，严明军规，顺乎多数官兵心意，胡梦生、魏成河、傅官来、郭少银等几位违纪士兵，在军规震慑下，幡然悔悟，在团长面前一齐跪下，请求宽恕。他们哀求团长，为保持孤军荣誉计，切勿将其移出营外隔离，免为外人窃笑，愿在营内接受任何惩处。

鉴于彼等已有悔改之意，谢团长发布命令从宽处置：

命令

查本月二十五日上午九时，第一连士兵十余名，聚殴该连排长江顺治，此种悖理妄法，目无官长，侮辱官长之行为，发生于此种险恶环境，言之痛心。本应按律惩处，旋念该中士胡梦生，下士魏成河、傅官来等，平日谨守纪律，着从宽将以上三名罚禁闭一月、与记名开除处分，并将郭少银上士开除班长缺外，其余免究，以观后效。嗣后务望恪守纪律，服从命令，倘再有此等事件发生，必罪加一等，决不姑宽，仰尔等一体凛遵，毋违此令。

五月三十一日下午一时于本营房

亡羊补牢，为时不晚。数日之内，谢晋元连下三道命令，大力整饬内部，严肃纪律，修补"笆篱"，巩固团体。

对上官志标，谢团长更是牵肠挂肚，放心不下。他每天约见马飞上校，询问上官志标的情况。据马飞介绍，上官志标日常生活均为正常，唯伙食由商团代办，他不习惯西餐。谢团长当即告诉马飞，应为上官志标提供中餐，务必把伙食办好，所需款项，由余支付。并嘱早晚运动，也极重要，望多多为其提供方便。

谢晋元团长特别提醒马飞，上官志标人极聪明，作战尤为勇敢，唯年轻经验少，思想单纯，易于冲动，此次过失，性质为违反内部纪律，并非犯罪，只要引导得法，定可令其悔悟。望商团方面，切不可予以歧视、虐待。

马飞唯唯称是。

虑及上官志标在隔离期间，精神无所寄托，易滋生杂念，谢晋元特精选《孙子兵法》等六本书籍，托马飞带往转交。

上官志标现在是个有心病之人，谢团长正想方设法，让他吃好，住好，学习好，以利平心静气，反省自己，早日"康复"。

眼下，上官志标被隔离在营外，谢晋元无法前往探视，对他的教育、挽救，只能借助纸与笔。被隔离的次日，上官志标曾写来两封信，一封致团长，一封致其妻。在给团长的信中，上官志标对自己的错误尚无认识，企图狡辩。谢晋元阅后搁置一旁，静观待变。在上官志标致其妻子的信件上，团长附加一段话，将上官志标受处分的情况作简约介绍，及时托人代转，以释其念。

一个星期后，6月5日，上官志标又写来一封信，较前大有进步，表示了悔改之意，并退回上次托马飞转交的六本书籍。团长仔细检查，书中有不少圈圈点点，证实确已读完。

见上官志标有所转变，谢晋元心中略安。团长嘱雷雄、唐棣、邓英等军官分别给他写信，促其觉悟。又逐步放宽禁闭，特别允许其妻子前往探访。

6月15日，谢团长用了一天一夜时间，亲笔书写一封致上官志标的训诫信，仁至义尽，苦口婆心，洋洋洒洒写了六千余言。

16日，团长召集雷、唐、邓三位连长及伍杰、陶杏春排长等五人开会，将致上官志标的信件全文宣读。几位军官均为团长之苦心感动，都说：除非铁石心肠，否则，这剂汤药下肚，定见功效。

当日中午，谢晋元将信件托翻译官转送，同时，交付洋银十元，供上官志标零用。

待在商团兵丁把守的小木屋，上官志标苦苦思索了25天，之后，他终于记住了一句话：军人以服从为天职。6月24日上午10时，他解除隔离，释放回营。回时和去时规格一样：十名全副武装的团丁分列两队，正步前进，上官志标被簇拥在中间。

在孤军营内接受处罚的胡梦生、傅官来、魏成河等三人，自关了禁闭以后，痛定思痛，决心改过自新，已于6月16日提前开释，回到自己的队伍之中。

在巡捕医院疗伤的江顺治排长，下嘴唇缝了四针后，仅住了七天，便早早出院。

望闻问切，针砭汤药，经近一个月的精心调理，孤军营又开始经络通畅，恢复健康，受伤的康复出院，关禁闭的提前开释，隔离的也重新回到营房。孤军官兵抖下身上的病痛，解除思想中的疙疙瘩瘩，又精神抖擞地战斗在自己的营盘上。

中国孤军毕竟是经过战火锤炼的坚强集体，八百壮士终究是历尽磨难的优秀军人。

看到孤军营生活走上正轨，谢晋元心中无比宽慰。就在上官志标回营的当天下午，谢团长雅兴大发，挥动已搁置多时的球拍，与上海滩上的网球好手陈克勤对阵，两人从4时战至5时30分，直至陈克勤大汗淋漓，双腿发软，动弹不得为止。

往日，谢晋元常做一梦，肋生双翼，变作鹏鸟，翱翔天际，高低旋转自如，殊得意快慰。但是，进入孤军营20个月来，再未重温此梦。而在孤军航船化险为夷后，6月24日夜间，他心中的那只鹏鸟又飞了回来。他曾在日记中极为清晰地描述了此一梦境：

> 本夜得一梦，余身生两翼，欲飞用尽气力，始终不得离地，心神懊丧万分。久之，余身忽觉高飞入云，纵览宇宙万物，翱翔自如，心神怡悦，欢笑而醒。

此欢笑而醒之黄粱梦境，距上次梦见全营暴动惊叫而醒，时间恰为一个月。在大风大浪中，孤军航船又闯过了一道险滩，奔向新的航程。

第十四章
"我是中国人……"

  开放的孤军营成为租界里一个抗日据点和宣传救亡的讲坛。这更加深了日军的恐惧和仇恨。8月，日军加紧策划着迫害孤军营官兵的种种阴谋，汉奸特务的黑手也悄悄地伸了进来……

孤军营外的世界很不美妙。

中国战场呈现出一派令人沮丧的景象，国民党主力部队连战皆北，大踏步后退，先后放弃了北平、天津、青岛、上海、南京、广州、武汉等战略要点，一气退到黄河以南，平汉铁路以西地区。"七七事变"至武汉失守，仅一年零四个月时间，国民党军队便断送了大半个中国，却还美其名曰"以空间换取时间"。国人无不痛心疾首：照这种"换"法，亡国为时不远了。

中国土地上哗哗流淌的鲜血，更刺激了日本侵略者的兽性；国民党军队的溃败，更助长了日本当权者的野心。武汉会战后，从东京日军大本营传来了新的战争叫嚣。1938年11月3日，也就是武汉沦陷后的第九天，日本政府发表所谓建立"东亚新秩序"的对华声明。同日，日本首相近卫文麿发表广播讲话。这篇讲话强词夺理，颠倒黑白，厚颜无耻，满口胡话，领教了它，你才会懂得什么叫强盗逻辑，什么叫侵略者的嘴脸。听，他是这样胡说的：

> 我现在荣幸地宣布日本政府关于在"东亚建立持久和平"的观点。建立"东亚持久和平"这一"宏图大业"是威德煊赫令人永志不忘的明治天皇赋予我们的重任。

> 皇军占领广州之后，中国的心脏汉口亦被攻占。至此，支撑现代中国生命之中原地区及其七大城市已落入我军手中。中国古语云："得中原者王天下"，因此，蒋介石政府今后仅为一地方政权而已。此番日本未曾动用过多军力，即获显赫战果，尚保持充分国力足以防止任何干涉。吾人从未像现在这样，对天皇陛下之庄严圣德及皇军官兵之英雄业绩满怀感激之情。

> 对着皇军将士寄予绝对信任的日本国内人民，正在坚定按着战时生产要求，为进行持久战争做好准备。……任何人如果相信广州、汉口的陷落标志着战局转折，并认为很快就能恢复到正常状态，他就是误解了目前形势的意义，危害之大莫过于此。日本承担起建设"新东亚事业"之使命，意味着我国一切国家活动已进入创造性的漫长时期，就此而论，真正的战争才刚刚开始……

战争狂人近卫文麿的这篇讲话，是向世界发出新的战争叫嚣，是向日本侵略军发出新的进军令。

武汉会战后，中国丧失了广大的战略腹地，损失了大量精锐部队，此后，国民党军队一蹶不振，无力组织大规模战略决战，中国抗日战场失去前期高潮迭起、动辄投入百万大军进行主力决战的气势和规模，抗战由此进入艰苦卓绝的相持阶段。

而在日本大本营的大东亚战略中，武汉的陷落，标志着日本侵华作战的决战阶段已告结束，蒋介石政府已降级为一"地方政权"，够不上是日本的对手，不算数了。此时，日本侵略者那贪婪的目光，已经越过正被他们踩在脚下的中国广大国土，开始觊觎中国版图之外的广大空间，日本人的战略目标大得吓人，它不仅仅要吞下中国，而且要囊括北至蒙古，南及越南、泰国、缅甸、菲律宾、马来西亚、印度尼西亚等在内的整个亚洲太平洋地区。

日本人并不是拿空话吓人，他们嘴到、眼到、手到。在近卫首相发表建立"东亚新秩序"的讲话不久，1939 年 2 月 10 日，日军第二十一军主力部队及海军陆战队，在海军第五舰队护卫下，从万山群岛起航，突然在海南岛登陆，并迅速攻占海口、榆林、三亚等要塞。

海南岛与雷州半岛仅隔一道狭窄的琼州海峡，全岛面积 3.3 万平方公里，是中国仅次于台湾的第二大海岛。海南岛战略地位极端重要，实为太平洋与印度洋之战略枢纽。日军占领该岛不仅可以截断香港与新加坡之交通，同时使菲律宾亦受其控制，而且进而切断亚洲与澳洲之联络。据此，日军向西可挺进印度洋以窥地中海，向东可钳制夏威夷、珍珠港，遮断东南亚地区英军与美军之联络。

东南亚是英、美、法等国重大战略利益所在。越南是法国殖民地，马来西亚、印度尼西亚是英国在东方的属地，美国在菲律宾拥有庞大的军事基地。日军攻占海南岛的隆隆炮声，震撼了整个东南亚，震撼了整个世界。它不仅是日本蹂躏中国的一个新步骤，而且是日军向南推进，与英美法争夺太平洋的重大战略部署。

日军进攻海南岛的次日，2 月 11 日，蒋介石在重庆接见外国记者，发表谈话称：日本进攻海南岛，无异造成太平洋上之"九一八"。此不仅为中日开战

美国军队在太平洋的岛屿上同日军展开激战。

以后的最大事件，实为三十年来太平洋局势改变之唯一关键。如任其占领盘踞，吾料不及八月，其设想中之海空基地，即可初步完成。到那时，太平洋上之形势必将突然大变。故日本之决然南进，并非欲借此以求中日战争之转机，而实证明其不惜最后之冒险，以扩大太平洋之战局也。

狂妄的日本侵略军在向南动武的同时，伺机北进，1939年7月，日本关东军第二十三师团，在坦克和飞机掩护下，向蒙古诺门坎地区进攻。驻蒙古的苏军在朱可夫大将指挥下，坚决反击，粉碎日军的进犯，歼敌一万余人。

日本"皇军"遭苏军当头棒喝后，只好忍气吞声，撤军议和。自此，日军取消了北进计划，开始集中全力向太平洋地区推进。

1939年是一个动荡不安的年头。正当日本侵略军穷兵黩武，大举南进，太平洋地区狂风大作，浊浪排空的时候，欧洲又形成一个可怕的台风眼。

纳粹德国在先期吞并了奥地利和捷克斯洛伐克之后，于1939年9月1日，突然大举进攻波兰。当天，希特勒宣布将但泽归入德国版图。9月3日，英、法对德宣战。在经过一系列酝酿、策划、摩擦、碰撞后，战火终于在欧洲大陆熊熊燃烧。

战争的瘟疫，从亚洲蔓延到欧洲，从大陆蔓延向大洋。自此，全人类卷入第二次世界大战的旋涡。

分布在上海、天津、武汉、青岛、厦门等城市的外国租界，是国际风云的晴雨表，关联着列强最敏感的神经。英国、美国、法国、德国、日本、意大利等等，在中国租界都占有各自的地盘，悬挂着自己的旗帜，他们不仅据此共同对中国压榨盘剥，而且相互争斗。租界成了世界列强之间你死我活的角斗场。地球上不论哪个地方有了乌云，都会在租界投入自己的影子，世界上不管哪个大国患了感冒，租界里都会听到他的咳嗽声。

　　天下大乱的 1939 年，国际间发生的一系列重大事变，都一一在中国租界听到它的回声。

　　2 月 10 日，日军攻占海南岛后，英美等国家如芒刺在背，立即作出反应。美国国会宣布禁止对日信贷，批准了对华"桐油贷款"，以援助中国抗日。英国宣布向中国援助大批汽车，供滇缅路运输军火物资之用。英美的举动，触怒了日本，日本人立刻拿英国在华租界开刀。

　　1939 年 4 月 9 日，日本特务机关在天津英租界，一手制造了暗杀伪临时政府"天津海关监督"程锡庚事件。之后，却栽赃他人，贼喊捉贼，要求天津英租界引渡杀人凶手。起初，英国不予理会。到 6 月 10 日，日军突然封锁天津英租界，在英租界四周架设了通上电流的铁丝网，对出入租界的英国人，包括英国妇女，进行侮辱性搜身检查。

　　英国人什么时候受过如此奇耻大辱？伦敦许多报纸都在头版，以激愤的言辞报道了发生在天津租界的这个事件。英国首相张伯伦发表声明，强烈要求日本立刻解除封锁，否则，将对日本进行经济制裁。英法政界许多人士嗅出天津事件背后的火药味，他们推测，"天津暗杀事件系日本与德国、意大利密谋挑起的，天津危机终将成为欧洲战争的序曲"。

　　6 月下旬，英国外相哈利法克斯召见日本驻英大使重光葵，向日本政府提出强烈抗议。这位腿部受过伤，一瘸一拐连路也走不稳的日本外交官，办起外交来却步伐坚定，决不退让。他知道英国的底牌，英国人不过说说而已，他们绝不会为天津租界这小块"飞地"，而不惜与日本闹翻，因此，日本外交官将英国的抗议一一顶了回去。

　　英国人曾拼命要挽回自己的面子，而恣意寻衅的日本人偏偏不给面子。双方僵持一些时日，英国骡子终究犟不过日本小老虎。7 月 15 日，双方代表在东

日军在上海地区残杀我国同胞，这是日方自摄的照片，标明"不许可"发表。

京会谈，英国代表屈辱地接受了日方要求，对日军封锁天津英租界的行为表示"谅解"。日本得寸进尺，进而提出禁止中国货币在租界内流通。在日本人的威逼下，英国人一次又一次低下了自己的头颅。

上海公共租界洋行大班们的日子更是越来越不好过。国际局势波诡云谲，潮起潮落，强烈地震颤着风雨飘摇中的这只孤舟，它若浮若沉，起伏不定，不论哪里刮风，它也要摇三摇，不管哪里起浪它也要颠几颠。

2月间，日军进攻海南的消息，对于上海公共租界，不啻一晴天霹雳。中日开战以来，日本人专注于对华作战，无暇他顾，英美法诸国得以隔岸观火，保持"中立"。上海租界就是在"中立"的旗号下苟延残喘的。现在，日军挥戈南进，觊觎东南亚，表明日军在占领大部分中国后，决意向英美法挑战。一旦日军向西方国家正式开战，租界必成日人囊中之物。即使局势还没有恶化到日本向西方开战，日军占领海南，对上海租界的经济发展乃至生存也将产生巨大威胁。上海租界的工业产品60%销往东南亚，而煤炭、矿砂、石油等工业原料和大米也有半数来自海外，日军占领海南岛，切断了上海与东南亚地区的海上通道，扼住了上海经济的命脉。果真，不过几天，便传来了坏消息，自越南、泰国向上海运输大米的两艘货轮在海南岛附近海面被日军扣留。立时，上海租

汉奸汪精卫

界人心浮动，市场混乱，股票暴跌。

此后，国内外战场令人惊悸的消息不断从四面八方传来。在这动荡不安的年头，上海公共租界像个身体虚弱又多愁善感的病人，担惊受怕，惶惶不可终日。租界里的洋行大班们已经预感到，在日本人的虎视眈眈之下，曾由他们统治了近一百年的这块"飞地"，眼看要飞啦！

日本侵略军在亚洲广大战场东征西讨，南进北击，并摆出在太平洋地区向英美挑战的架势后，对英美法控制下的上海两租界便张开了血盆大口。

日军对上海租界的控制，已不仅仅是在租界外围设街障路卡，对出入租界的华人与洋人搜身检查，随意让人品尝"东洋火腿"。他们现在已经公然开着装甲车闯进租界捉人。日本宪兵和汉奸，在租界内向巡捕公开动武的事，已经不是什么新闻。在刺刀、大炮威迫下，日本人赤裸裸地伸手向租界要权。早在1937年淞沪作战结束时，日本人就从国民党手中夺走了租界内的新闻检查权，租界出版的报纸，每天都必须送到设在公共租界哈同大厦的新闻检查所接受检查，这里的主子已经由国民党中央宣传部的官员换成日本人，胆敢藐视日本人"权威"的报社不是挨日本特务的炸弹，就是干脆被勒令停刊。租界日进斗金的"钱袋子"也落入日本人手中，上海海关大楼和税务局早已换上了日伪招牌。现在，日本人又进而要求租界当局交出租界外围越界筑路地区的警察权和两租界内中国法院的管辖权。日本人还提出，改组工部局，由日本人出任工部局总董。

洋行大班们知道，租界这块肥肉，日本人今天割一刀，明日卸一块，终有一天会和盘端走的。

在日本人的砧板上，上海租界这块肥肉开始被斩剁分割，腐烂发臭，在战争重锤的撞击下，上海租界这只曾经包裹得严严实实的鸡蛋裂缝，流汤了。因而，它特别招苍蝇。

藏污纳垢的租界，倒是一个适合于汉奸卖国贼生存的场所。淞沪作战后不久，1937年12月，小汉奸苏锡文在日本人翼卵下，厚颜无耻地在浦东挂出"上海大道市政府"的招牌，也曾经风光了一阵子。但苏锡文毕竟是上海滩上的无名之辈，"大道市政府"听着也妖里妖气，名不正言不顺。1938年10月，日本人便将其更名为"上海市政府"，并把招牌从浦东移到市内的江湾，还抬出"商界闻人"傅筱庵，取代苏锡文出任伪市长。傅筱庵果然比苏锡文有派头，他的汽车可以在租界横冲直撞，他能随意出入于工部局，他敢于向大班们叫板，替日本人伸手要权。

傅筱庵虽然卖命，但是，在上海当汉奸，还轮不到他称阿大。很快，日本人又牵来一条更大的走狗。

1939年4月下旬，决心做汉奸第一人的汪精卫，刚刚从重庆逃出后，便惊魂未定地坐上日本人准备的"北光丸"号货轮，从河内开往上海。5月8日，汪精卫在日本大特务影佐祯昭的接应下，从上海虬江码头秘密登岸，住进了法租界愚园路的一座隐蔽住所。

汪精卫的到来，引得那些臭味相投的大小汉奸蜂拥而至，上海租界一时群魔乱舞，鸡鸣狗叫。先后投入汪精卫黑麾之下的有周佛海、褚民谊、林柏生、陈公博、梅思平、高宗武、陶希圣、丁默村、李士群等臭名昭著的汉奸卖国贼。

躲藏在上海租界的阴沟暗角，汪精卫招降纳叛，网罗党羽，加紧炮制傀儡政府。与此同时，他从日本政府提供的300万元活动经费中，划出100万元，交给"中统"出身的汉奸特务丁默村和李士群，大力拼凑特务组织。特务总部设在沪西极司斐尔路"七十六号"。这里原是北洋军阀陈调元的公馆，深宅大院，青砖灰瓦，电网高墙，原本就阴森恐怖，现在又麇集了众多的流氓打手、亡命之徒，"七十六号"很快成了上海人谈之色变的大魔窟。

与"七十六号"特务总部相比较，早两年横行于上海租界的常玉清"黄道会"，就是小巫见大巫啦。常玉清出身于流氓地痞，手下的喽啰多是些好吃懒做、游手好闲的无赖、扒手、地头蛇，一群乌合之众，没经过什么正规训练。他们在租界里顶多能偷鸡摸狗地搞点诸如"指头案"、绑肉票、剥猪猡等等小动作。而"七十六号"特务总部不同。特务头子丁默村是老牌国民党特务，与"中统"的徐恩曾、"军统"的戴笠平起平坐，他们三人曾分别在陈立夫手下当过特务处长。李士群也是个杀人不眨眼的魔王，早年他曾入莫斯科大学，后来走上歪路，加入中统特务组织。淞沪作战期间，李士群受国民党中统局委任，负责指挥上海中统特务组织，现在他摇身一变，领着他的原班人马，投入汪精卫的怀抱，在"七十六号"总部当起了二老板，他以这些正牌中统特务为骨干，又补充一批新打手，"七十六号"特务总部比常玉清的"黄道会"更加严密、更加残暴、更加令人生畏。

"七十六号"魔王出世，上海租界大难降临。此后，租界内血案迭起，枪声不绝，腥风血雨，人人自危。

1939 年 7 月 22 日，挂美国国旗的《中美日报》因刊登一篇不合汪精卫口味的文章，"七十六号"特务呼啸而出，袭击该报社。因该报社保镖预有准备，紧闭铁门，特务们无计可施，掉头冲进附近的《大晚报》馆，捣毁厂房，打死打伤报馆排字工人。租界巡捕闻讯赶来，特务公然开枪对打，一时弹丸四射，血肉横飞。

8 月 3 日，汪伪特务在越界筑路地段、极司斐尔路结队游行，招摇过市，与租界内英美海军陆战队士兵发生激战，双方各有伤亡。

8 月 13 日，"七十六号"特务公然闯入公共租界寻衅，与巡逻的英籍巡捕进行枪战。

9 月，欧洲大战爆发，德国在西半球向英法等国挑起战争，在东方的日本备受鼓舞。他们认为，既然纳粹德国军队在欧洲将英法打得招架无力，那么，在亚洲，日本"皇军"对英国佬、法国佬，还有美国佬抽几个嘴巴子、踹几脚也算不了什么。于是租界内的暴力事件日甚一日。

10 月下旬，"七十六号"特务主动出击，闯入公共租界，捣毁曹家渡巡捕房，并在愚园路枪杀了外籍巡捕。

11月23日，公共租界法院刑事庭庭长在自己的住宅，被特务击毙。

12月3日，英军会同租界巡捕在大西路巡逻，遭到日伪特务的伏击，英军伤亡惨重。

更有甚者，1940年1月6日，公共租界工部局总裁英国人费利浦，乘汽车回寓所途中，竟有一群伪装成黄包车夫的特务，拦住去路，连开八枪。只是洋人命大，未被击中。连工部局总裁都性命难保，遑论他人？

上海租界的刀光剑影，紧紧笼罩着孤军营。

在加紧对租界威逼的同时，日军更加变本加厉地对孤军进行迫害，必欲置之死地而后快。开放孤军营后，成千上万的租界居民涌向孤军营慰问联欢，军队与百姓连为一体，相互支持，这更加深了日本人的恐惧和仇恨。日本人装神弄鬼，呼风唤雨，千方百计使租界人心涣散，六神无主，秩序混乱，以便他们浑水摸鱼。他们压根不愿意看到，孤军营成为租界里的一个抗日据点和宣传救亡的讲坛，成为又一座叫他们头疼的四行仓库。

8月，是上海一年中最为炎热的月份。抗日战争的这些年头，8月又是上海布满火星、最为危险的一个月度。每到这个月，中国人也好，日本人也好，总要采取一些举动，以追忆和纪念曾发生在这个月份里那些难以忘怀的往事。而1939年的8月，更是危机四伏，充满了火药味。这个月份里，在上海的中国人和日本人都没有闲着。

8月11日，中国孤军营举行仪式，纪念发生在去年这一天的护旗事件。

这天凌晨5时30分，举行精神升旗典礼。在嘹亮的鼓乐声中，全体官兵用灼热的目光，将那面飘扬在心中的旗帜冉冉升起，神情极为激动。几个月来，孤军营妥善处理上了官志标、朱胜忠等官兵违纪事件，平复了内部精神创伤，现在，他们又紧密地团结在自己的旗帜之下。

升旗之后，谢晋元团长慷慨陈词，他对全体官兵说，去年的今天，为了悬挂国旗，全营曾有一百多人流血，并死难四名同志。此血决不会白流。总有一日，敌人要以10倍之代价偿还。望大家刻骨铭心，永记勿忘。

词辞完毕，团长与全体部属作如下问答：

问："今天是什么日子？"

答："八·一一。"

问："你们忘记了吗？"

答："死不忘记。"

问："人可以不死吗？"

答："不可以。"

问："你们怕死吗？"

答："不怕死。"

每一句问话都是一道闪电，每一声答辞都是一阵惊雷。群情激奋，气冲霄汉。

接着是各连官兵代表发表讲演。他们追忆去年护旗斗争经过，缅怀死难士兵，表达了与敌斗争到底的坚强决心。

最后，全体官兵振臂高呼口号：

"勿忘'八·一一'！"

"卧薪尝胆，誓雪耻辱！"

"死难同志精神不死！"

这雷霆般的声音，震撼了8月的上海租界。

对中国孤军营一直虎视眈眈的日本侵略者，8月里，正加紧策划迫害孤军官兵的种种阴谋。

8月13日，上海虹口日军司令部内，日本驻军、警察、特务和宪兵四方代表，召开联席会议，密谋借中国孤军和租界法院两个问题，向租界发难。

15日，日军派出代表向工部局递交最后通牒，声称，如不引渡中国孤军和移交界内中国法院管辖权，日军将采取"自由行动"。

16日，日本人控制的日文报纸《大陆新报》发表文章，以工部局为中国孤军供应给养为由，鼓动租界居民停止纳税。

17日，日本人往孤军营投进一封"劝降信"，其中有"只要谢团长答应合作，即可恢复自由，任何位置，均可给予"之语，封官许愿，引诱拉拢。

18日，在租界西区发生伪警察伏击工部局英籍警长严重事件，双方以机关枪对射，各有数人伤亡。

21日，日本人放出空气，将封锁黄浦江一个小时，届时将有一万名日本陆军在虬江码头登陆。

22 日，又有消息称，日军已经决定于 23 日下午占据公共租界和法租界越界筑路区域，进而封锁两个租界，并以武力劫夺中国孤军。

……

租界内一时风声鹤唳，草木皆兵，气氛极为紧张。

日军磨刀霍霍，伺机动手，中国孤军陷入巨大危险之中。

在这紧要关头，谢晋元致信工部局，要求租界当局采取防范措施，切实保障中国孤军官兵安全。他还在报纸上发表声明，坚决揭露日军对中国孤军威胁利诱的卑鄙行径，表达了与日军势不两立、不可移易之决心。

8 月 17（筱）日，谢晋元给蒋介石拍发一封电报，报告了孤军目前的危险处境，呼吁政府尽快解救孤军。

为孤军安全计，谢晋元四方呼救，八方求援。同时，他不得不做最坏的打算。在风声最紧的 8 月 25 日，他给远在广东的父母写下一封诀别的书信。这是四行仓库作战以来，不到两年时间里，他写的第二封遗书。

谢晋元已经准备与日军做最后搏斗。没想到来势汹汹的日本人却先泄了气。8 月 23 日，德国与苏联签订互不侵犯条约。这一消息，对日本人来说，不啻晴天一声霹雳。德国与日本两个法西斯国家，一直以"反共"相标榜，并结成同盟。现在德国与苏联握手言和，等于出卖了日本。由此，日本在国际上大丢面子，陷于空前孤立。《德苏互不侵犯条约》的签订，导致了日本平沼内阁于 8 月 28 日倒台。上海日军策划迫害中国孤军的狂妄计划，也胎死腹中。

谢晋元写给双亲的遗书因此没有寄出，而在 8 月 30（陷）日，他接到蒋介石自重庆拍来的一封电报，电文如下：

> 谢晋元弟，筱电悉。诸君孤悬上海，艰苦支撑，已对英美严重交涉，决勿使引渡。中正。

蒋介石这封"陷电"，表明了国民党政府以坚决态度，制止英美向日引渡中国孤军，这使谢晋元心中大安。但"陷电"的主旨与一年前的"皓电"基本相同，八百壮士仍要"孤悬上海，艰苦支撑"，仍然不能离开租界。

汪精卫出任伪"国民政府主席"时发表就职演说。

"陷电"来得虽然正是时候，但是它并没有新意，没有给孤军铺出一条光明大道。

谢晋元无奈，只能重新鼓起勇气，抖擞精神，专心致志地操持营内大小事务，以作长远之计。

然而，1939年的夏天，国际风云瞬息万变。纳粹德国在8月23日与苏联签约，打了日本盟友一个耳光后，转身闪电般地向西欧打出致命的一拳，于9月1日进攻波兰，点燃了欧洲战火。

希特勒匪徒在欧洲燃起的熊熊大火，给亚洲的日本强盗巨大的刺激。曾被德苏协定那记莫名其妙的耳光打蔫了几天的日本政府，现在变得百倍猖獗。据报载，欧战爆发后，日本也步德国之后尘，谋求与苏联签订互不侵犯条约。与此同时，开始调整战略，取消"北进"计划，专注于"南进"，日军已从中国东北往中南地区大批调兵。有消息称，日本已向英法政府提出强硬要求：限期撤退在华军事力量，列强在华租界均由日本政府接管。

日本要求接管租界虽属梦呓，英美法等国除非被逼至走投无路的地步，决不会拱手让出在华权益。但是，在日本人刺刀逼迫下，租界当局肯定会更"慷慨"地牺牲中国的利益，以求自保。

在日本人和租界洋人双重压迫下，中国孤军的处境更加危险。

谢晋元戎装像

迫害中国孤军，日本人除了亲自出马，现在又多了一个帮凶，那就是汪伪汉奸特务势力。

8月28日，厚颜无耻的卖国贼汪精卫居然在上海召开"中国国民党第六次全国代表大会"，汪精卫把一顶带有日伪标志的"国民党主席"的帽子扣在自己头上。汪伪欺世盗名，做贼心虚，开会这天，日本宪兵和汪伪特务倾巢而出，封锁整个沪西地区交通，三步一岗，五步一哨，如临大敌。还有不少便衣特务，混入租界，贴传单，刷标语，为汪伪政权粉墨登场，大张声气。

这一天，在胶州路、新加坡路一带，与中国孤军来往密切的学校和工厂，分别遭到特务的滋扰。

为了防止发生意外，28日这一天，孤军营停止开放。

汪精卫要登基，要做日本翼卵下的"儿皇帝"，他的帐下也不能尽是一些声名狼藉的社会渣滓，也想延揽一批有影响的人物装点门面，他属意于近在咫尺的谢晋元和八百壮士。

一天，汪精卫派来一位上尉军官，送来一张聘书，邀请谢晋元参加所谓"和平运动"，谢晋元嗤之以鼻，当面撕毁聘书。

次日，汪伪集团的第二号人物陈公博亲自出马。

这位刚刚被封为"上海市市长"的大汉奸，穿着一身蓝色马褂，手拄一根"文明杖"，领着两个护兵，大摇大摆来到孤军营。

恰好谢晋元正在打篮球，传令兵向他报告陈公博来营，谢团长不予搭理。陈公博只好耐着性子在场外等待。球赛结束后，陈公博厚着脸皮，迎上前去对谢晋元说：

"兄弟现在是上海市长，手下有三个保安总队，现在一、二总队长都已有人选，期盼阁下屈就第三总队总队长。"

谢晋元大义凛然，厉声回答："我是中国人，祖宗父母也是中国人，决不充当卖国贼。"

陈公博自讨没趣，带着护兵灰溜溜地走了。

汪伪势力以利禄收买不成，便用暴力威胁。日本人花几百万元豢养汪伪汉奸特务这些狗，就是用来咬中国人的。现在全都放了出来。

位于租界内胶州路的孤军营，紧靠着特务横行的"歹土"沪西，与位于极司斐尔路的"七十六号"特工总部，也只隔一条马路。孤军营外，经常有日本浪人和汉奸特务四处游荡，伺机滋事。营门外新开张的一家杂货店，就是汉奸特务监视孤军营的一个秘密据点。一些形迹可疑的人常常混在参观的人群中，进出于孤军营，把守大门的商团士兵曾经从这些人身上搜查出匕首、锉刀、榔头等凶器。

开放的孤军营是一座敞开大门的城堡，每天人流滚滚，鱼龙混杂，汉奸特务的黑手正悄悄地伸了进来。为预防不测，孤军营增加了一道营门，在商团把守的大门内侧，增设一小门，由中国士兵把守，每天进出营房的人员，除接受商团士兵检查外，还要服从中国哨兵监督。夜间，营内还派出巡逻哨，查夜守更。在其他几位军官的坚持下，身材高大的甲组篮球队队员住进了团长室，担负起保护团长人身安全的特殊任务。

每天晚上，当谢晋元上床睡觉的时候，看到自己的周围躺着七八个彪形大汉，他心里极为痛苦：

我谢晋元戎马一生，南征北战，冲锋陷阵，什么时候用起保镖来了？

一种难以排解的无奈以至绝望的情绪煎熬着他。

1939年9月18日，是"九一八"事变八周年纪念日。谢晋元眼见租界局势日益严峻，自己随时可能发生不测，于是，他将一个月前写下而一直没有寄出的那封泪迹斑斑的遗信，从抽屉里翻了出来，仔细看了一遍。信中写道：

双亲大人尊鉴：

上海形势日益险恶，租界地位能否保持长久，现成疑问。敌人劫夺男之企图，据最近消息，势在必得。敌曾向租界要求引渡未果，但野心未死，且有不惜任何代价，必将晋元劫到虹口（敌军根据地），要晋元答允合作，任何位置，均可给予云云。似此劫夺，乃欲迫男屈节，为仇敌做牛马耳。大丈夫光明磊落而生，亦必光明磊落而死，男对生死之义，泰山鸿毛，熟虑之矣。今日纵死，而男之英灵，必流芳千古。故处此险恶之环境，男从未顾及，如敌劫持之日，即男成仁之时。人生必有一死，此时此境而死，实人生之快事也。唯今后对家庭，不能无一言，万一不幸，可将产业变卖，以养余年。男之子女渐长，必使其入学，平时应严格教养，养成良好习惯，幼民弟妹均富天资，除教育费得请政府补助外，大人以下，应宜刻苦自力，不轻受人分毫。男尸如觅获，应请葬抗战阵亡将士公墓。此函候男殉国后，即可发表，亦即男预立之遗嘱也。

男晋元谨上

二十八年九一八于上海孤军营

看过写于 8 月 25 日的遗信，谢晋元心中悲痛万分，泪水横流，对个人生死他纵然做好了充分思想准备，但是对家人他仍牵肠挂肚，难以割舍。他觉得信中仍有未尽之意，于是又提笔补上一段：

现租界当局，对男住处，戒备非常严密，依目前状态，劫夺似不可能。但国际风云，变幻莫测，租界地位，是否能以保持？倘被占据，必落敌手无疑。总之，不论如何，男心神泰然，毫不为虑，生必为英杰，死亦为英灵。幼民弟妹，平时应以管教严格为宜，使其活泼自发自动。抗战期间，家乡必无虑，绝不可轻易撤动。男处危险之地，自能应付余裕，决不负党国之培养，与'蒋委员长'之教诲，及父母之生育也。此函八月廿五日最危险时书就，未即寄发，延搁至今者，恐大人得信，心有不安，今日情势所迫，不得不将此函发出，上帝必佑老人也。

之后，他把心一横，终于把这封分两次写成，浸泡着他的辛酸泪水，记录着他义无反顾的成仁决心，寄托着他对远方亲人无限眷恋的诀别信，寄出了孤军营。

第十五章
织机高奏安魂曲

　　孤军困守孤岛，谢晋元提出办工业，让孤军官兵一扫往日的苦闷烦躁，在上海工商界的支持下，孤军的袜厂、皂厂、藤器厂办得红红火火。"孤军"牌产品，掂在蒋介石的手里，他怎么也不明白，那些比孤军士兵的生活不知强出多少倍的大小官员们，为什么就那么腐败，不可救药？

上海租界真是一个怪物。

1937年底至1938年上半年，在战乱和工业大迁移的双重打击下，上海经济大厦哗啦啦地坍塌，工厂倒闭，工人失业，市场萧条，物价飞涨，昔日的繁荣景象一扫而光。

可是，谁能料到，中日交战的战车刚刚驶出华东战场，上海的经济机器便在战争的废墟上迅速地复苏、启动，并以惊人的速度运转起来。到1939年，上海租界已经呈现出空前繁荣的景象。

曾在战乱中付之流水的造船厂，已经在黄浦江边重新崛起，被战火吞噬了的曹家渡一带的大片织布厂也已修复开工，被拆走机器设备的许多大型机器制造厂，也不知道从哪里重新弄来机器，变魔术般地隆隆启动。除了原有的厂家恢复生产，新建的工厂也如雨后春笋般从租界地面冒了出来。据租界工务处统计，仅在1938年10月至1939年2月的五个月中，租界内新建工厂就达1900家，使界内工厂总数达到近5000家，大大超过战前生产规模。

商品市场空前兴旺。租界内商店数目也从以前的500多家猛增到1000余家。商业区由过去南京东路、金陵东路扩展到霞飞路、西藏路、静安寺路一带。一些商店为了招徕顾客，大力装饰门面，极尽奢侈豪华。上海滩洋行大厦的霓虹灯又在夜空中大放光彩。茶楼酒肆、剧院歌厅，又见灯红酒绿，轻歌曼舞，上海滩的工商巨子，以及从四面八方挤进城来的地主富豪，又在对酒当歌、重温旧梦。

工业、商业、金融业和交通运输业的勃兴，以及富人纸醉金迷的生活，共同支撑起租界孤岛的繁荣。

当日本侵略军把大半个中国推入火海，中华大地沦为焦土的时候，上海租界却一花独放，大红大紫。

这决非偶然。

中国租界是个怪胎，它在战争中受孕，也喝着战争的奶汁长大。翻开上海公共租界的历史可以看到，从1843年初建至今，在近100年里，它先后经历了四次大繁荣、大扩展，而每次繁荣发展都与战争紧密相关。1848年，英国人挟鸦片战争之余威，将租界面积由洋泾浜附近的一个小村落向北扩展了一倍。后来趁清军与太平军打仗之机，洋人又于1863年越过苏州河，把租界界碑竖到闸北。甲午战争期间，日本人挤入上海公共租界，并将其扩展至虹口。之后，清军与义和团在上海地区发生激战，洋人又趁机圈地，一气将租界面积向北猛增两万余亩。

中国每打一仗，租界洋人都趁火打劫，扩充自己的地盘。反过来，洋人将抢掠的中国土地，高价租给涌入租界的难民，大发其财。中国越是打仗，租界越是发展；中国越是贫穷，租界就越显得繁荣。

租界是半封建半殖民地的中国身上长出的肉瘤。

发生于20世纪30年代的中日战争，又为上海租界的繁荣创造了新的机遇。由于战争的驱赶和租界"安全岛"的吸引，上海华界，乃至苏杭地区大批腰缠万贯的富豪和业主，夹在难民队伍中，纷纷避入租界，他们的到来，为租界的经济复苏带来了足够的资金；在界内许多大型工厂迁往地的同时，上海附近地区也有数不清的工厂作坊，争先恐后迁入租界，很快填补了这里的空缺；租界里的数百万难民，即成为振兴工业必不可少的廉价劳动力。

此外，淞沪会战后，日军虽然从陆上封锁了租界与华界的交通，但是，日本人出于对自身及其战争伙伴德国、意大利在上海利益的考虑，同时，也为了缓和与西方列强的矛盾，也无意彻底掐断上海经济命脉。因此，上海租界虽沦为孤岛，但其海上交通仍畅通无阻，外国商船源源运入租界所需要的粮食、煤炭及其他工业原料，而租界的工业产品也从海上销往国际市场。甚至还有不少产品通过香港转销中国内地。就是租界本身的四百多万人口，也是一个巨大的市场。

战争在大规模地毁灭中国经济的同时，却独独为上海租界的工业发展准备了充足的资金、技术、劳力和市场。

战争激素使上海租界经济这枝妖艳的花大放异彩。

在战争环境下，上海租界经济的复苏和繁荣，虽然是暂时、虚假和畸形的，但是，它也为人们提供了一些机会和希望，多方面地影响到整个租界社会。

经济机器高速运转的隆隆响声，也牵动了中国孤军的心。

羁困此间两年来，孤军官兵目睹了上海经济从战争的废墟上复苏，并迅速走向繁荣。站在孤军营的操场上，他们能望见雨后春笋般破土而出的工厂烟囱；

透过营房四周的铁丝网,他们能看到胶州路、新加坡路一带不断崛起的工厂厂房,黄浦江里来去匆匆的各类船只笛声悠长,激动人心,而在夜空中大放异彩的万家灯光更是景色撩人。

再看看孤军营内,上地还是这点土地,营舍还是这几排营舍,照样不能生产粮食棉花,照样不能生产布匹药品。王麻子大爷每天挑进的是米面蔬菜,挑出的全是废品垃圾。

官兵们的心越来越难以平静:我们在此已经度过两年时间,两年里,外面的世界发生翻天覆地的变化,我们干了些什么?依目前情势看,我们还要在此继续待下去,难道我们可以心安理得地躺在这里,靠政府拨款,靠百姓赈济养活自己?既不能重返前线,操枪杀敌,我们就不能干点别的吗?上海经济已从废墟中蓬勃兴起,街道、弄堂都办起了工厂,连难民们都组织起来生产自救,我们有 15 亩地,有几百号人,几百双手,为什么不能投入生产,自己养自己,自己救自己,减轻国家负担?

在孤军营内组织工业生产,这个想法像春天里的小草,说不清什么时候播的种,不知道什么时候发的芽,不知不觉中就在官兵的心田中长成了绿油油的一大片,人们在闲谈中经常议论这件事。办厂子,搞作坊,自己挣钱养自己,成了官兵们津津乐道的话题。

创办工业这件事,从 1939 年初起,谢晋元就开始冷静地思考。办工业的必要性,除了官兵们经常议论到的"找点正事""挣点钱""减轻国家负担"等之外,他比别人想得更深一些。他想,军队历来都是吃皇粮的,屯垦戍边是有人搞过,那是在平时。要是在战时,特别是孤军营这种完全禁闭的困难环境下,把工业生产搞起来,让机器转起来,大批大批地生产各种工业品,就是一个了不起的奇迹。这对在物资供应极端匮乏的困难情况下坚持抗战的广大军民,将是一个巨大鼓舞,其影响不亚于四行仓库作战。

还有一点,团长想得非常实际,迫在眉睫。进入孤军营以来,心情烦闷、思绪不安已成了官兵普遍患上的一种精神顽疾。为医治此病,谢晋元团长已经使尽了招数。他在营内大力开展新生活运动,以歌声驱赶烦闷,用体育战胜浮躁,曾经明显缓解了官兵的苦闷情绪。但是,保不住一有风吹草动又会旧病复发。"兵忌怠",整天无所事事,必生杂念,正所谓无事生非。如果把官兵们组织起来，投入工业生产，每个人都有事情可干，都在干自己乐意干的事，那么军心自然平稳，邪念必然消除。

团长甚至想到了战后。战争总是要结束的，士兵不可能一辈子扛枪打仗。抓住孤军营里的时光，让士兵们学点手艺，掌握一两门生产技能，将来不打仗了，能自谋生活，立足于社会，找到一碗饭吃。

远的、近的，从公、从私都想了一遍后，谢晋元觉得举办工业生产，实在是一件利国利民利兵利抗战，百利无一害的大好事，应当尽快实施。

可是好事多磨。四五月间，因为处理上官志标、朱胜忠等人违纪事件，创办工业的事被搁置。到了夏天，又因为国际局势剧变，租界环境过于恶劣，开办工业无暇顾及。到欧战爆发后，上海租界虽剧烈动荡了一阵，但因美国对日本开始采取强硬态度，宣布废止《美日通商航海条约》，并以对日本进行经济封锁相威胁，日本人野心有所收敛，租界局势又出现缓和的迹象。

看来，租界这只孤舟还能航行好一段路程。况且，据不久前蒋介石"陷电"判断，孤军官兵仍需在租界滞留相当长的时间。而要巩固孤军营阵地，稳定官兵情绪，创办工业更显得十分重要，刻不容缓。

谢晋元把创办工业列入孤军营议事日程，经与几位主要军官商量，大家也都举手赞成。

邓英连长特别热衷于此，他经管营中财务，谁要花钱都来找他。尤其是开放参观后，花钱的地方也多，演节目要添点服装道具，出墙报要买纸张笔墨，搞体育活动也要买几个球，有时来了客人，赶在开饭的钟点，还要留客人吃饭，这些都要钱。而钱从何来？光靠政府每月从银行拨的那点经费，不敷应用，他这个财神爷窘迫得很哪！现在听说搞工业生产，开辟财源，他当然高兴。

雷雄、唐棣二位连长，一个负责营中体育活动，一个负责营建，都要钱花，常常为三元五毛找邓英，找团长，求爷爷，告奶奶，一筹莫展，耽误了许多事。他们早就嚷嚷要想法子挣钱。

就连上官志标连长也来了精神。自从上次被关进商团的黑屋子后，他想通了许多事，也体谅到谢晋元团长治理孤军营的种种苦心，他设身处地理解营中开展工业生产的意义，真诚地对团长说，"这倒是疗理心病的一个好药方"。

办工业好是好，但谈何容易！要厂房、机器、技术、原料，还要找销路，光那笔数目不小的开办费，就够伤脑筋的。而且，办成此事首先还必须迈过工部局这个门槛。

这一天，工部局副总董何德奎，应谢晋元团长之约来到孤军营。何先生是孤军营里的常客。孤军官兵遇有同工部局洽商的事情，常常先求教于他，而工部局对孤军的要求也往往由他转达。他是一个有多种身份的人。作为由租界华人纳税会推举，进入工部局董事会的华董，他参与租界行政管理决策，是界内华人利益的代表，他是要为华人说话的。同时，他又是领着工部局薪俸的官员，必须代表工部局影响和管理华人社会。所以，他的言行既不能损害界内华人利益，又不能越出工部局的法统。这是个困难的差事，一般人要在这里站稳脚跟是很不容易的。好在何先生果有这方面的禀赋，几年下来，他已经修炼得可以在一根钢丝上行走自如。比如1938年孤军营升旗事件中，围绕一根旗杆，孤军要竖起，工部局要拆下，经过何德奎从中斡旋，结果，双方达成妥协，将旗杆截短八尺。何先生处事之高明由此可见。

今天，谢晋元就孤军举办工业之事，请教何副总董。何先生西服革履，态度悠闲，他仔细倾听谢晋元团长的陈述，不时用手轻轻压一压那本来梳理得整整齐齐的鬓角，或者拉一拉本来系得很好的领带。他很少插话，不断地点头。

孤军营举办工业生产这件事正合何先生的心意。何先生本人就是上海滩上根基雄厚的实业家，对举办工业兴趣浓厚，他觉得孤军官兵早该走这条路了。他从一个实业家的角度来分析，认为此事不仅必要，也完全可行。现在上海的经济繁荣，百业兴旺，正是办工厂、搞实业的大好时机。孤军营办工业作坊更有许多得天独厚的优越条件。他认为孤军官兵体力好、守纪律、有文化，是高质量的劳动力，孤军在上海有极好的社会信誉，办厂所需的资金、机器、技术、原料都不会发生困难，产品销路更不用发愁。

何先生赞成孤军办工厂，还有更深一层考虑。谢晋元陈述的办工业的种种好处中，稳定官兵情绪、巩固营内秩序这一条特别能打动他的心。中国孤军羁困租界，让他操了不少心。他每个月都要来营几次，询问营中情形，协助解决有关事宜。他生怕出事，万一营中出了什么乱子，他在华人社会和工部局都要担许多干系。如果举办工业能收拢官兵意念，保一方平安，那正是他求之不得的。他自己赞成这件事，相信工部局也不会从中阻拦。八百壮士是一群猛虎、雄狮，看着他们烦躁不安的样子，听着他们发出的吼声，工部局洋人总是心惊肉跳。洋人知道，要是他们真的发了怒，破门而出，商团兵丁是对付不了他们的。既然有让雄狮猛虎平复下来的镇静剂，工部局当然乐意使用。

何德奎当即向谢晋元表示，他本人支持孤军创办工业。他请谢晋元给工部局总董写一亲笔信件，由他代交，他保证将用动听理由向洋人疏通此事。

果然，过不了几天，工部局就有了回音。8月25日，何德奎兴冲冲地再次来营，他告诉谢晋元，有关创办工业的信，工部局总董已批交商团。除对工业生产项目做了一些限制，不准生产铁器、木器和易燃易爆品外，其余照准。

两年来，在中国孤军与工部局的一切交涉中，这一件事算是办得最痛快干脆的了。

军人办工业是新娘子坐轿，头一回，必须稳当一点。衡量孤军的资金和技术，谢晋元和军官们商量决定，从易到难，从小到大，先办几个简单易学、花钱不多的小作坊。如编织藤器，不用添置什么机器，原料费不了多少钱，学成以后也很实用，农村处处用得上，先把藤工作坊搞起来。制造肥皂，工艺简单，资金周转快，市场畅销，也可以一试。织毛巾、袜子，虽要添点机器，但主要是手头上出活，靠劳动力挣钱，原料和销路都不成问题，也在计划之列。此外，还计划办个汽车驾驶和修理学校。

听说营里办作坊，学技术，士兵们全都拍手赞成。前些日子办学校，让大家识字，弟兄们就乐了好一阵。现在要学手艺，开机器，大家更是乐得哈哈笑。有的说，老子闲得手心快长毛了，早该找点事情干干。有的说，当兵还能学技术，这种好事，上哪找去？现在让俺赶上啦！还有的说，先这么干着。织毛巾，制肥皂，攒下钱，买机器，鸡生蛋，蛋变鸡，七整八整，说不准就能整出个兵工厂来。到时候，造出枪支、大炮，老子就从这杀上前线！

孤军营办手工业的事，在租界工商界反应热烈。他们觉得八百壮士了不起，有眼光，有胆量，主意想得好。军营里办工厂，这在中国工商发展史上没有先例。他们更为孤军生产自救、为国分忧的精神所感动。当兵吃皇粮，老祖宗定下的规矩，哪有自己养自己的？何况他们还是劳苦功高的抗日壮士，国家还能养不起他们？

扶持孤军工业生产，上海工商界爱国人士，纷纷慷慨解囊，鼎力相助。若论打仗，他们可能是外行，但办工业，工商巨子们则轻车熟路。

饮誉海内外、有"棉纱大王"之称的爱国实业家荣德生，对八百壮士一往情深。荣先生家在无锡市开源乡。淞沪作战之前，八百壮士所在的第八十八师部队驻节无锡，荣家曾把祠堂腾出，供部队宿营。八百壮士的队伍就是从荣家祠堂直接开向上海前线的。荣老先生以为，这是荣家祖先的荣耀。有了这么一段缘分，荣先生自然把八百壮士看得更亲近一些。不论是四行仓库作战，还是在孤军营，八百壮士都得到荣先生的加意照顾。现在孤军要开办针织作坊，荣先生决意玉成此事。荣氏家族祖祖辈辈经营的就是纺织。荣氏申新纺织工业公司下设九大分厂，淞沪作战时，虽然受到惨重打击，而现在都已全部恢复，从资金和设备上支援孤军办个小作坊，如九牛之一毛。

在荣老先生的吩咐下，申新纺织一厂，将10台织袜机免费赠送孤军。申新纺织九厂则主动供应纱锭，孤军要多少供应多少，什么时候要，什么时候送，价钱按市价折半优惠。

操办肥皂作坊的事，让上海"肥皂大王"五洲固本化学公司包下。他们和申新公司一样，设备免费赠送，原料按半价供应。

开办汽车驾驶修理学校，需要汽车，上海祥生、云飞汽车公司慷慨捐输，送来两台汽车供孤军学习。

编织藤器的作坊，更不费什么事。附近几家杂货店早把几十捆藤条用手推车送进营来，连编织用的小刀和手套都给备齐了。

在上海民众的大力襄助下，孤军官兵建厂房，安机器，三下五除二，不几天工夫，一切就绪。开工那天，营里贴对联，放鞭炮，办喜事似的。跟以往每次打仗一样，谢团长亲自动员，他那富于鼓动性的语言让士兵们听着特别带劲：

"今天是孤军营的吉日良辰，我们的工业作坊开张了。开办作坊，增加收入，改善营中经济状况，这件事，我们想很久了。这样做，不仅仅是为了弄几个零花钱。讲大一点，也是为了减轻国家负担，支援抗战。大家好好想一想，在孤军营里，我们要是也能把工业品一批批生产出来，上海百姓会怎么看我们？全国军民会怎么看我们？租界的洋人又会怎么看我们？我们常说，武器是军人的第二生命，而在孤军营，这些机器也是我们的武器，也是我们的生命。本团长要求你们，不，是命令你们，务必切实学习，精进手艺，像完成战斗任务一样，把优良产品生产出来。上海的民众在等着我们的好消息呢，好好干吧！"

团长讲完，士兵们按照事先分好的作业组，进入各自的岗位。

新建的手工作坊面积跟礼堂差不多大，里面用竹席隔成几块，每个作坊单独一块。

东头是制皂作坊，里面垒好一眼炉灶，砌有一个皂化池，坛坛罐罐、玻璃器皿，摆得到处都是，像八卦阵似的。中间是织袜车间，10台崭新的织袜机，排成两排，像准备出征的战车，等待着士兵们操纵。西边的藤器作坊简单点，但也大有用武之地，大捆大捆的藤条，随你摆弄，就看你的手艺啦！

文化高的人在这里受到器重。制造肥皂，是有文化的人干的活，一大堆的化学名词，一连串的化学方程式，肚里没有墨水，对付不了这个。育德学校甲班的二十多名高才生，一人发一件白围裙，全部划归制皂组。组长是三连排长李春林。在连排军官中数他文化高，他是唯一上完中学的一个。

文化虽然不太高，但手脚灵巧的人都进了织袜组，邓英连长负责这个组，共有一百多号人，平均十几个人才能摊上一台机器。

参加篮球队、足球队，这个球队、那个球队的那些大块头，则满脸委屈地由雷雄连长领进了藤器作坊。

士兵们背地里早有个尺寸，在许多人看来，制皂组的白围裙耀眼得很，进制皂组的人都是技术员级，相当于白领阶级，摸织袜机的起码也是个技工，而捣鼓藤条，顶多叫声"师傅"。

但是，藤器组的"师傅"们却最先露了脸。他们关紧柴门，发奋努力，捣鼓了半天，就出了成品，当天下午，雷雄连长就扛着他们编成的几把藤椅，向团长报喜去了。

织袜组的士兵们，在申新一厂工人师傅手把手地传授下，一个星期后，也大功告成，织出第一批十打线袜子。

制皂组大器晚成，交的学费最多。他们先采用分析法制皂，左折腾、右折腾，制出的肥皂砖块似的，怎么搓洗也不出沫，浪费了好几桶油脂和烧碱，急得李春林排长头上直冒汗。后来，在固本化学公司技术员指点下，改用直接法，终于取得成功。

八百壮士在孤军营内办起手工作坊，成了上海滩上一大新闻。自古以来没听说过军营还能办起工厂，当兵的还能编织袜子、制造肥皂。

孤军手工作坊成了营内又一个令人振奋的参观景点。人们弄不明白，两手空空、一无所有的孤军士兵，怎么办起自己的小工厂？人们想象不出，一群曾经冲锋陷阵、武勇无比的军人，一旦坐到织布机前飞梭引线，坐在小马扎上编织藤器，是一副什么样的神情？他们的心情能够平静下来吗？他们的手不会发颤？

手工作坊里，有许多事情看了让人心灵震颤，感慨万千。那些在四行仓库作战中大名鼎鼎的战斗英雄，比如专门扛迫击炮弹砸鬼子的石宏模、步枪狙击手郭少银、重机枪手陈德松，以及那个脾气暴躁的孤胆勇士朱胜忠等等。这些壮士，上海人对他们太熟悉了，那都是武松、鲁智深、张飞式的形象，能上山打虎，能倒拔大树，能喝断当阳桥。而现在人们看到，这些英雄壮士坐到织袜机前，却心静如镜，全神贯注。排长杨得余，在战斗中一只眼睛被打坏了，现在操作机器，换纱锭，接线头，那凝神，那专注，令人感叹。他还指着那飞来飞去的梭子对别人开玩笑说，这玩意儿改造一下，当作投弹器蛮好，比当年诸葛亮发明的火弩神弓都强。

在藤编组，那些在战场上冲锋陷阵、球场上猛冲猛打的大块头，现在坐在那里纹丝不动，小心地摆弄着手中的活计。有位叫段云成的老兵，右手有两个指头让弹片削去，现在双手抓住个藤椅坯子，十分费劲地在那里左缠右绕编织，像是把一个日本兵按在地上捆绑呢。

"唧唧复唧唧，木兰当户织。"古代的花木兰为抗击外寇入侵，走出闺房，告别织机，女扮男装，替父从军；当今，一群曾是威震敌胆的热血男儿，却远离战场，困守笼中，坐在织机跟前，飞梭引线，生产自救。花木兰卸下女儿装，替父从军，作为巾帼英雄，流芳千古；而谁能体会得到，八百壮士放下刀和枪，操起梭和线，这需要多大的坚韧和忍耐，他们在作出多大的牺牲！

孤军礼堂里新设的样品陈列室，陈列着孤军官兵生产的所有产品，这是孤军官兵从事工业生产取得的成果。他们给自己的产品起了一个响亮的牌号"孤军牌"，并且设计了自己的商标。孤军牌商标是谢晋元自己琢磨的，图案很简单，一顶钢盔加两把刺刀，简洁明快，过目不忘。袜子上的商标先印在白布上再缝上去，藤椅是把商标先画在铁片上再往上钉，肥皂则是在正反双面直接把商标烙上去。

手工作坊，为人们了解孤军敞开了另一扇窗口。过去，在四行仓库作战，在与租界洋人针锋相对的斗争中，八百壮士宁死不屈、宁折勿弯的阳刚之气，使上海民众感动得热血沸腾；现在，从工业作坊和孤军产品中，人们又体味到八百壮士适应环境、求存图变的惊人韧性。

八百壮士是一座高山，不低头，不弯腰；中国孤军是一泓清泉，斩不断，割不绝。

"孤军牌"产品，不仅以其深刻的精神含义吸引着上海市民，而且它的质量也是信得过的。他们织的袜子，虽不一定如大纺织公司的精细，但是用料精良，针脚牢靠，穿上去可脚舒适。"孤军牌"藤椅更与这里的士兵一样，五大三粗，结实得很，保你用 20 年也坏不了。"孤军牌"肥皂也货色正，分量足，价廉物美。"孤军牌"产品还没有出厂，就成了抢手货，来营参观的市民们争相购买，有的买回去使用，更多的是留作纪念，也有的当礼品赠送友人。孤军营的小卖部门庭若市，生意兴隆。

出了厂门的"孤军牌"产品，更是走俏市场。上海先施、永安等几家大百货商店设专柜推销孤军产品。商店还打出宣传广告"孤军产品，上海名牌"，引得顾客盈门，踊跃购买。在经济空前繁荣的上海租界，孤军作坊生产的那些产品，论产量微乎其微，论品种，也都是些大路货，但是，以"钢盔加刺刀"为商标的产品，作为孤军精神的象征，在琳琅满目的商品世界里引人注目，备受青睐。

"孤军牌"产品以独特的魅力，风靡上海滩。

织袜车间里，织机"唧唧唧"的响声，以美好的旋律，弹奏出孤军生活的新乐章；藤工车间，士兵们在用粗壮的双手编织藤器时，也在编织着生活的美景；制皂车间的"白领阶级"，在进行各种化学反应试验时，也给自己的生活投入了催化剂。官兵们觉得，孤军营里的生活比以前充实了、更有意义了，过去的烦恼、焦急、苦闷，以及那种说不出来的空落落的感觉，减少了许多。

织机奏出了抚慰狂躁心灵的安魂曲。

看到官兵们乐此不疲，干得带劲，团长谢晋元心中大喜，同时，他自己的生活也调理得更加顺畅了。营里开展识字活动后，他为了便于今后与租界洋人打交道，开始自修英语，并聘请大厦大学的董小培先生每周入营辅导一次。但是，前些日子由于琐事缠身，头疼的事太多，英文课程进展很慢。董先生每次布置的作业，总是完不成。现在好了，有了小作坊，官兵心气清静，生活充实，并且增加了经济来源，营中许多难办的事情都在作坊里得到解决。团长因此也清闲了许多，每天都能抽出两个小时学习英语，不仅提前完成作业，还催着董先生加大授课量。

每天早晨，谢团长要遛半个小时马。此马是孤军营开放后，一位爱国商人特意送给谢晋元的。这位爱国人士觉得谢团长是一位万众景仰的抗日英雄，没有坐骑，实在遗憾。为此，他送来自己的坐骑，表达对英雄的敬意。这是一匹体形剽悍的白马。前些日子，谢晋元因营中事务冗繁，顾不上陪伴白马。白马受到冷落，性情忧郁，见人总是又跑又跳。现在，谢团长终于有工夫调教它了，不论刮风下雨，每日清晨，必定骑上去遛它几圈。白马得主人宠爱，十分卖劲，每每跑得大汗淋漓。到了晚上，团长高兴起来，还要陪来访的客人喝上两盅高粱酒。

营中百事有序，谢晋元心情舒畅，两年来，一直在困扰着他的失眠症也不治自愈。

手工作坊的小机器，神妙地调理了孤军营的大机器。它理顺了官兵的情绪，改善了营中经济状况，也增强了孤军壮士的社会影响力。当一批批贴有"孤军牌"商标的产品推向市场，走进千家万户的时候，孤军官兵为国分忧的动人事迹和不可抑制的奋斗精神，更加深入人心。

自从有了手工业作坊，孤军营根基更加牢固，八百壮士翅膀更加坚强。他们已经有能力在上海租界办更多的事情，孤军营的声音在上海租界也更有影响。

他们从生产收入中拿出 1000 元钱，捐给上海难民委员会，开办难民学校，在难民子女中开展识字教育。此举在租界引起强烈反响，许多爱国团体纷纷仿效，资助难民教育事业。

上海永安百货公司因积极推销孤军产品，并抵制日货，遭日本人嫉恨，在日本人的压力下，租界工部局以排日的罪名拘留了该公司三名职员。为声援永安百货公司，谢晋元在报纸上发表《告工商界同胞书》，猛烈抨击租界当局的无理行为，呼吁工商界爱国人士开展罢市斗争。工部局投鼠忌器，害怕把事情闹大，于谢晋元文章发表的次日，赶紧释放了被拘留的职员。

淞沪作战末期，部分溃散的国民党军官兵从南市退入法租界，被法租界收容，至今仍滞留此间。

这批官兵共有1348人，被拘困在法租界金神父路政法学院内。他们来自各个部队，没有一定的组织，没有一点自卫能力，一盘散沙，完全听任租界摆布。法国人以种种野蛮手段待我官兵。收容所内物资匮乏，限制极严，禁止市民进入，官兵与外间通信，亦须受两次检查后方可放行。经济困难万分，分文不名，官兵私人物品亦一概没收，凡此种种非难，实与囚徒无异。

法租界内兄弟部队官兵的困苦情形，使八百壮士深感痛心。弱国国民、败军兵佐，处处受人欺侮，尚不团结奋斗，不努力抗争，只有死路一条。为援助法租界受难的弟兄，在谢晋元的号召下，八百壮士踊跃捐助，他们加紧生产袜子、肥皂和毛巾，并翻箱倒柜地将自己富余的衣物悉数交出，很快给法租界的一千余名官兵每人凑齐冬衣一件、袜子一双、毛巾一条和肥皂一块。

当法租界里受难官兵得到八百壮士送来的物品，百感交集，热泪盈眶：同样是军人，同样被困在租界里，我们无力自救，八百壮士却愈战愈强，愈斗愈坚，我们吃亏在于队伍涣散，人心不齐啊！

为了彻底解救法租界里的中国官兵，谢晋元致电重庆，向孔祥熙、何应钦报告彼等困难情形，呼吁政府与法国交涉，早日释放被困官兵。

谢晋元的电报果然发挥了重大作用。经过外交交涉，一个月后，困于法租界的官兵被分批保释，脱离险境，各谋生路。

八百壮士是一支奇兵。

他们总是在众目睽睽之下，创造出一个个人间奇迹，令世人惊叹，为社会传颂。守四行仓库，他们以少胜多，以弱制强，创造了古今战史奇例。在孤军营，他们又神奇般地起死回生，将禁地变为工厂，把囚笼当作战场，将孤军营建成了上海滩上一座坚不可摧的精神堡垒。

现在，孤军官兵已经不是一批缺衣少食、等待接济的落难者，而是有气魄、有能力，团结民众向恶劣环境抗争的斗士。

中国孤军这颗种子，已经在上海租界苦涩的土地扎下根基，八百壮士这柄战刀已经在凄风苦雨中磨得更亮。

谢晋元感到，应该将孤军营目前的状况向国民党政府作出汇报。

1940年年初，谢晋元委托上海可靠人士，带着自己亲笔信件，取道香港前往重庆，面呈蒋介石。同时带去的还有孤军手工业作坊生产的样品，以及孤军官兵捐献国家购买作战飞机的2000元。

在重庆黄山官邸，蒋介石亲自接见了来人。看过谢晋元的亲笔信件，蒋介石心中大喜。

而呈献在他面前，从万里长江的尽头，从上海租界辗转送来的孤军产品——一包线袜子和一箱肥皂，更令他兴奋不已。他拿起一打深灰色的线袜子，左看右看，又拿起一块肥皂掂了一掂，再在灯下，仔细端详孤军产品上的"钢盔加刺刀"商标，沉吟半晌。之后，他来到窗前，眺望着在暮色中滔滔东去的长江……

抗战以来，国民党军队依托长江，节节抵抗，不惜投入重兵，发起淞沪、南京和武汉等会战。但是，这些会战均以失败告终，尤其是武汉失守后，国民党主力部队元气大伤，已无力组织大规模会战。而在国民党政府迁都长江上游重庆后，不仅兵亏将匮，而且再无后退之路。

长江，流淌着中国军人的鲜血，记载着中华民族的耻辱。

对于退守到重庆的蒋介石来说，上海已经非常遥远了。但是，在应付日益严重的危局的同时，他常常想起上海。1939年8月13日，为纪念淞沪会战爆发两周年，蒋介石发表了《告上海同胞书》，赞誉上海军民在会战中的贡献，勉励上海同胞"忍耐艰苦，在黑暗中建立起精神堡垒"。这与一年前，他在"皓电"中给孤军开出的处方一样，"忍耐"也是蒋介石开给上海同胞的一剂汤药。

今天，看到孤军送来的工业产品，蒋介石内心极感畅快。他觉得，八百壮士在困境中大力开展生产自救，减轻国家负担，支援抗战大业，正是领会了"忍耐"精神的真谛。

看来，把八百壮士留在上海租界这步棋是走对了。每当蒋介石所关注的某项事情取得成果的时候，他总是忘不了先把自己肯定一番。

委员长想，谢晋元不愧是黄埔军校的好学生、一个将才。上海租界的情形，蒋介石是了解的，那是洋人的天下，没有中国人说话办事的地方。1926年，他是北伐军总司令，而要进入租界，也得屈尊俯就，挂洋人发的腰牌，受种种限制。由此，中国孤军的处境可想而知。然而，就在此种困难环境下，谢晋元韬光养晦，把"忍耐"的谋略贯彻得一点也不走样，把最难做的文章做得有声有色，难能可贵！孤军官兵在自己的经济状况也十分艰难的情况下，还勒紧腰带，献金购机，更是感人至深。

蒋介石在心中着实把谢晋元赞赏了一番。

只可惜，国民党军中像谢晋元这样鞠躬尽瘁、恪尽职责的军官太少！

军事上无能，生活上腐败，精神上颓废，这样的军官太多。"党国"事业坏就坏在这种人身上。有些人战意薄弱，苟且偷生，缺乏雪耻复仇之决心，多有避难就易之私图。战场上畏葸不进，望风而逃，生活上沉湎于声色货利，醉生梦死，贪污腐化，贿赂公行，吃喝嫖赌，乌烟瘴气。尤其是那些下级军官，对内吃空额，扣军饷，喝兵血，对外掳掠百姓，骚扰乡民，简直是无法无天了。

对国民党中种种弊端，诸多痼疾，蒋介石知之甚详，也曾深恶痛绝。在一次中央全会上，蒋介石曾对着中央大员们咆哮如雷：

"现在，我们党名声不是太好，许多人说我们党内同志和政府高级官吏恣求享受，纵情逸乐，我们要切实反省，赤裸裸地检讨出来。须知我们承担的重大责任，要领导社会民众艰苦抗战，我们的一切生活真是十目所视，十手所指。哪能有半点苟且随便，以招物议？希望各位特别检点，彻底改变醉生梦死之生活。否则，我们是要亡党亡国的。"

国民党内不堪入目的腐败现象，蒋介石曾想治理一番。自1934年起，他就发起所谓新生活运动，亲自担任新生活促进会会长，每年都要发表一番讲话。抗战以后，他更是奋臂疾呼，"革新生活习惯""振奋道德精神"，他把"忠孝仁爱""礼义廉耻"喊得震天价响。然而，几年过去，尽管他喊得口干舌燥，声嘶力竭，有多少人把那"四维八德"记在心里，又有多少人真正实施新的生活方式？

蒋介石万没想到，他经营多年"新生活运动"，既不能在前线生根，也无法在后方开花，而今，却在上海租界孤军营的15亩地里结出了果实。

蒋介石感动不已。

把何应钦叫来，把陈诚叫来，让他们看过"孤军牌"产品后，蒋介石说，我记得，我以前就对你们说过，我们军队里只要有20个像八百壮士这样的战斗兵团，我们就不会打败仗。现在我再告诉你们，只要有一批像谢晋元这样的军官，仗就是暂时打败了，不要紧，我们还能站起来。可惜呀，这样的人才太少。这正是我忧虑的。

财政部长孔祥熙也被叫到黄山官邸。蒋介石把八百壮士的2000元捐款交给他，嘱咐道，要登报，要让这笔钱发挥大的作用。他还告诉孔部长：

"我们不是缺这笔钱，而是缺这种精神。你要给孤军另拨一笔款子，以资鼓励。"

孔祥熙心领神会，第二天就把八百壮士献金购机的事登在重庆各报。同时，给中国银行上海分行八百壮士账户内拨去一万元。

1940年2月18日，是新生活运动六周年纪念日。这日晚间，蒋介石在重庆中央广播电台发表训词，他检讨往年新生活运动中存在的种种流弊，猛烈抨击后方生活中的腐败现象。鉴于以往新生活运动内容空泛，流于形式，雷声大雨滴小的弊端，他提出新生活运动第七年度的主要工作应为"厉行精神动员，策进战时生活""协助兵役建设，尊敬受伤战士""彻底肃清烟毒，增进国民健康"，以及"促进国民经济，增加战时生产"。

电波载着蒋介石尖利的呼喊，越过巴山蜀水，越过黄河长江，传向四面八方。

然而，就像以往的六年一样，蒋介石声嘶力竭的呼喊，仍旧似石沉大海，所谓新生活运动仍无起色。整个国民党政府就像一架庞大的机器，锈成了无法运转的一堆废铁。蒋介石怎么也不明白，置身于囚笼般的租界里的几百名孤军战士，其指挥员无非一个上校团长，在极其困难的环境里，能以一种不屈不挠的精神，开展生产自救，克勤克俭，支援抗战，而那些无论在前方和后方，拿着丰厚的俸禄，有着比孤军营不知强出多少倍的舒适生活条件的大大小小官员们，为何一个个这么腐败无能，不可救药？

这一点，蒋介石永远也难以明白。

第十六章
谁是下一个

　　孤军官兵一年时间里就平白无故地死去11人，小小的孤军营被沮丧、悲观的情绪笼罩着，更可恨的是租界工部局越来越心甘情愿听命于日军，在孤军营举行升国旗仪式时租界团丁竟开枪屠杀中国孤军。

淞沪抗日阵亡将士追悼大会在苏州举行，数万军民参加。这是主祭台。

1940

年3月1日，士兵祝梁栋暴病而亡。

祝梁栋曾是营中活跃分子。他本是个粗人，没多少文化，但热情奔放，勤奋好学。在孤军文化学校，他用半年时间从丙班升到甲班，很快成为令人羡慕的小秀才。《孤军月刊》几乎期期都有他的小文章，他还常常作为士兵代表，在营内集会上发表讲演。前天，星期一，营内例行"总理纪念周"活动，祝梁栋参加讲演，他选的题目很有分量，叫作《总理精神与军人人格》，讲的是继承孙中山总理精神，保持抗战军人人格的大道理，但处处结合着孤军营的斗争感受。他声音洪亮，神情激动，不时挥舞着手臂，好像把全身气力都抖了出来。"生死事小，人格事大，孤军营垒，即是我等效忠国家的阵地；铁丝网内，即是我等保持军人节操的净土……"

他越讲越快，调门越来越高，突然，声音戛然而止，只见他身体前倾，吐出一口鲜血，栽倒在讲演台上。

没等军医查出是什么病，第二天，祝梁栋便从孤军营离开了人世，完成了他在讲演中没能讲完的人格修炼，坦坦荡荡、无怨无悔地走完了他22岁的人生道路。

自从1939年3月23日士兵陈玉祥病亡以来，不到一年时间里，已经有10名士兵病故，祝梁栋是第11位。11人里，最大的24岁，最小的只有17岁，平均年龄仅有20岁。

他们当中，陈玉祥、李大年、张邦仔等三人死于痨病；孙小赖、王汉年二人死于伤寒；赵兴旺死得最惨，他精神失常后，从医院的四楼摔下，活活摔死；虞树樟死得很冤枉，他本无致死之症，仅是胃痛，在巡捕医院治疗时误用药物，死于庸医之手；另外数人，跟祝梁栋一样，连病因都未查清，就不明不白地死去。

八百壮士已把死不知掂量过多少回，他们不怕死，但是他们只准备了一种死法，那就是在战场上成仁就义。如四行仓库作战、护旗斗争，如陈树生、尤长青等人那样去死，那才算仁成义就，死得光荣；像陈玉祥病死榻中，像赵兴旺糊里糊涂从楼上摔下，像虞树樟断送在庸医之手，像祝梁栋在众目睽睽之下，一头栽倒，魂归黄泉，这种死法叫人惧怕、战栗。

谁是下一个？小小的孤军营，一年时间里，没打一仗，没放一枪，就平白无故地病死11名年轻士兵，这个损失，相当惊人。

那么，谁是第12个人？

要是扛炸药包，堵枪眼，与敌拼命，保管个个奋勇争先。记得守四行仓库时，有一天夜里，要组织一支10个人的敢死队，去炸西藏路上日军据点，就有一百多人争着报名。可现在是干什么去啊？

"谁是下一个？"这个问号，像一把寒光闪闪的利刃，悬在每个官兵的心中，人们面面相觑。

病亡士兵的悲惨结局，强烈地刺激了孤军官兵的感情。祝梁栋之死，更是震撼着官兵的心。在此之前的10位士兵，都是因病住院后，在巡捕医院病故，而祝梁栋则在孤军营内，在几百名官兵的眼前猝然死亡。刚刚还是一位活蹦乱跳的斗士、难兄难弟，猛然间，就眼睁睁地、不明不白地在自己面前死去，官兵们难以接受这个事实。人们记得，在四行仓库作战的第一天，祝梁栋随着他的班长，从外围阵地撤入仓库大楼时，他从这个街垒跳进另一个街垒，敌人的子弹雨点似的从屁股后面打过来，他也没事，皮都没擦着。现在不着风，不着雨，怎么就像秋天的树叶似的，说掉就掉呢？

"人固有一死，或重于泰山，或轻于鸿毛"，他这一死，算是一座泰山，还是一根鸿毛？

悲哀、惋惜，引发了恐惧。许多官兵由祝梁栋想到自己，想到自己也是秋天里的一片树叶，也会像祝梁栋那样蔫不吱声地撒手而去，每人心里都像灌了铅。

伤感、沮丧和绝望的情绪猛然袭上官兵心头。谢晋元团长强烈感到一种不祥之兆。他想，在租界暗无天日的恶劣环境下，孤军营之所以能够支撑至今，全赖壮士们坚忍的意志和顽强的信念，如果官兵心灵的天空暗淡下来，那么孤军前途将是一团漆黑。

必须制止沮丧情绪的蔓延；必须让官兵们重新振作起来。

现在需要的不是眼泪和悲哀，而是信心和力量。

祝梁栋突然病故且死因不明，也使洋人惊慌不安。在工部局看来，八百壮士是中国当局和日本人都在拼命争夺的一群骏马，既不能随便放跑，也不能让它们损耗掉。那都是有数的，少了，在中国人、在日本人那里都交不了账。洋人害怕祝梁栋是不是得了什么传染病，担心在营内蔓延。当天下午，工部局卫生处买来一张草席，雇来一辆三轮车，准备尽快将祝梁栋的尸体移出营外埋葬，草草了事。

洋人苟且敷衍，视人命如儿戏，谢晋元对此愤恨万分，严词斥责。

孤军营决定，为祝梁栋举行隆重葬礼，并筹备于清明节期间，为四行仓库阵亡、"八一一"护旗殉难和历次病殁的孤军官兵举行追悼大会，以纪念亡者，振奋官兵精神。

谢晋元团长亲自料理此事。

当日，孤军雇请租界中华殡仪馆员工，将祝梁栋遗体厚殓，之后，移至孤军营大礼堂安放。全体军官轮流为亡者守灵。

3月5日下午1时，举行隆重葬礼。谢晋元团长主祭。全体官兵列队于祝梁栋灵前行三鞠躬礼。礼毕，谢团长向灵位敬献三炷高香。整个礼堂沉浸在哀伤、肃穆的气氛中。

移灵安葬仪式开始。孤军官兵迈着沉重的脚步走出礼堂，分立两侧，送别祝梁栋的灵柩，送灵的队伍从礼堂前，一直排至孤军营大门。

谢晋元和四位连长执绋扶棺，护送着祝梁栋的灵柩，缓步前行。后面是李春林、伍杰排长率30名士兵组成的仪仗队。

当灵柩移出礼堂时，即燃放爆竹，噼噼啪啪的爆竹声，像震天动地的礼炮，在向抗日英雄致意；四处飞舞的爆纸，像一团团礼花，在为爱国志士送行。

在低沉的鼓乐声中，肃立于道路两旁的官兵一齐敬礼，目送着灵柩缓缓而过。

孤军营以最隆重的礼仪给一位为国殉难的普通士兵送行。

这特殊的礼遇，庄严的仪式，肃穆的气氛，使守卫在营门，平日里面无表情、冷若冰霜的商团士兵亦良心发现，灵柩移至营门时，白俄团丁们也恭恭敬敬脱帽行礼。

在营门内，官兵将灵柩送上普善山庄公墓派来迎灵的灵车后，目送着灵车缓缓驶出营房，直至从视线中消失。一路上，从灵车撒下的纸花，雪片一样随风飘洒，营门外赫然铺出一条白色纸路。

历时30分钟的移灵安葬仪式结束。

一个圆满的葬礼，对亡灵是告慰，对生者是安抚。

1940年整个3月份，在上海城内比邻而居，但政治目标南辕北辙的两部分中国人，都在忙乎着各自的事情。以极司斐尔路七十六号为据点的汪伪势力，正全力炮制傀儡政权，加紧卖国。不远处的胶州路，以孤军营为阵地的八百壮士，为缅怀抗日烈士的功绩，振奋上海军民抗战精神，正大张旗鼓地筹备召开追悼会。

中国孤军定于3月29日举行的追悼大会，在上海市民中引起极大的关注，大会各项准备工作得到市民鼎力支持。

四行仓库作战以来，牺牲和病故的孤军官兵一共有25人，他们的遗体分多处掩埋。坚守四行仓库战斗牺牲的四名士兵中，舍身炸毁敌坦克的陈树生烈士的一腔热血，已随那声震天动地的爆炸，抛洒在战场上。其余三位烈士，在撤退的当夜，被掩埋在四行仓库大厅内。在撤出四行仓库的路上牺牲的六位烈士，由上海教会医院收殓后，妥为安葬。在1938年"八一一"护旗斗争中牺牲的尤长青等四位烈士，已安葬在孤军营内。病殁的陈玉祥等 11 位官兵，已先后委托普善山庄公墓安葬。

清明节即将到来之际，正在筹备召开追悼大会的孤军官兵们，惦记着烈士的归宿，想到该为烈士的坟头拜祭添土。

安葬于四行仓库大厅内的三位烈士，他们的坟场天造地设，整座四行仓库就是他们的纪念碑。但是当时匆促间只能草草掩埋，现在应再作修葺。为此，孤军营已出资请四行仓库管理单位将掩埋烈士遗骨的一层大厅地板重新平整，并铺上水泥，以便烈士安息。在四行仓库大门外血洒沙场的烈士，最让孤军官兵魂牵梦绕，要去祭扫陈树生之亡灵，上哪里找他啊？现今，也已商请地方爱国人士，在当年陈树生阵亡的仓库东墙根下立一块石碑，镌刻上"陈树生烈士捐躯之处"字样，以便后人瞻仰。"天涯无处觅忠骨，黄土有知题英名"，官兵们觉得，陈树生烈士亡灵也算有了归宿。

撤退路上牺牲的六名士兵，在教会医院的精心料理下，已集中安葬，坟地还有专人看护。每年清明节都有不少市民前往祭祀悼念。烈士有知当含笑于九泉。

对陆陆续续埋葬在普善山庄公墓的 11 名病亡官兵，孤军官兵难以释怀。3 月上旬，谢晋元致函普善山庄，请其独辟一处坟地，将历次病殁之孤军壮士归葬一处，并各竖一石碑，铭记烈士英名及生平事迹，以资永久纪念。

掩埋于孤军营内的尤长青等四烈士之坟墓，在孤军官兵悉心看护下，早已松柏青翠，芳草萋萋。清明节之前，官兵们更是加意修葺，每天早晚都有人给烈士奠酒敬香。猛士坟前不寂寞，患难兄弟长相忆。

尽管兵荒马乱，交通不畅，3 月上旬，孤军营仍逐一拍发电报，邀请散居各地的烈士亲属来沪参加追悼会。接电后，果有不少烈属翻越千山万水，赶到上海。此外，谢晋元连续三天在上海各报纸发表文告，号召租界市民踊跃参加孤军营追悼大会。

牵动上海民心的孤军追悼大会于 3 月 29 日举行。

这天阴云密布，细雨蒙蒙，一派阴冷肃杀的气氛，悼念抗日壮士，老天也在伤心落泪。

孤军营今天布置得庄严肃穆，成了黑白世界。高大的营门迎头横挂着一块

中国青年救亡协会无锡青年抗敌工作团在街头演出抗日活报剧。

黑色挽带，中央白纸黑字是一个沉甸甸的"奠"字。细雨淋湿了的挽带，悬挂着一排水珠，水珠也是黑色的，像老人脸上悲哀的眼泪。营内，道路两旁的树木扎满了白色的纸花，就像刚下过一场大雪。孤军营礼堂已经被布置成追悼会的灵堂，灵堂两侧摆满了花圈。这些花圈，有的是孤军官兵敬献，有的是烈士亲属亲手制作，还有一些是上海市民送来的。灵堂的正面悬挂着一张巨大的挽幛。灵桌上设有一排灵位。牺牲、殉难的 25 位官兵，不管是安歇在四行仓库、普善山庄，还是长眠在孤军营内，今天全都请回了营房。灵桌上并列矗立着 25 位灵牌，就像是列队集合的一排士兵。灵牌上镌刻着烈士的英名和画像，亡者的音容笑貌，顿时呈现于眼前。

今天是生者与死者团聚的日子。灵堂内，面对面排列着两支队伍，一支是牺牲殉职的 25 位烈士，一支是仍在坚持战斗的三百多名勇士。除了杨瑞符营长等几十位因伤撤离上海的官兵，八百壮士已全部到齐。

久违了，我的兄弟！

想念你，我的战友！

生者与死者在默默地对视着，他们有多少话要说，有多少情要诉啊！

上午8时起，参加追悼会的上海市民陆续入营。在孤军的预先交涉下，商团今天放宽了人数限制，到9时，入营人数已超过400人。

三百多名孤军官兵和四百多名市民把灵堂挤得密不透风。

9时30分，主持仪式的军官宣布追悼会开始。

仪式第一项，全体军民向烈士行三鞠躬礼。

"一鞠躬，二鞠躬，三鞠躬"，全场一片寂静。有些市民觉得鞠躬难以表达对烈士的崇敬之情，便"扑通"一声，跪地磕头。

鞠躬礼毕，开始奏乐。

为今天仪式奏乐的是上海有名的浦江国乐队，二十多名乐师，锣、鼓、钹、笙、笛、唢呐、胡琴，还有打击乐、管弦乐，一应俱全。乐曲是聘请名师专为今天的追悼会谱写的，共有三个乐章。第一乐章《四行枪声》，第二乐章《血祭国旗》，第三乐章《精神堡垒》。三个乐章，独立成篇，即分别再现四行仓库作战、护旗斗争和孤军营生活三个斗争阶段，是献给殉难烈士的悲怆进行曲；合在一起，即是描绘八百壮士全部奋斗历史的英雄颂歌。

乐曲奏得有气势，有感情，让人激动万分。

第一乐章《四行枪声》，先声夺人，序曲是一阵急促的鼓声和嘹亮的小钹，一下把人们带回到四行仓库作战的四昼夜，当各种乐器混奏出这一乐章的高潮时，那排山倒海式的锣鼓，那急风暴雨般的唢呐，那剧烈跳荡的琴声，使人们仿佛置身激战中的四行仓库，耳边犹闻枪声、炮声，眼前犹见火光、硝烟。

描绘护旗斗争的第二乐章，也十分形象逼真。其中一大段描写孤军壮士与商团士兵在旗杆下搏斗的乐曲，以热烈的管乐和低沉的弦乐轮流演奏，使人好像看到凶残的洋兵与中国官兵扭打撕缠，你冲过来我杀过去的搏斗情景。

第三乐章，深沉、凝重，中间几次出现长笛孤独的演奏，很好地渲染了孤军营的生活气氛，而它的结尾部分，以明快的唢呐和活泼的小钹为主调，给人以信心与力量，预示着孤军营斗争的光明前途。

完美无瑕、扣人心弦的乐曲，一共演奏了20分钟。而孤军官兵好像把自四行仓库作战以来的战斗历程从头走了一回，把两年多时间里的斗争故事重新回味了一遍。

官兵们激动万分，沉浸在遐想之中。

这动人的乐曲，我们的烈士肯定也听到了，听懂了。

接下来，是官兵代表和烈士亲属讲话。三位官兵代表先后发言，他们追忆孤军烈士的业绩，颂扬其人格和品德，表示了自己的斗争决心。一共有六位烈士亲属参加了今天的追悼会，他们千里迢迢赶到上海，人人都有一腔衷情要对自己的亲人和孤军官兵倾诉。但是临到上台讲话时，几位亲属却一句话也讲不出来，有的站在自己亲人灵位前号啕大哭，有的低声抽泣。

烈士陈树生的母亲，从四川老家赶来，是当地政府派人护送到上海的。这是一位坚强的女性。她姓李，53岁，丈夫早年去世，陈树生是她膝下唯一的儿子。陈树生牺牲后，她孤身一人。也许她的泪水早已流干，今天，她一滴眼泪也没有，满脸的皱纹像干涸的沟沟壑壑。上官志标和朱胜忠始终一左一右地伺立在老人身旁，就像她的两个儿子。上官志标是陈树生的连长，朱胜忠与陈树生同班，他们在替烈士照看老人。李大娘要讲话。在上官志标和朱胜忠搀扶下，老人走到灵位前，先给自己儿子烧上三炷香，再到其他各位烈士灵前，给每人磕了个头。然后，颤颤巍巍地上台讲话。没有想到，这位年迈的老人讲起话来如此激动，如此震撼人心：

"……日本人在哪里？日本兵在哪里？日本兵是不是娘胎养的？他们有没有良心？有没有人性？他们凭什么跑到中国来，凭什么打上家门欺负人？他们还算个人吗？不算！他们是狗！既然是恶狗逼门，你们就打。你们是陈树生的兄弟，要替大娘出这口气！"

母亲的托付，祖国的召唤，在全体官兵中激起强烈反响，口号声震耳欲聋：

"打败日本鬼子！"

"为死难烈士报仇！"

今天，谢晋元团长情绪尤为激动。他的面前是25位殉难烈士的灵位，身后是几百名幸存的官兵，八百壮士今天又重新聚集在他的身前身后。这种极不寻常的集会不禁使他五内俱焚，悲恸欲绝。仪式开始时，向烈士行三鞠躬礼，他尚极力控制住自己的感情，到他代表官兵向烈士敬献花果时，他难以自已，虽未放声痛哭，而泪水已夺眶而出。这是他第一次当着几百名官兵的面，任由泪水纵横。国乐队的演奏，每个节拍都拨动着他的心弦，令他思潮汹涌，浮想联翩。及至听到官兵代表及烈属讲话，他也十分动情。特别是陈树生母亲的讲话，对日本侵略者是控诉和鞭笞，对抗日壮士是叮嘱和催促，耳提面命，不可忤违。李大娘讲完，谢晋元发表讲演，他号召全体官兵响应祖国和人民的召唤，继承先烈遗愿，坚持抗日，不怕牺牲。他说：

"本团阵亡、殉旗、病故诸先烈，抗日救亡、不怕牺牲的精神，光昭天下，与日月同辉。吾人决遵照先烈为国为民精神，不避任何艰危，克尽厥职，搏斗到底……"

上海市民，尤其是青年学生踊跃参加今天的追悼大会，使谢团长大受感动。受困30个月来，每次青年来营联欢，总要请求谢团长训话，今天入营青年人数众多，机会难得，谢晋元在给孤军官兵训示之后，又寄语上海青年。他说：

"知识青年为国家之中坚分子，社会民众之先锋。孤岛青年尤应富有牺牲精神，见义勇为。古谚云：修身、齐家、治国、平天下。首为修身。青年人意志不坚，易受环境冲动，应不断检点自己。应站在国家民族之立场，本百折不挠之意志，向前奋斗，至于成败利钝，个人荣辱，不必过多顾虑，只要于国家民族有利，即应尽力而为之。"

在《歌八百壮士》雄壮高亢的战歌声中，孤军营追悼会结束。历时1小时40分钟。

次日，1940年3月30日，汪记"国民政府"在南京成立。这一天，上海地区日伪势力倾巢出动，拉铁丝网，设置路障，出动警车巡逻，戒备森严，如临大敌。日伪政府有令，上海民宅、公共场所必须悬挂汪记"国旗"。但是无人理睬。当天，上海各大中学校一概罢课。许多建筑物上挂出黑纱，租界内有三家大报，在一版位置刊出孤军营昨天举行追悼大会的消息，"正气长存""誓雪国耻"的大字标题格外引人注目。

上海举城哀悼孤军烈士，对刚刚出笼的汪伪傀儡政权，有如当头棒喝。

随着太平洋上热带季风的不断加强，上海送走了了无生气的春季，逐渐进入闷热难当的夏天。

1940年夏季，上海人更不会有好日子过。

欧洲战争于去年秋天爆发后，德国军队以迅雷不及掩耳之势，仅用 27 天时间，就攻占波兰。华沙守军 12 万人投降。波兰流亡政府逃往法国。之后，欧战呈休止状态。但是，到了 1940 年 4 月以后，战局突然趋紧。4 月 9 日德国大举北上，执行以攻占丹麦、挪威为目标的"威悉河演习"作战行动。德军兵不刃血，首先占领丹麦，旋即击败挪威。挪威国王逃亡伦敦。

5 月 10 日，德军转向西线，发动代号为"黄色方案"作战，矛头直指比利时、荷兰、卢森堡和法国。5 月 15 日，荷兰投降。5 月 27 日，比利时国破，国王莱奥波德三世成为德军阶下囚。之后，德军以 137 个作战师，2400 辆坦克和 3800 架飞机的强大兵力，全线进攻法国。意大利趁火打劫，于 6 月 10 日宣布参战，出兵法国。在德、意法西斯军队共同打击下，英、法联军凭借的马其诺防线土崩瓦解，33 万英、法军队从法国港口敦刻尔克仓皇退往英国。6 月 14 日，德军攻占巴黎。6 月 17 日，法国政府投降。

德、意法西斯伙伴以闪电般速度横扫西欧，与此相呼应，日本法西斯也加紧了在亚洲战场的进攻步伐。1940 年 5 月，日军出动 20 万兵力，在湖北枣阳、宜昌地区发起强大攻势，企图打开入川通路，进窥重庆。同时，日军借助德意军队的气焰，在远东地区不断向英法施加压力。6 月 19 日，在日本政府的逼迫下，刚刚向德国投降的法国贝当傀儡政府，宣布封闭滇越铁路，禁止一切军火物资经越南运往中国。之后，日如法炮制，7 月 17 日迫使英国政府封锁滇缅公路，切断了盟国援助中国的最后一条交通动脉。

当日本侵略者及其法西斯伙伴向整个人类举起屠刀的时候，上海租界这块为他们垂涎已久的肥肉更是在劫难逃。

上海公共租界，原为英、美、日、意"共管租界"。1931 年"一·二八"淞沪作战后，日本人将日本侨民聚居的虹口一带据为己有，公共租界于是被割下一刀。1937 年"八·一三"作战，日本人又将英美势力从闸北地区逐出。苏州河以北成了日本人的一统天下，公共租界则收缩至苏州河以南地区。日本强盗仍不满足于此。他们的逻辑是，"我的是我的，你的也是我的。"他们的目标最终是要将公共租界连同法租界一口吞下。只因日本对英美法并未交战，不敢贸然下手。1940 年 5 月，意大利对英法宣战后，租界内的情形随之恶化，英美法三国侨民与意大利侨民断绝了往来，三国驻上海租界的海军陆战队与意大

日军把持上海外白渡桥，检查来往的车辆和行人。

利军队相互对峙。在租界的一条小船上挤着敌对的两个集团，剑拔弩张，一触即发。

日本人以为有机可乘。5 月 20 日，日本驻上海海军司令部下帖请各国驻军司令开会，他们提出，你们在欧洲已经打了起来，在上海租界也势难两立，既然如此，可将租界委托"中立国"代管。日本人说的"中立国"，当然是他们自己。英、美、法三国军方看出日本人狼子野心，礼貌地拒绝了他们的"好意"。

巧取不成，便要豪夺。日本人以交战国双方在租界屯兵，势必危害上海安全为由，迫使各国驻军撤离。否则，日本将派军队进入租界"维持秩序"。在日本强盗的威吓下，英法终于屈膝。英国首先下令将驻上海海军陆战队撤走。随后，法国驻沪军队 800 人撤往越南。作为交换条件，为数不多的意大利兵也分批撤离上海。

此后，公共租界防务交由美国海军陆战队及万国商团的美国队和俄国队接管；法租界则只有少数巡捕在维持治安。

在这场对上海租界发动的不流血的战争中，日本人取得了重大战果。由于英法军队的撤离，美军孤掌难鸣。租界的命运将越来越多地操在日本人手中。

日本人欲壑难填，不久，又向西洋人发起了另一场战争——改组工部局。日人以租界内抗日气氛浓厚，租界当局取缔不力为由，要求重新分配工部局席位，增加日本人的份额。结果，在董事会，公共租界这一最高决策机构里，留仁丹胡子的日本"阔佬"冈崎被塞了进来,坐上副总董的位子。在董事会之下,总揽租界行政管理大权的总裁这一机构中,另一位日本人渡正监也挤了进来,担任副总裁的要职。这两位日本人名为副职,但是有日本军队做后台,工部局实际上全得看他们的眼色行事。

随着日军加紧对租界的控制,中国孤军的处境日益危险。上海日本领事馆已经从工部局索去孤军官兵名册和武器登记表,并规定工部局商团须每日向日军报告孤军营内情况。

日本人的阴影已经越来越逼近中国孤军。

租界工部局在日军的软硬兼施下,深感自身难保,他们现在比任何时候都更加心甘情愿地接受日军的种种无理要求,加紧对孤军的控制和迫害。对市民进入孤军营参观慰问,商团又作了更为严格的规定。他们限制每天入营人数,并且要求登记名单。在孤军营演出的剧目,必须提前一天申报,凡有抗日内容的,一律禁演。对经常出入孤军营的服务人员,如体育教练、教师、牧师等人,经严格甄别后,发给"派司",验证进出。工部局甚至以租界土地紧张为借口,蛮不讲理地将铁丝网移入,缩小了孤军营面积。他们不顾孤军强烈反对,开始在营外北侧建起一座传染病医院。

曾经欠下孤军血债的白俄团丁,又被调回重新担任孤军营警戒任务。在日本人的不断压迫下,英国人、美国人、法国人都垂头丧气,威风扫地,唯独白俄兵依然如故。

当英国兵、法国兵被日本人挤走后,白俄团丁又威风了起来,被当作租界防务不可缺少的主力,派去担任最重要的任务。

白俄团丁把重新获得在孤军营把门的机会,看作是他们的一个胜利。那神气劲,就像沙皇的复辟获得成功。他们与中国人似乎成了天然的敌人。在租界里,他们对西洋白人俯首帖耳,对非洲黑人也恭恭敬敬,甚至对印度人、泰国人、越南人也不敢随意龇牙,他们可以欺负的唯有中国人。他们更是中国孤军官兵的死对头和老冤家。

现在,凶恶的白俄团丁重新把守营门,他们不会让中国兵的日子好过。

狗仗人势的白俄队长伊凡诺夫,又神气活现地出现在中国孤军面前。每天早晚,进入营内检查人数,是他最得意的时辰。过去,商团别的军官入营检查人数，只是"点人头"，在营内边巡视，边清点，并不妨碍营内一切活动。伊凡诺夫却要"点名"。每次他都要求孤军集合队伍，由翻译官按名册唱名，叫到谁都要大声回答"到"，从团长到普通士兵概莫能外。他点名的时候，管你是在赛球，还是在做饭，都得统统停下，都要参加站队，连上厕所也被禁止。他是存心向中国人抖他的威风。

中国士兵人人厌恶的那位"斜肩胛"，现在又凶神恶煞般把守着孤军大门。他的肩更斜，脸也更难看了。站在营门，他抽筋似的右肩比左肩高出一大截子，上衣让右肩挑得七扭八歪，整个人像座比萨斜塔，摇摇欲坠。他的肩斜得这样厉害，是他自作自受。"八·一一"悬旗事件，他当打手，冲在最前面，混战中，一位中国士兵举起木板，在他的左胸狠狠一击，打断他一根肋骨，使他原来就耷拉着的左肩更低了。他脸部也多了一块疤，那也是中国兵给他留下的一点纪念。在枪击中国逃跑士兵引发的冲突中，"斜肩胛"在铁丝网前与中国兵扭打，结果，他的脸部被中国人用破酒瓶剜下一块肉。

白俄团丁对中国官兵怀恨在心，伺机报复，对入营参观的民众更是蛮横无理，处处刁难。

那一天，怀久中学学生六十多人入营慰问，"斜肩胛"逐一搜查，将学生带来准备赠送孤军的一打口琴强行扣下，并侮辱女生，由此与学生发生争执。

孤军士兵张文青见白俄团丁如此无理，上前严词斥责。"斜肩胛"恼羞成怒，举起木棍便打。张文青忍无可忍，奋力还击。双方扭打起来。在七号和八号哨位站岗的白俄团丁，气势汹汹，赶来助阵。眼看张文青要吃亏，这时八九名孤军士兵闻讯赶来，他们一拥而上，将三名白俄团丁，围在核心，一时拳脚并举，积郁在胸的怒火一齐迸发。雷雄连长恐事情闹大，急忙赶来制止。但三名白俄团丁已被打得鼻青脸肿。

白俄团丁对中国孤军纵有刻骨仇恨，但也无可奈何，只好拿民众出气。就连每天进出营门，为孤军采买给养、杂物的王麻子大爷，也常常遭到白俄团丁的刁难，购买的各种物品常常无端被扣下。

还有一回，金科中学弗休神父率学生 89 人来营参加拳击表演和篮球比赛。他们是教会学校，学生们个个守规矩，有礼貌，无可挑剔，但也遭到白俄团丁的欺侮。慰问表演结束，学生整队离营，出得营门，不料两名白俄团丁冲了出来，拽住走在队伍最后的学生，强行拖回，令其关上营门。开闭营门，本来就是把门白俄团丁的职责，现在却强迫学生回来关门，这种蛮横行为激起学生愤慨，当即发生争执，白俄团丁大打出手，拳脚交加，将学生蔡惠歧、姚家珂两人打成重伤。

......

眼见上海租界局势急转直下，孤军处境日益危险，谢晋元焦急万分，1940年5月初，他再一次致电重庆，请示机宜。5月下旬，他接到蒋介石22（养）日拍来的复电。电文是：

> 望坚忍自重，不必以外人之态度恶劣而急躁；应不亢不卑百折不挠坚持到底为宜。

奉读蒋介石的电报，谢晋元检讨自己的行为。他翻箱倒柜地将两年多来的所作所为，桩桩件件，详加回忆，对照检查。他认为，两年来所做的每一件都与蒋介石命令丝毫不悖，都是在按蒋介石说的身体力行：军营内大力开展精神教育文娱康乐活动，建立新的生活秩序；力争开放孤军营，加强孤军与民众的联系，在民众中进行抗日宣传；强化纪律，整饬内部，制止逃亡，严厉处置营中一切违规逾矩行为，以稳定军心；倡办手工业，增加收入，减轻国家负担；此外，为避免冲突，对租界洋人的种种倒行逆施，保持克制，一忍再忍，做到仁至义尽……

两年来，谢晋元遵循"委座"钧令，可谓克尽厥职。但是，再三品味蒋介石给他的这封"养电"，谢晋元一肚子苦水要往外倒，他对孤军前途充满忧虑。

这是蒋介石给他的第三封电报。第一封是1938年6月19日的"皓电"，第二封是1939年8月27日"陷电"。三封电报前后相距两年。谢晋元把三封电报都拿了出来，一起摆在案头，从电报纸那深浅不一的颜色，可以看到岁月的风尘，从电文的字里行间，可以听到时间的涛声。但是，来自不同年月的三封电报内容如出一辙，都是两个字——"忍耐"。

两年多时间，世界已经发生了多大变化！欧洲大战从酝酿、爆发到现在，德国已经占领了整个北欧。中国战场上，中日军队已打过大小几百仗，蒋介石指挥他的部队从华东已退到了西南，战场情势都已翻了个。上海租界更是面目全非，工部局总董已经换了两届，商团司令也换了三任。孤军营内花开花落，草枯草荣，已熬过了多少个难熬的日日夜夜？

然而，蒋介石发给我们的电报却始终咬定一个调门，这是为什么？谢晋元感到十分懊丧和失望。

孤军官兵羁困上海，历时三载。我们天天盼，月月等，盼望天空晴朗，云开日出，盼望伸张正义，还我自由，盼望冲出牢笼，再上前线。可是，我们等来了什么？等来了上海局势日益恶化，等来了租界洋人的种种欺侮，等来了日伪势力的百般摧残，还等来了蒋介石一封又一封什么事情也解决不了的电报。

政府到底了解不了解上海的局势？体谅不体谅孤军的处境？还关心不关心孤军的命运？

说不了解，不体谅，不关心吧，不对。政府按月从重庆给孤军拨款，蒋介石先后三次拍电报，不能说不关心爱护孤军。既然关心爱护，为什么堂堂一国政府，三年时间里，却想不出一条解救几百名孤军的办法。真的一点办法都没有？被法租界收容的几百名中国士兵，在政府的交涉下，不是都保释出来了吗？把孤军官兵长久地留在租界，拿我们当人质，以表示中国人的忍耐和克制，难道这就比让八百壮士重上前线，更能"维护国家荣誉"，更利于抗战大业？

让孤军官兵在租界继续"坚忍自重""百折不挠""坚持到底"，有无期限，有无止境？"底"在哪里？最终结局将是什么？现在局势如此恶劣，日本人步步进逼，驻上海的英法军队都已纷纷撤离，租界局面还能维持几时？租界孤舟还能驶出多远？一旦租界易手，中国孤军岂不全都成了日人囊中之物？眼看租界来日无多，洋兵能撤的都撤了，为什么中国军人反而要在这里等死？

为洋人，为租界，中国孤军已经付出惨重代价，我们先是为租界安全撤出四行仓库，不想洋人以怨报德，反将我们困在孤军营。我们有四名士兵死在洋兵棍棒之下，十余人病死牢笼。遍地殷血，满城冤魂。现在租界要完蛋，难道还要我们陪葬？

不是怕死！谢晋元对个人牺牲在所不惜，唯念念不忘者，是身前身后的几百名官兵，他们是国家的功臣，人民的勇士，他们不该白白断送在租界这块地面上。

被困以来，为了孤军的前途和命运，他披肝沥胆，竭尽心血。他大力治理孤军营，盖营房，建操场，练军事，学文化，开展文体活动，稳定人心，对那些不守纪律、不遵命令的官兵，他打了，骂了，甚至关禁闭，移出隔离。为了团体的前途，为了孤军的荣誉，什么苦都吃了，什么委屈都受了，什么法子都使了，如果最终八百壮士还是难免一死，那么，这几年时间里官兵们所做的一切努力还有什么意义？上海民众捧出的一颗颗热心不都白费了？在愤懑和烦躁中，谢晋元放开思想的绳索，信马由缰，任其驰骋。但是，当他发现自己已经走得很远，已经偏离了原有的跑道时，他便开始收缰勒马。

他是军人，而且是一位军官，手下有一支队伍呢，他怎能随意放任自己？他必须管住自己。军人以服从为天职，他是一团之长，必须为部属做出服从的榜样。"委座"三令五申，让我们"忍耐"，叫我们"坚守"，能说"不"吗？即使真的把我们"当人质"，即使真的叫我们和租界孤岛一起沉下去，也得认了，上刀山入火海也不能犹豫。

谢晋元的思绪又回到原有的轨道。孤军营内一切如常。

每天清晨，团长照常带队出操。前面团长骑着他的那匹白马，后面跟着几百名士兵。在铁丝网内那条落满蹄印的跑道上，白马像一匹拉磨的牲口，不紧不慢，一路小跑，一圈又一圈。跟在白马后面的士兵们，亦步亦趋，不偏不倚。

"嘚嘚嘚"，清脆的蹄声叩击着孤军营的土地，"踏踏踏"，整齐的步伐震颤着官兵的心。三年来，他们沿着这洒满汗水、铺满辛酸的跑道不知跑完多少圈，为什么总也跑不出孤军营这块土地，并不是因为跟前的这道铁丝网，而是因为身后有根无形的绳索啊！

又到了孤军营的忌日。

1940 年 8 月 11 日，营内举行仪式，纪念悬旗惨案二周年。

仪式与去年一样。晨 5 时，举行精神升旗典礼，团长训话，官兵呼口号。午时一刻，营内鸣钟 111 响，恰是前年悬旗惨案中伤亡官兵之数。之后全体官兵默哀三分钟，悼念尤长青等四名烈士。晚 7 时举行精神降旗。全天停止一切娱乐活动。

与此同时，谢晋元团长发出训令，犒赏悬旗事件中受伤官兵。甲等十元，乙等七元，丙等四元，其余人员一律二元。

团长施展各种手法，在孤军官兵中培养不畏艰险、勇于牺牲的精神。

进入9月份以后，受太平洋上台风影响，陆地天气闷热，阴暗不定。此时的中国政坛也忽风忽雨。连日来，报纸上不断放出"和平"消息。据上海《中美日报》消息称，希特勒从欧战利益出发，希望结束中日战争，已命令其外长里宾特洛甫分别会见中国和日本驻德大使，以中国割让东北为条件，停止中日作战。另据香港国际社消息，一直在中日间斡旋的德国驻华大使陶德曼，正在重庆加紧活动。此外，英国驻日本大使克莱其，也在东京发表谈话，表示愿意做中日两国政府的调解人。而日本政府也不断向重庆伸出"橄榄枝"。汪伪"国民政府"于1940年3月成立后，日本政府一直未予"承认"，汪精卫也只敢当"代理国民政府主席"。日伪势力到处放出"宁渝合流""蒋汪合作"的空气，汪精卫也曾发表广播讲话，"蒋先生如果肯到南京来，我愿出洋让贤"。

诱降迫和的恶劣气氛，不管是真是假，对中国抗战军民的情绪都是一个刺激。9月11日，谢晋元在上海各报刊登启事，宣布9月18日，将在孤军营内举行"九一八"事变九周年纪念活动，届时悬挂中国国旗。

自1938年悬旗事件以后，公共租界虽被迫将缴去的国旗归还孤军，但对孤军营升旗做了严格限制，规定每年准许在传统纪念日悬旗四次。平时，只能举行象征性的精神升旗仪式。今年"九一八"孤军营举行纪念仪式，还要隆重升旗，这对租界抗日军民将是一个极大鼓舞。启事刊出后，租界各界民众反应极为热烈，许多地方团体纷纷派出代表，前来洽商参加纪念仪式事宜。

投鼠忌器，孤军营的这一举动，使上海日伪势力惊恐不安。早在3月间，汪伪"国民政府"成立之时，孤军官兵针锋相对地召开了抗日阵亡官兵追悼大会，在上海市民中掀起了一股抗日反汪浪潮，给粉墨登场的汪伪政权兜头泼了一瓢凉水。对此，日伪势力一直耿耿于怀。因此，对孤军营筹备的这次纪念活动，他们决心扑杀在萌芽之中。

租界工部局在日本人的屡次打击一下，早已垂头丧气，后来又经日本人改组和阉割，残存的最后那点元气也损失殆尽。现在的工部局已经越来越心甘情愿听命于日军调遣。

白俄团丁倒是越来越精神。以前经常跟在英国人屁股后面的白俄团丁队队长伊凡诺夫，现在向工部局新任副总董、留山羊胡子的冈崎大献殷勤。为扼杀孤军营内的抗日活动，在日本人的授意下，白俄团丁开始"行动"。

9月13日，白俄团丁首先发难。他们以拓展胶州路路面、加强孤军营防务为由，又将孤军营铁丝网向内收缩二米，这样一来，孤军营面积又被压缩，靠近胶州路的网球场和马棚都要另挪他处。孤军官兵对此提出强烈抗议。但洋人不予理睬。当日，伊凡诺夫领着兵丁，在严密戒备下，强行拆移铁丝网。孤军官兵忍无可忍，与白俄团丁发生冲突。白俄团丁不仅用棍棒还动用高压水龙头、瓦斯野蛮镇压，当场打伤中国孤军官兵25人。

丧心病狂的白俄团丁一不做二不休，次日封锁孤军营房，禁止人员进出，断水断电，企图饿死、渴死、困死中国孤军。这种惨无人道的罪恶行径，旷所未闻。

白俄团丁的倒行逆施，使上海市民极为愤慨。市民们不畏强暴，从铁丝网外投进馒头、饼干、饮水，以及其他慰问品，接济中国孤军。

白俄团丁残暴地驱赶、殴打营外百姓，禁止市民向营内投掷物品，必欲置孤军于死地。

在白俄团丁的残酷镇压面前，八百壮士义无反顾，坚持斗争。9月18日，孤军营不顾工部局的反对，按原计划举行升旗仪式。

数千名上海市民坚决抵制工部局禁令，从四面八方赶来，集拢在营外观看升旗典礼。

白俄团丁增岗加哨，荷枪实弹，随时准备镇压。

凌晨5时30分，升旗仪式开始。

孤军营内，几百名孤军官兵在旗杆下列队肃立，随着激越的鼓乐声，那面布满弹孔，沾满鲜血，曾经在四行仓库上空飘扬过的国旗在晨光中冉冉升起。

孤军营外，参加典礼的市民们垂手肃立，摘帽致敬，远远地注视着缓缓升起的旗帜，每个人都沉浸在兴奋和激动之中。

久违了，国旗！

在上海租界日甚一日的恶劣环境中，在白俄团丁寒光闪闪的刺刀尖上升起的这面中国国旗，升起了中国人的尊严，升起了中国军民不屈的抗日信念。营内营外的中国军民情绪激动，一片沸腾。歌声和口号声此起彼落，相互呼应。

中国军民潮水般的欢呼声，使白俄团丁惊恐万分。在伊凡诺夫的指挥下，白俄团丁打开高压水龙头，直对着高高飘扬的中国旗帜喷射水柱，妄图把国旗从旗杆顶冲下。

面对洋兵的暴行，中国军民义愤填膺。营内的官兵怒不可遏，准备和白俄团丁拼命。营外的市民也手拉手肩并肩，步步向前，直逼白俄哨兵。

白俄团丁竟丧心病狂，灭绝人性地朝手无寸铁的中国军民射出罪恶的子弹。

孤军营三连士兵何玉香头部中弹，当场牺牲。

另有一名士兵高广云腰部受重伤。

租界当局在光天化日之下，制造的又一起流血事件，激起上海民愤。租界民众举行罢课和罢市斗争，要求租界当局惩办杀人凶手。白俄团丁又一次陷于民众唾沫之中。

9月25日，谢晋元在上海《大美晚报》发表公开信，向英美最高当局发出呼吁，要求伸张正义，全文如下：

英文《大美晚报》请转美利坚罗斯福总统伦敦丘吉尔首相阁下，并恳请全世界人士公鉴：

余等为1937年10月上海我军转移阵地时，奉命掩护、困守四行仓库之八百孤军。彼时因阵地靠近租界，弹丸横飞，中外人士生命财产堪虞，经租界领事团联名吁请，我最高统帅命令，吾等突破封锁，撤入租界。三年来，禁锢此间，吾人始终守秩序，且吾人一切费用概由我方政府拨付，工部局未担分文。回溯1938年8月悬旗惨案，死士兵四名，伤百零七名，超过余等坚守四行仓库之三倍以上代价。惨案发生后，经与工部局代表谈判，逢纪念日，吾人得以悬旗。而今旗尚未悬，却先受暴力摧残，本月十三、十四两日，在层层戒备下，商团兵丁将铁丝网移入，致发生冲突，彼等利用水龙头、毒气、刺刀等高压手段，当时吾等官兵受伤25名。及18日，白俄团丁开枪射击，毙、伤各一名。自18日起，迄今与外界交通完全断绝，给养蔬菜也不得送入。市民激于义愤，自墙外投入物品，而受到攻击、拘禁。电力也以恐吾人收听外界消息而断绝供给。

查国际公法，对于俘虏待遇得合人道规定。余谨敬向各位阁下
呼吁，为余等主持公道，伸张正义，以维护国际法纪，至盼至祷。

中国四行孤军团长

谢晋元上校

在上海军民的强烈要求和世界舆论的抨击下，租界工部局不得不将枪杀何
玉香的凶手、白俄团丁米奇亚可夫拘捕，并移送法院审理，以平息民愤。

何玉香烈士的遗体，被安葬在孤军营内。他的坟墓与尤长青等四位烈士并排。
他们五人同样是为升挂国旗而牺牲，现在又葬于一处。孤军官兵为国格、为自由、
为尊严，已经有五位英雄血染国旗，而今，敌人的屠刀仍然高高举着，下一个
又是谁？

第十七章

漏 船

1940年9月，随着中日战争局势恶化，美、英、法在租界的军队和侨民纷纷撤出上海，由日军接管租界。唯一无处躲藏的是生活在租界的数百万中国人，其中也包括中国孤军，面临任人宰割，像猪仔一样被出卖、被侮辱的命运。

李永成昨天托人带来一封信。

哪个李永成？就是领着两位士兵从孤军营逃了出去，被谢团长宣布除名的那个李永成。逃走之前，他留下话，"一定干出点名堂，再来见团长。"果然他不食言，人虽未来，信先来见了团长。

信不长，三张纸没写满，还有不少错别字。论这个文化水平，在孤军营文化学校里，只能排在丙班，但是信里讲的事，直抓挠着孤军官兵的心。

"余做到连长啦！余在苏北一带游击，属第九游击区。专打日本黄狗子和伪军白狗子。余手下有104个弟兄，11条机关枪，60多条步枪，还有交（缴）获的一门小钢炮。余手下的这个连队游击区有一个县大。"

劈头的这几行，看了就让人坐不住。他出去才几天呀，就干出这么大的名堂，当连长，手下这么多的人，这么多的枪，还有小钢炮。行呀，你小子！

往下，李永成报告他们逃出孤军营后的简要情况。据他讲，逃出孤军营后，他们在租界躲了三天，一是想探清离开租界的路，也想等一等，看还有没有弟兄逃出，好一起行动。第四天，他们化了装，先从公共租界混入法租界，再从法租界潜至沪西，在真如火车站，爬上一列运煤的列车，被日本鬼子发现，他们跳下车撒腿就跑。结果，战士吴二龙没跑掉，给日本人打死了。他和关文生一夜狂奔八十里，来到青浦，混上一条货船，从太湖来到皖南。一路上吃尽了苦。到安徽就好过了。这儿是新四军的地盘。他向当地老百姓一打听，就找到新四军游击队。新四军一听说是从上海租界逃出来的八百壮士，很热情，好饭好菜，管吃管喝，一连招待了三天，问他们愿不愿留下一起干。结果关文生动了心，留了下来。李永成坚持回到国民党部队，人家也不勉强，给足盘缠，礼送出境。李永成到国民党军游击区司令部报到，一下给封了个排长。和日军打了一仗，他们排不含糊，歼敌五人，缴获一挺歪把子，头一脚踢得不错，不愧是八百壮士里出来的。仗一打完，当上了连副。不久，又打了几仗，也打得好，便又让当连长干干。

一年时间，连升三级，挎上了连长的驳壳枪。

最后，李永成讲，他想他的团长，想他的连长，想所有的孤军弟兄。他还讲，孤军营里的日子没法过，还是出来的好。如果要举事，给个信，他领着人马来接应……

李永成这封信是一团火，直烫人。

谢晋元把信从头到尾看完后，揣进口袋，揣不住，又掏出来看一遍，于是满脑子都是李永成。一会儿看见李永成走过来给他打敬礼，胯上还吊支驳壳枪；一会儿看见他领着他的一百多号人马，在皖南穿山越岭打游击，端鬼子的炮楼，捣汉奸的黑窝；一会儿又看见李永成带着队伍直朝租界开来；一会儿听见李永成在给他的士兵训话；一会儿听见李永成对着敌人大笑……活脱脱的一个李永成直在他眼前晃。

谢晋元为李永成的有为感到高兴。李永成现在呼啦啦有一支队伍呢，一百多号人，有机枪，还有钢炮，真刀实枪跟鬼子顽军干，多带劲！他的游击区有一个县，那是多大的地盘啊！打击鬼子，保境安民，能干出多少事情！

李永成能干出这个局面，谢晋元并不感到意外。他了解他手下的这些兵。孤军营里随便拉出一个来，送到部队当个排长、连长、营长，保证个个呱呱叫。

经四行仓库这样的硬仗捧打过的人，什么仗应付不了？在孤军营这种恶劣环境里活下来的人，到哪也难不倒他。在八百壮士里，李永成还不算最拔尖的呢！不要说那些很有带兵经验、能独当一面的老班长，士兵里面，强人有的是，就像朱胜忠、郭少银、施彪这些老兵，别看在孤军营里骂骂咧咧、稀稀拉拉的样儿，上了战场，给他一个连，给他一个营，保管带得好好的。交给他一个阵地，他能守得牢，让他去拿一座山头，保证就能拿得下。如果让八百壮士全部返回前线，每个人带一个排、一个连，杀向敌阵，那是多大的一股力量啊！

可现在的实际情况是，孤军营内的弟兄们，枪没有一支，地不到15亩，含冤忍辱，备受欺凌，天天为尊严、为生存、为一日三餐争斗不已，不仅自顾不暇，还常常连累租界的市民。

与李永成相比，岂不羞煞了营中众弟兄。人家李永成现在是什么气派，有多大的舞台，在干着怎样一番惊天动地的大事业！而我们营的弟兄过的是什么日子？今天是白俄团丁来欺侮，明日是日伪特务来滋扰。一会儿要关闭你的足球场，成心让你不自在；一会儿是不准你演节目，故意给你出难题；一会儿又要迁移铁丝网，一点点挤占你的地盘。孤军官兵左遮右挡，疲于应付，没能过一天安生的日子。

与李永成站在一起，别说那些过去跟他一般齐的班长、老兵要矮他一截，就是谢晋元也觉得无地自容。初时，他手下有三百多号人马，可是三年时间，已死难了二十多人，他的队伍越来越小，而坟地越来越大。他脚下原有15亩土地，可是，洋人今天挤一寸，明天占一尺，现在只剩14亩。他唯一的勃朗宁，也因无处藏身，被埋到鱼塘之下。我还算个什么团长啊？

不错，当年的李永成在孤军营中只是一位普普通通的班长，别人比他也不少一个脑袋，不少一只胳膊，只要能出去，谁也不会比他干得差！要说差，差在哪？他们之间只差一步，李永成在铁丝网前多走了一步，走出了樊笼，而其他人则少走了这一步。问题是其他人为什么走不出这一步？

不错，八百壮士个个是龙，是虎，孤军营是藏龙卧虎的地方。可是，是虎为何不出山？是龙为何不腾飞？是谁关住了猛虎？又是谁锁住了蛟龙？是日本人吗？在四行仓库，日本人天上有飞机、地下有坦克、河里有炮艇，四面包抄，铁壁合围，也没能围住八百壮士，为什么到了租界孤军营，一道铁丝网，一队白俄兵倒把我们给围住了？

是谁关住了猛虎？

是谁锁住了蛟龙？

谢晋元越想越感到胸口发紧，越问越觉得手心冒汗。

团长知道，在上海租界，能够决定孤军去留的，能够把握孤军命运的，并不是貌似强大的日本人，也不是日薄西山的工部局，更不是狗仗人势的白俄团丁。能对孤军去留作出最后决定的只有一个人，那就是谢晋元自己。谢晋元一直牢牢掌握着孤军指挥权，只要他一挥手"冲呀"，八百壮士早已冲出上海租界；只要他一跺脚"走人"，中国孤军早已离开孤军营房。白俄团丁挡不住，工部局挡不住，日本人也挡不住。

但是，谢晋元不挥手，不跺脚，按兵不动，一晃过了三年。

三年来，我做了什么呀？我拒绝了地方人士提出的用苦力替换孤军官兵的建议；我制止了班长会议密谋的暴动计划；我用外科手术的办法，隔离了上官志标，粉碎了官兵离营而去的念头；我在孤军营中办学校，设工厂，开展文娱体育活动；对违反纪律的官兵，我不惜鞭笞棍责，严厉制裁。三年来，我实际上只做了一件事，那就是在孤军营铁丝网内增加一道思想的篱笆，用一根无形的丝线，拴住官兵的心，以便让他们长久地留在上海租界……

谢晋元简直不敢再往下想，这么说来，我岂不成了日本人迫害孤军的帮凶，白俄团丁监禁八百壮士的同谋？我岂不成了中国孤军的敌人？……

多么荒谬！简直是狂想！另一个声音又在谢晋元的灵魂深处响起，谢晋元的心灵之舟猛然掉头：把中国孤军留在上海租界有什么错？这是蒋介石的命令再三规定了的，难道错了？八百壮士留在孤军营并不是坐以待毙，他们天天在斗争，照样在流血。在两次悬旗事件中，牺牲了五位士兵，受伤达130余人，难道说他们的血在白白地流淌吗？八百壮士把孤军营建成一座攻不破的精神堡垒，宣传抗日思想，振奋民族精神，团结上海400万民众与日伪势力坚决斗争，其精神鼓舞作用，是可以低估的吗？中国孤军留在租界坚持斗争，向英美法等友邦显示了中国人民誓死抗日的顽强信念和坚韧不拔的忍耐精神，其广泛的国际影响是可以一笔勾销的吗？

把李永成的信与蒋介石的电报放在一起，谢晋元听到的是两个完全冲突的声音：

一个嗓音急促，高声呼喊："冲出来吧，抗日军人应该回到自己的战场上去。"

一个语调沉稳，耳提面命："保持坚忍自制，军人应学会在忍耐中作出牺牲。"

那高声呼喊，使谢晋元心烦意乱，坐立不安，觉得自己三年来披肝沥胆，一心一意去办的拢住队伍、坚守阵地这件事，原来全部办错了。而听那沉稳的吟哦，又使谢晋元感到无愧于心，三年来，我和官兵所做的一切努力，全都在"委座"的规范之内，全都有补于抗战大业。

信心与沮丧，自豪与无奈，光荣感与犯罪感，在苦苦地纠缠着一位让责任与使命压得喘不过气来的军人。同以往每次对孤军前途命运作出抉择一样，在经过一番心灵的搏斗后，已经心力交瘁的谢晋元，又重新抖擞精神，领着自己的队伍，继续沿着上帝之手指引的方向艰难前进。

孤军营内仍然开放参观，广泛交流，文艺表演、体育比赛依然丰富多彩，手工作坊的织布机还在飞转，孤军官兵照旧在铁丝网内跑步出操，每天早晚商团军官按时入营清点孤军人数……

孤军营生活的列车在一个圆形轨道上，周而复始继续运行。

然而，保养得再好的机器，也经不起时间的磨损。八百壮士虽未曾在敌人的刺刀下彷徨畏缩过，但是，时间在慢慢地消磨他们的意志和毅力。铁丝网内三年羁困生活，等于做了三年人质，等于服了三年集体徒刑。让生命的机器空转三年，这个时间太长了，军人的事业能有几个三年呢？何况，羁困生活现在还看不到边，天晓得往下还要熬多久？

　　机器虽然还在运转，但是杂音越来越大。

　　李永成那封抓挠人心的信，谢晋元曾打算在小范围内传阅。上官志标是李永成的连长，李永成在信中也特别提到他。团长于是把信先给上官志标看。没想到上官连长看后，触动心绪，大哭一场。团长只得把信收了回来，再没往下传。

　　何必触动大家的痛处呢？

　　李永成的信，已被锁进了团长的抽屉，但是，李永成的事迹却在营内不胫而走。满军营都在议论李永成。

　　那天，一连和机枪连比赛篮球。他们是球场上的老冤家，每逢交手，必得争个你高我低，球员个个都很卖力气。一连前锋余长寿，今天不知长了哪门子邪劲，表现尤其出色。他胳膊腿原本就长，今天好似又长了一尺。带球，他甩开长腿奔跑，谁也撵不上；抢篮板球，他伸出长臂能抓到篮圈。球越打越精彩，争夺也越来越激烈。这时队友从后场截到一个球，一个长传，传给潜伏在对方防区内的余长寿。球传得力量大，速度快，刷的一道白光射过来，眼看就要飞出底线，余长寿鱼跃而起，伸出右臂来个海底捞月，凌空将球勾回。真不愧是"余长臂"，他的这个动作漂亮至极，全场一片"嘘"声。他的队友接应得也好，没等勾回的球落地，左边锋纵身一跃，空中接球，并顺水推舟塞进篮圈。

　　遗憾的是，在这令人眼花缭乱的连贯动作完成的过程中，笛声已响。根据裁判判断，余长寿跃起勾球时，左脚已踩在界外。

　　出界接球，两分无效！

　　余长寿不服，前去争辩。裁判执法如山，不予置理。把个"余长臂"气得直哼哼，心想，老子就因为在营内生活不自在，才来打球，凭什么还受你限制，捆住我的手脚，难道一道铁丝网还不够，还要给我画上一个圈？老子不干了！

　　有人对他说：余长寿，你自投罗网，怨得谁？你想起来没有，李永成从来不打篮球，你知道这是为什么吗？

余长寿恍然大悟。自此，篮球场上再也看不见他这只"长臂猿"了。后来，余长寿一心一意练跳高和跨越障碍，他暗自定下的目标是跳过 1.8 米高的铁丝网，翻过里外两层的铁篱笆。

军营中各种各样的文娱体育活动，失去了对官兵的吸引力。往日总是座无虚席的育德文化学校，不少人迟到早退。有的士兵私下议论："李永成没上什么学校，不照样领兵打仗，挎驳壳枪，当连长？"手工作坊的生产进度也明显放慢，官兵们对工业生产的兴趣已不再那么浓厚。有人说，国家危亡，花木兰都懂得女扮男装，催马上阵，我们却男操女业，坐到织机跟前编织毛巾袜子，岂不羞煞了五尺男儿？

孤军官兵中曾经汹涌澎湃的斗争精神在达到它的高潮之后难以为继，自觉不自觉中开始消退，而形形色色、稀奇古怪，新潮的、古老的、国产的、舶来的精神产品乘虚而入。有的人潜心钻研牌术，有的人天天温习酒令，有的人唾沫横飞地大谈好莱坞影星。

最令人吃惊的是，基督的影子在营中到处游荡，满耳都是"上帝"的声音。营中大礼堂过去是传播抗日思想的神圣讲坛，人们在这里聚会、讲演、表演节目，现在却成了传经布道的教堂。每到做礼拜的日子，牧师按时在这里讲解基督教义，诗班大唱赞美上帝的颂歌，接受洗礼的除了来营参观的民众，更多的是孤军营中的官兵。这些身经百战、立誓要拯救国家、拯救民族的忠勇战士，现在却一头扑倒在上帝脚下，请求得到上帝的超度和拯救。从昔日飘荡着抗战歌曲昂扬旋律的精神殿堂，传来了颂扬上帝、呼唤仁爱的低沉悱恻的赞美诗歌，此情此景此韵此声，耳闻目睹，不禁令人扼腕而叹。

团长谢晋元也听到了"上帝"的福音。一天，租界基督教会刘德贞小姐入营。她是"上帝"派来的使者。刘小姐劝告谢晋元接受洗礼，皈依基督。谢晋元本人对宗教并无恶感。他认为，不论基督教、天主教，还是佛教，劝善惩恶，传授做人的基本道理，均有其合理之处。他过去对佛教尤感兴趣，苦于没有时间研究其教义，回忆 1933 年，于陆军第八十八师新兵训练处任大队长时，驻节湖南衡山，曾结伴遍游南岳各山寺庙，与方丈长老相谈甚笃。谈及将来愿望，曾许下宏愿，俟年至迟暮，不能为社会国家服务时，定摆脱尘俗，抱入山唯恐不深之愿，静心事佛，以终余年。但是，现在是什么时候啊？国家处于危难，自己军务未卸，正应上马杀敌、舍身报国之际，岂可置军务于不顾，下马诵经，玩忽职守？

晋元无心，耶稣有意。

不久，收到教会送来的一本《福音》书，他走马观花地翻了一遍，心得全无。不承想，前来传经的那位牧师有十二分耐心，他对谢晋元反复启蒙诱导，一遍又一遍地问谢晋元对基督有无信心。谢晋元无奈，只好回答"有"。牧师大喜，继而追问："得救不得救？"谢晋元回答："不晓得。"牧师并不失望，锲而不舍，一再追问："你到底得救不得救？"一直追问了一个多小时。谢晋元心烦意乱，极为不耐。这哪里是在传教？倒像是逼供。自此，遇有牧师登门，谢晋元一概杜门谢客。

但是，上帝的召唤将不少官兵紧紧吸住。礼拜堂成了一些人最为向往的神圣之地，温习《圣经》成了最为重要的功课，不少士兵的床头悬挂着沉重的十字架，赞美"主"的圣歌与抗战歌曲一样在营中流行。

谢晋元并不反对宗教信仰，但是他不赞成"上帝"于此时此地，用乘虚而入的方式打入他的营盘。他开始与"上帝"抗衡。每次牧师入营传经布道之前，他先给官兵灌输一个思想：

我们是军人，受人民养育，食人间香火，如果片面理解《圣经》教义，去本求末，只知信仰上帝，求得个人灵魂得救，而无国家民族观念，那就不能算是个好的耶稣信徒。

他发布训示，营中保护宗教信仰自由，但教有教规，营有营纪，做礼拜时间限制在星期日上午9时至11时。

营中纪律日见松弛，聚众闹事、打架斗殴、酗酒赌博、顶撞官长等不良现象屡禁不止，营纪营规越来越失去应有的约束力，一些散漫成习的官兵把高张着的纪律这张大网冲撞得摇摇晃晃，东倒西歪。谢晋元别无他法，只好频频操起惩戒的大棒，以压制日益增多的不良事件，奋力支撑着营中原有的生活秩序。

那是一天上午，二连士兵杨文生因为争占晒衣服的一根绳子，小题大做，捡起石块，将团长的炊事兵曹明忠脑壳打破。谢晋元见状，心中刺痛极深，晚点名时严词申斥，给杨文生降级处分，并罚款25元，做曹明忠治伤费用。

另有一天中午，租界华人巡捕刘玉龙偕一男一女入营。观其举止轻佻，均非正人君子，谢晋元对此辈已有所警觉。不想午睡起床后，见刘玉龙等人仍在营内走动，且喝得面红耳赤，满口酒话。经调查是三连连长唐棣、排长刘占魁及班长朱从礼、刘保亭、石洪模等人邀彼等喝酒。再经仔细追查，刘玉龙明为租界巡捕房做事，暗中却与日伪势力有所勾搭。他经常借打篮球之机入营活动，与三连几位官兵套近乎。分析其动机，一是要了解营中情形动静，好为日伪报告，捞点"眼线钱"；二也是想在孤军中拉点关系，以备将来时局万一有变，日伪垮台，好为自己留条后路。

　　想不到唐棣等官兵竟不分青红皂白，与这等刁奸狡诈之徒混在一起。

　　谢晋元大为震怒。

　　晚饭后，团长将唐棣、刘占魁唤来，痛加斥责，并各降一级。

　　嗣后，集合队伍，对朱从礼、刘保亭、石洪模三位班长，当场以鞭痛击。

　　谢晋元的皮鞭刚刚搁闲，不出两天，又撞到一件令他光火的事情。这是严冬的一天，狂风大作，气温骤降，冰冷彻骨，北风像小刀一样直往人脸上扎。鉴于天气寒冷，早操时营里已准许全体官兵着棉大衣出操。按说有了棉大衣，天气再冷也足可御寒，但队伍中仍有少数官兵畏首缩尾，哆哆嗦嗦。机枪连老兵雷坤年，在做队列动作练正步走时，竟将双手插在衣兜里。走正步，是队列训练中最正规、最庄重的课目，抬头挺胸、踢腿甩手，一招一式都得到位，一丁点不能含糊。他却把手插在兜里，这不是拿队列训练当儿戏吗？

　　你是队列中的士兵，下刀子，也得把手抽出来！

　　谢晋元亲自督促，纠正了这位老兵的错误举动。

　　训练继续进行。

　　岂料，转了一圈回来，团长发现那个雷坤年又把手插入了大衣兜内。

　　团长好不气恼。他干脆来个彻底的办法，下令将雷坤年的棉大衣解除。这回看你手还往哪里插？

　　慑于团长之威，雷坤年不敢抗命，身上仅剩绒衣绒裤，在寒风中也硬着头皮把操课做完。晚点名时，排长陈日升总结全日工作，将早操这桩事重新提出，对本排战士雷坤年的不良表现予以批评。雷坤年不服，与陈日升发生争执，大吵大闹。

谢晋元闻讯赶来，他问清缘由，下令集合全连队伍，对雷坤年早操不遵命，而晚点名又顶撞上司，两笔账一起算，从严处置。团长命令陈日升率两名士兵，将雷坤年按倒在地，棍责三十大板。

直打得雷坤年连声告饶。

对营中不良现象实施惩戒，也像给病人吃抗生素，用得过多过滥，也会产生抗药力，削弱药效；到后来，只好不断加大剂量。谢晋元手中的纪律大棒，现在也面临着这样一个无可奈何的局面，它越来越失去往日的震慑作用，为维持营内秩序计，团长别无良策，只能不断加重处罚。

这天早晨，一直在营中服务的王麻子大爷到团长处哭诉，他洗菜用的水桶被士兵傅冠来强行拿去洗衣服，他上前劝阻，不料傅冠来不由分说，以拳相对，将他打倒在地。团长查验，发现老人的嘴唇被打破，牙齿也被打掉一颗，顿时怒火中烧。王大爷长年在营中服务，待孤军情如父子。他挑一对箩筐，风里来，雨里去，不知给孤军挑回多少给养饭食，扁担都压断了几根。正不知如何报答他老人家呢，今天反遭无知的士兵毒打，这是八百壮士的耻辱。是可忍，孰不可忍！

谢晋元当即集合队伍，把傅冠来拎到队伍前头，当场按倒，挑选十六名剽悍士兵，手持棍棒，每人给他重打二十棍。心肠善良的王大爷见这架势，吓得魂儿都丢了。老人"扑通"一声，跪在团长跟前，为傅冠来求情。团长派人将王大爷扶进营房歇息。他把心一横，命令继续用刑，一边打还一边大喊：

"该打！该打！"

十六名士兵轮流打一遍，一共打了三百二十棍，把傅冠来打得一团泥似的摊在地上，不能动弹。

孤军营外的情况更是越来越糟。

英军从上海撤走，使本来已十分脆弱的局势又受到一个致命的打击。上海公共租界开埠百年来，英国人一直是这里的主宰，驻租界的英军一直是这里的主要防务力量。现在，英军匆忙撤出上海，表明英国人已随时准备将上海租界拱手让与日本。

悬挂着米字旗的英国军舰从黄浦江上仓皇开走，同时，它也运走了洋行大班们在上海发财的最后希望。紧随军事撤退之后的是经济撤退。黄浦江上，挂着各国旗号的轮船，满载着货物，满载着洋商从中国人身上榨取的大批资财，纷纷撤离上海。一百年来，洋商们跟在他们的军舰后面，一批批在上海登陆，现在又尾随他们的军队纷纷撤离。所不同的是，进来的时候，他们中的大部分人两手空空，仅仅带来狡诈的心计和发财的野心。而现在，撤离时却贪婪地运走了满船满船的资财，抽去上海工业的支柱，掏空上海经济的最后血液。

在战争环境中曾一度繁荣的上海孤岛经济，马上跌入低谷，曾极为耀眼的经济花朵顷刻枯萎。工厂倒闭，店铺关门，物价飞涨，大批失业者又开始流浪街头。

上海局势急剧恶化，经济突然崩溃，使租界居民生活遭受巨大打击，人人都得勒紧腰带，生存竞争愈演愈烈。为了一块面包，为了一碗粥，为了一杯牛奶，人们必须使出浑身解数。在租界内的狭窄天地里，几百万人口你挤我，我踩你。谁不留神，马上就会被人挤垮踩倒。

孤军营内的八百壮士更加陷入困境。他们生活的空间本来就极为狭窄，又失去了自由，手和脚被人捆着，要在如此恶劣的环境中争得生存权利，自然比别人更难。

租界物价飞涨，立刻危及孤军的一日三餐。从重庆拨来的那点薪饷，抵不住一日几变的市场价格。每天早晨，营内军需官交给王麻子大爷采购食品的那点银洋，越来越失去分量。王大爷每天买回的蔬菜质量越来越粗劣，细菜买不起，鱼和肉也早已斋戒。官兵饭碗里已经没有什么油水。

孤军手工作坊这朵花，刚开没几天，便开始凋谢。孤军手工业根底浅薄，原料和销路都得依赖外界。赶上租界工业崩溃，原料缺乏，销路不畅，一场经济萧条的寒流滚滚而来，即刻把孤军手工业这朵小花打蔫了。

看到孤军官兵生产生活面临困境，租界内不少爱国人士一如既往地伸出援助之手，扶助他们渡过难关。有的捐献钱财，有的为孤军手工业继续输血供氧。曾大力资助孤军创办编织袜子、毛巾作坊的申新九厂，在荣氏兄弟的特别关照下，仍在给孤军以无偿援助。在孤军生产最困难的时候，他们慷慨捐赠编织袜子用的斜纹布100匹，棉花8担。为尽量减少孤军支出，厂方特地派人将棉花代为弹好后，再运送入营，又为孤军节省了数百元棉花加工费。此种深情厚谊，使孤军官兵感激不尽。

与此相反，一些令人心酸齿寒的事情也落到孤军头上。

由于生计艰难，也有一些刁奸狡诈之徒为了一己之利，开始打孤军官兵的主意。租界之内，人海茫茫，也不全都是品行高尚、乐善好施的义士，也不全都是慷慨大方、豪侠仗义的热心肠。龌龊、自私、贪婪、蒙混拐骗、不仁不义者也大有人在！

在完全封闭的环境下开办手工业作坊，有一个很大的难处是孤军官兵自己不能外出，工业原料和采购及产品推销，一律得假手他人。以往，代理人员一般都能认真负责，诚信办事，倒也没发现什么弊端。但人心是会变化的。在上海局势严峻、市场混乱的情况下，有人便把道德良心抛到一旁，浑水摸鱼，趁机捞上一把。

孤军肥皂生产作坊的原料一直委托上海大革肥皂厂职员李先生代为采购。这李先生说话轻声细语，办事有条有理，见了孤军官兵恭恭敬敬，看上去是个诚实厚道的人，他为孤军采购的制皂油脂，总是价廉物美，让你十分放心，可是，最近他办的几笔买卖，却有不少破绽，他报的价格与市价悬殊甚大。团长谢晋元料定其中必有蹊跷，便委托他人暗中调查，果然有弊。制皂用的椰子油，市价实为 70 元一担，他却报价每担 78 元，共订购 20 担，他多要去 160 元。牛油市价每担 62 元，他报价 72 元，10 担，又多收 100 元。两笔买卖，他昧着良心从中渔利 260 元。据查，李先生在租界有一家小杂货店，近日生意清淡，蚀本很大，手头拮据，他便变着法子挖孤军的墙脚填补他的窟窿。大概他也觉得，他为孤军服务快一年了，也没得过什么好处，反正孤军手工业办不了几天了，能捞就捞点吧！于是，他就狠狠地宰了孤军官兵这一刀。

孤军产品的推销也漏洞百出，令人气愤。上海建成公司郑经理，是专门做出口生意的商人，也是孤军生意上的伙伴。最近他向孤军营订购一批袜子，准备销往南洋。负责织袜组的伍杰排长代表孤军与郑经理洽签合同。郑经理为一商人，生意上是要赚钱的，但他过于贪婪，一再压低定价。伍杰排长也稀里糊涂，竟以低于市价 1/3 的价格订下 1000 打袜子合同。按这个价格，连生产成本也不够，简直是胡闹。谢团长发觉此事后，对伍杰大加申斥，并不惜与郑某人闹翻，坚决退回合同。砸了一笔生意事小，由此观照人心，令人不寒而栗。

另有一位名叫卫聚贤的小业主，他拥有一座规模不大的纺织厂。在孤军创办手工业之初，卫老板感于官兵的爱国精神，曾经向孤军捐赠织袜机一台。卫老板这一义举，曾经被编成快板书，在孤军营演出。现在因经济情况不妙，卫老板提出要求，收回织机自用。织机是他私人捐赠的，他要收回，无可非议。谢晋元即予应允。卫老板却精明过人，他本意不在此一部织机，他看中的是"孤军牌"商标。曾风靡上海洋场的"孤军牌"商标，本身就是一笔巨大的财富，曾有不少资本家在打这个算盘。卫老板看到现在孤军营生产面临绝境，难以为继，觉得是个机会，便斗胆提出购买"孤军牌"商标。

卫老板这一意向，理所当然地遭到拒绝。但是，此举却给孤军官兵一个暗示，在上海一般人的心目中，孤军营的日子似乎已经不多了。

孤军官兵的心一下凉透了。

1940年9月27日，德、意、日三国同盟条约在柏林签订。这一条约主要矛头对准美国，规定：三国之中，任何一国如受到未参加欧战或介入日华纷争之某一国家的攻击，则互相在经济、军事上加以援助。

其中"某一国家"，指的就是美国。显然，德、意、日共同以美国为假想敌。

中日战争及欧洲战争爆发以来，一直持中立态度的世界头号大国美国，也身不由己地被拖到战争边缘。

为应付迫在眉睫的危险局势，美国迅速调整其全球战略，将驻在亚洲的军事力量南移，准备在太平洋地区与日军抗衡。

1940年10月上旬，美国总统罗斯福下令撤退在华海军和美国侨民。

上海于是成了美国在远东的敦刻尔克。从长江沿线，从北方港城青岛、烟台撤退而来的美国军舰，一队一队地开进上海港，在这里加满油、上足水后，便又匆匆忙忙地离港而去。驻上海的美国海军陆战队也逃之夭夭。租界里的美国侨民，更是争先恐后、慌不择路地爬上轮船，逃向大海的深处。

两个月前，刚从英国人手里接替了上海租界防务的美国兵，见势不妙，落荒而逃。"山姆大叔"不傻，他们不会硬充好汉，为别人的利益火中取栗。

英国米字旗撤了，法国三色旗拔了，美国星条旗也没了，而中国的青天白日旗早已被取缔了，原先如同国际联盟总部门前悬挂着五颜六色各国国旗的上海天空，现在唯我独尊地飘扬着日本太阳旗。

上海的蓝天终于被日本人独占！

外国军队、外国侨民想走的都走了，想撤的都撤了，唯一无处躲藏的是中国人。

英、美、法等国军队的撤防，使被困在上海租界的四百万华人，无遮无拦地裸露在日军刺刀之下。所谓的租界安全岛，此时彻底成了无处逃遁的死地。

日军"接管"上海两租界，这已经不是什么谣言。在日军的胁迫下，公共租界工部局和法租界公董局，正在与日本人办理手续，准备将租界这块"飞地"，连同生活在这里的数百万中国人一股脑"移交"给日本人。公共租界工部局总裁费利浦，这位贪得无厌的大管家，已经将他们的先辈从中国政府敲诈来的租界土地契约共320箱，无可奈何地拱手献给日本人。法租界公董局则将法院移交给日本。过不多久，法租界内普沱难民区也被日军接管，最先被划进"王道乐土"。日军接管难民区域后，便将难民分别发落，身体健壮的男子被派去充当劳工，妇女则编入专为日军士兵服务的"慰劳队"。

生活在租界的数百万中国人，群龙无首，任人宰割，"猪仔"一样被出卖，被侮辱。

在惊恐不安中，市民们唯一的精神依托是中国孤军官兵。在他们看来，孤军营无疑是上海租界的最后堡垒，是孤舟中的桅杆。即使上海孤岛沦陷了，孤军官兵决不会听天由命，束手就擒，他们定会作最后搏斗。就算租界孤舟沉没了，这里也将是人们抗争的最后阵地。

上海市民把最后的希望寄托在中国孤军身上，他们急切地希望听到孤军官兵此时的看法和对策，他们希望孤军官兵对上海前途指点迷津。孤军营再一次被汹涌而来的市民所包围。

10月10日，不仅没有给上海带来欢乐，反而平添了不少忧愁。眼见国势垂危，上海濒临绝境，市民们无法排解苦闷的心情，便纷纷涌向孤军官兵身边。

早晨，举行精神升旗典礼时，大批市民要求入营参加仪式，但商团将每批入营人数限制在130人。许多市民不得入营，在营外马路上排起长队。

到下午，要求入营参观的民众越来越多，外面排的队伍越来越长。而已经入营参观的民众，流连忘返，不肯按时离开，请都请不出去，致使营外有数百人足足等了三个小时。谢晋元无计可施，至下午4时，将在营内参观的民众全部集合起来，发表讲演。讲演完后，恳求民众迅速离营，以便让在营外等候的民众进入。结果只请出二十余人。其余的人仍要求留下参加精神降旗仪式。至4时30分，只好提前举行精神降旗仪式。仪式完毕，但市民仍要求与官兵座谈，好说歹说，直至5时才全部离营。

5时以后，又有一百余青年学生入营参观联欢。

按往常，6时即停止参观。不想，今天6时以后，仍有六十多名青年工人要求入营。谢晋元好言相劝，请明日再来。想不到他们在大门旁齐刷刷地向谢晋元行三鞠躬礼。谢晋元架不住这大礼，只好应允他们入营，并发表了简短演说，工人们这才满意而去。

上海青年之苦闷，天可怜见。

时令已是深秋。一直盘桓在上海天空的暖湿气流逐渐消退，北方冷空气开始南下。上海公园里的菊花匆匆忙忙地吐出几缕清香后，便很快凋谢，路边的林木一片苍黄，战战兢兢的枯叶，在秋风的扫荡下，簌簌落地。瑟瑟秋风扼杀了城市的生机。

飘零的花草，枯萎的林木，以及社会动荡、经济衰退中显现出来的萧条景象，相互映衬，使人感到上海租界已经是个病入膏肓、大限将至的病人。

不知它能不能熬过这个秋天，熬过今年？

不少人已经在忧心忡忡地准备着上海租界的后事。

孤军营里的官兵一定也已经号出租界那游丝般微弱的脉搏，听到它那时有时无的呼吸。但无论如何，他们是军人，是战士，不能眼看着上海走上绝路而只坐在那里唉声叹气，即使哪一天上海租界沦陷了，中国人也应挺起自己的胸膛。租界里生活着400万中国同胞，中国人不能总在眼泪和叹息中生活。

1940年10月26日至30日，是四行仓库作战三周年的日子，孤军营举行规模空前的"晋元杯"体育运动会。四天时间共进行了20项比赛。孤军官兵每人至少参加一个项目比赛。担任各个项目裁判和技术指导的是孤军请来的上海体育界名流。在孤军的交涉下，比赛期间，孤军营敞开营门，租界市民可以自由进出，不受人数限制。那几天，孤军营内人山人海，龙腾虎跃，气氛热烈。除了精彩的体育比赛，还有文艺演出。已经很久没有听到的抗日歌声又从孤军营地飞出，一些久违了的抗日剧目又搬上了孤军舞台。成千上万前来参观的上海市民大受鼓舞，苦闷烦躁的心绪为之一扫，面对着不屈不挠的八百壮士，人们又深情地唱起了那曾是家喻户晓、曾给上海人带来信心和勇气的战歌：

中国不会亡，
中国不会亡，
你看那民族英雄谢团长。
……

这激昂的歌声冲破了笼罩在上海城头的愁云惨雾，在黄浦江的上空传得很远，很远。

第十八章
英雄倒在黎明

　　孤军官兵被困租界四年多，许多人身体虚弱，精神涣散。严格的纪律，甚至过多的体罚使孤军内部充满怨愤和危机。

　　1941 年 4 月 23 日晨，孤军团长谢晋元在自己的寝室惨遭杀害⋯⋯

中国电影制片厂当年所拍摄《热血忠魂》中我军冲锋前进的场面。

白驹过隙，岁月匆匆。

1940年的日历，在动乱中刷刷掀过，谢晋元团长领着他的人马，跌跌撞撞地闯向1941年。

年关的那些日子，孤军营显得颇为平静冷清。因为连日下雨，天气阴冷，交通不便，也因为各大中学校放假，学生回家，更因为上海局势日坏一日，朝不保夕，人心浮动，孤军营门庭冷落，前来参观、慰问、联欢的市民人数锐减。往日里，举行各种集会和文艺表演，总是挤得满满的孤军营礼堂空落落的，无声无息；过去每天都要举行友谊比赛，龙腾虎跃，热闹非凡的篮球场、排球场，也静静地躺在那里，无人光顾。

过惯了以往那种人流潮涌、熙熙攘攘热闹生活的孤军官兵，突然清静下来，心里没着没落，很不是滋味。羁困几年来，他们足不出户，视野受到限制，他们总是从入营参观人数的多少、队伍的长短，对租界的局势作出判断。现在，看到入营参观民众稀稀落落、面带愁容，八百壮士们由此感知，上海的局势已经很不妙。

迎接1941年到来的元旦夜晚，是个风雨之夜，孤军官兵过得很不开心。晚饭后，营中放电影，是孤军以五十元的租金，向强华电影公司租来的影片，片名《孔夫子》。岂料，放映颂扬道德家孔夫子电影的放映工人很不道德，他竟大动刀剪，将影片东剪一段、西掐一截，私自剪去胶片五十余英尺，将好端端的一部影片，剪得前言不搭后语，乱如麻团。

人心何以变得如此龌龊？

岁末年首，孤苦伶仃的孤军官兵好不容易积攒起来的轻松心情，一下全给败坏了。在骂骂咧咧声中，电影放映完。按照往年的规矩，官兵们摆开牌桌，自由赌钱，这是今年元旦之夜，营中唯一的一点乐趣。

谢晋元团长看到许多官兵在牌桌上寻找到自己的乐趣，心中略为宽慰。他不精于牌术，四处巡视一番后，便回到自己宿舍。这位平日里总是最后歇息的官长，今天晚上却第一个熄灯就寝。

谢团长连日睡眠不稳，每到午夜必醒，至凌晨3时左右方能再次入睡。今晚，他本想彻底睡个安稳觉，没想到，刚刚进入梦乡，教堂的钟声和爆竹声便把他从沉睡中吵醒，扭亮电灯，摸出枕边的手表，刚好是午夜12时。

啊，这就是1940年与1941年交汇的时辰。

多么珍贵！

多么庄严！

当、当、当……教堂的钟声，在寂寥的夜空，孤独地震响，一声一声撞入谢晋元的心窝。历时10分钟，钟声方止。

谢团长被这沉重的钟声震得思潮起伏，热血沸腾，睡意全消。

又一年头过去了。羁困上海，已经进入第四个年头。孤军生活一日亦属不易，四个年头，一千多个日日夜夜，期间几多艰难搏斗？几多甜酸苦辣？

回想第一个年头，战事变迁极甚，而孤军官兵意志分歧，思想复杂，经济一筹莫展，一日三餐全靠社会赈济，处境极为恶劣。第二年，官兵痛感自由无期，租界洋人压迫摧残日甚，精神苦闷，悲戚无已。进入1940年这第三个年头，经全体官兵同心协力，重建营内生活秩序，并实行开放参观，促进军民思想交流，开办教育，提倡体育运动，手工业生产次第成立。时至今日，营内各项事业均有相当成绩。在这一年里，营内手工业生产盈利七千余元。文化教育事业成绩斐然，扫除了文盲，官兵文化水平普遍提高。体育运动也取得可喜成绩，官兵体力大大增强。这一年，全营入院治疗仅十余人，病亡士兵人数从1939年的11人减少为一人。

回想几年来走过的沟沟坎坎，孤军官兵在绝境中寻求生存，在铁丝网内极力抗争，克服了常人难以想象之困难，做到了队伍不散，阵地不丢，斗争不停，保持了抗日军人的人格，显示了中国人民的奋斗精神。这是多么不易啊！

时间的考验是最为严峻的，羁困四年，时间漫长，八百壮士不仅没有被拖垮、困死，而且愈战愈强，愈斗愈勇，成为上海人民抗日斗争的精神榜样。想到这，作为中国孤军的官长，谢晋元内心甚为欣慰。然而，想到已经悄然而至的新的一年，谢晋元心情非常沉重。新的一年是个什么样的年头？1941年，世界将是个什么样儿？中国战场形势如何？上海租界是浮是沉？孤军官兵是否自由有望？这一连串的疑问沉重地压在谢晋元的心头，他无法给自己一个满意的答复。

欧洲战事爆发后，战争已发展为世界规模，德、意、日法西斯结成同盟，占尽上风，处处点火。而反侵略战争的力量，还没有组成自己的联合阵线，正被动挨打。由于欧洲战争的刺激，日本正加紧准备"南进"，不惜与英、美一战。只要日本对英对美正式宣战，上海租界唾手可得。以此观之，租界的沦陷，只是早晚之间的事了。租界沦陷之日，中国孤军的命运可想而知。

那么，在上海租界孤舟沉没之前，中国孤军还能为自己做点什么安排？谢晋元翻来覆去，冥思苦想，无非有这样几条道路：第一，争取租界当局良心发现，大发慈悲，释放中国孤军，使八百壮士能像谢晋元梦寐以求的"光明磊落而来，光明磊落而去"。但是，这不大可能。我官兵困在上海已经四个年头，在租界洋人腰杆还比较硬的时候，都不敢释放孤军，现在，他们泥菩萨过河，自身难保，还能为此引火烧身？人们已经看到，黄浦江上的英、美陆战队都已灰溜溜地逃离上海。这种时候，还能指望西洋人给你搞个礼送出境的仪式吗？

第二条路，是考虑过多少遍的暴动之路。现在租界内的英、美军队纷纷撤离，洋人自顾不暇，这确实是实行暴动的好时机。但是，仔细思量，这条路也不能走。谢晋元过去反对在孤军营搞暴动，并不是害怕洋人手里那几条枪。之所以一直按兵不动，是因为他清楚地知道，八百壮士是蒋介石棋盘上的一个"子"，没有"委座"的命令，谁敢在上海"玩火"！现在世界局势动荡不安，中国和英、美关系错综复杂，更要"小心烟火"，要是在上海租界闹出什么事件来，影响到中国和友邦的关系，谁也吃罪不起。因此，暴动这个事，过去不能搞，现在更不能搞。

第三条路，是争取保释。这是有先例的。被法租界收容的国军上千名溃散人员，一年前，在中国政府交涉下，得到保释。这还是谢晋元向重庆当局写信促成的。八百壮士能不能也走这条路？不行！为什么？八百壮士不是犯人，也不是被收容的溃兵，凭什么要保释？再看看法租界保释出来的那些兵，除了少数转赴内地者外，大多数人流落在上海街头，无依无靠，无家可归。有的只好去给富人看大门，有的当巡捕，有的甚至沿街乞讨，谢晋元想，八百壮士绝不能走这条屈辱之路。

这一条路不行，那一条路也不通，那么剩下的一条路，就是继续坚守在孤军营，与上海租界共沉浮，和租界400万民众同生死。

这是一条没有路的路。

谢晋元思绪万端，辗转反侧，不能入睡，他干脆披衣起床，踱出房门。

门外，夜幕沉沉，冷冷清清，天地间混沌一片，淅淅沥沥的夜雨冰冷地打在脸上，更令他平添满腹凄凉和惆怅。营区内寂静空旷，士兵们沉浸在酣睡之中。铁丝网外，商团兵丁巡逻的脚步都是这样放肆而怀有敌意。唯有偶尔从远处传来的几声爆竹，宣告着现在是新年之夜。这声音是那样陌生，又是那样亲切，不禁勾起谢晋元万种情怀。每逢佳节倍思亲。那清脆的爆竹声，还有那绵长的雨丝，把他的思绪拉到远方亲人的身边。

谢晋元妻子凌维诚于淞沪会战前夕，携子女迁回广东，一晃过去五个年头。五个年头，谢晋元思念妻儿，记挂高堂，不知望断了几回月亏月圆，不知度过了多少个牵肠挂肚的相思之夜，现在不知老人是否康健，不知爱妻身体可好？不知娇儿是否已长大成人？他那从未见过面的小儿子继民，都快长到了五岁，还未见到他的笑脸，还未听他叫一声"爸"呢！

这些年，由于战乱，邮路不畅，谢晋元很少与家人通信，但是家中困难情形可想而知。妻子维诚本是城里的小姐，现在避居广东乡下，上要伺候老人，下要拉扯四个孩子，日子过得不易！

谢晋元的父母也是苦命的人。眼下母亲已经故去。那是去年4月9日，他接到家中拍来的急电，报母亲病危。见电，谢晋元不禁痛哭失声。想到自己失去自由，慈母病重却不能侍奉左右，私心惨痛，非可言宣。再想自己既无兄弟，而姐妹又不在老人身边，父亲年高，家中如逢大变，真不知如何应付。谢晋元在千里之外，惴惴不安，正求告上苍保佑，4月12日，家中突来急电，报母亲病逝。噩耗传来，谢晋元悲恸欲绝。他斋戒三日，并在孤军营内为家母举行追悼仪式，有全体孤军官兵及上海各界民众数百人参加。蒋介石也自重庆电汇五百元作为奠仪。

真是祸不单行。老母病逝后不久，父亲又不慎失足，摔坏右腿。父亲年已七十余，正所谓风烛残年，耳聋、脑力亦差，身体虚弱。父亲一生辛劳，身体亏弱过甚，依现状观之，难以久持。谢晋元忧心如焚。他想，我谢晋元报国日长，而报恩日短矣。家母临终未能见上一面，已抱恨终生，现今家父重病在床，尚不能伺候在侧，聊尽人子之孝道，痛心何极！

现在，正是新年，尚不知家中情形如何？家父身体是否有起色？

……

在这凄风冷雨的新年之夜，谢晋元沉思遐想，百感交集，念及孤军之前途，尚茫茫非可逆料，而孤悬千里之外的亲人也处于水深火热之中，实令人难以释怀。他思绪起伏，倒海翻江，一夜无眠。

进入1941年以后，上海租界已经呈现出摇摇欲坠之势。英美军队的撤退，等于抽走了租界大厦的脊梁，而大量资金的撤退，又从根本上动摇了上海经济基础。上海租界这叶孤舟开始失控，在滔天大浪中忽隐忽现，随时可能倾覆。

曾在上海租界统治了一百年的老殖民主义者深感威风扫地，自身难保。曾经骑在中国人头上作威作福的英国人和美国人，在日本人的步步紧逼下，节节退让，卑躬屈膝。

1941 年元月 28 日，租界内竟发生了日本侨民枪击工部局总董凯自威的惊人事件。在租界内，西洋人挨东洋人的枪子，已不是第一次。而这次事件令人惊愕之处有三：第一，制造这起事件的是一位名叫林雄吉的日本侨民，年龄已经 70 岁。第二，挨枪子的不是一般的侨民，而是租界里最有权势的洋大爷、工部局总董事长。第三，事件发生后，工部局一声不吭，既不敢抗议，也不敢缉拿凶手。凯自威忍气吞声自己找家医院悄悄疗伤去了。

一位 70 岁的日本侨民，平白无故开枪射击工部局总董，事后扬长而去，工部局却能咽下这口气。这在过去可能吗？

由此可知，洋人所鼓吹之公理正义、人格尊严，在枪杆子底下，完全是扯淡；由此可知，英、美控制下的上海公共租界日子已经所剩无几。

中国孤军羁困上海租界四年来，受西洋人种种非难，乃至惨遭杀戮，当时，中国人也曾预言，彼等仰日人鼻息，倒行逆施，必将自食其果。如今，全都应验了，真是报应不爽啊！

白俄团丁仍然是那样颟顸骄横，上海局势剧变似乎不关他们什么事。他们对中国孤军看守得更严了。尤其是那位伊凡诺夫队长，更是不可理喻。他对孤军无理，对入营参观的民众更是百般刁难。只要他在场，入营参观的人不论多少，都要站队，再由他横挑鼻子竖挑眼，谁不顺他的眼，他便要为难谁。对民众携带慰问品，也是动不动就查抄没收。而对于那些常常在孤军营四周滋扰生事的日伪特务，白俄团丁则睁一只眼闭一只眼，不闻不问。

对白俄团丁的倒行逆施，谢晋元多次向工部局有关官员提出抗议。可是这管什么用？工部局的大班们自顾不暇，他们不可能采取任何具体措施改善中国孤军待遇，即使有这个心，也没有这个胆，更没有这个力。

自从英、美军队撤走后，工部局的许多官员见势不妙能溜的都溜了，那位一直负责孤军营警务的马飞上校也已经很久没有露面，取而代之的是一位名叫卡时多的英籍警官。卡时多大约也已预感到，他将是工部局里最后一任警官，而且，当日本人占领租界之后，西洋人的境况也不比华人好多少。因此，他对中国孤军多少有一点同病相怜的宽容，他的言谈似乎比马飞多了一点人情味。有一天，谢晋元谈完公务后，与其交谈。谈及租界前途，谢晋元苦笑着对他说："万一日本人武力占据租界，你我均成近邻矣。"

卡时多闻言，神情黯然，不住地点头："阁下说的极是。"

日本人现在似乎也不急于对中国孤军单独下手。起初，日本人曾经担心八百壮士会冲出孤军营，脱离租界。但三四年来，中国人却莫名其妙地一直不见动静，日本人于是大感放心。这样最好。中国有句古话，叫作跑了和尚跑不了庙。既然连和尚也没跑，这就更好！日军接管租界指日可待，届时，俘获中国孤军如探囊取物，何必现在动手？

但是，为防止意外，日本人还是不断加紧对中国孤军的控制。日军飞机时常从孤军营上空掠过，进行侦察和拍照。日本宪兵队的装甲巡逻车曾闯到孤军营外的新加坡路路口。日伪势力不断在胶州路、新加坡路附近地区制造事端，夜夜枪声不断，弄得人心惶惶。"七十六号"总部的流氓特务，更是无孔不入地对孤军营进行渗透和监视。特务们经常随参观人群混入营内刺探情况，他们还对出入孤军营的民众盯梢、监视，对那些热心为孤军服务的爱国人士，不惜采用恫吓、绑架等卑鄙手段，企图阻挠、切断孤军与民众的联系。

上海怀久女中教师李宏生先生，是一位有正义感、热心肠的爱国人士，出于对抗日壮士的敬仰和热爱，他主动承担了孤军营中的许多事务。几年来，他风雨无阻，天天进出孤军营。他自己说，他是个单身汉，孤军营就是他的家。哪一天不来，就像丢了魂似的。他有文化，心眼好，人勤快，办事麻利。起初，他经常为官兵们采买牙膏牙刷、信封信纸、针头线脑之类的日常用品，或者替官兵们到邮局寄信。干这些事，营中清洁夫王麻子大爷也很热心，但是，官兵们却更愿意找李宏生。因为请李老师帮忙买东西，他还能给你参谋买哪种便宜、合用；请他代发信件，他也能替你看看信封写得对不对，有无错别字。这些，王麻子大爷做不到。后来，一些文化低的士兵，经常央请李老师代写家信，连写带寄，他都包了。再到后来，有些官兵觉得在孤军营收信仍不方便，干脆叫家人把信寄到李宏生学校，由他代收。这样，李宏生就像孤军营的邮差似的每天来营都带着一摞信件，出去也是一摞。要是哪一天李宏生有事没来，不少官兵都会念叨他。

久而久之，李宏生与孤军官兵的友谊和信任日益加深，他不仅被聘为孤军育德文化学校的语文教师，而且孤军营里的许多重要事情都托他去办。谢晋元团长给租界报社投稿托他带，孤军到银行取钱托他去，孤军为手工业作坊招聘技术人员的广告也由他一手操办。他甚至还为谢晋元与上海爱国团体之间转递过秘密信件。李宏生成了孤军与外界联系的一个重要渠道。

但是，汪伪特务盯上了李宏生。

1941年元月的一天，李宏生老师坐黄包车来营上课，在胶州公园附近，突然被两位身穿巡捕服装的人截住，他们声言，是巡捕房找李宏生问话。随即，将李强行推上汽车。结果，李老师却被拉进汪伪特务"七十六号"魔窟。

特务讯问李宏生：孤军营曾与哪些组织和个人联系？谢晋元与重庆之间的电报通过哪个电台收发？国民党上海秘密组织负责人吴绍澍、吴开先等人住在何处？

特务直指要害，使李宏生着实吓了一跳，但他多年与孤军接触，耳濡目染，也学会了对付特务的一些办法，他镇定下来，分析特务的问话，发觉特务对他的情况似乎也没知道多少，讯问的这些事，实际上与他没有什么联系，他确实不知道。他觉得特务没抓到什么证据，不过是想诈他。他心中有了数，便从容对付敌人，他推说自己只是孤军育德学校外聘教员，除了教书，平日只帮孤军官兵捎带信件，其他事体，一无所知。

特务捞不到什么，便将李宏生拘禁。

后来，谢晋元托工部局何德奎副总董暗中周旋，破费200元，将李宏生保释。然而，李宏生从此再不能进出孤军营。

孤军营与外界联系的一个重要渠道被掐断了。

独守孤军营，谢晋元的耳朵和眼睛随时捕捉着来自外界的信息，不管是令人振奋的还是令人扫兴的。他的情绪常常不由自主地随着外界的消息而波动。有段日子报纸刊载，蒋介石曾在重庆的一次会上夸口，1941年将是抗战的胜利年。看到这一消息，谢晋元极感兴奋，曾向孤军官兵大讲如何迎接"胜利年"。但是，谢团长很快发现，这样讲缺乏有力证据。而另外的一些消息表明，实际上，整个战争的形势很不妙，欧洲局势吃紧，德军大举进攻巴尔干，盟军望风退却。中国战场也炮火连天，狼烟遍地。1941年1月，日军集结15万兵力，向鄂北豫南发起进攻，国民党军队汤恩伯部消极作战，节节败退，半个月之内，日军连陷确山、遂平、桐柏、上蔡等十余县。在不断攻城略地的同时，日军在沦陷区强化"治安"，反复"扫荡"，实行"三光政策"。近在咫尺的上海租界，也尽是一派令人沮丧的景象。外国人能跑的都跑了，留下的大都与日本人多少有点瓜葛，在等待日本人到来之后，互相"提携"，共同发财，只有中国人走投无路，无处躲藏，落入深渊。

放眼四顾，倾听八方，没有什么令人兴奋的事情，谢晋元情绪十分低落。

孤军营内的情形也令人担忧。上海局势恶化，浊浪排空，孤军营随波逐流，处境艰危。首先受到摧残的是孤军的手工业生产，孤军手工业作坊是在租界经济这棵大树上成长的一个枝杈，现在租界经济大树整个枯萎了，孤军手工业岂能一花独放？织袜车间买不到纱锭，生产肥皂的油脂和烧碱天天涨价，孤军产品的成本甚至比售价还高，亏本的生意谁能做得起？藤工车间已经停产，租界里人心惶惶，大片大片的房产都在削价抛售，谁还花钱往屋里买藤椅？

手工业作坊生产受挫，立即使孤军营的经济发生困难，并影响到官兵的情绪。不错，小作坊里美妙无比的机器声，曾给孤军营带来许多欢乐和希望，但机声一停，那欢乐和希望，过去带来了多少，现在就带走多少。掌管营中经济的邓英连长愁眉苦脸，上官志标和雷雄连长常为三元五角的经费求告无门。营中伙食供应不但质量下降，而且数量也难保证。租界内物价飞涨，靠政府拨的那点伙食费，常常填不饱肚皮。谢晋元团长万不得已，几次在队伍前这样训话：

"有的人一顿要吃五六碗饭、六七个馒头，这太多了。营中经济困难，大家要勒紧腰带，今后，每人一顿只准吃三碗饭，或三个馒头。"

向情同手足的弟兄说这样的话，谢晋元多么痛苦！

孤军经济已陷于困境，而社会上却有一些不仁不义的人，还要趁危而入，敲诈勒索，令人气愤。

年前，孤军营向租界福新面粉公司购买面粉200袋，并已按当时市价每袋18.75元付款。只因孤军营没有仓库，将面粉暂时存放福新公司。不承想，年后派人前往提货时，公司以面粉价已涨至每袋24元为由，要求孤军按现价付款方准搬运，如此，每袋面粉又要补交5.25元，总共被敲诈了1000余元。奸商只顾赚钱，不讲信用，令人愤慨。

租界物价飞涨，一般的市民均感生计艰难，而那些常年担任孤军营文化教员、体育教练、文艺节目指导、手工业生产技术顾问等工作的服务人员，备感困难，为体恤他们，2月份孤军营从元月购进的面粉中划出一部分，按进货时的低价每人卖给两袋。元月的购价是 24 元一袋，而 2 月已涨至 30 元。这样，每卖一袋等于补贴六元，两袋便是 12 元。按道理在孤军自己也很困难的情况下，还尽力照顾营中服务人员，很不容易了。但是，想不到，有一部分人仍不知足，他们知道孤军库房里还有数十袋去年购进的面粉，每袋价钱是 18 元，便提出要买 18 元一袋的。这种要求显然过分了，孤军极感为难。

这些人过去与孤军患难与共，不分彼此，都是孤军的好朋友、亲兄弟，现在碰到点困难，怎么就变得这样小气和贪婪？

还有，近来孤军营经常丢失物品，小至鞋袜、毛巾，大至篮球、大衣，不知是何缘故。后来，有几个学生因分赃不均，争吵起来，才将事情败露。原来某中学几名学生结成团伙，每日夹在人群中入营参观，顺手牵羊，见什么偷什么，再将偷来的东西变卖分赃。

以上这些事情虽都不大，赚点面粉的差价，偷窃几件衣物，物质上的这点损失，孤军承受得了，但是精神上的损伤难以愈合。这些事为什么都赶到一块呢？过去没有这种事呀！到了困难时刻，危急关头，人都会变得如此自私自利、良心泯灭吗？

人心不古，世风日下，上海局势看来真的无可救药了！

营内发生的这些不愉快的事情，破坏了孤军官兵心中一直保存的美好感情，影响了他们对上海局势的信心。加上新年后，连日的阴雨天气，气候严寒，参观人群也越来越少，孤军官兵们心中的热量在不断减退，那种可怕的孤独感又袭上心头。上海租界局势恶化，经济萧条，英、美军队撤退，日本人张牙舞爪，这些他们都不怕。他们害怕民众疏远他们，更害怕往日的朋友们离心离德，背弃甚至悄悄算计他们。

1941 年年初的这些日子，上海气候严寒，滴水成冰，时雨时雪，忽阴忽晴，风云不定，如同上海时局之变幻莫测。

严寒笼罩着上海，也摧残着孤军营内的生灵。

时令至三九的那些天，天气奇寒，冷不可耐，水管冻结，鱼塘也漂着冰凌，可怜池鱼经不住这严寒的袭击，全都翻了白肚，薄冰之下，白茫茫的一片。曾经给营中增添不少生气，给官兵带来许多欢乐的一池生灵，顷刻化为乌有。

孤军营里曾养有 30 只白鸽，这也是孤军官兵的宠物。每天看着鸽群自由自在地飞进飞出，无忧无虑地翱翔蓝天，官兵们又是羡慕又是喜悦，他们常常以白鸽自况，盼望着自己也有一天能像它们一样自由。这 30 只鸽子，一般每天都下七八枚蛋，当母鸽孵蛋的时候，有些士兵，还在鸽蛋上写上自己的名字，寓意自己要变为鸽子，享受自由。白鸽是官兵们心中的自由神。

可是，在这个恐怖的冬天里，白鸽惨遭厄运。因为天气寒冷，一个多月里，鸽子连一枚蛋也不下。最惨的是，有一天夜里，一只恶猫乘危钻进铁笼，咬死一只母鸽。其余鸽子受了惊吓，全部飞离鸽笼，栖身商团的瞭望台上。天寒地冻，又值夜雨，一下又冻死了两只小鸽。平日无忧无虑的白鸽，受了这场惊吓后，风声鹤唳，草木皆兵，夜不归巢。它们不仅怕猫，连人也害怕，投喂食物，也不敢近前。风雨之夜，惴惴于巢外，啼饥号寒，至为凄凉。

这真应了一句俗语：鸽随家运，家运盛则盛，家运衰则衰。

鸽子的不幸给孤军官兵心中投下沉重阴影，鸽群的哀鸣，增添了军营中的肃杀气氛。

实际上孤军营内确已危机四伏。

随着租界局势的不断恶化，孤军前途越来越渺茫。自 1937 年冬羁困孤军营至今，已跨过四个年头，四个年头是多长时间？整个北伐战争，不也就打了四五个年头？而我们这些年做了些什么？等来了什么？记得刚到孤军营的时候，我们有不少新兵才十五六岁，现在已经胡子拉碴的小老头一个。刚入营时，官兵个个红脸膛，一身的疙瘩子肉，能蹦能跳，困了这几年以后，现在不大一样了，平时注意锻炼的还好些，稍为懒惰点的，有的发胖，一身的虚肉，嘀里嘟噜，直喘气；有的面黄饥瘦，豆芽菜似的。20 岁上下的这四年，正是干事情的年龄，而抗战爆发以来的这四年，也正是需要我们军人玩命的时候，我们却被困在这里，一事无成。我们对得起谁？

熬它几年，卧薪尝胆，等待时机，最终报仇雪恨，也行！可是，我们这样熬，这样等，能熬出什么，能等到什么？我们出头之日在哪里？眼看租界要被日本人接管，英国人、美国人都撒手而去，我们却要束手待毙，为租界陪葬，我们过去受的苦和罪，还有什么意义？

而经济困难也加剧了营中不满情绪。由于手工业作坊生产受挫、财源枯竭经费拮据，加上物价飞涨，每月政府拨来的经费，除了买米买面和每日的菜蔬油盐，所剩无几。因无钱买煤，数九寒天，士兵宿舍没有火炉，尤其是住在医务室的几位病兵，冻得浑身哆嗦，苦不堪言。

伙食越来越差，不仅饭菜粗糙，而且常常填不饱肚子，由于经费窘迫，营中已由过去每日三餐改为两餐。团长甚至规定每人每餐只准吃三碗饭，饭量大的人十分不满。营中如果落到吃不饱饭这种地步，那么什么事都难以调理顺当。营中经常因吃饭发生争吵。谢晋元也因此落了个绰号，一些士兵在背后叫他"吃（谢）两餐"，有的叫他"吃（谢）三碗"。

虽然士兵吃不饱饭，营中却继续号召大家勒紧腰带，支援国家，继去年献金购机之后，一年多来，平均每人又捐了十四五元。

出于对孤军官兵的关心和敬仰，国内抗战民众及海外爱国侨胞，时常向孤军捐款捐物，而谢晋元团长不愿过多增加民众负担，多次将款物退还。在孤军最困难的时候，上海实业界爱国人士荣德生提出给孤军捐款10万元，也遭到谢晋元婉拒。

类似这种举动，往常都是得到官兵热情支持的，但是，眼下孤军营经济十分困顿的情况下，难免有的官兵产生怨言，怨气自然都出在团长身上，甚至有人捕风捉影地在背后散布谣言，说团长将捐款弄回广东老家去了。

这些没有根据的话虽然出自极少数官兵之口，根本经不起查证，但是对谢晋元很不利，说明谢晋元的权威受到挑战，官兵对团长的信任感发生了危机。这种话，在过去是不会有人说的，更没人信。

孤军营在变，变得使人害怕。谢晋元团长虽然还听不到有人在背后说他的那些坏话，但是，他已经感到现在的兵比前难带了，他的指挥棒不太灵了。他过去治理军营的那些办法有的用不上了，有的失效了。在官兵中很有吸引力的手工业生产基本陷于停顿，人们对体育运动也失去了热情，育德学校的文化学习冷冷清清，有的人常常在课堂上捧着书本打瞌睡，甚至过去让一些人如醉如痴的基督教礼拜日，热乎了没几天，现在也大为冷落。人们好像对什么都失去了兴趣，干什么事都提不起精神，而有的人对违反纪律的事却干得非常起劲，顶撞起领导来十分精神，骂起人来，打起人来，比什么时候都凶。

官兵意志纷乱，精神涣散，纪律松弛，酗酒打架、损坏公物、顶撞上司等，屡禁不止，日甚一日。军营几乎成为一盘散沙。为扭转这种恶劣倾向，谢晋元在官兵中苦口婆心地教育，声色俱厉地训斥，什么招数都用了，但是效果甚微。谢晋元只剩一招，那就是棍棒和皮鞭。

在其他办法失效的情况下，为了维持秩序，谢团长是不反对体罚的，他决不能怜惜那些目无法规的官兵的皮肉。

团长手中的那根皮鞭，几乎没有一天闲暇，见着违反营规的，他抬手就给几鞭子。他一根鞭子管不过来，便挑选10名精壮士兵，组成一支督察队，每人配一根木棒，名为督察，实际就是行刑执法。发现有违反军纪的，团长即集合队伍，把违法的人拎到队伍跟前，宣布了处罚决定之后，督察队员手持木棒，将其按倒就打，轻则一个人打，重则两三个甚至四五个人轮番用刑，有的人被打得满地乱滚，哭爹叫娘。

1941年两个月来，营中受到鞭笞、棍责的共有20人，上自连长，下至士兵。一时，营中皮鞭呼啸，棍棒飞舞。官兵们见了团长敬而远之，遇着督察队员如鼠见猫。

于是，关于团长，有些士兵在暗中又在嘀咕一些更可怕、更耸人听闻的话。

有的说，嘿，我们团长变了，不是过去那个团长了，瞧他打起人来不要命，跟军阀有什么两样？什么亲兄弟、好朋友！

有人说，我们在孤军营困了四个年头，谁把我们困住了？不是日本人，不是工部局，是我们团长。他要做完人，要做蒋的好学生，把我们搭进去了。要不是他，我们早出去啰！早自由啰！

这些话危险得很，简直就是炸药包，点着了，能把孤军营闹个底朝天。

谢晋元心力交瘁，压在他肩头的担子过于沉重，长达四年的羁困生活，耗尽了他的心血，他越来越感到力不从心。

孤军营里摩擦在加剧，矛盾在激化。谢晋元作为一团之长，他正处于各种矛盾的焦点上。官兵们要前途，要自由，要吃饭，要穿衣，要花钱，要看病吃药，找谁？只有找团长。对伸出的这几百双手、张开的这几百张嘴，谢晋元拿什么去满足呢？

他手里什么也没有！

对孤军的前途与自由，过去，谢晋元是充满信心的，并且为此苦苦争斗。刚从四行仓库退出时，他以为顶多待一两个小时，就能越过租界，返回部队；就是在中国银行被英国人收缴武器时，他还以为好好交涉，最多待个一两天，就可脱离租界；被送进孤军营后，他想，了不起在这里困上一两个月。再后来，接到蒋介石的"皓电"，他以为最多拖个一年两年，就可恢复自由。可是一拖再拖，时至今日，四个年头过去了，孤军官兵被困在这里，还没动窝。现在租界眼看不保，整条船都要下沉，对困在这条船上的孤军的前途，谢晋元还能向官兵们做些什么许诺呢？

至于营中的物质生活和生存条件，起初曾经十分困难，后来，经过官兵努力、民众接济和政府拨款，已经有了很大改善，而现在，情况又在恶化，孤军营手工业生产受挫，加上物价飞涨，货币贬值，政府拨来的那点经费，连吃饭也不够，手头没钱，许多开支项目被卡下，医务室的药品柜空了，看电影也少了，各种球类，坏一个少一个，许多文体活动渐趋停顿。

费了九牛二虎之力逐渐建立起的生活秩序，开始被瓦解，不少官兵对营中生活失去了热情和兴趣，营纪营规越来越难以约束那一颗颗烦躁的心。

谢晋元发觉他的队伍在骚动，在不安，随时都可能离他而去。他感到他正失去一些极为重要的东西，那就是他的尊严，他的权威，他的号召力，以及他与官兵之间那种亲如兄弟的感情。他发现自己常常是站在官兵们的对立面，他的训话越来越多地使用"禁止""不许"这样的字眼，他的管束力越来越多地依赖皮鞭和棍棒。每当想起自己声色俱厉的队前训话在官兵中引起的沉默和抵触，每当想起宣布每人每顿只准吃三碗饭而招来的不满以至愤怒的目光，每当想起棍责违纪士兵时那撕心裂肺的号叫，谢晋元就心里发颤。

公共租界这叶孤舟正步步下沉，最终必将落入日本人掌中，孤军官兵独守营中，也将难逃厄运。在这种危急的关头，重庆方面对孤军的前途仍然抱既定之方针，没有任何松动变通之迹象。谢晋元近日曾给蒋介石、何应钦等连连写信，陈述孤军危险处境，请示机宜，却石沉大海，音讯杳然。既然蒋介石没有新的指令，那么，以往的命令当仍然有效，孤军官兵仍须在租界"忍耐""固守"。

孤军官兵已到了生死存亡的最后关头，何谈"忍耐"？租界的孤舟行将倾覆，孤军凭借什么"固守"？八百壮士在我谢晋元的指挥下，在公共租界含冤受辱，历尽艰辛，坚守阵地，长达四个年头，如果最终导致全体壮士集体被俘、全军覆没，这与世人窃笑的"束手就擒""坐以待毙"有什么不同？如果我谢晋元最终领着八百壮士走到这悲惨的一步，那么，后人将如何评论孤军官兵四年的羁困生活？我谢晋元如何向后人作出交代？

谢晋元陷入极大的痛苦之中。

他精神苦闷，夜做噩梦；而在白天，在士兵面前，他还须装着很有信心的样子，还要号召官兵"忍耐""固守"。他发觉自己在说空话，说假话，在欺骗别人，也欺骗自己，他曾经写下一首极为伤感的短诗，表达内心深处的痛苦与无奈。诗曰：

> 勇敢杀敌八百兵，
> 百无聊赖以诗鸣；
> 谁怜爱国千行泪，
> 说到"倭奴"意不平。

人们想象不出，这位能征善战，性格坚强，任何时候都精神抖擞的谢晋元团长，怎么可能写出这样哀怨、无奈的诗篇？这与四年前坚守四行仓库时，他给上海市民的赠言，"余一枪一弹，决与倭寇回旋到底"，相去何止十万八千里？

谢晋元枕边放着的那本《拿破仑本纪》是他最为喜爱的一部书籍，不知看了多少遍，过去他最爱看的是书中描绘拿破仑鼎盛时期的前半部，拿破仑作为大军事家所创立的辉煌战绩，为他所倾倒仰慕，激动不已。而现在，最能触动他感情的是书中描述拿破仑兵败被囚的后半部。1815 年 6 月滑铁卢之战，拿翁一蹶不振。1815 年 7 月 15 日，他被英国兵舰"贝勒罗风"号，放逐至圣里马纳岛。该岛地小瘴深，气候恶劣，而英人待拿破仑如俘囚，寓处逻骑如织，夜晚，舍外四周皆英兵把守。拿翁郁郁不乐，终日独守室内，拒不出外。医生劝告拿翁："公苟不游，病且莫救。"拿破仑曰："死何惧，吾求死为乐耳。"1821 年 5 月 3 日，拿翁病殁于荒岛。

以拿破仑英雄末路，反观孤军今日处境，谢晋元不禁油然产生一种哀伤的情绪。今日囚禁八百壮士之孤军营与当年放逐拿破仑之圣里马纳岛别无二致，孤军官兵的结局看来也不会比拿破仑更好。然而,抵抗外来侵略的四行仓库作战,绝非当年侵掠他国的滑铁卢之战可比,八百壮士怎么可以落得拿破仑式的下场?天理何在? 公道何在?

谢晋元愤愤不平,他呐喊过,他抗争过,然而他无法改变现实,无法挽救孤军的命运。他回天无力,只有哀伤,只有呻吟。

对于个人的生死安危,谢晋元早已意识到,他的处境比一般的官兵还要不妙! 危险来自孤军外,来自日本人,来自汉奸特务。日汪势力要制服八百壮士,毫无疑问,首先要拿谢晋元开刀。几年来,敌人不仅一直放出这种风声,而且不断加紧策划。对外,谢晋元并不害怕。他认为,他是团长,上刀山,下火海,他应当是头一个。这是他的职责,也是他的光荣,对成仁就义,谢团长早已做好充分思想准备。1939 年"九一八"之际,他给家人写下遗书,表达了义无反顾、视死如归的高尚精神。一旦到了那一天,全体官兵落入敌手,日伪免不了又要来一番威胁利诱,免不了要在团长的身上大做文章。届时,他谢晋元决不能屈辱,决不可偷生。死是落难英雄的必然归宿。

除了来自孤军营外的危险,谢晋元日益感到孤军营内也不是太平世界。1939 年 5 至 6 月间,上官志标连长私藏凶器,密谋举事,曾给谢晋元敲响过警钟。每当想起上官连长藏匿于床底下那柄明晃晃的斧头和他日记中恶狠狠的话,谢晋元就不寒而栗。团长知道,他治理孤军营的举措,并不是人人都赞成,尤其是事关孤军前途命运的重大决定,例如他曾拒绝了地方人士用劳工替换士兵的建议,曾劝阻过士兵潜逃,也曾制止过部分官兵谋划的暴动计划,这些决定虽然符合蒋介石再三再四的电令精神,但是,难以得到所有官兵的赞成拥护。上官志标连长算是转变得好的,他经过隔离反省后,体会了团长的苦心和难处,此后,他去掉浮躁,处处"忍耐",积极配合团长抓好部队。但是,对团长的决策不理解,不赞成,甚至心怀怨恨的还大有人在。眼下,孤军营处境危险,前景不妙,官兵情绪剧烈波动,营中处处艰难,矛盾重重,经济拮据,吃不饱饭,薪金不能按时发放,埋怨、愤懑的声音不绝于耳,并且近来因为整顿秩序,严肃纪律,处罚用得多,皮鞭、棍棒用得勤,这也不是好兆头。再加上孤军营长期开放参观,人来人往,成分复杂,无孔不入的汉奸特务,会不会利用营中的困难情形和个别官兵的不良情绪,乘机挑拨离间,拉拢收买,浑水摸鱼? 天晓得啊!

谢晋元将个人生死置之度外,以不变应万变。对外,他临危不惧,初衷不改,继续开放孤军营,宣传抗日思想,团结官兵与日伪势力坚决斗争;对内,他恪尽职守,事必躬亲,该抓的抓,该管的管,该打的打,该骂的骂,决不姑息迁就。仍然是前年处置上官志标时说过的那句话:我在此一日,决负责到底一日。

1941年春天到了。春归大地,万物复苏,正是加强运动、强身健体的好时期,但是近日出早操,总有些人懒洋洋的,提不起神,迈不动腿。那一天早操跑步,竟有二十余人掉队。

4月17日这一天,星期四,天气晴朗。早晨5时30分,全营出操。今天,谢团长亲自带操,他要看一看,到底是谁在拉队伍的后腿?

队伍在操场上集合完毕,并清点人数后,团长下达口令:

"向右转,跑步走!"

"扑、扑、扑……"队伍随即启动。

听着这整齐有力的脚步声,谢晋元像听到一支威武雄壮的进行曲,心中极为舒坦。

可是,当他调头朝队伍后尾一看,脸立时就拉了下来。队伍还未跑出几步,就有人掉队。仔细一看,是机枪连的张文卿。

这个张文卿! 团长不由得皱起眉头。

张文卿是机枪连二班士兵,守四行仓库时才补充进来的,那时算是个新兵。可现在,已经四年过去,好歹也是个老兵了,而他长进不大。他性格孤僻,少言寡语,在孤军营里没几个人能跟他谈得来。他长着个苦瓜脸,总是满腹心事的样子,又爱斜着眸子看人,更没人敢跟他交朋友,是全连有名的怪物,没人能管得了他。就连雷雄这样的要威有威、要块有块的军官,也不放在他眼里。你批评他一句,他睨你一眼,"你是谁? 管你自己的事去!"

今天,谢晋元倒要管管他。

在队伍前头,团长大吼一声:

"不许掉队,跟上!"

可回头一看,没什么反应,张文卿仍是不紧不慢,满不在乎地在队伍后头磨蹭。

这种目无官长、违抗命令的乖戾行为，如不惩处，如何服众？于是，团长又亮出了他的皮鞭，怒气冲冲地上前给张文卿三下子。

今天可真是碰上刺头兵，那张文卿一言不发，斜着眼睛，定定地看着团长的皮鞭噼里啪啦地往自己身上落，他一动不动，那乌亮亮的眼珠子没眨一下。

团长打完后，他竟"叭叭"两声，往地下吐了两口痰。

这两口唾液，来得无礼、恶毒，等于当着几百官兵的面，直往团长脸上淬。谢晋元从来没有受到过如此奇耻大辱，他气得脸发青、手发抖，厉声高喊：

"来人哪！"

有四名戴蓝袖标的督察队员从队伍中应声走来，团长将皮鞭往地上一掷，"每人抽他20下。"

"扑踏扑踏"，出操的队伍仍在一圈一圈地跑步，"噼啪噼啪"督察队员手里的鞭子一下一下地抽打。皮鞭之下的张文卿，依然咬紧牙关，一声不吭地忍受着皮肉之苦。他脸上毫无表情，既没有痛苦，也没有悔悟；他目光呆滞、无知无觉。他的这副表情，看了让人害怕。此时此刻，他的无言比大声号叫更能显示出他的抵抗和仇恨，他那冷漠的面容表示对权威的蔑视和嘲讽，他那呆滞的目光充满了愚顽和无知。

张文卿越是一声不吱，谢晋元就越是要大喊大叫；张文卿越是神情冷漠，谢晋元就越是暴跳如雷。团长不断地向执法的督察队员叫喊：

"给我狠狠地打！"

急了起来，他还要夺过鞭子亲自抽几下。团长的失态，是一种发作，表达了他对敢于蔑视权威的顽兵的愤怒，同时也是一种掩饰，掩饰他的无计可施、无可奈何。

孤军营何来这么一块不堪教化的"滚刀肉"？

过了两天，营内又发生一件事。

今年以来，为加强伙食管理，伙房设值班员，由各班长轮流担任。在这里值班，主要是出于安全上的考虑，防止坏人投毒。此外，值班员还要协助炊事兵分饭打菜，把勺子掌平，并随时制止那些到伙房揩油的士兵。近日来，已多次发现个别嘴馋的士兵到这里抓个馒头，夹块肉的。困难时期，伙房成了孤军营里众人瞩目的重要部位。"厨房重地，闲人免进"的木牌子，已经适时地挂了起来。

这天是一连班长余长寿值班。按食谱，今晚膳食是大米饭和豆腐干拌芹菜。余长寿知道自己手中的秤盘和饭勺的分量，米是他下的，副食是他过秤的。饭菜做好后，又是他按人头分到各班，绝对是一丝不苟，一碗水端平。

晚餐开得很顺利，6 时 30 分左右，各班都已吃过饭。余长寿和炊事员等大家用过餐收拾完盘碗后，自己也开始用餐。

这时，"闲人免进"的伙房进来一个闲人，他叫郝精诚，是二连战士，孤军营乙组篮球队队员。他和余长寿一样爱打球，两人经常在球场上交锋。郝精诚是河北人，身材高大，仪态大方，待人也热情，球艺虽不如余长寿，但他有文化，还有一招绝活，右手能写字，左手也能写字。因此，余长寿平时总让他几分。

今天，他一进伙房就嚷嚷："没吃饱，还有没有饭？"

余长寿忙放下手中饭碗，上前问他："怎么啦？"

郝精诚回答，他打球，回来晚了，饭盆只剩点底，不够他吃。

什么叫饱不饱？余长寿在伙房当值班员，脑子里只记着个"三碗饭"的规矩，觉得他的回答有些含糊，又问："这点盆底是多少，有没有三碗？"

郝精诚回答："有，但吃不饱。"

这不得啦！余长寿于是有了数，便对他解释说，"现在粮食不够，营里早有规定，每餐只能保证吃够三碗饭，饱不饱不敢保证。"

"这叫什么规矩，发军装还分大号小号呢，吃饭每人都三碗，那打篮球为什么不叫小个子们去？"

郝精诚大发牢骚，他敲着饭碗，问余长寿："到底还有没有饭？"

"没有。"余长寿告诉他。

"锅巴总还有吧？"

"锅巴也不能随便给，留明天熬稀饭用。"

"老子今天还没吃饱呢，管什么明天？"郝精诚这时也顾不得文化人的斯文，边说边往锅台前凑过来，伸手抓起锅巴就吃。

余长寿这个人办事认真，丁是丁，卯是卯，不行就是不行。大家都是三碗饭，别人不叫就是你一个人叫，总不能"叫唤的孩子多吃奶"吧？要是大家都来拿锅巴，明天早饭吃什么？又见郝精诚这样蛮横，好像他来拿锅巴还有理似的，心中颇为恼怒，于是上前把锅巴夺了下来。

一块锅巴刚送到嘴边便给人夺了下来，郝精诚又羞又恼，脸一下红到脖根，肺也给气炸了。他抄起一把铁铲"咣当"一下，先把锅敲出一个窟窿，之后还要打余长寿。

余长寿也不是好惹的，大小是个班长，又是值班员，理儿还在我一边，你郝精诚犯什么浑？见郝精诚端着铁铲逼上来，余长寿也不能吃亏。他天天打篮球，手脚灵活，反应快，没等郝精诚的家伙伸过来，余长寿早操起一根扁担握在手里。郝精诚也精，他一看自己手里的家伙没别人的好用，占不了什么便宜，好汉不吃眼前亏，拔腿就跑。

余长寿正在火头上，举着扁担从饭堂追了出来。他们现演了那出"伙头军杨排风追打焦二爷"的古戏。

事有凑巧，这出戏让谢晋元团长看见了。他正从饭堂门口经过，看见两个老兵一前一后，追逐打斗，气喘吁吁，不知是何情由，便大喝一声：

"都给我站住！"

一声吆喝，定身法似的把那两位士兵钉在原处。

团长把他们叫了过来，查问情由。郝精诚自知理亏，支支吾吾，半天说不清楚，余长寿一五一十地把事情经过陈述了一遍。听说郝精诚闯入伙房，强拿食物，还打坏了铁锅，团长勃然大怒。吃点锅巴虽然不是什么大事，但越是琐碎小事，越是说明此人没有志气，不能忍耐。营中目前这样的困难，保证每餐能吃上三碗饭已属不易，他却一点也不体谅官长的难处，只知自己要填饱肚皮，不知粮食之珍贵，官长之苦心。已经吃了三大碗饭，就算不是太饱，也不至撕破脸皮抢吃锅巴。他今天能为一块锅巴、一碗饭，不惜违反规矩，打坏营具，辱骂他人，万一将来生活更加艰难了，没有粮，没有水，没有衣，没有药，你知道他能干出什么来？过去打仗，两天不吃一顿饭，也没人叫唤一句，现在吃瘪一点，就大吵大闹，军人的刻苦忍耐精神到哪里去了？

士兵真是变了。再纵容这种害怕艰苦、贪图享受的行为，孤军营怎么能经受艰苦环境的考验？怎么能渡过眼前的难关？

谢晋元决意从严惩处郝精诚的违纪行为，他挥舞皮鞭，先给他抽了两鞭，质问他是锅巴好吃，还是鞭子好吃？之后，用鞭柄在地上画了一个圈，罚他在圈内跪一个小时。

郝精诚从未受过这种耻辱。过去，他在军营内也是一个很有脸面的人啊！他有文化，左右手都写得漂亮毛笔字。篮球打得也好，他个子高大，且灵活，泥鳅似的，他的绝招是带球，你要带球绕过他？没门！只要粘上你，他双手左划拉右划拉，母鸡啄米似的，几下就把你手里的球"啄"过来。因为文化上、体育上都有绝活，他觉得自己比别人强，平时很傲慢，见人不多说一句话，有事藏在心里，谁也猜不透他。今天因为一块锅巴，先是被余长寿端着扁担追着要打，后又被团长抽了鞭子，还罚跪，他觉得无地自容，脸都歪了。他和那个受罚的张文卿一样，既不认错，也不求饶。团长罚他跪一个小时，他却长跪不起，从傍晚一直跪到熄灯，是邓英连长派人把他架回去的。路上，他嘴里吐出一句很可怕的话：

"看谁死在谁手里！"

上海的春天，气候多变，乍暖乍寒。

4月中旬以来，北风怒号，飞沙走石，尘埃蔽空，目不能视，气温也降至多年来的最低点。春行冬令，气候反常。

到4月23日，星期三，天气转好，风力减弱，气温开始回升。

这天早晨，起床号还未吹响，谢晋元团长就被蛙声吵醒。躺在床上，听见房前屋后，蛙声一片，谢晋元心中又是一番感叹。这是今年以来，第一声蛙叫，敢是春天回来了吗？

青蛙是自然界出色的歌手，哇鸣是美妙动人的音乐，尤其是春天里的蛙鸣更是激动人心。经过一冬的沉默之后，蛙们用最美好的歌声迎接春天的到来。它们在各自的洞穴之中，放开喉咙，运足气力，彼此唱和，那歌喉甜润婉转，那韵律自然流畅，是清新可人的田园晨曲，是赞美春天的交响乐。往年春天，每当听到这悦耳悠长的蛙鸣，谢晋元总是心花怒放，好一阵激动。可是今年的蛙声，没能给他带来太多的欢乐，大自然的春天回来，可是谢晋元心中的春天在哪里？

"嘀嘀嘀答……"

嘹亮的起床号音，将蛙声压了下去。谢团长穿衣起床。

出了房门，他仰望天际，东方刚刚露出一块朝霞，清冽的晨风撩人脸面，"好硬的风哟"，不禁全身一个激灵。他先在房门前跑跑步，活动活动腿脚，想起近日因天气不良，加上营内琐事缠身，已经有个把月没骑马了，今天应该去遛遛它。

谢团长快步来到马厩，来到白马身边。他拍拍马背，抚抚鬃毛，白马便也亲昵地用脸颊往主人身上摩挲。团长弹个响指，白马会意，便跟着主人欢快地走出厩舍。

团长不用缰绳，实际上，这匹白马没有笼头和缰绳，谢晋元不允许给他心爱的白马套上绳索。有一回，他看见马夫弄回一副笼头绳索，要给白马套上，遭到团长的训斥："给它戴上这劳什子干什么？你心好狠！"其实，也没必要用什么缰绳，孤军营里就铁丝网内的一条跑道，只要谢晋元翻身上马，双腿一夹，白马就知道驮着主人在铁丝网内一圈一圈地跑，听到主人"吁"的一声低唤，白马就懂得该收操了，于是收住脚步。主人从鞍桥跳下后，在马背上轻轻地拍它几下，白马会意，便乖乖地走回厩舍。

白马已经不年轻了，它被送进孤军营已有三载。这三年时间里，它和主人和睦相处，配合默契，营内唯一的这条跑道，它已不知跑了多少遍。天天如此，还用缰绳指挥吗？白马已经能准确地领悟主人的每一个暗示，包括手势和眼神。而主人更是体贴入微，摸透了白马的脾性。主人看到，近来白马很少高兴过，马料不足固然是一个原因，而孤军营这点天地，使它备感局促、单调。它常常以忧伤的眼神关注着营内的一切，内心一定也是痛苦的。刚入营时那种轻快的步履，慢慢变得沉重了；过去那雪白的毛色也渐渐失去往日的光泽。它已经年迈，一定知道属于它的日子已经不多，它恐怕熬不到离开孤军营的那一天了。

今天，驯服的白马跟在主人身后，漫步来到操场。主人在它背上轻轻拍一拍，它站住了。主人抓住鞍桥，踩住脚蹬，翻身上马，双腿一夹，白马便沿着跑道撒腿狂奔。

可是，刚跑两圈，白马气力不加，速度明显放慢。谢晋元双腿使劲一夹，白马会意，抖擞精神，奋力前奔，但是跑不多远，便气喘吁吁，汗流浃背，口吐白沫。

白马老矣！

谢晋元深深叹了一声，便从老马背上跳将下来。他陪着老马慢慢遛了一圈，便充满爱怜地在其背脊上拍了几下，放它回厩。临走前，老马用瘦骨嶙峋的脸颊在主人身上摩挲了几下，好像是表达它的歉意，深深的眼窝滚下几颗混浊的泪珠。之后，老马颤颤巍巍地离开主人，往马厩走去。

看着白马这蹒跚的步伐和忧伤的神情，谢晋元中心十分愧疚。是我连累你了，伙计，我什么时候能把自由和年轻还给你呢？

这时，部队已经出操，士兵们在值日军官的带领下，来到操场跑步。因为今天天气暖和，官兵已换下厚厚的冬衣，穿上了夏装，队伍显得特别轻捷整齐。大概是因为季节的缘故，或者也受到早晨蛙鸣的鼓舞，今天的早操精神头很足，步伐格外整齐有力。

谢晋元站在一旁，满意地检阅着今天的操课，但是看着看着，不由自主地联想到刚才白马的表现，心想，孤军营内的早操天天如此，日复一日，年复一年，官兵们已经在此跑了近四个年头，一千多个早晨，他们还要跑多久，还要跑多远？铁丝网内的这条圆圆的跑道有没有终点？孤军营里这种令人窒息的日子有没有尽头？再这样耗下去，总有一天，官兵们也和老马一样，气衰力竭，举步艰难，最终老死囚中！

团长心中充满惆怅，他不愿再想下去，也不忍再看下去，转身离开操场，返回自己的寝室。

晨光朦胧中，队伍仍在操场一圈一圈地跑步，没完没了，不止不休。官兵们精神的都集中在耳朵上，竭力捕捉住指挥员标定的"一二一"的节拍，以便把步伐踩准，把气力都用在脚下，以便让大地在自己坚定有力的脚步下颤抖。人们昂首挺胸，目不斜视，大步向前，甚至没有注意到团长已经离开操场。

……

突然，谢团长的勤务兵李士德，从团长寝室狂奔而出，大声喊叫：

"快来人呀，有人行刺团长！"

因为官兵们全都专心致志于自己的脚下，这紧急呼救的声音竟被那漫无目的的跑步声所掩盖，队伍继续往前跑。

上官志标连长今天压队，跑在队伍的后头。他隐约听见后面有人叫喊，扭头一看，见是团长勤务兵一边呼喊，一边招手，上官志标料定出了什么事，他来不及招呼队伍，赶紧向团长住处疾步跑来。

　　还没等上官志标搞清是怎么回事，只见四个手持凶器、满身血迹的士兵，从团长寝室夺门而出，上官志标知大事不好，不及多想，向凶手迎面冲了上去。双手沾满鲜血的四个凶手，杀气腾腾，眼睛都是红的，他们看到上官志标连长冲来，不由分说，举刀便刺。上官志标手无寸铁，立足未稳，寡不敌众，被连刺数刀，当场倒下。等出操的官兵们闻讯赶到，为时已晚。

　　跑在前面的雷雄连长冲进团长寝室，发现谢晋元已倒在血泊之中，气绝身亡。

　　刺杀团长的四名凶手，被愤怒的官兵团团围住。

　　首凶不是别人，正是不久前受到团长处罚的郝精诚和张文卿，另外两名帮凶是机枪连的尤耀亮和张国纯。郝精诚和张文卿，每人手里握着一把一尺来长的三角刮刀，刀尖上的鲜血还在往下滴。尤耀亮手里持着带血的短棒，张国纯手里则端着一把铁镐。

　　四名叛兵在孤军壮士的重重包围下，仍是一副至死不悔的样子。尤其是郝精诚，他把手中的刮刀往地下一掷，刮刀明晃晃地斜插在草地上，他挥着沾满鲜血的双手，对几百名官兵狂叫：

　　"不杀掉谢某人，我们就不会有自由，你们别犯傻了！"

　　孤军壮士气愤至极，一拥而上，将四名叛兵按倒在地，真恨不得将他们撕烂、碾碎。

　　雷雄连长还算冷静，他提醒众官兵说，"等一等，弟兄们，你们听我一句，团长如同我们的父兄，他们杀了我们的团长，大仇岂有不报之理？但是，我们今天要是杀了他们，团长就死得不明不白了。我们要留着活口，审问他们，要他们供出同党及幕后的人。"

　　众官兵这才住手。

　　孤军营内的突然事变也吓坏了工部局，洋人手忙脚乱派商团兵丁将四名凶手押走，送交租界法院，并加强了对孤军营的警戒。

　　上官志标连长与凶手搏斗，身中六刀，生命垂危，被紧急送至租界仁济医院抢救。

　　谢晋元团长遇刺的消息，如同晴天霹雳，震撼了上海租界，租界民众万分悲痛，纷纷前来瞻仰英烈遗容。

谢晋元遇刺身亡后孤军营内设灵堂致祭。

孤军营礼堂又一次改作灵堂。灵堂门外设有素白牌坊，灵堂中央停放着谢晋元的灵柩，安放团长遗体的棺木用红木制成，上面有水晶棺盖。安卧其中的谢晋元像是劳累之后平静地睡去，团长脸色红润而富有光泽，神情沉稳而安详。

但是，这并不能掩饰他的憔悴、他的疲倦、他的困惑以及怨恨。瞧，他那紧闭着的嘴角挂着无限的哀伤，他那锁蹙着的眉心打着一个永远解不开的结，他那已归于平静的灵魂肯定还在思索着什么，记挂着什么？

谢晋元一生追求自由，当然，他也并不害怕死亡。他随时准备着为国捐躯，准备着牺牲在日寇的枪炮之下，也想到过倒在汉奸的屠刀之下，然而，他决没有想到会死在叛兵手中。这怎么可能呢？几年来，孤军官兵在同一个营房操练，在同一口大锅吃饭，手拉着手，肩傍着肩，抱成一团，一致对外。现在，刀口突然从背后插来，这样凶狠，这样恶毒，这样猝不及防！这是谢晋元料想不到的。孤军营内矛盾是有的，打打骂骂也是有的，谢晋元自己处罚、得罪过不少人。但是，在谢晋元的心目中，大家仍然是在一口大锅吃饭的兄弟，仍然是守在一条战壕的战友。当打他们、骂他们的时候，团长自己肉也疼心也疼。这是出于无奈的事，士兵们难道不懂吗？难道仅仅因为抽过鞭子，打过板子，就可以同室操戈、刀锋相向吗？

谢晋元遗像

当郝精诚、张文卿、尤耀亮、张国纯举着尖刀棍棒向他扑来的一刹那，团长或许明白了其中什么，或许仍然什么也不明白。看来他已经明白了其中根由，不然他不会睡得如此安稳平静；也许他什么也不明白，否则，他的脸上不会如此忧伤！

连日来，孤军营大门一直敞开着，入营瞻仰遗容的上海民众络绎不绝，川流不息。人们满怀哀痛，步伐沉重，自动排成队列，缓步进入孤军营。把门的白俄团丁知道这是一股不可阻拦的潮水，因而，他们干脆自动退到一旁，任由人们自由进出。仰慕抗日英雄的各界民众从四面八方赶来，向烈士遗体默哀告别。那些敬仰英雄、对英雄寄予无限希望的老人，跪倒在地，呜咽抽泣；那些听过团长的讲演、得到过团长教诲的青年人，大放悲声，恸哭不已；就连那些刚刚懂事的儿童，看到曾给他们讲故事、让他们吃糖果的团长叔叔，如今躺在冰凉的棺木中，也痛哭流涕，嘤嘤泣泣；还有一些仰慕英雄的女青年将自己精心制作的祭品及个人照片，敬献到英雄身边。

几天来，上海共有二十多万民众前来向烈士遗体告别。上海民众怎么舍得曾经朝夕相处、患难与共的抗日壮士远离而去？上海局势如此危急，此时怎能失去顶天立地、砥柱中流的民族英雄？

八百壮士更是沉浸在悲恸之中，几年来每天早晨必定举行的精神升旗典礼，已改为升半旗，典礼笼罩着庄严肃穆的气氛。官兵一律着白衬衣，扎黑纱，每当心中那面旗帜从旗杆的顶端回落至旗杆半腰时，官兵的眼睛全都湿润了，队伍中有人放出悲声。数天来，连排军官轮流为团长守灵，士兵在灵堂外站岗。营内停止一切娱乐活动。官兵悲恸欲绝，吃不下饭，睡不成觉，他们为失去刚毅果断、坚贞不屈的好官长而痛心，为失去出生入死、患难与共的好兄长而悲哀。

那些曾经长期追随团长南征北战的老部属，伏在灵柩上，大声地呼喊："团长，你怎么撒下我们走了？"

那些曾经得到团长关心爱护、教育培养的官兵，也走到团长跟前哭着问："团长，你走了我们怎么办？"

还有一些曾经因违反纪律受到团长申斥责打的士兵，这时也跪在团长灵柩前问道："团长，你不在了，今后谁来照管呵护我们这些不成器的人啊？"

孤军官兵痛失自己的官长，忧虑队伍的前途，肝肠寸断，悲声不绝。

谢晋元遇刺身亡的消息传到重庆，在陪都引起极大震动。政府发布命令，各政府机关在4月28日的总理纪念周仪式上，为谢晋元团长默哀一分钟。全国慰劳总会宣布，5月3日在陪都举行谢晋元追悼大会，下半旗志哀。各报发特刊。重庆各界人士都为国家失去一位抗日勇士而悲痛，许多抗日团体纷纷举行悼念活动。

4月26日，重庆国际广播电台播放悼念谢晋元特别节目，由与孤军官兵结下深厚友谊的杨惠敏女士主持。在广播中，杨惠敏强忍悲痛，讲述谢团长的生平事略，颂扬他的抗战功绩。麦克风里不时传出杨女士的声声抽泣。

连日来，重庆各电影院放映由阳翰笙编剧、应云卫导演，描写四行仓库作战的影片《八百壮士》，观众踊跃，座无虚席。

蒋介石得知谢晋元死讯，也极感痛心。在他的部属中，没有哪一位职位低微的军官像谢晋元这样，得到他不同寻常的关注；在抗日战场上，也没有哪一位基层指挥员像谢晋元这样，为他争得如此巨大的荣誉；在艰苦卓绝的环境中，更没有哪一位黄埔学生像谢晋元这样始终一致、不遗余力地执行校长的命令。蒋介石太缺少这样的军官了，他决定为全国军人树立一个榜样。4月25日，蒋介石发布褒奖令，追赠谢晋元陆军少将军衔，并通电全国，号召广大官兵学习效法，电文如下：

谢晋元团长之成仁，为我中华民国军人垂一光荣之纪念，亦为我抗战史上留下一极悲壮之史迹。回溯该团长率领八百孤军，坚守闸北，誓死尽职，守护我最后阵地而绝不撤退，其忠勇无畏之精神，已获举世之称颂。而其后留驻孤军营中，为时三载以上，历受种种利诱威胁，艰危困辱，率能坚毅不懈，始终一致，保持我革命军人独立自强之人格。此种长期奋斗，实较之前线官兵在炮火炸弹之下，浴血作战，慷慨牺牲，尤为坚苦卓绝，难能可贵。此次被击殒命，显为敌伪方面蓄意已久，收买奸徒，下此毒手，而我孤军营之忠勇官兵，赤手擒奸，不损团体之荣誉。谢团长虽不幸殒命，然其精神实永垂人间而不朽。谢团长不仅表现我军人坚贞壮烈之气概，亦为我民族不屈不挠正气之代表，除已授予褒恤外，深望我全体官兵，视为楷模，共同景仰，以不辜负先烈之英灵，而发扬我民族正气之光辉也。

5月4日，孤军营隆重举行谢晋元团长的遗体安葬仪式。团长的遗体安葬在孤军营内的坟地。这里已先后埋着五位烈士，他们分别是1938年护旗斗争中的牺牲者，以及1940年"九一八"纪念活动中的殉难者。五位烈士的坟墓，由东向西排成一列横队，依次是吴祖德、尤长青、刘尚才、王文义和何玉香。现在，孤军官兵又将团长的遗体埋在这一横队的正前方。

这是一次非同寻常的战斗集结。即使是到了另一个世界里，团长仍然站在自己的指挥位置上，仍然率领着自己的士兵。

第十九章
苦　海

　　1941年12月，日军袭击珍珠港后不久，兵不血刃，占领上海公共租界，进而全面封锁孤军营。26日，大队日军突然包围了孤军营，在孤军营四周架起了机关枪……

从一定意义上说，失去了八百壮士的谢晋元和失去谢晋元的八百壮士，都标志着一幕历史活剧的高潮已经过去。

谢晋元遇刺身亡后，上官志标重伤住院，雷雄被任命为团长。但是雷雄无法填补谢晋元留下的真空，孤军再难从巨大挫折中振作起来。

谢晋元殉难不久，曾经陪伴他长达三年，共同度过艰难岁月的老白马，极为悲痛。它不食不喝，终日哀鸣，一个星期后，也紧随主人而去。

由于上海局势无可挽回，谢晋元逝世后，孤军营也日趋冷落。谢团长的葬礼曾隆重一时，上海举城哀悼。但丧事结束后，孤军营的斗争故事便也进入尾声。每天到营内慰问、联欢、赛球的市民越来越少，营内冷冷清清，空空荡荡，球场长出了青草，舞台少有文艺演出，手工业作坊无声无息，就连曾经趋之若鹜的基督教礼拜日也失去了从前的魅力。营内那种紧张活泼的生活秩序，那种热火朝天的斗争气氛，那种军民团结、水乳交融的生动景象，一去不复返了。

八百壮士失去强有力的领导，随之也失去了精神支柱；孤军营内少了谢团长手中的那根皮鞭，纪律也失去应有的约束力。人心涣散，纪律松弛，官兵们再也不像以前那样目标一致，口令一同，步伐一律，同生死，共患难，齐进退了。

有人开始思谋自己的出路。谢团长曾极力堵塞的铁丝网上的这条活路，又向官兵们敞开着。曾因密谋暴动而受到谢团长训斥的党仁杰，现在自寻生路。他是学开汽车的，有一天，他以修理汽车为掩护，从汽车篷顶，越过铁丝网，跳出营外。篮球队员傅东生也发挥自己的优势，有一回电工入营修理灯泡，将梯子搭在铁丝网下的围墙边，他凭着胳膊腿长，三下两下，爬上梯子，跳进营外的胶州公园。还有一些士兵干脆换上便衣混在来宾中溜出营房。

雷雄团长曾经保证，要把刺杀谢团长事件彻底查清，但是，自从商团把凶手带走后即移交法院，孤军根本无法插手。1941年6月，人们从报上看到，郝精诚等四名凶手被租界第一特区法院刑事法庭提起公诉。在法庭之上，四名叛兵陈述犯罪原因时，血口喷人，对谢团长反咬一口，诬称团长在营中克扣士兵军饷，中饱私囊，致使营中待遇不良，伙食不饱。孤军官兵闻之极为气愤。雷雄团长于7月1日在上海《正言报》上发表声明，严词斥责。不久报上公布，租界第一特区法院以杀人罪将凶手判处死刑，执行枪决。后来只是听到传闻，行刺之前，郝精诚曾把自己身边值钱的东西全都卖掉，行刺的前一天，他托王麻子大爷买来酒菜，四个人悄悄地喝血酒，定计谋。至于因何杀人、背景是什么、有没有幕后指挥的人？一概不知。

谢晋元死得不明不白，孤军官兵悲愤难平。

1941年12月8日，星期天。

这天清晨，来自黄浦江的几声巨大爆炸，把上海人从睡梦中震醒，天亮以后，又见日本飞机成群结队从上海上空飞过。人们听说日本人已向租界动手，夜里日军已将停在黄浦江的英国军舰"彼得列尔"号炸沉，美国军舰"威克"号竖起了白旗。

上午从收音机里又传来更为令人震惊的消息，日军袭击珍珠港，太平洋战争爆发。

原来，夜里黄浦江的几声爆炸，只是惊天动地的太平洋战争揭幕时的一点伴奏曲。

公共租界的英国人和美国人早已准备这一天的到来，他们不经抵抗，就将租界拱手让给日本人。中午，开进租界的日军士兵，在各个路口，从商团手中接过防务，没费一枪一弹，甚至连一点口角都没有。一直在租界发号施令的工部局，经日本人的彻底改组阉割之后，成为一个维持会式的组织，开始为日本人效劳。

过不了几天，在日军的胁迫下，居住在租界的英国、美国侨民作为敌侨，被集中起来，送进日军指定的收容所，真正如谢晋元向英籍警官卡时多所预言的，与中国孤军成了"近邻"。在租界上空飘扬了100年的英国旗、美国旗悄悄地降落。

太平洋战争的惊涛骇浪，终于将上海租界吞没。

上海租界沦陷后，中国孤军由此落入日军魔掌之中。在接管租界的当天，日本宪兵接替白俄团丁，担负孤军营守卫任务，一心一意要为新主子效犬马之劳的白俄团丁最终还是被一脚踢开。头戴绿色盔式帽的白俄团丁撤走了，代之以身材矮小、头戴钢盔、更为凶残的东洋人。日军全面封锁孤军营，禁止一切人员进出。在日兵刺刀的威逼下，曾经敞开着的孤军营大门又被沉重地关了起来，孤军官兵与外界的联系被切断了。八百壮士从此跌入暗天无日的深渊。

对日本人的野蛮行径，雷雄团长无计可施，虽明知工部局已完全听命于日本人，但又别无他法，12月中旬只好硬着头皮给工部局官员写了一封信，请他们出面交涉，信是这样写的：

工部局总董：

　　吾人被囚孤军营以来，为时四载，遵守国际公法，谨守秩序，于军事政治概不过问，各悉心从事体育教育，以发展工业为本，一举一动无异平民，与本营接触来往人员，均系小本经营，数年来，从未发生不轨行动，以往事实早为贵局洞悉，不庸赘述。查本月8日，日宪兵及沪西特警，突然驻守本营营门，初以为暂时性质，未便过问，迄今旬日，未见撤退，倘长此以往，吾人推销之来宾裹足不前，干事技师，望而生畏，则本营工业前途陷于停顿。吾人创办工业之宗旨，为调剂官兵枯燥生活，因请贵局本人道主义之立场，与日军交涉，撤出岗哨，恢复以前状态，使敝营工作照常。

　　特此奉达，敬祈。

中国孤军团长雷雄

　　雷雄团长的这封信尽管态度极为平和，措辞极其谨慎，但绝不会感动上帝，何况此时的西洋人已经不是什么上帝，他们已是泥菩萨过河，自身不保，因此，雷团长的这封信绝不会奏效。

　　当孤军官兵面临绝境、走投无路的时候，上官志标连长又一次表现出与孤军弟兄生死与共、风雨同舟的高尚精神。他在与叛兵搏斗时，身中六刀，经租界仁济医院治疗，伤口愈合。之后他放弃了独自逃生的机会，毅然返回营内。上官志标连长这一举动，同四年前他从租界返回四行仓库一样，使孤军官兵万分感动。上官连长过去作战有功，在孤军营内也表现不俗，后来虽在争取孤军前途上与谢团长看法不一，受到团长严厉处罚，但他顾全大局，不计前嫌，自觉维护团长权威，支持团长工作。当团长遇刺，他挺身而出，同凶手搏斗。现在，眼见孤军官兵已落入日军魔掌，他却还要回到营内，回到弟兄们的身边。生则并肩战斗，死则埋入一个墓窟。这是何等崇高的节操！这是何等真挚的友情！

租界沦陷后，国民党政府当局看到，八百壮士作为外交棋盘的一个小卒，已经走到尽头，继续留在租界，等于自我毁灭。于是有关当局曾密令孤军相机突围。然而，为时已晚矣。等日军控制了租界再来突围，谈何容易？凶残狡猾的日军可不是神情木然、反应迟钝的商团兵丁。同时，国民党政府仓促间作出的这一决定，缺乏严密周到的计划。由于风声走漏，秘密设在租界内、受命接应孤军突围的三民主义救国团，被日军破获并查抄。孤军官兵盼了几年才盼来的突围的命令，没有来得及付诸实施，便化为泡影。

日本人感到将中国孤军长久地留在租界决非良策，中国人的未来只有两种可能，要么投降，要么毁灭。

日军开始动手了。

1941年12月26日清晨，乌云密布，北风怒号，大雪将临。大队日军突然包围了孤军营，四围架设着机关枪。为首的一位日军大佐，领着一群士兵冲进营内。日军命令中国孤军带上铺盖到操场集合。中国孤军早已料到这一天总要到来的，只是不知小鬼子准备如何处置。在操场上，中国官兵个个昂首挺胸，怒目而视。

中国人看到了什么？他们看到，站在操场上的那位身材粗短、满脸黑胡碴子、穿着黄呢军服的日军大佐，突然喊了一声"立正"的口令，在场所有的日本人都抽筋似的收回腿，挺起胸。那位大佐军官"刷"地一下，从腰间抽出指挥刀，在空中画了一圈，然后刀尖朝上，定定地举在自己的眼前，那雪亮的钢刀几乎紧紧贴着他的扁扁的鼻梁。接着日军大佐转身向后，甩开他的粗短腿，迈着正步，向操场外面走去。他的身后还跟着几位日本军官。

中国官兵感到纳闷，不知这些日本人想干些什么。

日本军官以标准的正步，"跨跨跨"地一直走向孤军营的坟地，一直走到谢晋元的墓前。大佐军官以一个有力的立正动作，一截石碑似的戳在谢团长坟前，举在鼻子跟前的军刀又在空中画了一圈，之后猛然收回，插进刀鞘。之后大佐摘下军帽，向谢团长深深地鞠了一躬。

礼毕，大佐退至一旁，其他日本军官轮流上前行礼。

当日本军官们回到操场，孤军官兵看到日本人大佐脸上堆满了笑容。他开始向中国孤军讲话。"嗯嗯，"他先干咳了一声，接着伸出一根拇指，说：

"谢晋元将军是这个。八百壮士也是这个。我们都是军人，你们的作战精神，'皇军'十分钦佩。你们也知道了，战争已经向太平洋转移，皇军开始同美军打仗。现在好了，我们之间已经没有什么事了，我们应该成为朋友，我们应该合作。"

大佐又干咳了两声，接着说："你们在这里已经住了四年，听说受了不少苦，皇军要给你们换个环境，换个空气好点的地方，好好休息休息。噢、噢，误会的不要，误会的不要。你们大大地放心，现在就可以出发。"

这位日军大佐很会演戏，分明是已经挖好陷阱，或者干脆是个坟窟，要把中国孤军往里送，却又费很多口舌来说这一堆假话，就连刚才向谢晋元陵墓敬礼也装得煞有介事，中国官兵冷眼旁观，静静地看着这出戏。戏演到最后，却没人鼓掌，没人喝彩，大概日军大佐也觉无聊，于是只好草草收场。他咽了一口唾沫，刹住话头，转身向营外招手，营门外早已准备好的十几辆汽车，呼隆隆地开了进来。

孤军官兵带上各自的铺盖登上汽车后，日军又把孤军手工业作坊里的织袜机、制造肥皂的锅炉等器具，通通装车外运。

汽车开出营门，沿路戒备森严，日军三步一岗，五步一哨，如临大敌。上海市民听说孤军官兵被押走，纷纷前来送行。在汽车经过的胶州路，市民们默默地站立马路两旁，向远去的孤军官兵挥泪告别。市民们想起了四年前中国孤军撤入租界时，十万市民涌上长街欢迎抗日英雄的热烈情景。当时不曾想到，工部局的红头汽车，是在把孤军官兵送进囚笼。现在日军把孤军押走，不知将会送往何处，关在何方。看着曾朝夕相处的抗日英雄远离上海而去，想到曾威震四方的八百壮士竟落得如此悲惨结局，人们不禁泪水浸湿衣襟。

被押在日军汽车上的中国官兵，看着不顾日军迫害，从四面八方赶来相送的上海市民，心情无比激动，想到在四行仓库作战的四天，在孤军营的四年，曾得到上海市民广泛支持和热情照顾，自己却无以报答上海市民，心中无比愧疚。自己是军人，但是并没有尽到军人的职责，没有保护好上海人民，眼见上海人民落入日军魔掌，自己却束手无策，无能为力，实在愧对上海父老乡亲。今日长街相送，已别无选择，只有以死相报。

别了，大上海！

别了，父老乡亲！

押送孤军的汽车从公共租界开出，一路疾驰，一直开至宝山县月浦镇。下车以后，孤军官兵被押进一座破旧的小院落。

这是什么地方？

放下行李，官兵们环顾四周，看到这里原是一座旧机场，远处空荡荡的跑道已长满草，关押孤军的这个院落原是一处营房，面积比孤军营还小，里面共有三四排木板房，四周密密匝匝地围着一道铁丝网。

又是铁丝网！

看到这一切，孤军官兵心中都蒙上一层阴影，不知鬼子葫芦里卖的什么药。

次日，孤军官兵被通知在院内集合，日本鬼子有话要说。还是昨天的那位大佐军官，他还是那样满脸堆笑，照样干咳两声，之后开始问话，他问："昨晚睡得好不好？对这里满意不满意？"

见没人搭茬，他就自问自答，说："我看这里大大的好，空气好，又安全，'皇军'保证你们的安全。我们是好朋友嘛。你们放心地休息，什么也不要想，什么也不要做。你们看，四周都有铁丝网，是通了电的，很危险，不要去碰它。呃！"

说到这，大佐向后一招手，日本兵插进一个小哑剧：只见几个士兵牵来一只小狗，撒手后抢起木棒把小狗往铁丝网边赶。小狗无路可走，狗急跳墙，只好往铁丝网上撞，这一撞，马上撞出一片火花，当场触电而亡。

大佐得意地看完这出戏后，阴险地说："都看清了吧，不要去碰电网，不要干蠢事，你们要出去，只有一条路，那就是和我们合作。嗯，嗯。"

大佐讲完后，即离开了营房，此后再没见他露面。

日军大佐的表演只是一个开场白，"好戏"还在后面。日本军官走后，汪伪势力天天派人前来"慰问"八百壮士。他们先派来演出队，大演吹捧汉奸的节目，什么《一面镜子》，什么《我们要和平》，美化汉奸，鼓吹"当汉奸光荣"。他们还从上海网罗了一批末流舞女，专为孤军表演。

那天，日本人通知孤军官兵到礼堂看戏，"统统的要去，不去不行"。到那一看，跳的是什么"草裙舞"。在刺耳的音乐声中，穿着草裙的舞女们，看上去像是光着半个屁股，在扭捏作态，在搔首弄姿。和孤军官兵一起观看演出的还有一个连的日本人，那些日本兵看得神魂颠倒，如醉如痴，不断起哄，尖叫，丑态百出。中国官兵直感恶心。"草裙舞"一直演了半个月。

汉奸戏演过了，"草裙舞"也跳够了，下一出戏是什么？一天汪精卫"和平军"里的一个军官，抱来一摞表格，要孤军官兵填写，要他们参加"和平军"。雷雄团长告诉来人："表格从哪里抱来，还抱回哪里去，我们不当伪军。"

结果，中国孤军被强制去做苦工。

在沪西一带，抗日游击队活动频繁，他们神出鬼没，撬铁轨，拔道钉，袭击日军列车。现在日军给中国孤军每人发一把铁锹，叫他们为这一带铁路挖护路壕。日军这一手要达到两个恶毒目的：一是要保护他们的交通线，二是迫使八百壮士与游击队作对，以此羞辱他们。

自从孤军官兵离开租界后，去向不明，上海民众一直惦记着他们，到处打听他们的下落。那位与孤军官兵朝夕相处的王麻子大爷，更是食寝难安。这天王大爷寻找孤军来到沪西，打听到他们在新龙华镇附近挖铁路壕。王大爷赶回上海，通风报信。于是，市民和学生纷纷赶到新龙华来看望孤军。他们每天早晚等候在孤军官兵上下工经过的道路两旁，虽然不能交谈，不能亲近，但是市民能来看一眼，对孤军官兵也是极大的安慰。押送孤军的日本士兵天天驱赶市民，但是他们无法割断中国军民的血肉联系。

在沪西一带活动的游击队，也在设法与孤军取得联系，以便搭救他们脱离虎口。有一天，游击队派来一位女交通员，她头搭一块布巾，手挎竹篮，装扮成过路的农妇，在越过铁路时，她将写着孤军联络暗号的一个纸团悄悄扔进挖壕必经地段的草丛，等待孤军去捡。不巧，让站岗的日军发觉，纸团让日本兵捡走。

日本军官看过纸条，脸色陡变，他即刻吹响收工号，把孤军官兵押回驻地。次日清晨，中国孤军被押上火车，送进南京老虎桥监狱。

老虎桥监狱是一座人间地狱，以戒备森严、刑法残酷闻名于世。在国民党管理时期就非常可怕，到了日本人手里，你不难想象它是什么样子。原先这里关押有七八百人，其中大部分是抗日军人，有国民党军的战俘，有新四军战士，也有少数是日本反战同盟的成员，此外夹杂着汪精卫"和平军"中某些不大听话的官兵，还有十多个女俘。等把孤军官兵关进来时，这里已经挤得满满当当。

老虎桥监狱果然名不虚传，黑黢黢的三丈多高的围墙，顶上还架着一道电网，每逢刮风下雨，电网一摇晃，就噼里啪啦地放电，火花四溅，连小鸟都不敢靠近。大墙的正面开了一个小小的门洞，算是监狱的大门，大门左右各有一座岗亭，哨兵荷枪实弹，门上刻着四个黑色的大字"陆军监狱"。从这座大门进去，真像活活被塞进了老虎口。

日伪势力对孤军官兵曾寄予期望，也极尽笼络利诱之能事，当他们意识到孤军绝不会成为他们手中的工具时，便决心予以毁灭。因此，日伪最终将孤军官兵投入了监狱。然而，日本人很快发现，他们自以为最恶毒的这一招并不高明。在孤军官兵到来之前，老虎桥监狱的情况很合日本人之意。这里的"人犯"成分复杂，有国民党军，还有"和平军"等，有中国人，也有日本人，有正人君子，也有个别地痞流氓，鱼龙混杂，良莠不齐。看管这些"人犯"，日本人并不十分费心，他们把大门一关，把墙头看紧，里面的事情由"人犯"中的头目料理，"以毒攻毒"。在日军的怂恿下，狱中不少犯人打架斗殴，自相残杀，弄得鸡飞狗跳，人人自危。每天都有死人，被打死的，自杀的，还有被吓死的，各式各样。监内三口枯井，堆满尸体。每隔几天，狱卒便进来拉出去一车僵尸。日本人像欣赏斗鸡斗牛似的看着狱中的中国人自我毁灭。

八百壮士的到来，使这里的情况发生了变化。他们一到就搞卫生，清理垃圾，打苍蝇，灭臭虫，把他们自己住的那十几间监房收拾得干干净净，地铺上的被子、枕头、鞋子、袜子摆放得整整齐齐，就像兵营里似的。他们不吵嘴，不打架，不抢饭吃，早上做早操，晚上还唱歌。这哪像坐牢的样子？老虎桥监狱除了外面的大门紧闭着，里面各监房的房门则敞开着，八百壮士的一举一动，里面的人看得一清二楚。他们本来就名气大，又人多势众，还有今天这般不寻常的举动，很快受到监内各色人等敬畏。

不久，八百壮士的官长雷雄和上官志标分别被犯人公推为正副总代表，管理狱中日常事务，并负责与日军交涉一切事项。雷雄和上官志标一上任，就像治理孤军营似的开始整顿狱中秩序。他们先抓两项，一是卫生，搞大扫除，除害灭病；二是分好饭，把所有的人分成组，每组25人，一组一桶饭，指定一人为组长，组长也是"勺长"，掌勺分饭。监中只要把饭分公道了，其他事也就好办了。雷雄他们上任后，还办了一件大得人心的事，就是保护了监中的十几个女俘。过去日兽兵常常以讯问提审为名，闯进女监，侮辱蹂躏女俘。孤军到来后，女俘常常向他们哭诉自己的悲惨遭遇，后来经雷雄严正交涉，日军士兵被禁止闯入女监。日本人第一次懂得，即使在他们控制的监狱，他们也不能为所欲为。把八百壮士关进老虎桥监狱，日本人的意思是要叫他们困死、沤烂在这里，没想到他们把监狱治理得像座兵营，处处与日本人过不去。日军大为恼火。

怎么对付这些中国人呢？

在四行仓库他们曾把日军打得头破血流；在上海租界，他们与市民联合起来给日本人添了不少麻烦；在宝山月浦叫他们填表参加"和平军"，他们不干；送他们到新龙华挖壕沟，他们又要和游击队拉上线；如今到了老虎桥监狱，还把犯人组织起来与日军作对。日本人觉得，八百壮士简直是个钢球，搁哪儿都要砸出个坑；是个刺猬，放哪儿都让他们不自在。

日本人懂得，八百壮士是中国的英雄，是中国抗战的精神象征。中国人是崇拜英雄的，八百壮士在中国有着巨大的影响力。对八百壮士不仅要从肉体上，更要从精神上予以征服。如果不能征服八百壮士，何谈征服中国？如果日本"皇军"用了四年多的时间，从四行仓库，斗到孤军营，斗到宝山月浦，斗到新龙华，最后斗到老虎桥监狱，也没能斗败八百壮士，那么"皇军"的脸面在哪里？"皇军"的威力在哪里？

经过一个又一个回合较量，经受了一次又一次的失败后，日本人悟出一个理儿，不能让八百壮士作为一个整体存在，必须把这只钢球砸碎，把这只刺猬剁开。

于是，1942 年夏天过后，恶毒的日本人将八百壮士分割解体，分别送往中国各地以及南太平洋日军基地充当劳工，派他们干最苦、最脏、最累、最下贱的活，以消磨他们的意志；让他们干那些伺候日军、为日军的军事目的服务的事，以折磨他们的灵魂；日本人是要把八百壮士挂在肉钩子上，一刀一刀地割下，再扔进铁锅，慢慢地炖烂。

由此，中国孤军官兵跌入苦海，开始了暗无天日、长达四年的劳役生活。

团长雷雄首先被发配出去，日本人把他和 100 名身体强壮的官兵塞进汽车，从老虎桥监狱送走。一起去的还有连长邓英、唐棣，排长李春林、江顺治等人。

在南京城外的下关，他们换乘小火轮，溯长江而上，一直开到芜湖附近的裕溪口。

裕溪口是日军控制的码头，苏南地区日军使用的煤炭主要从这里运送。日本人把中国孤军送到这里，强迫他们为日本人装运煤炭，当牛做马。

日本人让孤军官兵住在江边的一片用芦苇搭成的工棚里，这里三面是水，一面是稻田，田埂上已拉上铁丝网，周围有日军岗哨。从住处到码头有一里多地，为了防止孤军从陆地逃跑，日军让中国孤军每天坐小火轮上工。

孤军官兵每两人为一组，一只大竹筐，一根粗木杠，一趟一趟地往船上抬煤炭。每筐必须装到二百斤，十筐为一吨。肩上是二百来斤煤炭，肩膀都压出血泡，脚下是又细又长的跳板，人踩在上面双脚直打战。日本人恶狼似的站在一旁，谁要是抬不动，他就放狼犬咬，上来用脚踢，用刺刀捅，有的中国兵便这样被活活捅进江中。

和孤军官兵一起扛煤的还有其他部队的俘虏，以及被抓来的民夫，共有三千多人，被分配在十八个码头干活。孤军官兵在此一干就是一年多，他们的肩膀上老茧一层摞着一层，长江的流水不知淌走他们多少血汗，他们也不知受了多少罪。

有人逃跑过，被鬼子抓回来后脱光衣服，捆在木桩上，放狼犬咬，还把扛煤的中国人集合起来观看。

日本人对付孤军官兵的办法仍然是分而治之，他们把孤军拆开分散住到各个工棚，免不了还要收买那些混在扛煤队伍中的地痞流氓，盯他们的梢。但是，八百壮士是一条河，是一座山，割不断，分不开；八百壮士是一块钢，掺不进一粒沙子。八百壮士虽然没住在一起，但是他们的心紧密相连，无须开什么会，甚至无须语言，一个眼神，一个手势，就什么都明白了。那些跟踪盯梢的人常常是丈二和尚摸不着头脑。

雷雄团长是中国孤军的团长，他的职责是领导中国官兵抗日，他怎么可能领着自己的士兵心甘情愿地为日本人当苦力？皖南一带山区，到处都有国民党军和新四军的游击队，只要逃出裕溪口就天宽地阔。雷雄一直在暗中策划暴动。起初他计划劫火轮，趁着坐火轮上工的时候，把整条船劫下来，从长江开走，连锅端，干净利索。没想到事不机密，让鬼子察觉，他们把船收了回去，上工又改由陆路步行。

水路不让走，陆上也有路，反正走定了！计划停当，这天下工的时候，太阳快要下山，正是举事的好时光。路上，劳累了一天的劳工们有的拎着煤筐，有的扛着木杠，一边扇着草帽，一边擦着汗水，在日军的押送下，从码头往住地走。孤军官兵们在队伍里走着走着，你给我一个眼神，我给你一个手势，大家心里就都有了数。

镇口有个岔路口，一条大路直通镇内，另有一条小路绕过稻田通向北边的深山。在孤军官兵们看来，这条山路就是他们的自由之路。他们早把这条路探清楚了。

今天，当下工的队伍成群结队地回到镇口，雷雄团长见时机已到，大喊一声："走人哪！"

一声令下，孤军官兵们扔下煤筐，举起手中的木杠。过去一直把他们压得喘不过气来的扛煤杠，现在变成手中的得力武器。孤军们挥舞木杠，一齐喊将起来，"打他狗日的，冲呀！"

押送劳工的小鬼子猝不及防，没等搞清发生了什么事，手中的枪早给打掉了。孤军官兵夺过日本人的枪，转身就往山上跑。

一起下工的其他劳工，看见发生暴动，机会难逢，便也呼啦啦地跟在孤军官兵后面跑，一下跑了两三百人。

等据点里的日本鬼子发觉，派兵追赶，暴动的人群已经跑远，日本人只抓回几个跑在后头的倒霉蛋，其中有一个是国民党军其他部队的排长。日本人将这位排长的脑袋砍下，挂在一根木桩上，一直挂了三天三夜。

暴动的这一天，孤军中的炊事员及因身体有病没有上工的士兵，没能跟上队伍。他们可倒了大霉。日本人有气没处出，把他们一个一个找来，关在一个院子里，罚他们跪在水泥地里，一跪就是一天一夜。

班长余长寿，那天没跑得了。这些日子由他负责做饭，他大约知道近日内要举事，但具体日期不清楚，他想，反正要跑了，先把身边拾掇拾掇。他有一件呢子大衣，是从孤军营带出来的，举事前他将大衣卖掉，用钱买来许多酒菜，准备请几个好友吃顿好饭再走。暴动的这天，他正在工棚内大锅大盆地炖肉炒菜，猛然听得镇口那边，人声喧哗，大喊大叫。他一抬头，隔着铁丝网，看见已发生暴动，人们纷纷朝山里跑。余长寿，这位篮球场上猛冲猛杀的运动健将，

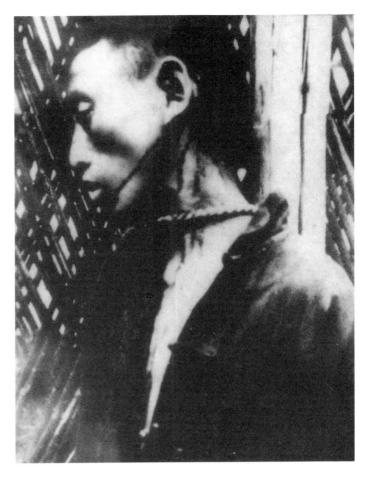

我同胞遭日寇残害时的痛苦情状

白长了一双长腿，关键时刻掉队了。

余长寿大骂一声，把锅里炒着的菜一下全掀进灶里。

暴动之后，孤军官兵中的大部分人走了，军官们也都走了，剩下的十几个人里面，数余长寿的资格老。他责无旁贷地担当起老大哥的责任，他必须把这十几个人也带出去。

剩下的士兵大部分身体不大好，日本人又看得紧，要跑很不容易，但是再难也不能在这里等死。在把地形、路线看好，把日军岗哨换岗时间搞清后，余长寿开始行动。这天夜里，他悄悄把孤军士兵弄到一间屋里躺下，样子像是睡觉，但人人穿好衣服，打着绑腿，瞪着一双大眼睛。余长寿则蹲在门边的马桶上，像是在解手，却竖着一双耳朵静听门外日军岗哨的动静。

约摸三更天，日军开始换岗。哨兵吹着口哨，打着手电，四处看了看，就走开了。听着鬼子的皮靴声走远，余长寿不由得心花怒放，他悄悄拉下插销，推开房门，带着身后十几个士兵，一头扎进夜色之中，直奔裕溪口北面的大山而去。

在南京孝陵卫，有日军的一个后勤基地，对外称"金陵部队"。这里有仓库、医院、马厩和军械修理所。从1942年夏天起，有100名孤军士兵被送到这里服苦役。这批士兵主要来自一连和二连。孤军内部指定一连的一位姓赵的班长为队长，二连文书章渭源为副队长。

负责管理战俘的日本人是一位叫泽田的退役军官，其他还有一些"二鬼子"，他们是日本人从别国抓来的兵。太平洋战争爆发后，日军主力部队大批调往南洋，中国战场兵力空虚，只好用他们来充数。

在"金陵部队"服劳役的中国孤军，被分为两部分，一部分种菜，由赵班长带队；一部分喂马，由章渭源负责。

种菜这活虽日晒雨淋，十分辛苦，但毕竟是农活，好干。喂马很遭罪。孤军官兵全是步兵，以往从未伺候过马，对马的习性一窍不通，尤其是这些东洋马性情凶猛，很难伺候。当章渭源领着自己的二十多人来到马厩，真不知怎样伺弄这帮畜生。有一回，章渭源要给一匹东洋战马换掌。这是一匹黑马，又高又大，在战场上负了伤，刚刚治愈。这畜生久经伤痛折磨，性情暴躁，又碰上章渭源这样一个生手，左摆弄右摆弄，弄得它心烦。当章渭源双手抱住后蹄费劲地往上钉掌的时候，那畜生极不耐烦，使劲往后蹬踢，不偏不倚，正好踢在章渭源的阴部，痛得他眼冒金星，满地乱滚。

站在一旁的鬼子却哈哈大笑。

东洋战马踢得凶狠，而东洋鬼子笑得更加恶毒。章渭源从肉体到心灵都受到极大刺痛。他想，我们八百壮士是揍鬼子出了名的，现在却来替鬼子喂马，给他钉马掌，把鬼子的马喂肥了好驮着鬼子去打中国人，把鬼子的马掌钉结实了，好去蹂躏中国的土地。我这是在干吗呀！

此后，章渭源开始泡病号，磨洋工，看到鬼子不在的时候，操起家伙狠揍关在厩里的东洋马，整治得这些洋马心惊肉跳，神经错乱，见人就尥，谁骑上去都要掀下来。洋鬼子明知是章渭源从中捣乱，但又找不到什么把柄，最后，只好将他调出养马场。

除了养马种菜，一有闲暇，小鬼子就要拿中国士兵寻开心。他们常常找中国人摔跤。一连有一位副班长，身体健壮，皮肤黝黑，他的绰号叫"黑皮"。这天，一个鬼子要和"黑皮"摔跤。那小鬼子个头不算高大，但长得也很敦实，并且脾气很坏，是出名的一尊凶神。论摔跤，日本人在行，懂技巧，又爱玩命。第一个回合，三下两下，小鬼子便把"黑皮"摔倒在地。这下摔得狠，正摔在一块石头上，将"黑皮"磕出一个大血泡。"黑皮"一下摔毛了，第二回合，"黑皮"要跟鬼子玩命，他使出全身气力跟鬼子干，没几下子就把小鬼子摔在底下。摔跤场上，日本人还从未输过，今天却摔了个猪啃泥，小鬼子脸上红一阵白一阵，气鼓鼓地走了。

中国士兵知道"黑皮"今天闯祸了，日本人决不会就此罢休。

果然，当天晚上，几个日本人闯进宿舍，把"黑皮"拖了出去，在后山杀害了。第二天，人们看见这位中国士兵身上被捅得全是窟窿，像马蜂窝似的。

中国孤军不堪忍受日本人的摧残，奋起反抗。有一天，种菜组的部分孤军官兵往菜地挑大粪。有位孤军士兵挑粪时不慎滑倒，桶中的粪便溅在一旁监工的日本兵身上，日本兵恼怒，举起皮鞭抽打中国士兵。被辱的是一位湖北籍士兵，他气愤不过，举起扁担就打，将日本兵手臂打断。这时，远处的十几名日本兵挺着刺刀赶来，看样子要大动干戈。在菜地里的中国官兵不甘示弱，一齐亮出扁担，要和日本人拼命。鬼子兵见中国兵人多势众，一副拼死搏斗的劲头，不敢轻易动手，只好恨恨而退。

孤军官兵决心逃出虎口。1943年11月的一天，这座日本兵营突然停电，乘此机会，施彪、陈德松等八名士兵乘机翻过电网，逃出牢笼。他们躲过日军的追捕，来到安徽广德，得到新四军游击队的热情接应。新四军给他们开了路条，发足路费，礼送离境。这八位孤军士兵，千里跋涉，途经江西、湖南、广东数省，所到之处，各地军政长官一一接见，当地军民无不集会欢迎。来到重庆，陪都军民更是以隆重热烈的仪式欢迎抗日英雄脱险归来。在群情沸腾的欢迎仪式上，在激情洋溢的招待会上，耳听陪都军民对八百壮士发出的欢呼喝彩，感受着抗日同胞对孤军官兵的一片赤诚，脱险归来的壮士感慨万分。他们想，我们出来得太晚了，出来的也太少了。要是我们的谢团长领着我们全体官兵一起冲杀出来就好了。

在施彪、陈德松等壮士的主动要求下，他们很快返回原部队，他们原所在的第八十八师，现在被编为中国远征军正在滇缅路上浴血奋战。刚刚脱离虎口的抗日壮士，旋即杀上打击日寇的国际战场。

八百壮士中另有五十人被送到南洋新几内亚充当劳工，他们的命运尤为悲惨。

这部分孤军官兵曾经让日本人特别头疼过，所以日本人特地把他们发配得远远的。在去南洋之前，他们曾被日军送到浙江的萧山做苦工。一同押去的共有一百名孤军官兵。结果，他们中的二十多人，打死看押的日军哨兵，抢走枪支，投奔了浙东新四军游击队。日本鬼子气得不行，只好把没跑的六七十人重新押回南京老虎桥监狱，不久，南洋日军需要大批劳工，日本人终于为这批中国军人找到一个让他们放心的去处。到了南洋，鬼子再不用担心中国人拖枪逃跑了。

1942年秋天，这批孤军官兵被装进闷罐车，从南京送到上海，在吴淞口上船。他们当中有排长刘一陵、陶杏春、伍杰、杨得余，军医官汤聘莘，还有在雷雄当了团长后，接任机枪连连长的陈日升。

上船的时候才知道，同船送走的共有一千余人，除孤军官兵外，还有从其他地方抓来的劳工，也有一些是汪精卫"和平军"中违反了日伪规矩、受到处罚的军人。

轮船在海上漂泊了一个多月，吃不饱饭，喝不上水，赶上台风，晕船呕吐，把肠子都快要吐了出来。有些人受不了这种煎熬，跳海身亡。不知走了多少路程，终于来到南太平洋的一个岛屿上。下船之后，人们的第一件事就是喝水，上千人围着岛上的一口水井，拼命往肚里灌水，直把肚皮灌得像一面鼓似的，才肯罢休。

中国官兵搞不清这座岛屿叫什么名字，只约略知道，这里属于新几内亚，靠近赤道。这座长形岛屿，长约五十余里，宽二十多里，岛上多山，还有一座活火山。当地居民大部分已被日军赶走，剩下的少数老人和小孩，头发卷曲，皮肤黝黑，几乎全是赤身裸体。

日军把中国人送到这里是要叫他们修飞机场。岛上原有一座机场，日本人计划再修一座。这里是日军在太平洋上的重要空军基地，日本飞机天天从这里起飞，去同美军交战，并常常轰炸爪哇岛和澳大利亚的美军基地。

上岛以后中国孤军发现，除了他们从上海来的一千余人，比他们先到的还有从广东押来的数百名劳工，另外还有在太平洋战争中被日军俘虏的英国兵和印度兵。而岛上的日本兵为数不多，除了每天起飞，忙于同美军交战的空军空勤和地勤人员，负责指挥机场施工和管理岛上数千名各国劳工的大多是从别国抓来的"二鬼子"。这同在中国的日军基地里的情形基本一样，但是，劳工们很快发觉，这些"二鬼子"坏得很，打骂劳工，甚至比日本人还要凶狠。

岛上的劳工每天都有干不完的苦活，要他们修一座新机场，还要维护那座老机场，还要在码头和附近的一大片仓库里当搬运工。中国孤军官兵被拆散后，分到各个工场劳动。

修新机场的劳工们被押到岛屿的西北部，这里是一片荒莽的丛林，密密麻麻地长满了各种叫不出名字的热带林木，还有不少芭蕉、椰子、木瓜。蚊子又多又大，一大群一大群地整天围着你嗡嗡地叫，蛇也多得不得了，长的短的，黄的绿的，在草丛中、树枝上，到处都是，一脚能踩好几条。劳工们有的住在山洞中，有的住在草棚里，没有什么床铺，也没有什么被子，讲究点的砍几根树权搭一个架子，再找些藤条编织成网床，就在上面睡觉。省事点的抱来一堆干草，往地下一摊，下工回来往里一钻，呼呼就睡，跟野人没什么两样。没有任何施工机械，全凭劳工的两只手。这里雨水多得要命，今天填平的地，明天一场雨，全冲跑了。这里的树木长得疯快，这个星期刚刚砍倒一片林木，下个星期便又长出密密匝匝的一大片小树林。施工进度上不去，"大鬼子"和"二鬼子"就拿劳工出气，每天都有人死在他们的刺刀和棍棒之下。

维护那座老机场也是一个要命的差役。这是一座大型军用机场，能停二百多架各种类型的作战飞机。起初这里的日本人倒很得意，每天只有从这里起飞，去轰炸美军的，这里没挨过什么炸弹。1943 年以后，情况发生了变化，由于美军在太平洋上作战能力的加强，这座机场成了美军重要打击目标。美军飞机经常光顾这里。初时，多是飞来一些侦察机，兜个圈子就走。后来，就飞来轰炸机，而且越来越多，越飞越频繁。有时一个机群就有上百架飞机。看着美军飞机前来轰炸日本鬼子，劳工们当然开心。有时岛上的劳工和日本人一起看空战，那真带劲。天空上，涂着星条旗的美军飞机和涂着红太阳的日军飞机，各有上百架，弄得满天都是星星和太阳，它们互相厮缠扭打，嗡嗡地叫，你咬住我，我咬住你，你开我一枪，我还你一炮，满天都是炮声，满天都是火光，把整个天空搅得开了锅似的。有时，突然看到一架飞机拖着一条黑色长尾巴栽了下来，日本人没看清楚，以为是一架美军飞机，高兴得鼓掌，近了一看，是一架日军飞机，日本人全都蔫了，劳工们则开怀大笑。在后来的空战中，日本人越来越处于下风，岛上的日本人也越来越泄气。后来，日本人干脆不看空战。一遇有美国飞机前来轰炸，日本人就逼迫劳工抢修机场，许多劳工让飞机炸死。每当美机轰炸之后，机场跑道到处都是弹坑，这些弹坑又得由劳工来填平。炸了填，填了炸，劳工们的苦活，永远也干不完。

从1944年初到1945年，当国际战场上敌我双方的力量不可逆转地发生变化，在太平洋的上空，盟军的飞机不断猛烈地打击日本侵略者的时候，位于新几内亚的这座岛屿上，一群来自中国以及印度、英国的劳工们还在日军的皮鞭下，拼命充填美军炸弹炸成的弹坑。

但是劳工们已经感到，日本人那高举着皮鞭的手开始颤抖了。

第二十章

胜利者的眼泪

　　抗战胜利后，四行仓库孤军官兵包括被囚租界时逃出的，从南京老虎桥监狱逃跑的，从裕溪口劳役码头脱逃的，还有被迫到南洋充当劳工的，共一百多人，满怀欢欣从四面八方回到上海。但他们后来所遭遇的悲惨困境是任何人也难以想象的。

北平各界人士在故宫召开庆祝抗战胜利大会。

位于太平洋上的这座岛屿，没有什么春夏秋冬，这里一年到头炎热多雨，郁郁葱葱。但这也阻止不了时间的推移。1945 年的秋天，这个金光灿烂、果实累累，令全世界反法西斯阵线欣喜若狂的季节不可阻挡地来到岛上。

秋天里的这一天，天空晴朗，风平浪静。中午时分，几架美军飞机又飞临岛屿上空。对美军飞机的到来，岛上的劳工们早已习以为常。但今天出现了异常情况，岛上日军飞机既不起飞迎击，地面高炮阵地也不开火拦截。美军飞机也怪，它不打炮，不投弹，不慌不忙地在岛屿上空盘旋，逐渐降低高度，然后天女散花似的呼啦啦撒下许多纸片，这些五颜六色的纸片飘飘荡荡，散落在海滩，散落在树丛，散落在机场跑道，散落在劳工们的脚下。

中国劳工们拾起一些纸片，瞅了一眼，是传单，上面印着的全是外国文字，一个也不认得，有的还印了一些图画。有美国国旗、澳大利亚国旗，还有一些印上一束鲜花、女人的红唇或大腿。中国人看了看，笑一笑，有的把传单扔了，有的拿来卷上烟丝吸了起来。

而那些英国劳工们一拾到传单便不得了。他们全都疯了，使劲地蹦，使劲地跳，使劲地叫，有的趴在地上痛哭流涕。

中国人于是感到可能发生了什么大事变，急忙拿着传单去问翻译，等翻译把传单上的内容告诉中国人，中国人也全都疯了，也蹦，也跳，也跑，也叫，也趴在地上痛哭流涕。

传单上写着：日本投降了！

喜从天降，海岛顿时沸腾了起来。岛上的劳工们不管是中国人、英国人，还是印度人，彼此拥抱，互相抬举，用各自的语言，大声欢呼："胜利！胜利！"

被胜利的喜讯激动着的劳工们，立刻想到自己的死对头日本人。日本人在哪？日本人在干什么？找日本人算账去！

劳工们扔下抬土的竹筐和簸箕，操起铁锹和砍刀，离开了工地，直奔日军兵营。在日军兵营内，劳工们看到，日军官兵全都跪在地上聆听广播，喇叭筒里正传来日本天皇宣读的投降诏书。已有几个日本军官当场剖腹身亡。

被战争搅得波涛汹涌的太平洋开始恢复常态，被日本人颠倒了的事情又颠倒了过来。岛上的日本人作为战败者，全被赶进劳工们原来居住的山洞，宽敞的兵营现在住的是各国劳工。劳工们现在开始清算日本人。那位曾经计划在山洞里熏死劳工的日本中佐军官，被判了绞刑，就在曾经居住劳工的那座山洞前公开绞死。还有一些曾经作恶多端的日本人及其帮凶，也受到正式或非正式审判。有一位替日本人当监工，打死过两个劳工的外国人，有一天在水沟边被劳工打死了，尸体被吊在一棵树上。日本人现在必须劳动，机场是不用修建了，但是岛上需要公路，需要淡水，需要蔬菜，于是日本人被派去修路、挖井、种菜、养鸡。一些生性喜欢使唤他人的英国人，还叫日本人为他们洗衣服、擦皮鞋。日本人规规矩矩，叫干什么就干什么。

对岛上中国孤军官兵来说，他们和日本人苦苦斗争了八个年头，他们应该在本国国土上迎接胜利，应该和本国人民一道分享胜利的喜悦。因此，他们不希望过长地逗留在异国他乡，他们不需要用罚日本人下跪、洗衣服、擦皮鞋，来偿还过去的一切，他们渴望尽快地回到自己的家乡。

但是他们还要等待。等待盟国派来船只，将他们送回中国。

在中国战场的日本军队宣布投降后，因战争流离失所的中国人纷纷返回家园，分散在全国各地的八百壮士，包括几年来先后从日本人的控制下逃跑出来的，以及随战争的结束刚刚结束了劳役、获得了解放的官兵们，也都在寻找自己的家。他们的家在哪里？他们的家在上海，在那座流血牺牲过的四行仓库，在那座奋斗了四个年头的孤军营。因此，胜利后他们首先要返回上海这个家。

最先回到上海的是上官志标，上官志标在南京老虎桥监狱待了较长一段时间，因为他在同行刺谢晋元的叛兵搏斗时，身体受到的创伤没有彻底痊愈，所以没有被派去做劳工。当孤军官兵全都从老虎桥监狱发配走后，他获准保释，到无锡就医。途中他乘隙走脱，潜入苏浙边区加入游击队，当上了支队长。抗战胜利后，他杀敌雪恨素志已偿，而眷念孤军弟兄感情日迫。于是，他交卸了军务，急急赶回上海，开始在报上刊登启事，召集旧部，并在汾阳路挂出了八百壮士接待处的牌子。

于是，他每天忙于接待从各地陆续返回上海的孤军官兵。

在八百壮士的旗帜下，渐渐集拢起一支队伍，他们是抗战的胜利者，是在一场残酷战争中笑到最后的人。

回到上海的孤军官兵，来自四面八方，穿着各种各样的服装，有的甚至已经认不出来了。自1941年离开上海孤军营，他们被日军分遣各地充当劳工，分

上海万民欢腾，庆祝抗战胜利。

手已经三四年了。这些日子里，那吃不完的苦，受不尽的罪，磨损了他们的肉体，耗尽了他们的青春。每人只剩一副当当作响的硬骨头和一颗滚烫的心。

孤军官兵们发现，上海也已不是几年前的上海。抗战胜利后，中国收回了列强在华租界，上海两租界回到了中国人民手中。统治上海近百年的公共租界工部局和法租界公董局已作为陈迹被扫进了历史垃圾堆，曾在租界内作威作福的商团兵丁和外国巡捕也已销声匿迹。但刚刚回到中国人手中的上海破败不堪，战争的创伤随处可见。尤其是在日本人统治的四年里，上海被糟蹋得不成样子，工厂大部分倒闭，店铺多数关门，街面到处是垃圾，目之所及，一片萧条。

孤军营房也已被拆毁，操场上长满蒿草，那口鱼塘又变成了臭水坑，而围困孤军官兵的那道铁丝网，却依然如旧，在一片草莽中矗立着，依然紧箍着这座已经空荡荡的营房。谢晋元等六位烈士的坟墓还原样地躺在那里。

返回上海的孤军官兵们第一件事无一例外地先要回到孤军营房看上一眼，到谢团长和其他弟兄坟前鞠上一躬。他们要把抗战胜利的喜讯一一告诉殉难的官兵。他们还未安顿好自己的住处，便开始急急忙忙地重新修整烈士的坟茔。

是的，胜利了，应该先把烈士们安置好！

被迫到南洋当劳工的弟兄，等待回国的船只，等了很长时间，一直到 1946

年，澳大利亚政府才派船只将他们送回。1942 年离国去南洋时，孤军官兵一共有 50 人，几年时间里病死、饿死和被打死的共有 14 人，回国时仅剩下 36 人。他们在陈日升连长的带领下踏上回国之路。

海路茫茫，归心似箭，经过 17 天颠簸，他们回到上海，停靠十六铺码头。

上海以隆重的礼遇迎接从异国他乡死里逃生返回故土的抗日壮士，先期返回上海的孤军弟兄以及国民党上海市政府官员和民众一齐涌向码头列队恭候，同时还有乐队助兴。

当一踏上码头，踏上祖国的土地，从远方归来的孤军官兵激动得难以自已，有的人扑通一下匍匐在地，一个劲地磕头，口中不止地说道："我回来啦！我回来啦！"有的人又蹦又跳，手舞足蹈，大声叫喊："胜利啦！胜利啦！"

前来迎接的孤军兄弟，迫不及待地一拥而上，大家紧紧地拥抱在一起。

这时，乐队奏响了曾经响彻上海的雄壮歌曲《歌八百壮士》。

抗战胜利的次年，谢晋元团长的遗孀凌维诚携子女也从广东乡下回到了上海。自 1936 年离开上海，至 1946 年返回上海，时间整整过去了 10 年。10 年时间，上海已是面目全非，而她再也不是当年那个年轻俊美、喜欢跳踢踏舞的城市小姐，她已经变成一位饱经沧桑、一手老茧、地地道道的乡村妇女。她不负丈夫的托付，把自己的青春年华全部献给了老人和孩子，献给了抗日家庭，因而也献给了国家抗日事业。

谢晋元殉难不久，1941 年夏天，蒋介石曾在重庆召见凌维诚。她在专人护送下从广东蕉岭出发，途经广西、贵州、云南，辗转来到重庆，蒋介石亲自接见了她。她还出席了妇女界为她召开的茶话会，宋美龄、何香凝、李德全等出席作陪。在重庆，她第一次详尽地听到丈夫和八百壮士英勇杀敌的事迹，还观看了根据这段故事拍摄的电影《八百壮士》。凌维诚一边看一边抹眼泪，她为自己的丈夫感到自豪，也觉得几年来为支持丈夫抗日所作的一切牺牲全都得到了补偿。多年来，凌维诚含辛茹苦，极力支撑丈夫交给她的这个家，照管好公婆和孩子。她知道，丈夫早有为国尽忠之决心，死而无憾，他最放心不下的就是这个家。1936 年丈夫把她送回广东，就是要她挑起家庭的重担。1939 年，丈夫在遗书中更是把一家老小全托付给了她。然而，在战乱的年代，一个女人上要照顾老人，下要拉扯四个孩子，谈何容易？她卸去城市装束，戴笠披蓑，扶

谢晋元遗孀凌维诚及四个子女，1940 年
摄于广东蕉岭。

锄耕耘，播种除草，挑水施肥，春水没膝，夏日如火，胼手胝足，躬耕不辍。此外，砍柴烧炭，舂米做饭，缝缝补补，男人的活她要干，女人的活更是责无旁贷，整天没有闲着的时候。又因门衰祚薄，既无叔伯，又无兄弟，一家大小事务全靠她一人撑持。谢晋元殉难之后，她心悸头痛，夜不成眠，更深夜静，默念良人，长吁短叹，愁肠寸断。

终于盼来了抗战胜利。凌维诚急不可耐，带上四个孩子，从广东赶回上海。魂牵梦绕的大上海，是生她养她的故土，是她的丈夫为之奋斗，为之流血，并最终长眠的地方，她要把子女带到丈夫的坟前，亲口告诉他：抗战胜利了，你的孩子长大了，你放心吧！

回到上海，在孤军官兵的簇拥下，凌维诚和孩子来到谢晋元的坟前，凌维诚一头扑倒在丈夫的坟头，泣不成声。10 年了，这位坚强的女性，没有掉过一滴眼泪，现在，她在丈夫的坟头上放声痛哭。

四个子女，按着大小个头，整整齐齐地站在父亲的坟前，泪水横流。大女儿雪芬，现在已是 16 岁的大姑娘。她还隐约记得，在上海的时候，她经常钻在父亲的怀里，指着父亲的手枪吵嚷，长大要当女兵。现在，她在对父亲说，爸，仗打完了，女儿不用当兵了，女儿要像你年轻时一样，去上大学，长大当医生、当老师。二女儿兰芬，小时候顽皮贪玩，常常惹父亲生气，现在十分悔恨，她在对父亲说，爸，我现在懂事了，我要听妈妈的话，不惹妈妈生气。老三幼民今年12岁，10年前的事情他知道得很少，他看到两个姐姐在哭诉，在流泪，他的泪珠便也簌簌地往下滚。年仅10岁的小儿子继民，他从未见过父亲的面，现在，他站在坟前，双眼盯着墓碑上镶嵌着的父亲的瓷画像，哭喊着："爸爸！"

这是他第一次叫唤爸爸。

只是不知爸爸听见没有？

散落在各地的孤军官兵，共有一百余人陆陆续续回到上海，从裕溪口煤码头逃脱出去的两批官兵中，有二十多人返回了上海。从浙江萧山暴动参加游击队的官兵中，也有数人返回。除了成群结队集体返回之外，更多的人是从各个角角落落孤单一人寻路而回，甚至翻越孤军营铁丝网冒死逃走的朱胜忠、傅冠来等，也都重新集拢到八百壮士的旗帜之下。从南京孝陵卫逃至重庆，之后参加了中国远征军的施彪、陈德松等人也回到上海，抗战胜利后，他们所在的远征军第八十八师已从云南调至上海。他们积极参加八百壮士的一切活动。

主要军官中，继上官志标之后，唐棣连长回来了，邓英连长也回来了。排长李春林、江顺治、杨得余、陶杏春、尹求成等人也都先后回到了自己的队伍。

雷雄没能回来，据说他从裕溪口率众逃脱后，千里跋涉，寻找部队，病死在去第五战区所在地老河口的路上。

八百壮士十分敬重的老营长杨瑞符也没能回来。1938年初，他伤愈离开上海后，来到重庆，不幸染上肺病，在重庆宽仁医院病逝，遗体葬于四川省合川县一仙观。

还有一位备受孤军官兵喜爱的人物没能重返上海，她是杨惠敏女士。她的下落是后来才打听到的。1938年，杨惠敏离开上海后，到了武汉，因为给孤军献旗的英勇举动，成了轰动战时武汉的英雄人物。1939年初，她出席世界青年大会，并应邀访问美国，在国际讲台大力宣传中国抗日。访美回国后，她被保送到设在四川乐山的中央技艺专科学校学习，后又被派往香港从事地下抗日活动。1942年，香港沦陷后，杨惠敏奉命撤回内地。临行前，寄居香港的电影女明星胡蝶，托她携带一批贵重私人物品运回内地，不幸，途经广东东江时遇劫，

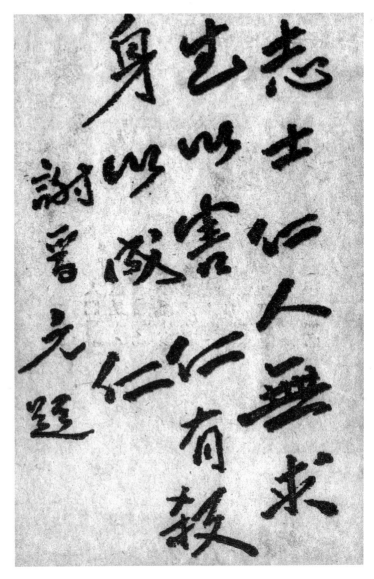

志士仁人無求生以害仁有殺身以成仁

谢署元题

谢晋元给上海市民题词明志。

物品被强人席卷而去。事发后，胡蝶在军统特务头子戴笠处诬告杨惠敏鲸吞其资财，戴笠为讨胡蝶芳心，不问青红皂白，将杨惠敏锒铛入狱。1943 年，被投入息烽监狱。1945 年，又解至渣滓洞。一位名扬海内外的抗日女英雄蒙受不白之冤，直至抗战胜利仍不见天日。

对日作战的硝烟刚散，一场新的战争又在上海滩上打响。这就是"劫收"。

抗日战争胜利后，中国政府宣布从日伪手中正式收回上海租界。上海是一块肥肉，在"劫收"中被争抢得最为厉害，谁都要咬上一口。为抢在最短的时间内把上海弄到手，国民党政府不惜把大汉奸、伪上海市长周佛海拉了过来，任命其为国民党军事委员会上海行动总队总指挥。这样，周佛海换上一顶国民党的帽子，摇身一变，成了"抗日地下工作者"，领着手下原先那帮特务打手，开始在街头维持治安，阻止新四军进入上海。与此同时，国民党党、政、军各个系统的接收大员坐上飞机、坐上轮船急急忙忙从重庆赶来，投入了一场"劫收"大战。一时间，从地下冒出来的、从天上掉下来的、从水上漂过来的接收机关共有近百个。他们见什么要什么，日伪的工厂、房产、汽车，银行里的金条、股票，甚至日本人使用过的女秘书和妻妾统统都在接收之列。"五子登科"，乌烟瘴气。上海老百姓骂道，日本人打来的时候，你们逃跑的逃跑，投降的投降，现在还有脸来摘果子？

真正的抗日英雄却被摞在一边。

从各地回到上海的孤军官兵共有一百多人，他们并不是回来摘点果子，接收点什么，他们只是为了寻找自己过去的足迹，会一会自己的战友，凭吊烈士的亡灵，或者只是因为战后他们中的许多人已无家可归。他们兴高采烈地回来，但是，他们很快发现，上海已经不是他们为之战斗过的那个上海，上海已经不是他们的家。抗战胜利后，他们发现自己已成了上海多余的人。

回到上海，他们首先需要有个窝。羁困上海四年里，他们还有一座孤军营，还有十五亩土地和几座营房可以栖身，而现在营房被拆了，他们住哪？先期回到上海的上官志标，他下手得快点，在汾阳路占了一座房，挂了块孤军办事处的牌子，作为联络接应返沪孤军弟兄之用，但这也住不下一百来号人呀！孤军派出代表去见市长，市长是钱大钧，他忙得很哪！他过去就是出了名的"钱大钩"，现在上海滩上有多少资产、多少钱财，够他"钩"的了。钱市长没工夫接见孤军代表，便推给专管城市救济的社会局。社会局也忙，说等待救济的人多得很，排着队呢，叫孤军官兵耐心地等一等。

等？

孤军官兵一听，恼火了。以前我们被困在孤军营，英国人叫我们等，政府也叫我们等，我们一等就是四年。现在抗战胜利了，洋人都赶跑了，为一座房子，还叫我们等。你们还有良心吗？

我们不能等！我们也要"接收"！

孤军官兵于是四处寻找房子，后来在吴淞路找到一座楼房，共有三层，十几个房间，住着一些日本侨民，算是"日产"。孤军几十个士兵冲进来，三拳两脚把日本人打跑了，丁里咣啷，把里面的东西全扔了出去，把自己的铺盖一铺，住下了。

哎！不几天，来了一伙人，打着"第三方面军"的旗号，说这栋房子应归他们接收。

见鬼！孤军官兵把来人堵在门外，问他们：

"我们在上海跟日本人斗了四年，没听说过有个什么第三方面军，你们从哪里冒出来的？"

来人一听，感到不对头，问孤军是哪一部分的，孤军官兵指着墙上钉着的一块木牌，回答说：

"我们没'部分'，我们孤家寡人，独来独往。"

来人一看，木牌上写着"四行孤军"四个大字，于是连忙点头说："冒犯了，冒犯了，我们有眼不识泰山。"说完赶紧溜走。

住房刚能凑合，吃饭又成了难题。政府发了一些救济金，每人给200万法币。数目很可观，按最初的价值，可购买五石大米。但是经层层盘剥，左右延宕，等发到手里，几成废纸。孤军官兵们把这些钱集中起来，操办伙食，勉强糊口，每顿一锅米饭、一锅黄豆，便围在一起狼吞虎咽。很多人吃不饱，便又开始骂：

"这叫过的什么日子，还不如当年关在孤军营呢！"

那点救济金眼看就要花完，往下的日子怎么过？孤军官兵就业成了一个紧迫的问题。他们为此一次又一次去找市长，"钱大钧"市长同样是很忙很忙，没有时间接见。没法子，他们只好自己想办法。

与孤军官兵一同奋斗的上海民众十分同情孤军的遭遇。他们认为孤军官兵抗战有功，国家理所当然地要对他们给予照顾，让抗日英雄流离失所，生活无着，是国家的耻辱。许多团体和市民主动接济孤军，纷纷给他们送来吃的穿的用的。孤军官兵于心不忍，他们想，抗战的时候我们被关在孤军营，没有自由，我们接受民众的资助情有可原，现在，抗战胜利了，我们还要民众赈济，于理不通，于心有愧。他们拒绝了市民们的赈济，多方寻找就业门路。

在过去曾经援助过孤军官兵的上海祥生运输公司的帮助下，孤军官兵计划开设一路公共汽车，路线已经看好，由原孤军营房附近的静安寺开至外白渡桥，这样既方便市民，又使孤军官兵能有一笔收入。

可是报告递到警察局，人家不批准。孤军官兵不吃这一套。他们按自己的计划行事，决定强行开业。可是，到了开业这一天，广告登出去了，鞭炮也放了，而汽车却没能跑起来。警察局派人干涉，他们知道八百壮士不好惹，不敢来硬的，便耍赖，躺在地下，死活不让孤军汽车起步。开办公共交通这条路于是被堵死。

黄浦江上有一座小码头，叫大达码头，日本统治时期归日军管辖，专门装卸日军军需物品，算是一处日军军产。孤军官兵要把它接收过来，自己管理并负责装卸，挣点血汗钱。

他们刚刚动手，政府又找他们来了。过去孤军找市长，市长不接见，找社会局，社会局很忙，现在他们却自己找上门来。社会局不同意孤军接管码头。他们派来一辆汽车，要接孤军代表去谈判。那是一辆从日本人手里接收过来的老爷车，黑色，油漆掉得斑斑驳驳，一只喇叭按它响，不按它也乱响。孤军代表唐棣等人被塞进汽车，来到社会局，交涉半天，没能达成协议。

见政府并无解决孤军困难的诚意，孤军官兵也不退让，继续管理大达码头。双方僵持了几天后，政府开始使用武力。上海警备司令部以扰乱社会秩序为名，将孤军官兵30余人抓走，强行收回码头。

这是八百壮士第一次与政府部门发生冲突。在抗战的八年中，孤军官兵坚决执行政府命令，不怕艰难困苦，不怕流血牺牲，得到全国军民的同声赞颂，得到最高当局的明令褒奖；而在抗战胜利后，他们的生存却成为难题，他们却要为一日三餐奔走呼号，并因此与政府发生冲突！

国家怎么可以这样对待民族英雄？

政府怎么可以如此抛弃抗日壮士？

抗日英雄的悲惨遭遇不仅引起孤军官兵的极大愤慨，而且在社会上激起公愤。那些打着接收旗号的大小政府官员，在上海滩上巧取豪夺，鲸吞公物，中饱私囊，过上纸醉金迷的腐朽生活，两相对照，人们感慨万千：抗战枪声刚停，硝烟未散，就如此慢待抗日壮士，抛弃民族英雄，国民党日后若不败，不合天理。

对八百壮士今日之不公待遇，谢晋元将军九泉有知，他也会掉泪的。

凌维诚继承丈夫的遗愿，承担起照料孤军官兵的责任，她肩上的担子比抗战中在广东照顾一家老小沉重得多。为安排孤军官兵生活，她像当年的谢晋元一样，四处奔走，八方呼吁。她在上海多次召开记者招待会，陈述孤军官兵的困难处境和受到的不公平待遇，以唤起社会的同情。在多方求告无门的情况下，她从上海来到南京，求见蒋介石。岂料蒋介石也忙，他已不是抗战时期的那个蒋介石。那时，国家垂危之际，战火纷飞之时，他尚能惦记为国捐躯的谢晋元，他尚能不顾公务冗繁，在重庆亲自接见凌维诚，而现在，凌维诚来到南京，就在他的官邸门外等待接见，一等就等了两个月，最终还是没能见到蒋介石本人。

此一时也，彼一时也。凌维诚仰天长叹。

抗日战争结束后，国民党开始大力扩充军队，准备发动内战，这时，政府又想起了八百壮士。国民党第三方面军司令汤恩伯，送来请帖，备下茶点，在上海大光明电影院召集孤军官兵开会，他们封官许愿，动员八百壮士归队服役，投入内战。对政府已寒了心、对内战深感厌倦的八百壮士一致表示：

"仗，我们打够了，不想再打了。"

此后，政府对八百壮士更是不闻不问，撒手不管。好不容易集拢起来的孤军官兵们只好投亲靠友，各谋生路。他们有的到铁路当路警，有的去给工厂看大门，有的在街道当清洁夫，有的回到原籍当农民，一些身有残疾无法就业的伤兵，只好流落街头……

一支在民族解放战争中英勇杀敌、功勋卓著的英雄部队，就这样凄凄惨惨地解体了；一批在艰难岁月里忠心耿耿、历尽磨难的抗日壮士，就这样被国民党政府无情地抛弃了。

流落在上海的部分孤军官兵生活无着，心灰意冷，于是，便有极个别的士兵铤而走险。1947年上半年，在吴淞路一带发生了几起杀人、抢劫案，被查获的案犯不是别人，正是在抗战中英勇杀敌、大名鼎鼎的孤军士兵朱胜忠。之后，又有石洪模、沈胜忠、田光前等三名孤军士兵因抢劫罪被捕。经法庭审判，朱胜忠等四人被判处死刑。

行刑那天，很多市民来到刑场，他们中不少人过去曾与孤军官兵亲密相处过,有的甚至还曾听到过朱胜忠等人的讲演,也曾为他们的抗日英雄事迹感动过,现在他们看到的却是几位待决的犯人。行刑的枪声凄厉地响起。枪声为社会除去了几名罪犯,却给上海人留下一个沉重的问号:

　　是什么原因促使昔日的抗战英雄沦为罪犯?是谁把他们推上绝路?

后 记

写完八百壮士，我觉得很累。把握这个题材比别的题材在情绪上更受煎熬。

经历过抗日战争的人对八百壮士会很熟悉。八百壮士坚守四行仓库的英勇事迹在当时曾产生广泛的影响。他们不仅得到国民党当局的褒奖，在国民党军队中享有很高的声誉，而且得到坚决抗日的共产党人的高度评价。毛泽东在中共六届六中全会所作的《论新阶段》的报告中，曾把八百壮士作为民族革命的典型与平型关战役、台儿庄会战相提并论。他说："利用已经产生并正在继续产生的民族革命典型（英勇抗战，为国捐躯，平型关，台儿庄，八百壮士，游击战争的前进，慷慨捐输，华侨爱国等）向前线后方国内国外，广为传播。"坚决抵抗的八百壮士，曾一度成为中国军民奋勇抗敌的光辉榜样。在国际上，八百壮士也为宣传中国人民的抗日事业提供了一个生动的范例。

以上这些已载入史册，为世人称颂。

但是，人们想象不到，八百壮士这朵怒放在抗日战争战场上的花朵，它的果实竟是苦涩的。自四行仓库撤退后，八百壮士先是在上海租界被洋人羁困四年，日本人占领租界后，又被流放四年。期间历尽艰辛，惨绝人寰，并最终走上了毁灭的道路。

四行仓库四天四夜的战斗，造就八百壮士这样一个名垂青史的英雄典范，但他们此后却坠入长达八年的痛苦深渊，并一步步走向毁灭。是什么原因造成了他们的悲惨结局？是什么力量把他们推向苦难深渊？

这是英雄身后的话题！

这是历史向后人的诘问！

四行仓库作战是一场很特殊的战斗，因为毗连租界，它的规模虽小，但影响很大，不仅吸引了国内的视线，而且牵动了列强的神经；八百壮士又是很特殊的战斗团体，它人数不多，充其量不过四百多人，但是却成了蒋介石棋盘中一颗颇为引人注目的棋子，其一举一动，均在蒋介石的调遣之下。八百壮士从为时四昼夜的四行仓库战斗中脱颖而出，一举成名，到长达八年的羁困流放生活，历经了抗日战争的全过程，其命运不仅与中国抗战全局紧密相连，还常常与国民党当局同英美等盟国间错综复杂的关系纠缠在一起。因此，吟唱八百壮士的历史悲歌，常常能唱出我们民族历经的悲欢离合；追寻中国孤军的沉重足印，往往能牵扯到国民党当局在抗战中的言和行。

八百壮士的最终解体以至毁灭，是我们民族的悲剧，当然也是国民党的悲剧，探求造成这一悲剧的复杂原因，只有历史学家才能完成这一重任。我只是接触到一些令人沉思的历史事实。我曾有机会翻阅到谢晋元将军本人在羁困上海孤军营四年间写下的每一篇日记，字里行间，浸透了八百壮士羁困期间备受租界洋人欺凌的斑斑血泪，以及孤军士兵丧失自由的心灵痛楚。我曾查阅了保存在档案馆的有关中国孤军与上海公共租界之间没完没了的冲突、交涉的中外文档案卷宗，里面有许多关于租界洋人劣迹的记载，以及租界民众为援助中国孤军所作出的种种努力。我还阅读到当年出版的、记录着孤军官兵斗争事迹的大量报纸和书刊。特别使我触动情感的，是直接采访八百壮士中的那些幸存者。现在生活在祖国大陆的八百壮士中的幸存者已寥寥无几，他们分散在全国各地，经过几十年的历史变迁后，这些当年的抗战英雄早已习惯了凡人的生活，但他们每人都留有关于当年非凡生活的深刻记忆，甚至洋人，包括东洋人和西洋人当年给他们肉体伤害造成的疤痕。尤其是那几位被迫到南洋、死里逃生回到祖国的孤军壮士，他们甚至还保留着在赤道孤岛生活四年后染成的棕灰肤色。我曾分别与他们长谈。他们对今天的和平生活深感满足，而对逝去的岁月则感慨万千。他们对曾抛洒在抗日战场上的鲜血和热汗无怨无悔，但是他们对羁困上海租界孤军营、痛失杀敌报国机会仍耿耿于怀。他们认为，落入洋人手中的八百壮士，实际上成了抗战期间国民党实行消极作战方针的牺牲品。他们尤其对抗战胜利后，国民党当局对抗日英雄的不公待遇，以及悍然发动内战，把人民重新推向战争深渊，表示了极大的愤慨。

我自感笔力不济，更缺乏史家的高瞻远瞩，难以对几十年前的历史事件作出准确评判。因而，关于八百壮士，以及由他们而触及的抗日战争中许许多多错综复杂的历史事件，我不敢妄加评论，只是把看到的、听到的，以及感觉到的，拉拉杂杂地都写了下来。但是我想，有时候历史的结论却是历史事实的本身。

陈立人

1994 年 8 月 13 日

注：本书部分图片源自《中国全民抗战图志》（杨克林　曹红编：广东旅游出版社 1995 年版）。